古代の人々の心性と環境

異界・境界・現世

三宅和朗

吉川弘文館

目次

序章　古代の人々の心性と環境—問題の所在— ……一

第一部　樹木をめぐる古代の環境史

第一章　古代の人々の心性と巨樹 ……一〇
はじめに ……一〇
一　『古事記』『日本書紀』『風土記』の巨樹伝承 ……一二
二　巨樹の呪力と転用 ……一五
三　巨樹と支配のシンボル ……一九
四　巨樹の伐採と信仰 ……三〇
おわりに ……三五

第二章　古墳と植樹 ……四一

はじめに……四一
一　古墳と植樹……四三
二　古墳植樹の成立と背景……六三
三　古墳の転用—樹木を手がかりに—……七六
おわりに……八五
付論　古墳の名称と樹木……九六
第三章　木　俣　考—古代の人々の心身と境界—……九九
はじめに……九九
一　木　　俣……一〇〇
二　鹿角とからだ……一一〇
おわりに……一二三
第二部　古代の人々の心性と異界・境界
第一章　古代の声の風景—ナクとサヘヅル—……一三四
はじめに……一三四

一　ナ　　ク……………………………………一三三
二　鳥のナキ声…………………………………一三八
三　サヘヅル……………………………………一四三
四　『日本霊異記』と「自土」………………一五一
おわりに…………………………………………一五八

第二章　神々の声・神々への声を聴く―古代の聴覚―………一六七
はじめに…………………………………………一六七
一　異類の声の世界……………………………一六九
二　神々の声……………………………………一七九
三　神々への声…………………………………一九四
おわりに…………………………………………二〇三

第三章　異界・異類とニオイ―古代の嗅覚―………二一五
はじめに…………………………………………二一五
一　異界・異類からのニオイ…………………二一六

二　異界・異類へのニオイ……二三八
おわりに―天皇即位儀礼と嗅覚―……二三三
第四章　古代の人々と不思議―感性を手がかりに―……二四四
はじめに……二四四
一　夜の不思議……二四七
二　昼の不思議と証人……二五六
三　祥瑞と感性の働き……二六八
おわりに……二七八
第五章　古代の人々の背丈……二九〇
はじめに……二九〇
一　背丈の高い古代の人々……二九二
二　異類の背丈の高さ……三〇八
おわりに……三一四
終章　古代の人々の大地へのまなざし……三三三

目次

一　大地へのまなざし……三三
二　大地が動く——「浮き島」「魚の島」——……三六
三　大地観の行方……三四一
あとがき……三五三
引用史料典拠刊本一覧……三五七
索　引

序章　古代の人々の心性と環境―問題の所在―

二〇一一年（平成二三）三月一一日の東日本大震災においては、東京でも長く大きな揺れを経験した。その後、テレビの画面を通して、豊かな海が人々の暮らしを次々と破壊していった大津波の様子を繰り返し見た時、自然の猛威を改めて思い知らされた。しかも、大震災後に発生した福島第一原子力発電所の事故には背筋が凍る思いであった。安全と信じ込まされていた原発の過酷事故は、いつ終わるとも分からない事故の終息に向けて、避難住民の帰還、廃炉、除染、放射性廃棄物の処分等々と気の遠くなるような課題を突きつけている。このような未曽有な事態に我々はどう向き合えばよいのか。東日本大震災と原発事故に遭遇して、しかも、近い将来にも大きな災害があるかもしれないという「災間」[1]期の現在において、歴史学を学ぶ者も現実を座視しているわけにはいかない。

これまで日本古代史の分野では、戦後を転換期として、戦前の皇国史観の軛から解放されて、騎馬民族国家論、王朝交替説をはじめ、新しい研究が続々と登場したことは周知の通りであろう[2]。現在も王権論、権力構造論、東アジア世界論などの研究が盛んになされている。それに比べて、高度経済成長期から顕著になった環境破壊の問題が多方面から指摘されながら、また、東日本大震災以前から、古代史でも環境史に取り組む時期にあることが提唱されながら[3]も、環境史への取り組みはあまり進んでいないように思われる。伝統的な制度史研究の手法では厳しい自然条件下にあった人々の暮らしに迫れないという事情も考えられようが[4]、そもそも、古代史研究者の多くは環境に関心を向けようとしてこなかったのではあるまいか[5]。その意味からも、今回の大震災、原発事故を機に、古代史の分野においても

環境史を解明しようとする動きが加速してよいはずである。(6)

二〇世紀末からの頻発する「大地動乱」と人々の危機意識の高まりの中で、近年、災害史研究が注目されている。自然災害としては、気象災害(風水害〈台風・集中豪雨〉、干ばつ・冷害)、地殻災害(地震・津波、火山爆発〈火砕流、火山灰〉)、虫・鳥獣害(イナゴなど昆虫の大量発生、カラス・猪・鹿などが作物を荒らす)に区分される。(7)これとは別に、災害からの復旧・復興という検討課題もある。(8)しかし、非日常の災害だけが環境ではあるまい。人間の日常の暮らしも環境であり、人間にとって人間自体も身近な環境であることを忘れてはならないからである。(9)(10)また、環境への心性(11)(想像力)や信仰も看過できないテーマになろう。したがって、環境史では、心性も含めて人間と環境との関わりを歴史的に復元し、現代社会における人間と環境との関係を照射することが求められる。かかる点からも、環境史が扱うべき裾野はすこぶる広いはずである。

以上のことを前提として、本書では次の四点に留意して考察した。

第一は、現在、日本古代史の研究では、右に記した通りのテーマが主要であり、環境史の取り組みは遅れている。今後、環境史への関心が高まるとしても、その場合、これまでの古代史研究の成果を継承しなくともよいと述べているわけではない。むしろ、従来の成果を環境史研究の中に盛り込むことが求められよう。

第二は、古代の人々の環境への心性である。心性に着眼するのは、人間が環境を客観的存在として捉えているのではなく、主観的に意味あるものとして作り上げた存在とみるからである。かかる主体が構築した世界をヤーコプ・フォン・ユクスキュル(一八六四~一九四四年)は環世界(Umwelt)と呼んだ。(12)ユクスキュルの環世界論を受けて、動物行動学の日高敏隆氏は、主観的な環世界はイリュージョンであるとして、以下のように指摘されている。すなわち、「人間は概念によってイリュージョンを持ち、そのイリュージョンによって世界を構築する。他の動物はおのおのがその知覚的な枠に基づくイリュージョンによって環世界をもっている」、「人間には古い古い時代から現代にいたるまでさまざまな文化が存在していて、それぞれがもっていたそのイリュージョンに基づいて、その人びとが構築していた世界はみな違っている」[13]と。日高氏が指摘されている人間のイリュージョンの時代毎の相違とは、歴史学の問題として受け止めた場合、環境に対する人間の心性史といってもよいだろう。環境史においては、人間による開発、自然災害と人間との関係を考古学や自然科学と協業して復原するのはもとよりであるが、それだけではなく、人間の心の内側から環境を見直すという環境への心性史の取り組みも求められよう[15]。

第三は、異界・境界の問題である。古代の人々は、現世以外の異界や境界の存在を想像していたとみられる。本書では、古代の人々と異界（異類）との関わりを解明することを課題とした。最近の歴史学研究では境界は国境に限定される傾向があるが[16]、それだけではなく、列島内の至る所に異界・境界はあり[17]、多様な境界の一部が国境だと認識すべきであろう。なお、異界・境界は空間だけではなく、時間レベルにも存在した。本書においては、とくに一日――朝・夕が境界的時間帯、夜が異界[18]――にも注目している。

第四として、心性とともに感性（五感）の役割も重視した。古代の人々は感性を介して、現世の向こう側の異界を想像していたという観点である。その際、現代は圧倒的に視覚優位の時代であるが、古代では必ずしもそうはいえないこと、古代の一日（昼―夜、明―暗）でも感性の働きが変化することの二点にも留意しておく必要があろう。

では、右の諸点は現代の環境とどうかかわるのだろうか。とくに原発の問題に焦点をあててみたい。日本では海と陸との境界（海辺）に原子力発電所が建設されている。二〇一五年三月の時点で廃炉が決定したものを除いても、なお四三基の原子炉が列島を海辺から取り囲むようにあり、原発の増設は今後も止まらない。政府や電力会社としては、現在運転停止中の原発も再稼働を続ける方針という。

もとより海辺という境界領域は異界に通じる大切な空間であった。それが福島の事故の後、海辺の原発立地地点を中心に、人々が避難せざるを得ない避難区域を生み出してしまった。このような区域は、現代における新たな「異界」といえるかもしれない。しかし、この「異界」は古代の人々が思い描いた、往還も可能な異界とは明らかに異質であった。[19]というのも、①ある日、突然、人々が立ち入れないとされたこと、②放射線量が基準であること、③放射能は人間の五感では捉えられないことなどが指摘されるからである。このうち、③の放射能が人間の五感を超越しているという点は看過できない。本書が異界・境界の問題を扱うに際して、感性の役割に着目した所以でもある。

我々が生活の豊かさを求めた末に逢着してしまった原発の大事故という厳然たる事実の前になすすべもないが、日本古代史研究にささやかながら携わってきた一人として、古代の史料に遡って、古代の環境を心性史の立場から考察してみたいというのが本書の意図である。そして、前述の如く、人間と環境との歴史的な関係をもとに、現在や近未来の環境と向き合ってみたいと思う。

なお、本書で扱った時代は古代である。というよりも、史料として『古事記』『日本書紀』から『今昔物語集』までを中心としたという方が正確であろう。また、対象とした地域は、一応、列島内とするが、さらなる広がりも考えておく必要があろう。一例をあげると、本書第一部第一章「古代の人々の心性と巨樹」では、巨樹への心性を論じたが、その巨樹の樹種では樟と槻（ケヤキ）が中心である。このうち、前者の植生域はもともと伊豆半島を北限とし、紀伊半島から瀬戸内海沿岸、四国・九州沿岸部から中国南部で、後者は本州・四国・中国・九州から朝鮮半島・中国東北部であった。したがって、樟や槻への心性は上記の地域の人々の中に育まれたものであったろう。[20]

環境史を扱う場合、人間集団をどのように捉えるかは簡単ではない。[21]少なくとも、その集団を国家の枠とは別次元で設定していく必要があろうが、本書はその入り口にようやく辿り着いたに過ぎない。

以下、本書に収めた各章ごとの論文の初出を提示しておく。旧稿は、本書に再録する際に加筆、修正を行っている。

序章　古代の人々の心性と環境―問題の所在―（新稿）
第一部　樹木をめぐる古代の環境史
第一章　古代の人々の心性と巨樹（『環境の日本史』二、吉川弘文館、二〇一三年）
第二章　古墳と植樹（『史学』八一―四、二〇一三年）
付　論　古墳の名称と樹木（新稿）
第三章　木俣考―古代の人々の心身と境界―（新稿）
第二部　古代の人々の心性と異界・境界
第一章　古代の声の風景―ナクとサヘヅル―（『法制と社会の古代史』慶應義塾大学出版会、二〇一五年）
第二章　神々の声・神々への声を聴く―古代の聴覚―（新稿）
第三章　異界・異類とニオイ―古代の嗅覚―（新稿）
第四章　古代の人々と不思議―感性を手がかりに―（新稿）
第五章　古代の人々の背丈（『史学』八四―一～四、二〇一五年）
終　章　古代の人々の大地へのまなざし（新稿）

注

（1）「災間」については、仁平典宏「〈災間〉の思考」（『「辺境」からはじまる』明石書店、二〇一二年）参照。

（2）西嶋定生氏の東アジア世界論も根底には、戦前の日本の中国・朝鮮での軍事行動に対する批判・反省があったとみられる（金子修一「東アジア世界論」〈『日本の対外関係』一、吉川弘文館、二〇一〇年〉二〇三～二〇四頁）。
（3）宮瀧交二「『環境史』・災害史に踏み出した日本古代史研究」（『歴史評論』六二六、二〇〇二年）。
（4）入間田宣夫「自然災害と歴史学」（『季刊東北学』二八、二〇一一年）。
（5）東日本大震災以前に刊行された、古代の環境史関係の主な著書として、橋本政良編著『環境歴史学の視座』（岩田書院、二〇〇二年）、同『環境歴史学の探究』（岩田書院、二〇〇五年）、同『環境歴史学の風景』（岩田書院、二〇一〇年）、増尾伸一郎・工藤健一・北條勝貴編『環境と心性の文化史』上・下（勉誠出版、二〇〇三年）などがある。
（6）東日本大震災以後の主な著書としては、保立道久『歴史のなかの大地動乱』（岩波新書、二〇一二年）、北村優季『平安京の災害史』（吉川弘文館、二〇一二年）、高橋一夫・田中広明編『古代の災害復興と考古学』（高志書院、二〇一三年）、拙編著『環境の日本史』二（吉川弘文館、二〇一三年）などがある。
（7）峰岸純夫「自然災害史研究の射程」（『歴史学研究』九〇三、二〇一三年）。
（8）平川新「東日本大震災と歴史の見方」（『震災・核被害の時代と歴史学』青木書店、二〇一二年）一一～一四頁。
（9）池上俊一『森と川』（刀水書房、二〇一〇年）一四四頁。
（10）拙編著、前掲（6）では、非日常の災害の問題ばかりでなく、日常的な環境や心性・信仰の問題を含めて三部構成としている。
（11）心性とは「広い意味での『こころのありよう』を言うのであり……自覚されない隠れた領域から、感覚、感情、欲求、さらには価値観、世界像に至るまでの、さまざまなレヴェルを包み込む広い概念」を指す（二宮宏之「社会史における集合心性」〈『全体を見る眼と歴史家たち』木鐸社、一九八六年、初出一九七九年〉七五頁）。
（12）ユクスキュル／クリサート（日高敏隆・羽田節子訳）『生物から見た世界』（岩波文庫、二〇〇五年）。
（13）日高『動物と人間の世界認識』（ちくま学芸文庫、二〇〇七年、初出二〇〇三年）一五一頁。
（14）日高、前掲（13）一四九頁。
（15）ユクスキュルの環世界説をもとに、平野仁啓『古代日本精神史への視座』（未来社、一九八九年）が縄文時代から天平期までの精神史を論じている。環境への心性史研究の成果としては、むしろ、笹本正治『中世の災害予兆』（吉川弘文館、一九九六年）、瀬田勝哉『木の語る中世』（朝日新聞社、二〇〇〇年）、保立、前掲(6)一六七〜二二一頁に注目したいと思う。

(16) 境界については、近年の日本史研究では列島の外縁の東西南北が注目されることが多い（たとえば、村井章介『日本中世境界史論』岩波書店、二〇一三年）。竹田和夫編『古代・中世の境界意識と文化交流』（勉誠出版、二〇一一年）でも、「列島外縁の境界」と「列島内部の境界」（生活領域の境界）に関する論考が収められているが、全体では前者が中心である。

(17) 和田萃「チマタと橋」（『日本古代の儀礼と祭祀・信仰』中、塙書房、一九九五年、初出一九八四年）二八六〜二九〇頁、黒田日出男『境界の中世　象徴の中世』（東京大学出版会、一九八六年）、赤坂憲雄『境界の発生』（砂子屋書房、一九八九年）、小林茂文『周縁の古代史』（有精堂出版、一九九四年）、小松和彦『異界と日本人』（角川書店、二〇〇三年）など。

(18) 拙著『時間の古代史』（吉川弘文館、二〇一〇年）。

(19) 本書終章「古代の人々の大地へのまなざし」参照。

(20) 六・七世紀の日本の木彫仏（クスノキ）の源流は中国南部にあったと大橋一章氏は指摘されている（「クスノキ像の製作」〈『奈良美術成立史論』中央公論美術出版、二〇〇九年〉）。

(21) ただし、同一地域の人間集団内部の心性は必ずしも共通しているわけではあるまい。その一例として、比叡山の稚児が桜の花が風で散るのをみて泣いていたところ、僧は風流の悲しみと独り合点したのに対して、稚児は父親の作った麦の花が風で散って実が入らないのではないかと心配していると答えたという話（『宇治拾遺物語』一―一三）を挙げておく。

第一部　樹木をめぐる古代の環境史

第一章　古代の人々の心性と巨樹

はじめに

『古事記』『日本書紀』『風土記』には巨樹伝承が散見している。現代においても巨樹は日本列島内に広く存在する。ちなみに環境省（庁）では、巨樹を原則として地上一・三メートルの高さで幹周三メートル以上として、「巨樹・巨木林調査」を二度実施しているが、一九九九年（平成一一）から翌年の調査では全国で六万四千余本が確認されたという。本章で問題にしたいのは、巨樹への人々の心性は時代によって様々であったとみられる点である。その手がかりとして、巨樹伝承から古代の人々の巨樹への心性を読み解くこととしたい。巨樹はその呪力からしばしば他のものに転用されたこと、天皇や地方首長の支配のシンボルとみなされることがあったこと、そのような巨樹が伐採される際の信仰の問題、巨樹への古代的心性が中世にどのように展開したかという順に言及していきたいと思う。

そもそも巨樹についての先行研究は少なくない(1)。ここでは差しあたって、次の二点を指摘するに留めておきたい。

第一に、世界の中心に位置して、天上・地上・地下を連結し、神聖性・豊饒性・永続性を表わす樹木は世界樹・宇宙樹だという指摘がある(2)。これは古代日本の巨樹伝承にもあてはまろう(3)。たとえば、後掲〔史料2〕の百枝槻は天皇の宮に所在し、上枝は天上を覆っていると語られているので、世界樹・宇宙樹の範疇に含めてよいだろう。

第二に、樹木の信仰に関して、神がよりつく依り代とする通説は誤りで、樹木そのものの霊力、呪力を評価すべきという説(4)がある。しかし、諸史料を参照する限り、呪力のある巨樹に神が依りつくという例もあり、神聖なのは呪力のためか、依り代のためか、はっきり区別できるわけではないらしい。ここでは呪力、依り代双方を区別しない立場で論を進めていきたい。

一　『古事記』『日本書紀』『風土記』の巨樹伝承

はじめに主な巨樹伝承を列挙すると以下の通りである。

〔史料1〕　此の御世に、兎寸河の西に、一つの高き樹有りき。其の樹の影、旦日に当れば、淡道嶋に逮り、夕日に当れば、高安山を越ゆ。故、是の樹を切りて船を作れるに、甚捷く行く船なり。時に、其の船を号けて枯野と謂ふ。故、この船を以ちて、旦夕に淡道嶋の寒泉を酌みて、大御水献る。茲の船破壊れて塩に焼き、其の焼け遺れる木を取りて琴に作れるに、其の音七つの里に響けり。爾して、歌ひて曰く、

　枯野を　塩に焼き　其が余り　琴に作り　掻き弾くや　由良の門の　門中の海石に　振れ立つ　漬の木の　さや
さや

こは、しつ歌の歌ひ返しぞ。（『古事記』下〈仁徳〉）

〔史料2〕　又、天皇、長谷の百枝槻の下に坐して、豊楽為たまひし時に、伊勢国の三重婇、大御盞を指挙げて献りき。
……（婇―引用者注）歌ひて曰く、

　纒向の　日代の宮は……新嘗屋に　生ひ立てる　百足る　槻が枝は　上枝は　天を覆へり　中枝は　東を覆へり
下枝は　夷を覆へり……（『古事記』下〈雄略〉）

〔史料3〕 筑紫後国の御木に到りて、高田行宮に居します。時に僵れたる樹有り。長さ九百七十丈。百寮、其の樹を踏みて往来ふ。時人、歌して曰はく、

朝霜の　御木のさ小橋　群臣　い渡らすも　御木のさ小橋

爰に天皇、問て曰はく、「是何の樹ぞ」とのたまふ。一の老夫有りて曰はく、「是の樹は歴木といふ。嘗、未だ僵れざる先に、朝日の暉に当りて、則ち杵嶋山を隠しき。夕日の暉に当りては、亦、阿蘇山を覆しき」とまうす。天皇の曰はく、「是の樹は、神しき木なり。故、是の国を御木国と号べ」とのたまふ。

（『日本書紀』景行一八年七月甲午条）

〔史料4〕 伊豆国に科せて、船を造らしむ。長さ十丈。船既に成りぬ。試に海に浮く。便ち軽く泛びて疾く行くこと馳るが如し。故、其の船を名けて枯野と曰ふ。船の軽く疾きに由りて、枯野と名くるは、是義違へり。若しは軽野と謂へるを、後人訛れるか。（『日本書紀』応神五年一〇月条）

〔史料5〕 群卿に詔して曰はく、「官船の、枯野と名くるは、伊豆国より貢れる船なり。是朽ちて用ゐるに堪へず。然れども久に官用と為りて、功忘るべからず。何でか其の船の名を絶たずして、後葉に伝ふること得む」とのたまふ。群卿、便ち詔を被けて、有司に令して、其の船の材を取りて、薪として塩を焼かしむ。是に、五百籠の塩を得たり。則ち施して周く諸国に賜ふ。因りて船を造らしむ。是を以て、諸国、一時に五百船を貢上る。悉に武庫水門に集ふ。是の時に当りて、新羅の調使、共に武庫に宿す。爰に新羅の停にして、忽に失火せぬ。即ち引きて、聚へる船に及びぬ。而して多の船焚かれぬ。是に由りて、新羅人を責む。新羅の王、聞きて、讋然ぢて大きに驚きて、乃ち能き匠者を貢る。是、猪名部等の始祖なり。初め枯野船を、塩の薪にして焼きし日に、余燼有り。則ち其の焼えざることを奇びて献る。天皇、異びて琴に作らしむ。其の音、鏗鏘にして遠く聆ゆ。是の時に、天皇、歌して曰はく、

枯野を　塩に焼き　其が余　琴に作り　掻き弾くや　由良の門の　門中の海石に　触れ立つ　なづの木の　さや
さや

（『日本書紀』応神三一年八月条）

〔史料6〕　遠江国司、奏上言さく、「大きなる樹有りて、大井河より流れて、河曲に停れり。其の大きさ十囲。本は壱にして末は両なり」とまうす。時に倭直吾子籠を遣して船に造らしむ。而して南海より運して、難波津に将て来りて、御船に充てつ。

（『日本書紀』仁徳六二年五月条）

〔史料7〕　河内国言さく、「泉郡の茅渟海の中に、梵音す。震響雷の声の若し。光彩しく晃り曜くこと日の色の如し」とまうす。天皇、心に異しびたまひて、溝辺直（注略）を遣して、海に入りて求訪めしむ。是の時に、溝辺直、海に入りて、果して樟木の、海に浮びて玲瓏くを見つ。遂に取りて天皇に献る。畫工に命して、仏像二軀を造らしめたまふ。今の吉野寺に、光を放ちます樟の像なり。

（『日本書紀』欽明一四年五月戊辰朔条）

〔史料8〕　是年、河辺臣名を闕せり。を安芸国に遣して、舶を造らしむ。山に至りて舶の材を覓ぐ。便に好き材を得て、伐らむとす。時に人有りて曰はく、「霹靂の木なり。伐るべからず」といふ。河辺臣曰はく、「其れ雷の神なりと雖も、豈皇の命に逆はむや」といひて、多く幣帛を祭りて、人夫を遣りて伐らしむ。則ち大雨ふりて、雷電す。爰に河辺臣、剣を案りて曰はく、「雷の神、人夫を犯すこと無。當に我が身を傷らむ」といひて、仰ぎて待つ。十余霹靂すと雖も、河辺臣を犯すこと得ず。即ち少き魚に化りて、樹の枝に挟れり。即ち魚を取りて焚く。遂に其の船を修理りつ。

（『日本書紀』推古二六年是年条）

〔史料9〕　昔者、この村に洪きなる樟樹ありき。因りて球珠の郡と曰ふ。

（『豊後国風土記』球珠郡条）

〔史料10〕　昔者、郡の東なる垂水の村に、桑生ひたりき。その高さ極まりて陵く、枝も幹も直く美しければ、俗、直桑の村と曰ふ。後の人改めて直入の郡と曰ふは、是なり。

（『豊後国風土記』直入郡条）

〔史料11〕　琴木の岡。高さは二丈、周りは五十丈なり。郡の南に在り。この地は平原にして、元来岡なかりき。大足彦の天皇、勅曰りたまひしく、「この地の形、必ず岡あるべし」とのりたまひ、すなはち群下に令せて、この岡を起こし造らしめたまふ。造り畢る時に、岡に登りて宴賞したまふ。興、闌きて後に、その御琴を堅てたまひしかば、琴樟と化為りき。高さは五丈、周りは三丈なり。因りて琴木の岡と曰ふ。

（『肥前国風土記』神埼郡条）

〔史料12〕　昔者、樟樹一株、この村に生ふ。幹と枝と秀高く、茎と葉と繁茂り、朝日の影、杵嶋の郡蒲川の山を蔽ひ、暮日の影、養父の郡草横の山を蔽へり。日本武の尊、巡り幸しし時に、樟の茂栄えたるを御覧はし、勅曰りたまひしく、「この国は栄の国と謂ふべし」とのりたまひき。因りて栄の郡と曰ふ。後改めて佐嘉の郡と号く。

（『肥前国風土記』佐嘉郡条）

〔史料13〕　郡家の南の門に、大き槻あり。その北の枝は、自づから垂れて地に触り、還、空中に聳えき。

（『常陸国風土記』行方郡条）

〔史料14〕　昔、息長帯比売の天皇、筑紫の国に幸しし時、諸の神祇、川辺の郡なる神前の松原に集ひけり。以ちて礼福を求ぎたまふ。時に、この神（美奴売神）も同に来て集ひけり。曰はく「吾も護り佑けまつらむ」といひ、仍ち諭へて曰はく「吾が住める山に、須義乃木木の名なり。あり。宜なへ伐りて採りて、吾をして船を造らしめたまひ、則ちこの船に乗りて行幸すべし。当に幸福あらむ」といひけり。天皇、乃ち神の教の随に命をして船を作らしむ。この神の船、遂に新羅を征ちけり。

（『摂津国風土記』逸文）

〔史料15〕　明石駅家。駒手の御井。難波の高津の宮の天皇の御世に、楠、井の上に生ひたりき。朝日は淡路の嶋を蔭し、夕日は大倭嶋根を蔭しき。仍ちその楠を伐りて舟を造る。その迅きこと飛ぶが如し。一檝に七浪を去き越ゆ。仍ち速鳥と号く。ここに、朝に夕にこの舟に乗りて、御食に供へむがため、この井の水を汲みき。一旦、御食の時に堪へず。故歌を作みて止みにき。唱に曰ふ、

住吉の　大倉向きて　飛ばばこそ　速鳥と云はめ　何そ速鳥

（『播磨国風土記』逸文）

〔史料16〕　昔者、楝の木一株、郡家の南のかたに生ひたり。その高さ九百七十丈なり。朝日之影、肥前の国の藤津の郡なる多良の峰を蔽ひ、暮日之影、肥後の国の山鹿の郡なる荒爪の山を蔽へり。(云々)因りて御木の国と曰ふ。後の人、訛りて三毛と曰ひつ。今、以ちて郡の名とせり。

(『筑後国風土記』逸文)

二　巨樹の呪力と転用

1　巨樹の呪力と船

古代の人々の心性では巨樹とはどのような存在であったのか。〔史料1〕から〔史料16〕では伐採後の巨樹が他のものに転用されたことがしばしば語られているので、その点を整理しておこう。

まず、転用例で顕著なのは船であった。しかも、それは〔史料1〕にあるように「枯野」と名づけられた「甚捷く行く」という快速船で、単なる普通の船ではなかったことに留意したい。その船で天皇に淡路島の水を汲んで献上するという。同様な話は〔史料4〕にもある。やはり、船は「枯野」という名前であり、〔史料1〕と同様、「軽く泛びて疾く行くこと馳るが如し」とある。ちなみに、「枯野」の名前は、船の足が軽快だという意に由来しよう。「百つ島足柄小舟　あるき多み　目こそ離るらめ　心は思へど」(『万葉集』一四―三三六七)にある「足柄小舟」も快速船から生まれた名称であろう。

〔史料5〕では、「枯野」は伊豆国から献上された「官船」であり、[5]それが〔史料4〕の段階から二五年余り経って老朽化して薪にして焼くとたくさんの塩ができる。その塩を諸国に配り船を造らせると、諸国は「五百船」を献上しったという。

たとある。「枯野」から塩、塩から船へと転用されていく。しかも、塩から転じた船は「五百船」と数多くの船であった。〔史料6〕は遠江国で大木から船が造られた話であるが、ここでの船も単なる船ではなく、天皇の「御船」であった。〔史料8〕は天皇の命を受けて雷神の木を伐って造った「舶」（大船）というのであるから、対外使節用の船の可能性もあろう。〔史料14〕の船も「息長帯比売の天皇」（神功皇后）が新羅征討の際に利用したはずであるから、天皇に準ずるものが乗る船で、しかも外洋航海に堪えうる船であったとみてよいだろう。〔史料15〕は〔史料1〕とよく似た話で、「その迅きこと飛ぶが如し。一檝に七浪を去き越ゆ。仍ち速鳥と号く」という快速船で、天皇に水を汲んで献上する役割を果したと伝承されている。

2　巨樹と塩・琴

次に塩を取り上げる。〔史料1〕では「枯野」という船が壊れたので、塩に焼いたとある。〔史料5〕も同様であるが、そこでは「五百籠」の塩が採れたと語られている。巨樹の呪力は、船を介して塩へと継承されたと観念されているのであろう。

さらに〔史料1・5〕には、塩に焼いた焼け残りの材から琴が作られたという。中国の例であるが、蔡邕は呉人が燃やしている桐の燃える音を聞いて、良材であることを知り、半焼きの桐を譲り受けて琴を作った。その尾部が焦げていたので焦尾琴と名づけたという話がある（『後漢書』蔡邕伝）。ここからも焼け残りの材と琴との関係が窺えよう。しかも、〔史料1〕では「枯野」船の廃材を塩に焼いた「焼け遺り」から作った琴の音（声）が「七つの里に響みき」というのであるから、琴は遠くまで音が聞こえる特別な楽器と理解されていたのであろう。〔史料5〕の琴も薪の余燼から作られ、その音が「鏗鏘にして遠く聆ゆ」とあり、やはり巨樹の呪力は琴にまで及んだはずである。〔史料1・5〕の歌の「漬（なづ）の木の　さやさや」では「漬の木」（海藻）のゆらゆら揺れる様子と琴の音とが統一的にとらえられている。オホナムチが根の国でスサノヲから盗み出した天の沼琴は「樹に払れ而地動鳴みき」とある（『古事記』上）ように、大地を揺るがす音がしたという。天の沼琴は「地震を発する呪具」だという説[6]がある。

巨樹から琴へというのは、『うつほ物語』（俊蔭）にも「千丈の谷の底に根を指して、末は空につき、枝は隣の国に指せる桐の木」（巨樹）から三〇面の琴が作成されたという話にも見出される。しかも、三〇面のうち、二八面は同じ響きであったが、木の真中を二つに分けて作った二面の琴を清原俊蔭が弾いてみると、「山崩れ、地割れ裂けて、七山一つにゆすりあふ」とあり、また、俊蔭の娘が二面の琴のうちの一面（「なん風」）を「一声かき鳴らすに、大きなる山の木こぞりて倒れ、山逆さまに崩る」とあった。表現に誇張があるとしても、琴に特別な力があると観念されていたことが窺えよう

ところで、琴の話でやや特殊なのは〔史料11〕で、「大足彦の天皇」（景行）が琴木の岡を造って宴会をした。その後、琴をたてておいたら、それが樟になったという。天皇が琴木の岡を造ったというのは、ダイダラ坊伝承とみられようか。この話の前提としては、平野部に岡があり、そこに樟の巨樹があったということなのであろう。いずれにしても、これまでの話が巨樹から船・塩などを介して琴へという転用であったが、〔史料11〕は逆の転用が語られていたことになる。琴と樟とははじめから転用可能なものと考えられていたのであろう。

3　巨樹と猪名部・仏像

〔史料5〕には新羅の調使が武庫にいた際に失火があり、それが延焼して多くの船が焼かれた。この時、新羅王は

怖れて「能き匠者」を献上した。それが猪名部の始祖であるという。この部分はちょうど船と琴の話の間に挟まれるような形であり、文章の続き具合もよくないので、後世の挿入とみるべきかもしれない。しかし、巨樹の呪力が次々と受け継がれていくという話の展開からすれば、巨樹の呪力は船・塩を介して新羅の猪名部にまで及んだとみる方が妥当であろう。

巨樹から生まれたものとして、〔史料7〕に仏像の例もある。海に浮んでいた樟から仏像二体が作られ、それが吉野寺にあるという。しかも、海中の樟は「光彩しく晃り曜く」「玲瓏く」という不思議なもので、吉野寺に安置された仏像も「光を放ちます樟の像」ということからも、両者の関係が知られよう。『日本霊異記』上―五にも〔史料7〕と同様の話として、「霹靂に当りし楠」から仏像を作ったとある。『日本霊異記』のクスは雷神の依り代でもあろう。

現存する飛鳥・白鳳時代の木彫仏は、広隆寺の菩薩半跏像（アカマツ製で背刳りの蓋板などはクスを使用）を除いて、クスが用いられていたことが改めて注目される(7)。大橋一章氏は、クスへの信仰を主体としてクスと神としての仏（仏神・客神・蕃神）との結びつきがなされたものではなく、クスノキ像は中国南部で生まれ、百済を経由して日本に伝来したものと指摘されている(8)。

4　巨樹と異界

このように巨樹の呪力は巨樹が伐採された後も、後々まで継承されたという観念が認められる。しかし、巨樹の力はそれだけに留まらないものと思う。というのは、まず、船であるが、船が海という異界へ往還する乗り物であったことに注意すべきであろう。ここにも巨樹と異界との接点が見出される。その点では塩も同様である。塩は船材を焼いて生まれるという位置付けであるが、そもそも塩が海という異界の産物であることに気づくべきであろう。

次の琴も異界の神を招く道具であった点が重要であろう。(9) たとえば、仲哀天皇が熊曾を討つ前に神の託宣を得ようとするが、その時、天皇は琴を弾いたという伝承（『古事記』中〈仲哀〉）からも知られる。琴の音は特別なもので、異界の神にまで届くと観念されていたのであろう。巨樹の転用としての琴にも異界との接点が見出せる。

〔史料5〕の猪名部はどうかというと、「能き匠者」というだけではなく、新羅という異界からきたというのがポイントであろう。この点も考慮すると、新羅の猪名部の話は、やはり〔史料5〕に後から挿入されたとはいえないだろう。〔史料7〕の仏像が現世のものではなく、異界の存在であったことはいうまでもない。

このようにみてくると、巨樹が伐られた後に転用されたものとは、一つに呪力のある存在であったこと、もう一つに異界とのつながりをもつものであったことが知られる。これは巨樹が伐られる以前の段階からの属性を継承したものであろう。古代の人々の心性では世界樹・宇宙樹としての巨樹は伐採された後も、形を変えながら、呪力を保ち、異界との接点を保ち続けると考えられていたはずである。

三　巨樹と支配のシンボル

1　巨樹と大きな影

巨樹には朝日・夕日が当たって大きな影ができるという話がある〔史料1・3・12・15・16〕。このうち、〔史料15〕の影は〔史料1〕と共通する。巨樹と影との位置関係としては〔史料1〕では問題がないが、〔史料15〕は不自然であるので、〔史料1〕の影の表現が〔史料15〕でも定型句として利用されたとみるべきであろう。いずれにしても、巨大な影は樹木が高く、大きいことを表わしているのであろう。

では、巨樹の影にはいかなる意味が込められていたのだろうか。大林太良氏は、巨樹の影を「王国のしるしづけ」であるとして、〔史料1〕は仁徳天皇の支配領域、〔史料3・16〕は「筑紫君磐井によって代表される筑後の王国の範囲」とされた。[10]巨樹の影は支配を象徴的に表わす言葉といえよう。

今日、影は太陽の光がさえぎられた暗い像として否定的な意味に使用されることが多い。『今昔物語集』三一―三七には、近江国栗太郡に柞の巨樹があり、朝日・夕日の影が丹波・伊勢両国に及ぶ。志賀・栗太・甲賀三郡の百姓は田畑が日陰になるのを嫌い、巨樹の伐採を天皇に訴える。天皇が勅使を派遣して切り倒すと百姓の田畑は豊穣を得られたとある。一二世紀前半の『今昔物語集』の段階では、少なくとも、巨樹の影は賛美されず、巨樹も歓迎されざる存在になっているが、『古事記』『日本書紀』『風土記』の巨樹伝承の影は、けっして暗い影ではなかった。むしろ、大地に巨樹の影がうつることを人々が歓迎する、巨樹の呪力が大地に感染するというようにみられていた。[11]かかる点からも巨樹伝承の大きな影とは首長の支配を賛美する重要な語句の一つといってよい。

このような巨樹と影との関係は、巨樹に覆われることが天皇の支配にも結びつくという観念と即応するものといえよう。〔史料2〕に雄略天皇の宮の「新嘗屋」に接して所在する「百枝槻」は上枝が「天（アメ）」（畿内）を、中枝が「東（アヅマ）」を、下枝が「夷（ヒナ）」（畿外）を覆うとある。天皇の宮を中心に「天・東・夷」と上下三層の同心円状の空間観念が見出せる。「東」と「夷」については諸説があるが、「東」は「天」と「夷」の間に設定された新しい地域で、「夷」には蝦夷の地も含まれ、それは六世紀末から七世紀前半成立の坂東―蝦夷という対立構図よりも古い観念に由来するという平川南氏の説、[12]あるいは、「東」が古代王権に対して東国の調を貢納するなど特別な関係をもっていたことから、「東」と「夷」との間で順番が逆になっているとする吉村武彦氏の説に[13]賛成すべきであろう。どちらの説に従うとしても、「天・東・夷」の空間観念は東方に限られていたことを確認しておきたい。

槻は現在の樹種名ではケヤキに当たるが、ケヤキには真直ぐ伸びる性質があり、ほうきを逆様に立てたような樹形が天皇の支配領域を広く覆うというのにふさわしいのであろう。しかも、〔史料2〕の歌の歌い出しは、景行天皇の宮（「纏向の　日代の宮」）からであった。景行の宮のように立派な雄略の朝倉宮はと歌っていることからすれば、景行の宮にも巨大な槻の樹が聳えていたのではあるまいか。(14)

樹木の名前のついた天皇の宮としては、橿原宮（神武）、磐余稚桜宮（履中）、磐余甕栗宮（清寧）、泊瀬列城宮（武烈）、樟葉宮（継体）、樟勾宮（欽明）、磐余池辺雙槻宮（用明）、両槻宮・朝倉橘広庭宮（斉明）などの例をあげることができる。これらの宮がどこまで実在していたか、判断は難しいが、少なくとも七世紀中頃の斉明の時代までは、天皇の支配が天皇の宮の巨樹に象徴されるような関係にあったことが認められよう。

『古事記』には、国譲りから天孫降臨神話と神武東征の段に、高天原から指令を出す神としてアマテラスとともにタカミムスヒ（別名、高木神）があった。高木（大）神というのは、神の依り代となる高い木のことで、これも世界樹とみられる。おそらく、高木神も天皇の宮の巨樹と関わるのではないだろうか。とすると、宮号に樹木名を含まないケースでも、天皇の宮の内部か周辺に天皇の支配を象徴し、神を迎える巨樹があった――律令制以前の天皇の宮にはかかる景観が想像されるのである。

2　飛鳥寺西の大槻

飛鳥寺西には大槻があり、神の依り代として、また、飛鳥寺を象徴する樹木でもあった。(15)それが七世紀後半期には、天皇支配と結びついて国家的な役割を担うようになっていったことが窺われる。(16)

そもそも、飛鳥寺西側の広場の大槻の下は、改新前の中大兄と中臣鎌足の出会いの場としても名高い（『日本書紀』皇極三年〈六四四〉正月乙亥朔条）。乙巳の変後は大槻の下で天皇・皇祖母尊・皇太子・群臣らが天神地祇に誓約しており（『日本書紀』大化元年〈六四五〉六月乙卯条）、この時は神を依りつかせる依り代の役割を果していた。

飛鳥寺西の大槻はその広場とともに、右以外にも『日本書紀』にしばしば登場する。飛鳥寺西の広場と大槻関係の記事を次に示しておこう。

〔史料17〕

イ、須弥山の像を飛鳥寺の西に作る。旦に盂蘭瓫会設く。暮に覩貨邏人に饗たまふ。或本に云はく、堕羅人といふ。（『日本書紀』斉明三年〈六五七〉七月辛丑条）

ロ、甘檮丘の東の川上に、須弥山を造りて、陸奥と越との蝦夷に饗たまふ。（『日本書紀』斉明五年〈六五九〉三月甲午条）

ハ、又、石上池の辺に、須弥山を作る。高さ廟塔の如し。以て粛慎四十七人に饗たまふ。（『日本書紀』斉明六年〈六六〇〉五月是月条）

ニ、爰に留守司高坂王、及び兵を興す使者穂積臣百足等、飛鳥寺の西の槻の下に拠りて営を為る。……爰に百足、馬に乗りて緩く来る。飛鳥寺の西の槻の下に逮るに、……因りて刀を抜きて斬りて殺しつ。（『日本書紀』天武元年〈六七二〉六月己丑条）

ホ、是の月に、多禰嶋人等に飛鳥寺の西の槻の下に饗たまふ。（『日本書紀』天武六年〈六七七〉二月是月条）

ヘ、飛鳥寺の西の槻の枝、自づからに折れて落ちたり。（『日本書紀』天武九年〈六八〇〉七月甲戌朔条）

ト、多禰嶋の人等に飛鳥寺の西の河辺に饗たまふ。種種の楽を奏す。

チ、隼人等に明日香寺の西に饗たまふ。種種の楽を発す。仍、祿賜ふこと各差有り。道俗悉に見る。

（『日本書紀』天武一〇年〈六八一〉九月庚戌条）

リ、蝦夷の男女二百一十三人に飛鳥寺の西の槻の下に饗たまふ。仍りて冠位を授けて、物賜ふこと各差有り。

（『日本書紀』天武一一年〈六八二〉七月戊午条）

（『日本書紀』持統二年〈六八八〉一二月丙申条）

ヌ、隼人の相撲とるを西の槻の下に観る。

（『日本書紀』持統九年〈六九五〉五月丁卯条）

〔史料17〕のイからヌの記事のうち、飛鳥寺西の大槻が登場するのはニからヌまでで、その中でもニに壬申の乱の際に近江朝廷側の陣営になったこと、近江側の「兵を興す使者」の穂積臣百足が同地で斬殺されたとあること、ヘに槻の枝が自然と折れたことの二記事以外は、飛鳥寺西は多禰嶋人・蝦夷・隼人らへの饗宴、隼人の相撲の場であったという点で一致している。

斉明朝の段階では、飛鳥寺西の大槻はみられないが、イでは「飛鳥寺の西」、ロでは「甘檮丘の東の川上」として飛鳥寺西の広場に、ハでは「石上池の辺」として石神遺跡内の方形の石組池周辺に、「須弥山（像）」が作られて、「覩貨邏人」（イ）、「陸奥と越との蝦夷」（ロ）、「粛慎四十七人」（ハ）が饗応されている。須弥山とは仏教的世界観に基づく金輪上の大海にある高山で、その中心には帝釈天をはじめとする三三天、四天王の宮殿があった。辺境民の服属の場に「須弥山（像）」が設置されたのであろう。[17] しかし、その須弥山の役割は斉明朝までで、以後、『日本書紀』には見出せない。代って天武・持統朝には飛鳥寺西の大槻のもとに夷狄の服属儀礼がなされたことになる（ト・チでは飛鳥寺西の大槻に触れないが、ホ・リ・ヌからして大槻のもとの行事とみてよいだろう）。これは仏教的な須弥山の機能が飛鳥寺西の大槻に代替されたからであろう。それは大槻が夷狄の地まで大きく枝を広げる巨樹と観念されていたか、その巨樹の影が蝦夷や隼人・多禰嶋人の地にまで広く及んでいたからに他なるまい。前述した雄略の宮の百枝槻〔史料2〕の広がりが東方に限定されていたことと明らかに相違する。また、飛鳥寺西北隅の西方約八〇メートルの地には、斉明朝に漏刻が設置されたという水落遺跡と、それに北接して石神遺跡が所在していたことも注目される〔図1〕。というのも、漏刻が天子の時間支配を表わすことからすれば、漏刻と飛鳥寺西の大槻―須弥山とは天子の時空支配を表象するものであったといえるからである。(18)

そして、飛鳥寺西の大槻のもとでの夷狄の服属儀礼はヌを最後に史料では見出せなくなる。それは大宝律令の施行を契機として、夷狄の服属儀礼の場が藤原宮の大極殿・朝堂に移っていったからであろう。(19)

飛鳥寺西の大槻は七世紀末に政治的役割をひとまず終えるが、最近、飛鳥寺西の大槻のもつ呪力は「赤漆文欟木厨子」（天平勝宝八歳〈七五六〉六月二一日「東大寺献物帳」）や「赤漆槻木胡床」に継承されたという指摘が仁藤敦史氏によってなされた。(20)このうち、前者は天武天皇から累代の皇統に伝領されたものであり、赤漆槻木厨子として正倉院に現存する。後者は正倉院南倉に伝わる聖武天皇使用の大形の四脚椅子で、大極殿の高御座に置かれた椅子としても使用されたらしい。両者の素材が欟・槻というのは、第二節で述べた巨樹の呪力の転用の一例に加えられよう。その意味からも仁藤説は支持されようが、さらにいえば、その前段として、改新前後の飛鳥寺西の大槻の役割（依り代）が斉明朝には「須弥山（像）」へと昇華し、それが天武・持統朝に大槻へと転用されたというのも、巨樹の転用例として位置付けておかねばなるまい。

それとともに、飛鳥寺西の大槻の依り代としての役割も別の形で継承されていく。高木神の依り代という役割としては、藤原宮にも存在したであろう神祇官八神殿にタカミムスヒがまつられる。あるいはタカミムスヒと並んで高天原から司令を下すアマテラスは伊勢神宮（内宮の心の御柱）で祭祀されるという形で受け継がれていくのであろう。

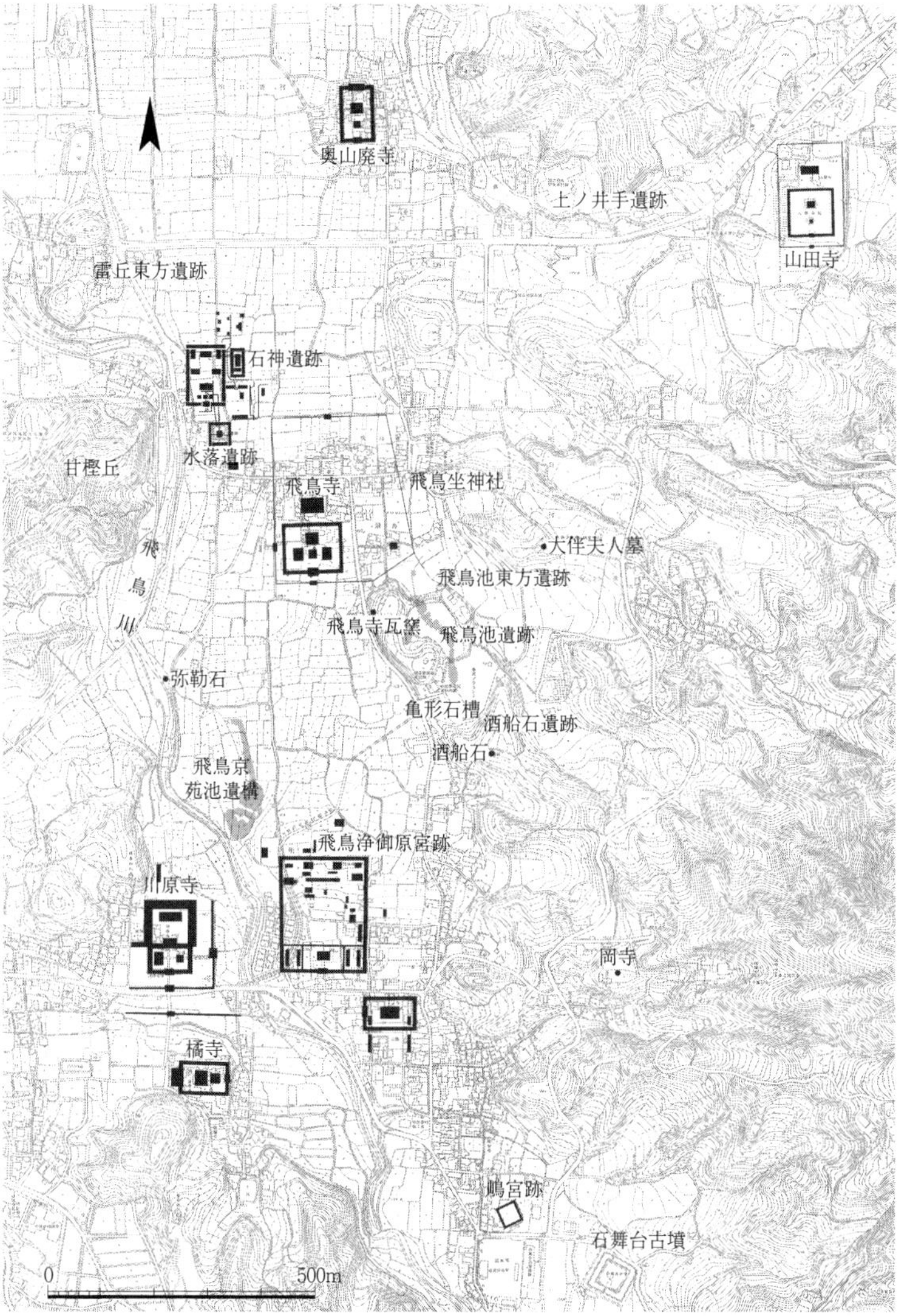

図1　飛鳥の詳細図（小澤毅「飛鳥の朝廷」『史跡で読む日本の歴史』3，吉川弘文館，2010年より）

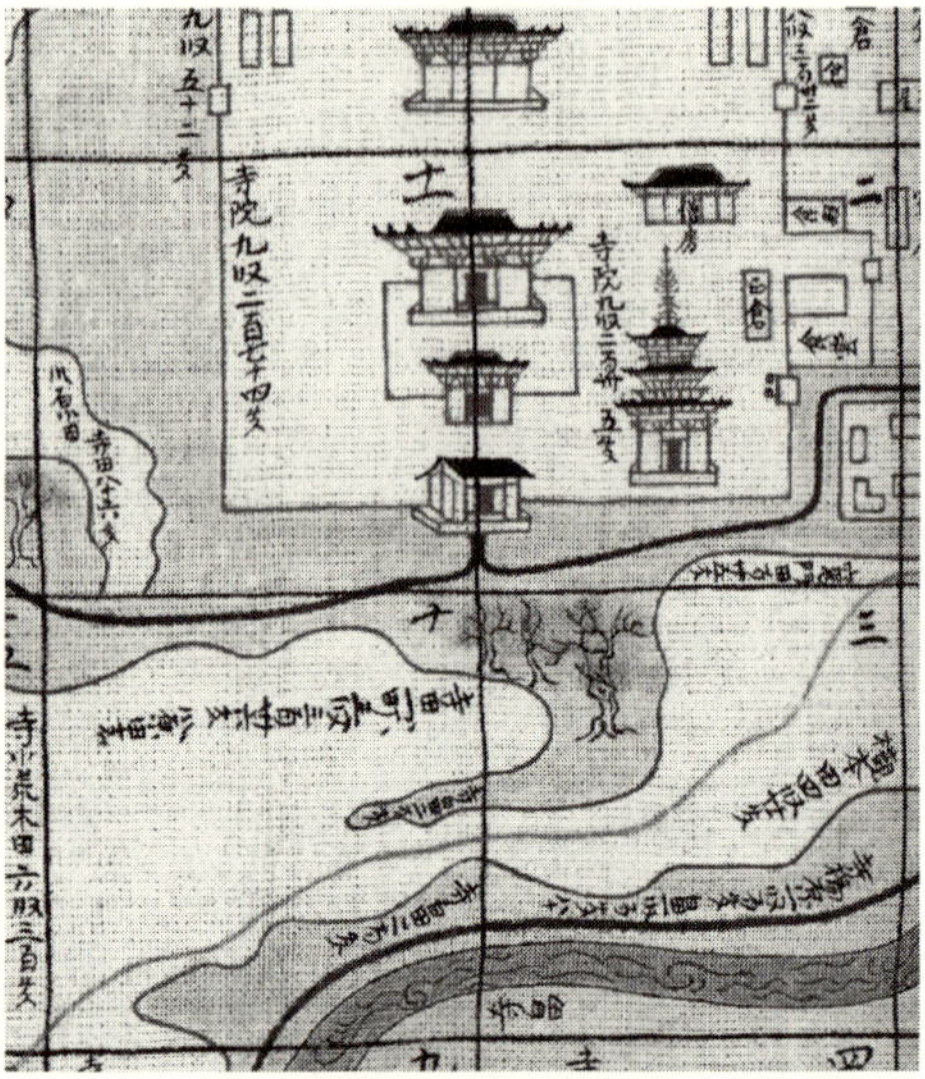

図2　額田寺伽藍並条里図復原複製（部分）

ところで、へには飛鳥寺西の槻の枝が折れたという前後とは異質な記事がある。なぜ、このような記事が『日本書紀』という国家の正史に記録されたのであろうか。それは当時の支配者にとって、単なる神聖な巨樹の枝が折れたというだけではなく、辺境民支配に関わる巨樹の枝が折れたということであろう。もとより、支配者層にとって飛鳥寺西の大槻の枝は折れてはならぬものであった。それが自然に折れてしまったというのは、蝦夷・隼人などへの支配をゆるがしかねない驚愕の出来事と受け止められたのではないだろうか。それが『日本書紀』に当該記事が載せられた最大の理由であろう。

なお、この一件に関して付け加えておくと、『延喜式』一〇（神名式下）に因幡国法美郡に「槻折神社」がある。おそらくはこの槻は神社の神木であろう。それが折れたというのは、神社にとってゆゆしき一大事であったろうが、飛鳥寺西の大槻の場合とは異なり、国家の支配を揺るがすような出来事には発展しなかったとみてよいだろう。

さらに槻の木は額田寺の南門の前にもあった。八世紀中頃に作成された『額田寺伽藍並条里図』によると、南門の前に樹木が描かれており、その地の坪名が「槻本田」とあった〔図2〕。飛鳥寺西の大槻と類似するところであるが、相違点にも眼を向けておく必要があろう。すなわち、もともと飛鳥寺西の大槻は、額田寺の槻と同様、飛鳥寺を象徴するような存在であったろう。しかし、飛鳥寺西の大槻の方は天武・持統朝に国家の支配を体現するような巨樹へと

昇格したのであって、この両者の相違を見逃すべきではないと思うのである。(21)

3　首長と巨樹

巨樹が巨大な影をもち、天皇の宮のシンボルとみなされていたことは既述したが、その関係は天皇の宮だけではなく、王族の宮から中央豪貴族の邸宅、さらには郡家などの地方官衙、地方首長の居宅などにもあり、いずれも巨樹が存在していたものと思う。

たとえば、履中天皇の皇女、忍海郎女（飯豊王）の「葛城の忍海の高木の角刺宮」（『古事記』下〈清寧〉）、炊屋姫皇后の別業「海石榴市宮」（『日本書紀』用明元年五月条）、蘇我馬子の「槻曲家」(22)（『日本書紀』用明二年四月丙午条）の例がある。このうち、忍海郎女の宮は名称からして、葛城地方にある高木が角のように突き出ている宮の意であろうし、「海石榴市宮」とは三輪山南西麓の海石榴市近辺に所在した宮であろう。(23)また、『新撰姓氏録』には、以下の三氏に居宅と巨樹との関係を窺わせる伝承があった。すなわち、大貞連の家の辺に「大俣楊樹」（左京神別）、榎室連では門前に「大榎樹」（左京神別）、柿下朝臣においても門前に「柿樹」（大和国皇別）の存在である。

平安京内の例としては、桂宮の前に「大キナル桂ノ木」（『今昔物語集』二四―一〇）、河原院の西対屋の西面に「昔ノ松ノ大ナル」（『今昔物語集』二四―四六）、僧都殿の戌亥角に「大キニ高キ榎ノ木」（『今昔物語集』二七―四）があった。とくに『今昔物語集』一九―三三には、東三条院の戌亥隅に「高キ木」があり、僧が若い男の案内で木の上に登ると、そこは京の四季の光景が一度に見えるという異界（四方四季の座敷）であったという話があり、巨樹（樹上）と異界との関係が窺える。

地方の官衙では、常陸国行方郡の郡家の南門には特異な姿形の槻があったし（史料13）、山城国葛野郡の郡家には、

「是より先。左相撲司、葛野郡々家前の槻樹を伐る。祟有り。是に由りて、幣及び鼓を松尾大神に奉り、以て祈謝す」（『続日本後紀』承和一四年〈八四七〉六月甲寅条）という例がある。葛野郡郡家前の槻については、『本朝月令』に「(松尾神) 託宣して云く、此の樹は我時々来遊の木也」とあるので、松尾神の依り代でもあったのだろう。駅家の例では、〔史料15〕の例があり、また、『古今著聞集』一九―六五六には、大宰帥源経信が筑前国筵田駅に到着した後、館の前の大槻を伐らせて、月をながめながら終夜琵琶を弾じたという話もある。

郡司の私的な居宅にも巨樹があった。これも例をあげると、『日本霊異記』中―二には、和泉国泉郡の大領血沼県主倭麻呂の家の門の前に「大きなる樹ありき」、そこに巣食った鳥の「邪淫」をみて倭麻呂が出家するという話がある。『万葉集』二〇―四二五一の題詞には、越中国守を離任する大伴家持を送別する宴が射水郡大領の「門前の林中」で行われたという。また、『万葉集』二〇―四三〇二の題詞には「家持が庄の門の槻樹の下にして宴飲する歌二首」とあるので、家持の庄の門前に槻があったとみられる。

『古事記』『日本書紀』神話の例として、国譲り神話で国譲りの使者のアメノワカヒコが葦原中国に下るが、高天原に復命しない。高天原側の使者の「鳴女、天自り降り到り、天若日子の門の湯津楓の上に居て……」(『古事記』上)という話。海幸山幸神話で、海神の宮の「門の前に一の井有り。井の上に一の湯津杜樹有り」、そこに天孫が降臨するという話（『日本書紀』神代第一〇段本文）。両話から、門前にカツラの木があったこと、それは鳴女や天孫が依りつく依り代でもあったことが読み取れよう。

その他、神社・寺院と樹木の関係も諸史料から窺える。とくに神社に関しては事例が多いので、『延喜式』九・一〇（神名式）などに「杉・樟・櫟・槻」を神社名に含む例があり(24)、いずれも神の依り代とみられること、『延喜式』三（臨時祭式）に「凡そ神社の四至の内、樹木を伐り、および死人を埋蔵することを得ず」とあることを指摘するに留める。寺院では、前記の飛鳥寺・額田寺のほかに、寺院名に樹木名を含む例として「桜井寺」（『日本書紀』崇峻三年三月条）、「橘寺」（『日本書紀』天武九年四月乙卯条）、「栢寺」（野中寺弥勒菩薩台座銘文）、「殖槻寺」（『日本霊異記』中―三四）があり、また、信濃国の桑田寺には乾の角に「榎木」があったという（『法華験記』上―一七）。

以上の事例からして、天皇の宮、豪貴族の邸宅だけではなく、郡司などの地方首長クラスの郡家や私的な居宅にまで門前などに樹木が生えていたこと、それは首長の支配のシンボルでもあり、時には神の依り代であり、異界に通ずる場所であったことが知られた。先述のように、天皇の宮に関して、飛鳥寺西の大槻にまで至る巨樹の系譜は七世紀末に政治的役割を一旦終えるとしても、それ以外の首長の巨樹は八世紀以降においてもなお存在感を保持していたことが指摘できよう。『古事記』『日本書紀』『風土記』の巨樹伝承に立ち返るならば、巨樹名が国・郡などの地名に転化する例―「御木国」〔史料3〕、「球珠の郡」〔史料9〕、「直桑の村、直入の郡」〔史料10〕、「栄の国、栄の郡、佐嘉の郡」〔史料12〕―が知られるのも、巨樹が首長の支配のシンボルであったことの一証といえよう。

このような点からすると、地方豪族が天皇に服属する際、樹木を根から抜いて献上するという話が『日本書紀』にみえるのが注目される。かかる服属伝承が実際にいつ頃成立したのかという問題は残るが、ここでは一例としてカムナツソヒメの例を取り上げておこう。

〔史料18〕 爰に女人有り。神夏磯媛と曰ふ。其の徒衆甚多なり。一国の魁師なり。天皇の使者の至ることを聆きて、則ち磯津山の賢木を抜りて、上枝には八握剣を挂け、中枝には八咫鏡を挂け、下枝には八尺瓊を挂け、亦素幡を船の舳に樹てて、参向て啓して曰さく……

（『日本書紀』景行一二年九月戊辰条）

景行天皇が周防国から南に賊がいるからといって、臣下の者に敵情視察をさせる。その時、カムナツソヒメという首長が「賢木」を捧げて服属したという話である。同様な話は岡県主の祖熊鰐、伊覩県主の祖五十迹手の服属譚

（『日本書紀』仲哀八年正月条）にもある。これらの話は、これまでも首長が神宝（鏡・剣・玉）を服属の証として天皇に捧げる伝承として理解されてきた。しかし、神宝をかけていた樹木の方も無視できないように思う。というのも、この樹木はもともと大地に根を張り、天高く幹や枝を伸ばしていた世界樹・宇宙樹であって、地方豪族がそれを根こそぎ抜いて天皇に服属するという関係が推想されるからである。

もっとも、右の話ではカムナツソヒメは樹木を手にし、イトテの場合は船の舳と艫とにたてているので、常識的には巨樹とはいえないかもしれない。むしろ、首長の支配を表象する巨樹そのものではなく、代用品と考えるのが妥当であろう。代用品はニセモノと違い、本物と同等の価値をもつということはすでに指摘がある。[25]『肥前国風土記』松浦郡条に土蜘蛛の大耳・垂耳の服属譚があるが、そこでは大耳らは天皇に対して「木の皮を取りて、長蚫・鞭蚫・短蚫・陰蚫・羽割蚫等の様を作りて御所に献りき」として、木の皮で作ったアワビの見本を天皇に献上して赦されている。これも代用品であるから、赦されたのであろう。

四　巨樹の伐採と信仰

『古事記』『日本書紀』『風土記』の巨樹伝承の中には伐採されたことが語られているケースがあった。巨樹がさしたる問題もなく伐られた例（史料1・15）、神が巨樹を伐ることを許した例（史料14）、巨樹を伐るに際して、神の抵抗があったという例（史料8）と様々である。

首長の支配のシンボルにもなり得る巨樹は信仰上、いかなる事情で伐採されたのであろうか。筆者は以前、〈神社の木を伐る〉例をもとに、伐木行為が神の怒り、祟りを発生させたと指摘したことがある。[26]まずは代表的な例をいくつか挙げておこう。

第一に、『日本書紀』斉明七年（六六一）五月癸卯条に、斉明女帝が朝倉橘広庭宮を造営した際、「朝倉社の木を斮り除ひて、此の宮を作る故に、神忿りて殿を壊つ。亦、宮の中に鬼火見れぬ。是に由りて、大舎人及び諸の近侍、病みて死れる者衆し」とあること、第二に、『続日本紀』宝亀三年（七七二）四月己卯条に「西大寺の西搭に震す。これをトふるに、近江国滋賀郡小野社の木を採りて搭を構へしによりて祟すといふ。当郡の戸二烟を充つ」とあること、第三に、『類聚国史』天長四年（八二七）正月辛巳条によると、淳和天皇不予の原因は東寺の「搭の木」に用いるため「稲荷神社の樹伐れる罪、祟に出でたり」とあることなど。恐らくは伐木により神の祟りが発生したことで、たとえ一時的であったとしても、〈神社の木を伐る〉行為は中断されたのではないだろうか。そして、その時点で〈神と人との棲み分け〉が成立したものと思うのである。これは〈神社の木を伐る〉例だけではなく、古墳の墳丘に育った樹木の伐採に際しても、同様であった。このことは、本書第一部第二章「古墳と植樹」の中で指摘したので、ここでは省略する。

もっとも、右のような樹木の伐採（開発）→祟りの発生→伐採の中断という道程がすべてではなかった。というのも、はじめから〈神と人との棲み分け〉があり、それを犯せば祟りが起きるというケースが見出されるからである。しかも、このような信仰や心性ははじめから祟りを発生させない方途として、少なくとも古代社会に淵源し、一定の広がりがあった。

かかる例として、まず、「祟る神を遷し却る詞」（『延喜式』八〈祝詞式〉）を取り上げよう。この中で皇居に入り込んだ祟る神に対して、数々の幣帛をならべて、祟ることなく「山川の広く清き地に遷り出して、神ながら鎮まり坐せ」とある。この祝詞が具体的にどのような場面で唱えられたか、はっきりしないが、祟る神を徹底的に滅ぼすのではなく、幣帛を供えて「山川の広く清き地」に移らせるという考えは〈神と人との棲み分け〉であろう。また、『延喜式』三（臨時祭式）の霹靂神の祭でも「……もし新たに霹靂の神あらば、件によりて鎮め祭り、山野に移し棄てよ」として、落雷の際には幣帛を供えて祭り、山野に移し棄てるとあった。

六・一二月晦日の道饗祭にも同様な祭祀の方法があった。道饗祭とは、神祇官の卜部が京城の四隅で幣物をならべて、「鬼魅」の侵入を防ぐ祭祀であったが、その際には京外から侵入する「鬼魅」を幣帛で饗応する（『令義解』、『令集解』令釈説）。

中国から伝来した大儺（追儺）儀にも注目したい。大儺とは、大晦日の晩、方相氏・侲子らによる疫鬼追放の儀式であるが、もともと中国では鬼追い役の一二獣が高圧的・脅迫的に悪鬼を追放するのとは対照的に、日本の大儺ではさまざまな祭物を紫宸殿庭に陳列した上で、疫鬼を東（陸奥）・西（遠値嘉）・南（土左）・北（佐渡）の境界から外へ出て行くようにという呪文を陰陽師が唱えることになっていた（『内裏式』中、『儀式』一〇）。日本では中国の鬼追い役の一二獣自体が登場せず、日中の儀式の相違は明らかであろう。(27)

さらに国譲り神話において、高天原側のタカミムスヒはオホナムチに詔して、「天日隅宮」を造営し、出雲国造の祖、アメノホヒが祭祀を司ることを約束したとある（『日本書紀』神代第九段第二の一書）。オホナムチの隠棲の場として出雲大社という立派な神殿が準備されたというのであるから、(28)ここにも、右に列挙した考え方を見出すことは可能であろう。

しかも、こうした神祭りのあり様は、地域社会にも生きていた証左がある。『常陸国風土記』行方郡条の夜刀神の話でも、継体朝に最初に谷の葦原を切り開いた箭括の氏麻多智は仗をとって夜刀神を「打ち殺し駈逐ひき」。その上で山口の堺の堀に杖を立てて、夜刀神に告げて神の地と人の田を分けた。孝徳朝になると、壬生連麻呂は天皇の「風化」をたてに夜刀神に対して葦原の開発に臨んだ結果、「神しき蛇避り隠りき」とある。しかし、「麻多智の子孫、相承けて祭を致して、今に至るも絶えず」とあるので、夜刀神の祭り自体は断絶したわけではないだろうし、麻呂の段階でも「神しき蛇」とあるので、蛇神への敬意が喪失してしまったわけではあるまい。(29)同じく『常陸国風土記』久慈郡条には、人家近くの松の樹の八俣の上に降った神が祟りをなしたので、勅使を派遣して敬い祭り、「避り移りて、高山の浄き境に鎮まりますべし」と祈らせたところ、神は賀毗礼の峯に昇っていったという話もある。さらに『豊後国風土記』速見郡条にも同様の話として、水田の苗子を食べる鹿を田主が捕獲して首を斬ろうとした。それに対して、鹿が「我、今盟を立てむ。我が死ぬる罪を免したまへ。若し大き恩を垂れて、更存くること得ば、我が子孫に苗をな喫ひそと告げむ」といったので、田主が鹿を許したところ、「時より以来、この田の苗子、鹿に喫はれず、その実を全く獲」とあった。

『日本霊異記』にも関連説話を読むことが出来る。上—一は、雄略天皇の命令で雷神を招請した小子部栖軽がたくさんの幣帛を供えて雷を落ちたところ（雷岡）に返したという話、中—二四は、左京五条六坊の楢の磐嶋が閻羅王の使の鬼に牛を食べさせて命を永らえたという話、中—二五は、讃岐国山田郡の布敷臣衣女が病になると、門の左右にたくさんのご馳走をならべて疫神を饗応したため、閻羅王の使の鬼が同姓同名の別の女性を連れ去ったという話など。(30)

『今昔物語集』二七—三一は、三善清行が五条堀川の妖怪が出現する旧家を買い取った時の話であるが、その中で、清行は旧家に引っ越す前、夜に単身、旧家に出向いて妖怪変化と対決し、妖怪の首領の「大学ノ南ノ門ノ東ノ脇ナム、徒ナル地候フ。許サレヲ蒙テ、其ノ所ヘ罷リ渡ラムハ何カヾ」という願いを認めたとある。清行が旧家に先住する妖怪を滅ぼすのではなく、別の場所に移すというのも、これまで挙げた論理と共通しよう。

このような事例から、中央から地域社会に至るまで、神などの異類を丁重に祭って〈神と人との棲み分け〉がなされていたことが窺える。『出雲国風土記』秋鹿郡条に「足高野山。……土体豊沃え、百姓の膏腴なる園なり。樹林なし。但、上頭に樹林在り。此れすなはち神つ社なり」とあるのは、当該ケースの景観を髣髴とさせてくれよう。

ところで、巨樹の伐採譚においても、巨樹に宿る神霊を祭るという関係が認められる。たとえば、『今昔物語集』一一—二二には、飛鳥寺造営に際して、大槻が伐られたという話がある。大槻を伐ろうとしても木こりが死んだりしてなかなか伐採できない。そこで、ある晩、僧が巨樹の空洞の中で大木の秘密を聞いてしまい、それによって「麻苧ノ注連ヲ木ノ本ニ引廻テ、木ノ本ニ米散シ幣奉テ、中臣祓ヲ令読テ」、木こりに伐らせると大槻は無事に倒れた。その時、山鳥ほどの大きさの鳥が五・六羽、梢から飛び去っていき、南の山の辺に留まった。天皇は「鳥ヲ哀テ、忽ニ社ヲ造、其鳥ニ給フ。于今神ノ社ニテ有リ」とあった。飛鳥寺の造営時に大槻が伐採されたというのは史実ではないが、右に引用したところにも、これまで紹介してきた神を祭って〈神と人との棲み分け〉をするという方法が反映していることは間違いないだろう。

一方、巨樹伝承の中の〔史料8〕のケースは〈神社の木を伐る〉とほぼ同様のケースであるまいか。というのも、〔史料8〕の河辺臣も幣帛を供えてもなお抵抗する雷神を殺害した後に、それ以外の雷神（眷属）との間に棲み分けを成立させたと推想されるからである。

以上、巨樹の伐採に際しては、二つの道筋があったことを論じた。一つは、伐採→祟りの発生→伐採の中断、もう一つは、あらかじめ祟りを発生させないような工夫—そのどちらにおいても、最終的には〈神と人との棲み分け〉が成立するという点では共通するところがあろう。

おわりに

本章の考察結果をまとめると、以下の通りである。

1　『古事記』『日本書紀』『風土記』の巨樹伝承から、巨樹は伐採された後も呪力が継承され、船・塩・琴・新羅の猪名部・仏像といった異界とのつながりがあるものに転用されると観念されていた。

2　大きな影をもつ巨樹は天皇の宮に所在し、天皇支配とも結びついて語られたが、とくに飛鳥寺西の大槻は天武・持統朝に夷狄の地にまで大きく枝を広げる巨樹と想像されるようになった。

3　巨樹は天皇の宮ばかりでなく、郡家や郡司の私的な居宅などにもあり、首長の支配のシンボルであったとみられる。かかる点から、地方豪族が天皇に対して樹木を根から抜いて献上するという『日本書紀』の伝承は服属伝承としてふさわしい。

4　巨樹が伐採される際には、伐採↓祟りの発生↓伐採の中断のケースとあらかじめ祟りを発生させないように工夫するケースがあったが、どちらにおいても〈神と人との棲み分け〉の論理が働いていたものとみられる。

中世の巨樹をめぐる信仰に関して、瀬田勝哉氏の指摘[31]は示唆的である。すなわち、『今昔物語集』では、先に紹介した巨樹の影を否定する話（三一―三七）と大木の秘密を知って飛鳥寺の大槻を伐った（一一―二二）という二形式の巨樹伐採譚があった。一二世紀前後は大開発時代といわれているが、中世以降、受け継がれていくのは大木の秘密の方であった。キリスト教のように伐木の祟りを怖れず、開発を支えてくれるような思想は中世には遂に現れなかったという。また、瀬田氏は、キリスト教の宣教師ルイス・フロイスの『日本史』を紹介して、五島列島の山林の景観として、塩焼きの薪になる木を伐る山と、鬱蒼と緑に覆われた山との二つがあり、後者は神に奉納され、絶対に手を加えてはならない場であったとも指摘されている[32]。

瀬田説を参照するならば、古代の巨樹信仰は中世にも確かに継承されていったことが窺知されよう。

環境倫理学の、「生身」と「切り身」という議論[33]に触れておきたい。「生身」とは、人間と自然とのかかわりを社会的・経済的リンクと文化的・宗教的リンクという関係性の中で捉えるのに対して、「切り身」とは、たとえば、スーパーで売られるパック詰めの魚や肉の切り身のように、生き物を食料としてしか見ないもので、両者は「人間―自然系におけるかかわりの全体性と部分性[34]」を表現している。そして、今後は自然を「切り身」としてではなく、「生身」としての回復を目指すことが肝要で、環境問題の解決にとって重要だとする。

これとは別に環境文学の川村晃生氏は、近代文明を〈生命リアリズムの喪失〉、すなわち、「人間をふくむ生命というものへの実感が欠如していた[35]」と指摘されている。川村氏のいわれる〈生命リアリズムの喪失〉とは、環境倫理学でいう「切り身」と共通するところがあろう[36]。

右のような議論を紹介したのは他でもない。「生身」「切り身」論からすると、本章で指摘した古代の巨樹伐採伝承に二種類あったともみられるからである。一つは、巨樹が伐採された後も、その呪力が船・塩・琴・新羅の猪名部・仏像など、多様なものに転用されたという『古事記』『日本書紀』『風土記』の伝承。もう一つは、巨樹が伐採された後のことを語ることがない『今昔物語集』一一―二二や三一―三七の話。ここから、前者を「生身」、後者を「切り身」とするのにはなお判断材料が不足しているかもしれないが、少なくとも、後者に比して、前者の巨樹は「生身」に近い存在とみる余地はあろう。

巨樹だけではないが、今後、より豊かな環境を実現するために、身近な暮らしの中にも「生身」の関係を承知しておきたい。

注

（1）巨樹（伝承）をめぐる主な研究として、寺川真知夫『仁徳記』の枯野伝承の形成」（『日本古代論集』笠間書院、一九八〇年）、畠山篤「枯野伝承考」（『沖縄国際大学文学部紀要』国文学篇八―二、一九八〇年）、松前健「木の神話伝説と古俗」（『古代伝承と神話文学』弘文堂、一九八八年）、近藤健史「樹下の宴」（『美夫君志』四四、一九九二年）、細川純子「木を歌うことは」（『上代文学の諸相』塙書房、一九九三年）、青木周平「巨木伝承の展開と定着」（『古事記研究』おうふう、一九九四年）、藤原良章「中世の樹の上で」（『中世的思惟とその社会』吉川弘文館、一九九七年）、辰巳和弘『風土記の考古学』（白水社、一九九九年）二七～五七頁、工藤健一「樹下の芸能」（『芸能の中世』吉川弘文館、二〇〇〇年）、居駒永幸「仁徳記・枯野の歌」（『古代の歌と叙事文芸史』笠間書院、二〇〇三年）、北條勝貴「伐採抵抗伝承・伐採儀礼・神殺し」（『環境と心性の文化史』下、勉誠出版、二〇〇三年）、佐藤洋一郎『クスノキと日本人』（八坂書房、二〇〇四年）、小峯和明「〈樹〉の風景」（『院政期文学論』笠間書院、二〇〇六年）、小林茂文「古代国家と樹木の記憶」（『早稲田』二八、二〇〇七年）など参照。

（2）ミルチャ・エリアーデ（堀一郎訳）『シャーマニズム』（冬樹社、一九七四年）。

（3）大林太良編『シンポジウム日本の神話2　高天原神話』（学生社、一九七三年）一九三～一九五頁の大林氏の発言。また、勝俣隆「大樹伝説と高木神」（『異郷訪問譚・来訪譚の研究』和泉書院、二〇〇九年）参照。

（4）土橋寛『日本語に探る古代信仰』（中公新書、一九九〇年）、保立道久「巨柱神話と天道花」（『物語の中世』東京大学出版会、一九九八年）。

（5）伊豆の造船については、辰巳「伊豆手舟と『枯野』説話」（『万葉集の考古学』筑摩書房、一九八四年）参照。

(6) 保立道久『歴史のなかの大地動乱』（岩波新書、二〇一二年）一七六頁。
(7) 金子啓明・岩佐光晴・能城修一・藤井智之「日本古代における木彫像の樹種と用材観」（『MUSEUM』五五四、一九九九年）四頁。
(8) 大橋一章「クスノキ像の製作」（『奈良美術成立史論』中央公論美術出版、二〇〇九年）。
(9) 勝俣「大樹伝説と琴」（前掲(3)所収）。
(10) 大林「巨樹と王権」（『日本伝説大系』別巻一、みずうみ書房、一九八九年）三七六〜三七七頁。
(11) 吉田比呂子『「カゲ」の語史的研究』（和泉書院、一九七九年）三三頁。
(12) 平川南「古代『東国』論」（『歴史と文学のあいだ』総研大日本歴史研究専攻・国立歴史民俗博物館、二〇〇六年）。
(13) 吉村武彦「都と夷（ひな）・東国」（『万葉集研究』二一、塙書房、一九九七年）。
(14) 『古事記』（日本思想大系、岩波書店、一九八二年）二八〇頁頭注。
(15) 鈴木景二氏は、辻・チマタの聖樹が後世に石塔に転化する例をもとに、現在、飛鳥寺西に所在する入鹿の首塚の地こそが大槻の後身と推定されている（「飛鳥寺西の槻の位置について」〈『古代中世史の探究』法蔵館、二〇〇七年〉）。
(16) 飛鳥寺西の大槻については、今泉隆雄「飛鳥の須彌山と斎槻」（『古代宮都の研究』吉川弘文館、一九九三年）を参照した。
(17) 一九〇二年（明治三五）に飛鳥寺北の石神地区から須弥山石が出土している。これを『日本書紀』の須弥山とする説（今泉、前掲(16)）がある一方、須弥山石は当初、崑崙山として造形されたのを、『日本書紀』編者が須弥山と誤認したものとする説もある（和田萃『飛鳥』〈岩波新書、二〇〇三年〉一一四〜一三三頁、山本陽子「須彌山石考」〈『てら　ゆき　めぐれ』中央公論美術出版、二〇一三年〉など参照）。
(18) 木下正史『飛鳥・藤原の都を掘る』（吉川弘文館、一九九三年）八一頁。
(19) 今泉「蝦夷の朝貢と饗給」（『古代国家の東北辺境支配』吉川弘文館、二〇一五年、初出一九八六年）九八〜九九頁。
(20) 仁藤敦史「古代王権の表象」（『家具道具室内史』一、二〇〇九年）。
(21) 『上宮太子拾遺記』六には『延暦僧録』（崇真居士・中臣鎌子伝）逸文として、乙巳の変で鎌足が蘇我入鹿を平らげたことによって、「鎌子」は「一位」に昇り、「寺前樹神」は「三位」を授けられたとある。このうち、「一位」「三位」という大宝令制下の位階が記されているのは年代的にも不自然であることから、当該史料をそのまま史実として認めることは難しい。ただし、「寺前樹神」という表記は、天武・持統朝の飛鳥寺西の大槻とは異なり、大宝令以後の時期の神の依り代にふさわしい。とすると、飛鳥寺西の大槻が再び「寺前樹神」と位置付けられた後、「三位」を授かった起源伝承として、乙巳の変と結び付けて成立したのが『延暦僧録』逸文ではあるまいか。

(22) 蘇我馬子の「槻曲家」のクマについては、『岩波古語辞典』に曲り目、奥まった所、暗くて陰になっている所、隠しているところなどの意があがっている。「槻曲家」の名前からは、槻の大木があって、天皇の宮と同じように、朝日・夕日に大きな影を作っている景観が指摘されるのではないだろうか。

(23) 市（名）も樹木と関係が深い。いくつか例をあげておくと、阿斗桑市（『日本書紀』敏達一二年是歳条）、軽市の樹（同天武一〇年〈六八一〉一〇月是月条）、難破市の樹（『日本霊異記』上―三五）など（関和彦「閻魔大王とちまた」〈『古代交通研究』八、一九九八年〉一二頁参照）。

(24) 池辺弥「植物と神社」（『古代神社史論攷』吉川弘文館、一九八九年）二〇七～二一一四頁。

(25) 岩井克人『ヴェニスの商人の資本論』（ちくま学芸文庫、一九九二年）一一九～一二四頁。

(26) 拙稿「古代春日社の祭りと信仰」（『古代の王権祭祀と自然』吉川弘文館、二〇〇八年）四七～四八頁、五七～五八頁。

(27) 拙稿「古代大儺儀の史的考察」（『古代国家の神祇と祭祀』吉川弘文館、一九九六年）。

(28) 岡田精司「記紀神話の成立」（『岩波講座日本歴史』二、岩波書店、一九七五年）三〇五頁。

(29) 夜刀神の伝承に関する研究は数多いが、夜刀神をめぐる信仰という観点から、関「夜刀神伝承の世界」（『日本古代社会生活史の研究』校倉書房、一九九四年）、高橋明裕『風土記』開発伝承の再検討」（『交錯する知』思文閣出版、二〇一四年）など参照。

(30) 『日本霊異記』と関連して、東国の集落遺跡から出土する多文字墨書土器（「罪司」「召代」「身代」「命替」「国玉神」「奉」「進上代」などの語句を含む）を、人の罪を裁き、その死期を決する罪司に賄賂として御馳走を供献し、冥界に召されるのを免れようとしたという指摘がある（平川「〝古代人の死〟と墨書土器」〈『墨書土器の研究』吉川弘文館、二〇〇〇年〉）。

(31) 瀬田勝哉『木の語る中世』（朝日新聞社、二〇〇〇年）二七～三三頁。

(32) 瀬田、前掲(31)三四〜三七頁。
(33) 鬼頭秀一『自然保護を問いなおす』(ちくま新書、一九九六年)。また、白水士郎「生命・殺生」(『環境倫理学』東京大学出版会、二〇〇九年)も参照。
(34) 鬼頭、前掲(33)一二六頁。
(35) 川村晃生「祝島から仙崎へ」(『芸文研究』九五、二〇〇八年)一九頁。
(36) 内山節氏は、巨大な政治・経済システムに依存する現代文明を見直し、人々が知性・身体・生命を通して自然や死者とともに確かな生を取り戻していく社会に転換させていくべきだと指摘されている(『文明の災禍』新潮社新書、二〇一一年)。

第二章　古墳と植樹

はじめに

古墳は現在、樹木で覆われているケースが多いが、築造当初、墳丘には葺石が敷かれ、埴輪が立てられていたか、葺石・埴輪がなく赤土で覆われていたか、いずれかの形姿であった。一九六五年から七五年にかけて発掘調査と復原がなされた神戸市の五色塚古墳からは、葺石に覆われ埴輪が巡らされた、古墳本来の姿形が窺える。(1) これが古墳本来の姿だというのならば、実は古墳に樹木が茂っているのも古代の景観であった。結論から先に述べてしまうと、古墳に樹木が植えられたのは七世紀後半のこととみられる（後述）。そして、この景観の大きな変化によって、人々の古墳や墳墓に対する心性（思い）も変化したものと想像される。本章では、古墳への植樹の時期、背景を明らかにし、(2) また、植樹によって古墳に対して、どのような心性が人々に生じたのかについて検討していきたい。

このような問題をテーマとするのは、近年、遺跡・遺物への人々の認識、眼差しを追及するという、考古学の新しい研究(3)に触発されている。この研究では、たとえば、縄文土器が縄文時代の社会を復原する手がかりになることは勿論であるが、それだけではなく、近世に発見された厚手の縄文土器が長者屋敷の瓦と想像されて、土器の出土地を長者が住んでいたと認識された例に着眼する。これは一例に過ぎないが、遺跡・遺物は使用されなくなった時代にも、本来の利用とは異なる意味づけをなされていった点に注目すべきだという。これは古墳の場合にも同様にあてはまろう。

本章では、右の考古学の新しい研究を踏まえ、環境史の立場から、古墳と植樹について考察してみたい。古墳も環境の一部であることからすれば、人々が植樹以前、植樹以後の古墳や墳墓に対して、いかなる心性を懐いたかを探り、「古代の人々の心性と環境」を考察していきたいと思う。

なお、その際、古墳（氏々の祖の墓）が神社とともにアジールであったことにも留意しておきたい。アジールとは、犯罪者が逃げ込めば罪の追及を免れるという異界であり、『日本書紀』允恭五年七月条に、天皇の追及を恐れた玉田宿禰が「武内宿禰の墓域」に逃げ隠れた、同雄略三年四月条に、讒言が露顕した阿閉臣国見が石上神宮に逃げ込んだ、『続日本紀』天平神護元年（七六五）八月庚申朔条に、謀反を起こした和気王が率川社に逃げ込んだものの、捜索の結果、社内で捕えられて伊豆に流罪になったという例が指摘される。律令法の下では、アジールは効力を喪失していくとしても、地域社会では後々も生き続けていくものと思われる。本章の考察では、アジールと古墳との関係も視野に入れておくこととしたい。

一　古墳と植樹

1　古墳の築造—植樹以前—

古墳築造当初、古墳はどのような景観であったのだろうか。植樹以前の古墳の様子が窺われる史料を掲げておこう。

〔史料1〕　乃ち詐りて天皇の為に陵を作るまねにして、播磨に詣りて山陵を赤石に興つ。仍りて船を編みて淡路嶋に

絙して、其の嶋の石を運びて造る。則ち人毎に兵を取らしめて、皇后を待つ。（『日本書紀』神功皇后摂政元年二月条）

〔史料1〕は、神功皇后が三韓征伐をし、筑紫で生まれたばかりの応神とともに大和に凱旋してくるところを、麛坂王・忍熊王が偽って、父仲哀天皇のために赤石に山陵を造って、皇后を待ち受けたという。このように伝承されている古墳が、先の五色塚古墳で、全長一九四メートルの古墳時代中期の前方後円墳であった。〔史料1〕に、淡路島の石を運んで造ったとある通り、五色塚古墳の上・中段の葺石（斑糲岩）として、淡路島東部の淡路市大磯から岩屋海岸に分布する約二二七八トンもの石を利用したと推定されている。(5)

ところで、このように葺石を貼り付けた五色塚古墳には、先述の通り、七世紀後半までの約二〇〇年間余、墳丘に樹木は生えることがなかったものと思う。森浩一氏は、古墳に対して管理や祭祀が続けられている間は、樹木が生えないように務めていたと指摘されている。(6)このことを具体的に知る手がかりに恵まれないが、(7)古墳は築造後、草が生えたり樹木が茂ったりすることがないよう、築造時の景観を維持すべく、管理されていた可能性を考慮すべきであろう。(8)

〔史料2〕天皇、其の父王を殺したまひし大長谷天皇を深く怨みたまひて、其霊を報いむと欲す。故、其の大長谷天皇之御陵を毀たむと欲し而、人を遣す時、……意祁命自ら下り幸し而、其の御陵之傍を少し掘りて、還り上りて復奏して言したまはく、「既に掘り壊ちつ。」とまをしたまふ。（『古事記』下〈顕宗〉）

『古事記』は、顕宗天皇が、父の市辺忍歯皇子を雄略によって殺害されたことを怨んで、雄略陵を暴いて復讐しようとする。兄の意祁命（仁賢）が雄略陵を壊しにいくが、天皇の陵を壊すのは後世の人から誹謗されるといって、陵の隅の土を少し掘っただけにしたという話。『日本書紀』では、仁賢の反対にあって、顕宗は雄略陵の破壊を思い止まったとしている（『日本書紀』顕宗二年八月己未朔条）。『古事記』の話では、雄略陵の破壊が形ばかり行われたわけであるが、陵の隅の土を少し掘っただけというのは、やはり墳丘に樹木が植えられていなかったからであろう。後の時代では、樹木が茂っている古墳の破壊としては、樹木を伐採する行為がまずもってなされたはずである。

〔史料3〕皇太子、使を遣して飢者を視しめたまふ。使者、還り来て曰さく、「飢者、既に死りぬ」とまうす。爰に皇太子、大きに悲びたまふ。則ち因りて當の処に葬め埋ましむ。墓固封む。

（『日本書紀』推古二一年〈六一三〉一二月辛未条）

〔史料3〕は聖徳太子をめぐる片岡飢者の話。太子が片岡に出かけたところ、道端で飢者が臥せていたので、太子が飢者に飲食や衣服を与えた。ところが、翌日、使者を飢者のもとに派遣したところ、飢者はすでに死んでいたので、その地に葬り、墓をつき固めた（「固封」）。後日、再び使者を送ると、墓は動いていないのに、屍はなく、衣服のみ棺の上に置いてあったという。ここに墓を「固封」したとあり、葺石をならべたといっているわけではないことに注意すべきであろう。古墳築造には赤土をつき固めただけで葺石がない場合があるが、〔史料3〕はその例とみられる。いずれにしても、墳丘に樹木が植えられていないケースがあったといえるのではないだろうか。

〔史料4〕砂礫を以て檜隈陵の上に葺く。則ち域外に土を積みて山と成す。仍りて氏毎に科せて、大柱を土の山の上に建てしむ。時に倭漢坂上直が樹てたる柱、勝れて太だ高し。故、時の人号けて、大柱直と曰ふ。

（『日本書紀』推古二八年〈六二〇〉一〇月条）

右の記事は、欽明天皇の檜隈陵に葺石を敷いた。また、周囲に土手のようなものを作り、そこに氏毎に柱を建てた。倭漢坂上直が建てた柱が立派であったので、大柱直といったという。〔史料4〕は、この後も何度か取り上げるが、差しあたって指摘しておきたいのは、以下の三点である。第一は、欽明の檜隈陵は現在、治定されている欽明陵、すなわち、梅山古墳（明日香村平田）のことだとみておく。(9) 第二は、梅山古墳の周囲の池から、近世に、大柱を思わせる巨木が見つかっていること。[10] 第三は、欽明陵には、〔史料4〕からすると、築造当時、葺石もなかった、樹木も植えられていなかったはずである。それが欽明没後五〇年目を機に[11]葺石が敷かれ、周囲に柱が建てられたということになる。葺石が古墳築造段階に敷かれただけではなかったことにも留意されよう。

〔史料5〕　立野。立野と号くる所以は、昔、土師の弩美の宿禰、出雲の国より往来ひて、日下部野に宿り、すなはち病を得て死にき。その時、出雲の国人来到り、連き立ちし人衆運び伝へ、川の礫を上げて、墓の山を作りき。故れ、立野と号く。すなはち、その墓屋を号けて出雲の墓屋と為す。（『播磨国風土記』揖保郡条）

〔史料5〕は、地方の古墳にも葺石が葺かれていたことが分かる史料である。土師弩美宿禰が死んだので、出雲の国人が川の礫で墓の山を作ったとある。この川の礫も葺石のことであろう。また、人々が石を手伝いに運ぶというのは、後掲の箸墓造営伝承にもある。

〔史料6〕　時に、皇子等、大く哀しび、すなはち小立を遣りて、勅云りたまひしく、「朝日夕日の隠ろはぬ地に、墓を造りてその骨を蔵め、玉以て墓を餝らむ」とのりたまひき。故れ、縁りて、この墓を玉丘と号け、その村を玉野と号く。（『播磨国風土記』賀毛郡条）

地方の古墳の様子が窺えるという点では〔史料6〕も同じである。顕宗・仁賢が即位前、播磨に潜んでいた際、国造の女、根日女に求婚する。しかし、二人は互いに相手を譲り合っているうちに、根日女は老いて死んだ。その根日女の墓の様子が〔史料6〕である。玉をもって墓を餝るというのは、葺石のことで、実際、根日女の墓に比定されている、兵庫県加西市の玉丘古墳（全長一〇九メートルの前方後円墳）には葺石の存在も確認されている。[12] ただし、根日女を五世紀末の顕宗・仁賢の代の人物とすると、四世紀末の玉丘古墳の年代とは一〇〇年ほど相違するので、玉丘古墳は根日女の墓ではあるまい。いずれにしても、玉（葺石）を敷き詰めた古墳には朝日夕日が当たって光り輝くということから、玉丘の名称も成立したのであろう。

『播磨国風土記』は和銅六年（七一三）の風土記撰進命令後、霊亀三年（七一七）の郷里制施行以前には成立したと見られる。[13]八世紀前半の玉丘古墳にも樹木が植えられていた可能性が大きい。とすると、玉丘古墳に朝日夕日が当たって光ると語られているのは、植樹以前の古墳の記憶が伝わっていて、それが『風土記』に書き記されたということであろう。

〔史料7〕　玉手丘上陵（孝安天皇）、傍丘磐杯丘南陵（顕宗天皇）、埴生坂本陵（仁賢天皇）、傍丘磐杯丘北陵（武烈天皇）、埴口墓（飯豊皇女）―以上、『延喜式』二一（諸陵式）、河内埴生山岡上（来目皇子、『日本書紀』推古一一年〈六〇三〉二月丙子条）

『延喜式』や『日本書紀』から、古墳名で樹木が植えられていないと思しき例を探してみると、玉やハニ（埴）を名前に含む四例が拾える。また、顕宗・武烈陵の磐杯は埴輪ではないだろうか。七世紀後半以降、墳丘に樹木が植えられていくことからすれば、玉・赤土・磐杯の名前は、植樹以前の古い古墳の景観に由来する名称が伝わった可能性が指摘されよう。

なお、葺石や墳丘に関して、考古学者から参照さるべき指摘があるので、ここに紹介しておこう。都出比呂志氏は「葺石が……墳丘外との結界のシンボルとして、白く輝く石の視覚的効果を通じて荘厳化を図る施設といえよう」[14]と指摘された。また、青木敬氏も同様に、「大方の埴輪が呈する赤褐色という色調では、宝萊山古墳（東京都大田区―引用者注）に樹立しても墳丘の色と重なってしまって目立たない。……葺石を葺く古墳に円筒埴輪が存在し、この段階では葺石を葺かない古墳に円筒埴輪は認められないことが一般的である。……筆者の推断ではあるが、これには色彩的感覚が多分に影響するのではないかと考える。葺石石材の白色系の色調と、埴輪の赤褐色はコントラストをなしており非常に目立つ。よって埴輪と葺石はセットでないと古墳全体に対する視覚的イメージが半減してしまう[15]」として、古墳研究にも当時の色彩感覚を追求する必要があるとされている。都出・青木両氏の指摘に同感である。少なくとも、〔史料6〕はそのことをよく物語っているはずである。[16]

〔史料8〕 乃ち大市に葬りまつる。故、時人、其の墓を号けて、箸墓と謂ふ。是の墓は、日は人作り、夜は神作る。故、大坂山の石を運びて造る。則ち山より墓に至るまでに、人民相踵ぎて、手逓伝にして運ぶ。時人歌して曰はく、

大坂に　継ぎ登れる　石群を　手逓伝に越さば　越しかてむかも

（『日本書紀』崇神一〇年九月甲午条）

葺石のある古墳の一つに箸墓古墳がある。三世紀中頃築造の日本最古の前方後円墳として周知の通りであるが、この造営には「日は人作り、夜は神作る」とあるように、夜には神の力も動員されて、ただならぬ力が働いたと伝承されていることに注目したい。

箸墓古墳に利用された石材としては、付近の巻向川で採取された葺石[17]と、芝山（柏原市国分市場）で採集された石室材（橄欖石玄武岩）がある。[18]このうち、後者が、「時人」の歌を反映している可能性があろう。

ところで、箸墓古墳では、一九九四年から九五年、第七次調査として、前方部北側に隣接する「大池」西岸部の発掘調査がなされた際に、花粉分析が実施されている。その成果によると、箸墓古墳は「築造後は早期に植生が遷移し、少なくとも五世紀には二次林化が行われ、六世紀には二次林も減少し人為性の高い草本が増加し[19]」たという。もし、この成果を首肯すると、古墳が樹木で覆われるというのは、築造後の早い段階からあったことになる。しかしながら、はたして、そのようにいえるのだろうか。

花粉分析からの植生復原説に関して、疑問としたいのは、第一に、すでに指摘がある通り、調査地点の花粉分析の成果は、その地点の周辺の植生を解明する手がかりにはなるものの、箸墓古墳の墳丘という特定地点の植生まで明ら

かにできるのかという疑問である。[20]第二に、箸墓古墳の墳丘面には葺石が葺かれ、植物が育ちにくい環境が想定できることである。しかも、前述のように、古墳築造後、樹木が育たないよう管理されていたと想定されるとすれば、なおさらであろう。第三として、箸墓古墳の周濠が空濠ではなかったかという指摘がある。[21]とすれば、箸墓古墳の場合、花粉分析を通して古環境を復元すること自体、はじめから問題だったのではあるまいか。以上の三点から、箸墓古墳周辺の花粉分析から、箸墓古墳築造後に早くも植物が育っていたというような理解は直ちには受け入れがたいものと思う。墳丘部に樹木が茂るようになるのは、やはり七世紀後半まで待たねばなるまい。

2　古墳と植樹

今度は、古墳に植樹されていることが知られる史料を年代順に紹介しよう。史料の年代としては七世紀後半以降のものが基本である。

〔史料9〕　飛鳥浄原大朝庭の大弁官、直大貳、采女竹良卿請け造る所の墓所、形浦山の地四十代、他人上りて木を毀ち、傍地を犯し穢すこと莫れ。

己丑年（六八九）十二月廿五日　（「采女氏塋域碑」）

〔史料9〕が古墳の植樹に関する、ほぼ最初の史料といってよい。ただし、この石碑は原碑が失われており、拓本が伝わるのみで、しかも、拓本の中にも真拓かどうか疑わしいものもあり、史料として扱いにくいところがあった。碑文中の「四十代」についても、これまでは「四千代」と読まれてきた。しかしながら、近年、静岡県内で近世の古い拓本のオリジナルがみつかり、静岡県立美術館の所蔵となって、碑文の研究も新たな段階に入ったといわれている。ここでは新発見の拓本に基づいて検討された三谷芳幸氏の研究[22]に依拠して述べるとすると、まず、「四十代」か「四千代」かという点は、新出の拓本では「四十代」とみるのが妥当で、したがって、「四十代」（〇・八段）というのは采女竹良個人の小規模な墳墓とみるべきであろう。そして、碑文中に「他人上りて木を毀ち、傍地を犯し穢すこと莫れ」という禁止命令があった。これは当該期に古墳に樹木が生えていた、確かなる証拠といえよう。

〔史料10〕　宇尼備・賀久山・成会山陵と吉野宮との辺の樹木、故無くして彫み枯る。

（『続日本紀』文武四年〈七〇〇〉八月戊申条）

成会山陵は、文武天皇の四代前の押坂彦人大兄皇子（敏達天皇の皇子）の墓であるが、それを含めて、宇尼備山などの周辺の樹木が理由もなく枯れたとある。成会山陵の周囲にも樹木が植えられていたはずである。この成会山陵とは奈良県広陵町にある牧野古墳（六世紀末の円墳）のことといわれている。

〔史料11〕　凡先皇陵。置二陵戸一令レ守。非二陵戸一令レ守者。十年一替。兆域内。不レ得二葬埋及耕牧樵採一。

（喪葬令先皇陵条）

右は養老喪葬令の規定で、後半の「牧」は牛馬を飼うこと、「樵」は草木を刈ること、「採」は果実を採る意。「樵」禁止の規定からも古墳に樹木が生えていたことが知られよう。

〔史料12〕　凡盗二山陵内木一者。杖一百。草者減二三等一。若盗二他人墓塋内樹一者。杖七十。

（賊盗律山陵条）

この規定は、唐律にも同様なものがある。唐律では前半部分を「諸盗二園陵内草木一者、徒二年半」として、日本と異なり、草木の区別をせず、また、徒二年半は日本律よりも重い。後半も唐では「杖一百」とし、これも日本より重い規定になっている。また、草[23]を盗むというのは、牧草のことであろう。〔史料11〕の「牧」や、多武峯墓四至内で「百姓樹を伐り放牧する」のを禁じていること（『三代実録』貞観五年〈八六三〉二月庚子条）からして、兆域内で放牧が行われることもあったらしい。

さて、〔史料9〕と、〔史料11・12〕の律令の条文に関しては、飛鳥浄御原令との関係で、二つの問題点が指摘される。

そこで、まず大宝葬喪令先皇陵条の復元を示すと、「凡先皇陵。置㆓陵戸㆒令㆑守。非㆓陵戸㆒令㆑守者。十年一替。(其)兆域内。不㆑得㆓葬埋及耕牧樵採㆒。」(○は大宝令文、△は推定)ということになる。さらに関連記事として、『日本書紀』持統五年(六九一)一〇月乙巳条に「詔して曰はく、『凡そ先皇の陵戸は、五戸より以上を置け。自余の王等の、功有る者には三戸を置け。若し陵戸足らずは、百姓を以て充てよ。其の徭役免せ。三年に一たび替へよ』とのたまふ」があるが、これは式文とみられ、しかも、非陵戸者の交替規定が存在していることから、浄御原喪葬令第一条(養老喪葬令先皇陵条相当)には、非陵戸者の規定が存在しなかった可能性が高い。これを林紀昭氏は以下のように説明されている。すなわち、「本条(浄御原喪葬令第一条—引用者注)は、陵墓には陵戸を置けという原則的規定が中心で、彼等の徴発法・数等は式に委ねられていて、令の明文としては規定されていなかった。ただ、陵戸は陵守と墓守とに分かれ、その職務として陵墓の巡警が規定されていたのであろう。さらに、大宝令、唐令とも一致して規定することから、兆域内での葬埋や耕牧樵採も本条で禁止されていたと思われる(24)」と。首肯すべき見解であろう。北宋の天聖令に「先代帝王陵、並不㆑得㆓耕牧樵採㆒」とある(25)ことからも、「耕牧樵採」の部分も浄御原令に遡る可能性が高い。

もう一つの問題は、〔史料9〕が六八九年のもので、ちょうど浄御原令の諸司班賜の年次—「諸司に令一部二十二巻班ち賜ふ」(『日本書紀』持統三年六月庚戌条)と一致していることである。これは偶然ではあるまい。東野治之氏は、浄御原令によって庚寅年籍の作成や班田収授制の本格的施行も始まるのであって、「持統三年前後には田薗山林の帰属や公私の別が当然大きな社会的関心となっていたであろう。この前後に墓地の境域を主張した采女氏塋域碑が造立されているのは偶然とは思われない(26)」とされている。しかし、古墳や墳墓の周囲に樹木を植えて、一定の私有権を主張するというのは、この後の慶雲三年詔〔史料13〕が最初であろう。したがって、「采女氏塋域碑」は律令国家の土地政策と無関係と断ずることはできないかもしれないが、だからといって、同碑を直ちに班田収授制の実施と積極的に関係付けることは差し控えておきたい[27]。

〔史料13〕　また、詔して曰はく「……但し、氏々の祖の墓と百姓の宅の辺とに、樹を栽ゑて林とすること、并せて周二三十許歩ならむは、禁の限に在らず」とのたまふ。

（『続日本紀』慶雲三年〈七〇六〉三月丁巳条）

〔史料13〕は、後にも扱うが、王公諸臣の山野占有を規制した詔の最後に、氏々の祖の墓と百姓の宅の辺とに植樹して林とすること、あわせて二、三十歩（三六〜五四メートル）以下は禁止の限りにしないこととある。これによって豪貴族層の排他的土地所有が認められることとなった[28]。すなわち、古墳植樹が律令国家の土地政策と関連付けられて展開していく直接的契機になったのが〔史料13〕であった。

それと同時に、〔史料13〕において、氏々の祖の墓、百姓の宅の辺に植樹することで私有が認められる背景に、かかる空間がアジールであったことに注意せねばならない。その点では、前掲〔史料9〕の采女氏の墓域、後掲〔史料20〕の葛井・船・津三氏の墓地に関しても同様な位置付けができよう。

〔史料14〕　……夜臺荒寂にして松柏煙を含めり。嗚呼哀しき哉。

（「石川年足墓誌」天平宝字六年〈七六二〉）

右に引用した箇所は「石川年足墓誌」の末尾の部分であるが、「夜臺」は墓の意で、「松柏」は中国の墓樹を指し、「松柏」の語句自体は文飾の可能性があろう。したがって、石川年足の墓に「松柏」が生えていたかどうかは判断できないが、少なくとも、樹木が茂っていたことは認めてよいだろう。

〔史料15〕　古に　ありけむ人の　倭文機の　帯解き交へて　廬屋立て　妻問ひしけむ　葛飾の　真間の手児名が　奥つきを　こことは聞けど　真木の葉や　茂りたるらむ　松が根や　遠く久しき　言のみも　名のみも我は　忘らゆま

しじ　（『万葉集』三―四三一）

〔史料16〕……隴上の青松は、空しく信剣を懸け、野中の白楊は、但に悲風に吹かるるのみ。……

（『万葉集』五「俗道の仮合即離し、去り易く留み難きことを悲嘆する詩一首并せて序」）

〔史料17〕墓の上の　木の枝なびけり　聞きしごと　千沼壮士にし　依りにけらしも（『万葉集』九―一八一一）、……
奥つ城を　こことと定めて　後の世の　聞き継ぐ人も　いや遠に　偲ひにせよと　黄楊小櫛　然刺しけらし　生ひてなびけり（一九―四二一一）、処女らが　後のしるしと　黄楊小櫛　生ひ代はり生ひて　なびきけらしも（一九―四二一二）

『万葉集』の例を右に一括して取り上げた。〔史料15〕は山部赤人の歌であるが、真間の手児名の墓は真木（檜や杉などの総称）の葉が茂ったためか、松の根が伸びたためか、墓の所在が分からなくなった。せめて話や名前だけでも忘れられそうにないという意。〔史料16〕は山上憶良作の詩文の一部であるが、墓上の青松に信義の剣が空しくかかり、野中の墓地の白楊はいたずらに風に吹かれている、とある。青松や白楊は中国に出典（『史記』『文選』）があるので、樹種はそのまま受け止められないとしても、ここでも墓樹が生えていることまでは認められよう。

〔史料17〕は菟原処女に言い寄った二人の男性が相次いで自殺したというのを万葉歌人たちが詠う。一八一一は高橋虫麻呂の歌で、菟原処女の墓の上の木の枝がたなびいている。処女は噂どおり、千沼壮士に心を寄せていたのであろうという意。後の二首は大伴家持の歌で、四二一一は処女の墓所を定めて、後の時代に聞き継ぐ人もいよいよ遠く思い偲ぶよすがにせよと、黄楊の小櫛を刺したらしい。それが生い育って靡いていることよという意。四二一二もほぼ同様で、処女の後の代の語り草のしるしのためと、黄楊の小櫛が木に生え変わり、生い育って靡いているらしいという意。家持の二首では、黄楊の小櫛が根付いたというのであるから、少なくとも家持の時代には墓の上に黄楊が植えてあったことになろう。(29) また、森氏は、神戸市の処女塚古墳を中心に、東西一〜二キロの間隔内に、東に東求女塚古墳、西に西求女塚古墳があり、いずれも四世紀後半から五世紀はじめの前方後円墳で、とくに調査がなされた処女塚古墳は表面に葺石が施されていたと指摘されている。(30)

〔史料9〕から〔史料17〕までの諸史料から明らかなように、七世紀後半以降になると、古墳に樹木が植えられていたことが窺える史料が散見する。古墳の植樹は七世紀後半に始まるとみられよう。

ただし、その際、すべての古墳の墳丘全面に樹木が植えられたわけではあるまい。というのも、七世紀中葉から八世紀初頭の大王(天皇)陵に継起的に八角墳が採用されているからである。(31) 墳丘面に凝灰岩の石材を使って八角形を表示した野口王墓古墳(天武・持統陵)、発掘調査で墳丘が八角形であることが明らかになった中尾山古墳(文武陵)などは、天皇の「やすみしし」という四方八方支配を墳形で表現したものといわれている。(32) かかる特異な墳形の古墳では、はじめから樹木を全面的に植えていたとは想定し難い。樹木が墳形を覆ってしまうからである。天皇陵で八角形の最後が文武陵であり、史料上、樹木を植えたことが確認できる最初の例が元明太上天皇陵(後掲〔史料40〕)であることからすると、天皇陵の全面的な植樹に関しては七世紀後半から少し遅れ、八世紀前半以降であったとみておきたい。

〔史料18〕 詔して曰はく、「……その諸氏の冢墓は、一ら旧界に依りて、斫り損ふこと得ざれ」とのたまふ。

(『続日本紀』延暦三年〈七八四〉一二月庚辰条)

諸氏の冢墓を切ってはならないという詔であるが、詔には切る対象が何かは明記されているわけではない。しかし、ここはやはり墳墓の樹木であったとしてよいだろう。その点で、次の二史料ははなはだ興味深い。

〔史料19〕 ……高祖父佐波良・曽祖父波伎豆・祖宿奈・父乎麻呂の墳墓の本郷に在る者は、拱樹林を成す。(和気清麻呂竄を被るの日、人の伐除する所と為る。帰来し、上疏して状を陳ぶ。……

（『日本後紀』延暦一八年〈七九九〉二月乙未条）

〔史料19〕は和気清麻呂の薨伝の一節。和気氏の本拠地（現、岡山県和気町）には和気氏代々の墳墓があり、洪樹（大木）が林になっている。清麻呂が神護景雲三年（七六九）の宇佐八幡託宣事件で失脚すると、人々は祖先の墓樹を伐採したとある。この史料から、地方の豪族の代々の墳墓にも樹木が植えられていたこと、樹木が切られることが墳墓の破壊と同義であったことが知られる。〔史料2〕で雄略陵を破壊しようとして墳丘の一部を掘ったという話と相違することはいうまでもあるまい。

〔史料20〕　正四位下行左大弁兼右衛士督皇太子学士伊勢守菅野朝臣真道等言さく、「己等の先祖、葛井・船・津三氏の墓地は、河内国丹比郡の野中寺以南に在り。名けて寺山と曰ふ。子孫相守りて、累世侵さず。而るに今樵夫市を成して冢樹を採伐す。先祖の幽魂永へに帰する所を失ふ。伏して請ふらくは、旧に依りて禁ぜしめむことを」と。之を許す。

（『日本後紀』延暦一八年三月丁巳条）

〔史料20〕は〔史料19〕と共通するところがある。菅野朝臣真道の奏上によると、祖先の葛井・船・津の三氏の墓地が河内国丹比郡野中寺以南にあり寺山というが、樵夫が冢樹を伐採したため、先祖の魂が帰るところがなくなる。そこで、伐採を禁止して欲しいと願い出たものである。ここもアジールであろう[33]。「旧に依りて」というのであるから、以前にも同様なことがあったはずであるが、それは史料的には確認できない。この史料の中の野中寺は船氏の氏寺、野中寺の南七〇〇メートルほどのところに、寺山の地名が残っている。寺山の辺には、現在は宅地開発で寺跡がすっかり姿を消しているが、かつては埴生廃寺（善正寺跡）があり、一九四九年の発掘調査によって東西一町、南北一町半の境内に金堂と二つの東西塔をもつ薬師寺式伽藍配置の寺院であったこと、多数の瓦も出土し、いずれも野中寺や葛井寺などの瓦と類似していること、建立は七世紀後半で、九世紀頃まで存続していたことなどが判明している。[34]また、寺山周辺には一〇基程度で構成されていた埴生野古墳群があったが、これもほとんどが消滅したようである。[35]

いずれにしても、〔史料20〕に示されている事情を改めて整理してみると、野中寺南の一帯は寺山といわれ、葛井・船・津三氏の墓地（埴生野古墳群）と野中寺・埴生廃寺が存在していた。墳墓には樹木が茂っていたということになろう。しかも、墳墓の樹木は先祖の魂がよりつくのに必要であったのに対して、樵夫からすれば、それは単なる伐採の対象にしかみえていない様子も史料から窺える。同じ景観でも、見る人、立場が異なる人によって、意味付けが違っていた。その点では、〔史料19〕にも同じ事情があったといえよう。また、〔史料20〕の樹木は先祖の魂がよりつく依り代でもあったことはいうまでもあるまい。

以上、〔史料18〕から〔史料20〕まで、古墳植樹の開始を七世紀後半とすると、それから一〇〇年余を経過して、古墳・墳墓の樹木もかなり大きく成長し、時にそれが伐採の対象になっていた様子が知られる。これ以外にも、墳丘に植樹されていたことが窺える史料があるが、それは後に紹介するとして、九世紀の史料に陵墓に樹木がどのように植えられていたかが分かる史料があるので、以下では、それを取り上げておきたい。

〔史料21〕　左近衛将曹粟田真持を深草陵に遣して樹木を列べ栽ゑさしむ。間は一丈を以てし相襲ねて行を成す。

（『文徳実録』嘉祥三年〈八五〇〉四月辛酉条）

〔史料22〕　柏原山陵に告ぐる詞に云く、「天皇畏み畏みも申し賜へと申さく、御陵の木切れる事、検見使等申さく、御在所の上に木生ひたりと申すに依りて、掃ひ却け浄め奉らむが為に、参議正四位下直世王・左京大夫正四位上石川朝臣河主等を使に差して、奉り出すと申し賜ふ状を、畏み畏みも申し賜はくと申す」と。

（『類聚国史』三六、天長四年〈八二七〉一一月癸未条）

〔史料21〕は深草陵（仁明天皇陵）の例であるが、樹木が植えられる際の作法が分かる。すなわち、勅使を派遣して、樹木を一丈（三メートル）間隔で何行（列）にも植えていくとある。また、〔史料22〕では柏原山陵（桓武天皇陵）に対して、勅使が次のような宣命を唱えた。すなわち、検見使から「御在所」（埋葬地点）の上に木が生えていたという報告があった。そこで、木を掃い浄めようということになり、勅使を派遣して木を伐ることを恐縮しながら申し上げますとある。これからすると、少なくとも陵墓の場合、埋葬地点の上には樹木を植えず、周囲にのみ樹木を植える。しかも、埋葬地点の上にも木が及んできた場合は、それを切らねばならないという作法もあったらしい。

〔史料23〕　太上天皇、嵯峨院に崩ず。春秋五十七。遺詔して曰はく。「……封かず樹ゑず。土は地と平らにし、草は上に生ひしめ、長く祭祀を絶つ。……」と。　（『続日本後紀』承和九年〈八四二〉七月丁未条）

嵯峨太上天皇は崩御に際して遺詔を残して、極端な薄葬を命ずる。その中で、棺を埋めたら、高く土盛はせず、樹木を植えず、土地は平らにして草は生えるままとして長く祭祀を絶つとある。この逆の関係にあるのが、土を盛り、埋葬地点以外に樹木を一丈間隔で植えるという形であろう。

3　描かれた古墳・墳墓

次に描かれた古墳・墓を一通り取り上げておく。〔図3〕は「額田寺伽藍並条里図」で、奈良県大和郡山市の額安寺（旧額田寺）が旧蔵、現在は国立歴史民俗博物館が所蔵している。同博物館では、一九九四年から九六年にかけて図の詳細な調査、研究がなされているので、その成果[36]に従って、古墳と植樹に関する点だけに絞って述べておきたい。

「額田寺伽藍並条里図」は天平宝字年間（七五七～七六四年）をあまり下らない年代の作成の寺領図[37]で、寺院北側に「寺岡」と呼ばれた空間があり、そこには石柱（三箇所）と樹木を周囲に植えた古墳が点在している。古墳としては、

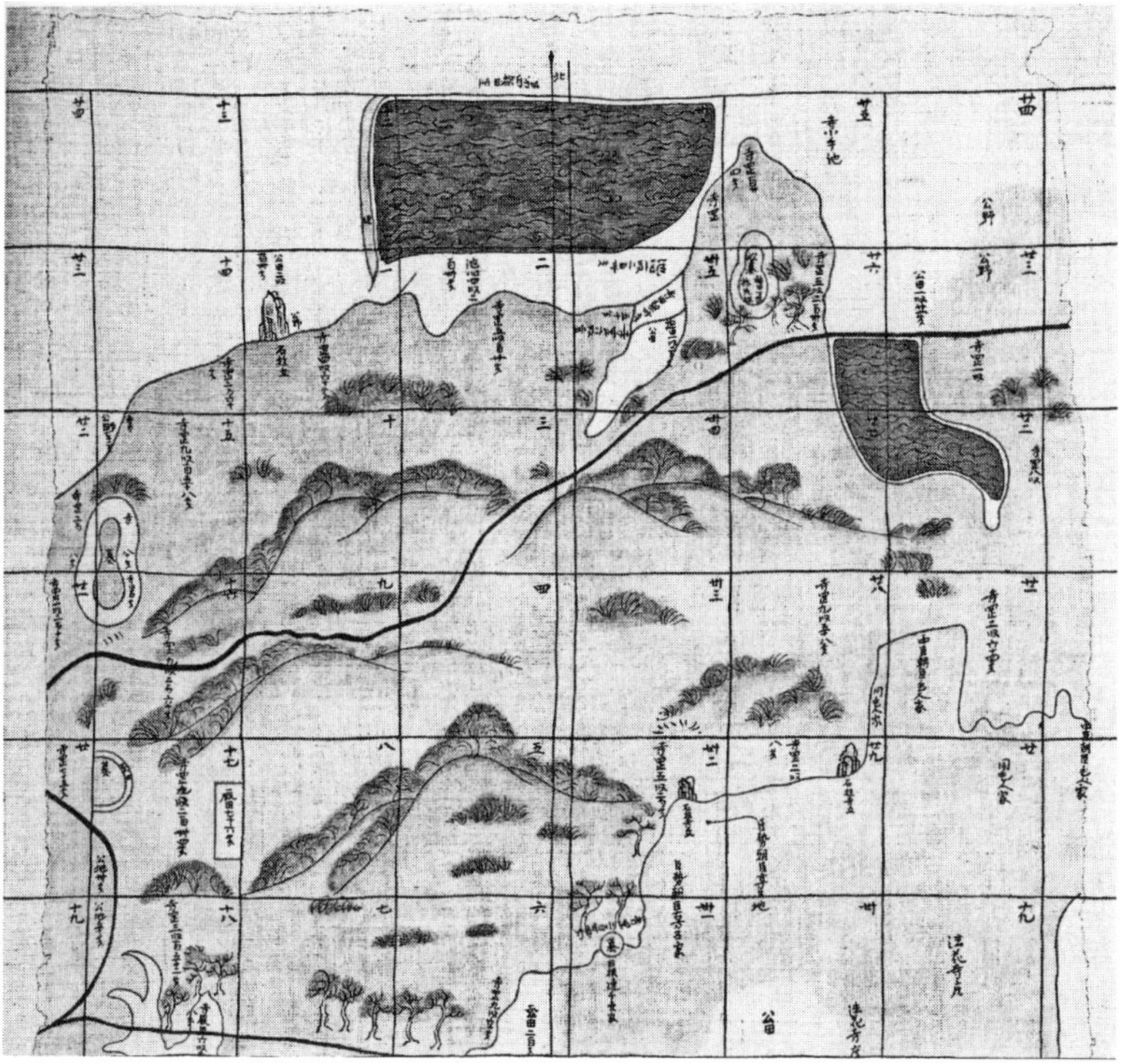

図３　額田寺伽藍並条里図復原複製（部分）

九条三里二六坪を中心に「額田マ宿祢先祖」という注記のある「船墓」がある。船墓は現在、北半部が残っており、六世紀前半の築造という。図では二重線の囲みで、瓢箪形に描かれ、周囲に樹木が植えられる様子である。樹木は墳丘には描かれておらず、これが、〔史料13〕にいう「氏々祖墓」の周囲に樹木を植えて林とするという実際の姿であろう。樹種が何か判然としないが、伽藍南門前にも同様なタッチで描かれた木がある（本書第一部第一章「古代の人々の心性と巨樹」の〔図2〕）。その地字名が「槻本田」であることから、船墓の周囲の樹木も槻（ケヤキ）と見る可能性はあろう。九条四里一五・一六・二一・二二坪に「山墓」として「墓」字の上に固有名があるのは、船墓のように、単なる墓とは区別される

図4　『餓鬼草紙』

存在であったのかもしれない。やはり二重の瓢箪形で、周囲を寺田が囲み、北側に樹木のようなものが描かれている。これは現、額田部狐塚古墳（全長五〇メートルの前方後円墳）である。図で樹木のある墓という点では、九条三里三一坪の墓も同様であろう。北側に大きな槻らしい二本の樹木がみえる。これは現、鎌倉山古墳で、六世紀後半から七世紀前半の築造と推定されている。

おそらく、このような樹木の植えられた古墳と石柱とによって、額田寺は寺岡に対する排他的経営を成立させたのであろう。それと同時に注目しておきたいのは、かかる事情は額田寺だけではなく、〔史料20〕の野中寺以南の「寺山」と墳墓との関係と共通していることである。[38] 他にも同様な例があることは後述するが、律令国家の土地政策との関係で、墳墓に樹木を植えることは豪貴族や寺院の土地経営にとって重要な意味をもっていた様子が窺えよう。

〔図4〕は平安末期の『餓鬼草紙』の一部である。荒涼とした共同墓地を描いた図として、よく知られているが、この中では、〔図4〕の中央の墓の上に松と思しき樹木が植えられていることに注目したい。藤澤典彦氏は、永長二年（一〇九七）の奥書をもつ『喪葬記』に「凡そ墓は土を積むこと丈余、松樹を以て之に植う。二年を過ぎて亦一本を植う。三年を過ぎて亦一本を植う。此により人の気去りて神と成る。……」とあることと〔図4〕との一致を指摘された。(39)すなわち、塚上の松は大中小あり、一年ごとに一本ずつ、三年間植えたものと解釈できるという。従うべき見解であろう。とすると、塚の大きさは「丈余」であろうか。また、一一〜一二世紀には、墳丘に松が植えられるようになることは後述する。その点でも〔図4〕は注目されて良いだろう。

描かれた古墳・墳墓という点では、一三世紀末の『一遍上人絵伝』にも手がかりがある。巻四には信濃国小田切里の武士の館の光景があり〔図5〕、ここで一遍が踊念仏を始めるという。その館の一角に塚があり、屋敷墓であろう。その墓の上に一本の木が立っている。枝振りからすると、松であろうか。先の『喪葬記』からして、一本松は、墓の主が死んで一年目とみられようし、塚の高さも「丈余」ではないだろうか。また、『一遍上人絵伝』巻八には、聖徳太子墓の拝殿奥で、一遍一行が石室を前に拝んでいる図が描かれている〔図6〕。図では、円墳の周りを垣根が回り、その奥は水をたたえた濠になって、魚も泳いでいる。墳丘の上や周囲は垣根の外まで複数の樹種の樹木が繁茂している様子が窺えるが、樹木の種類までは特定できない。また、〔史料21・22〕にあったように、陵墓において一丈間隔で樹木を植える、あるいは埋葬地点の上には樹木は植えないという作法は、『一遍上人絵伝』の時代の聖徳太子墓まででは継承されていないようである。(40)

もう一つの絵図として『誉田宗廟縁起絵巻』（以下、『絵巻』と略す）に言及しておく。ここには誉田御廟山古墳（いわゆる応神天皇陵）造営の図があり、他に例をみない珍しいものが含まれているからである。『絵巻』の作成については、以下の経緯があった。すなわち、『絵巻』の奥書によると、『絵巻』は永享五年（一四三三）に室町幕府六代将軍足利義教が、誉田御廟山古墳近くの誉田八幡宮（現、羽曳野市）に奉納したもので、足利義教が「先年」、誉田八幡宮に参詣した際に三巻本をみたが、それが内容的に粗略であったので、新たに古伝を集めて絵を描かせた。それが現在

図5 『一遍上人絵伝』巻4

図6 『一遍上人絵伝』巻8

の絵巻だという。「先年」とは、絵巻奉納の二年前、義教が高野山に参詣した際に誉田八幡宮に立ち寄った時ではないかとする源豊宗氏の指摘がある(41)。したがって、永享本には先行する三巻本があったことになるが、それが現在、東京国立博物館蔵の断簡で、東博本は鎌倉末期に制作されたものとされている(42)。いずれにしても、美術史家の研究によって、『絵巻』は遡っても鎌倉末期のもので、当然、古代を考えるには史料的価値は乏しい。しかし、中世に想像して描かれた古墳の図として、また、古墳と樹木という観点からも、一通り、『絵巻』を取り上げておこう。

まず、完成した応神天皇陵として白色に塗られた墳丘と周囲の濠が描かれている。濠の周囲には山陵を守護する四宇の建物と松がみえるだけである。欽明天皇の時には山陵の背後に誉田八幡宮の本殿と拝殿が建てられたという図があるが、わずかに描かれた古墳には松の木がびっしり育っている様子が窺える。その後、天長五年（八二八）、弘法大師が祈雨の修法を行うと、古墳の濠の水の上に善女竜王と八大竜王が現れた。ここに古墳の全貌がみてとれるが、松の木に覆われた墳丘と濠の周囲にも松が描かれている。以上の『絵巻』の図は、古墳と樹木との関係からしても時代錯誤は歴然としており、もちろん、史実を読み取ることはできない。山陵完成期に墳丘の周囲に松が植えられていたかどうかは疑問であるし、六世紀の欽明朝までに墳丘が松に覆われるというのも、何の根拠もない。いずれも中世の想像図に過ぎない。しかし、この『絵巻』の図をすべて取り上げないというのも、いかがかと思う。むしろ、注目しておきたいのは、古墳と松との関係である。墳墓に松が植えられるというのは、史料としては前掲の『喪葬記』を初見として中世ではふさわしく、これまでも、例をいくつか紹介した。それが、応神天皇陵図が構想される際にも『絵巻』にそのまま反映したということであろう。

二　古墳植樹の成立と背景

1　古墳と死者の霊魂

次に古墳植樹の成立と背景について、考察してみたいと思う。そこで、最初に死者の霊魂の行方がどのように考えられていたかという点から出発しておきたい。

そもそも、古代では人の死後、死者の霊魂はどこに行くと考えられていたのであろうか。これには二つのケースがあったとみられる。一つは遺骨とともに墳墓に留まるケースである。たとえば、〔史料2〕にあげたように、父を雄略に殺された顕宗は即位後に雄略の霊に報復するべく、雄略陵を破壊しようとした（『古事記』）、あるいは顕宗が雄略陵を暴いて報復しようとしたが、兄の反対にあって思いとどまった（『日本書紀』）という伝承がある。ここから、雄略の霊は遺骨とともに墳墓に留まっていたことが知られよう。

〔史料24〕　勅したまはく、「造平城京司、若し彼の墳隴、発き掘られれば、随即埋み斂めて、露し棄てしむること勿れ。普く祭酹を加へて、幽魂を慰めよ」とのたまふ。（『続日本紀』和銅二年〈七一〇〉一〇月癸巳条）

〔史料25〕　皇太子久しく病む。之を卜ふに崇道天皇祟を為す。諸陵頭調使王等を淡路国に遣して其の霊に謝し奉らしむ。（『日本紀略』延暦一一年〈七九二〉六月癸巳条）

〔史料24〕は、平城京造営に際し、破壊される墳墓の幽魂を丁重に祭るよう命じた勅で、この幽魂は、はじめから墳墓に留まっていたとみてよいだろう。〔史料25〕に皇太子（安殿親王）の病を卜うと淡路島に流された崇道天皇（早良親王）の霊の祟りとわかったので、淡路国に勅使を派遣して霊に謝したという。この場合も藤原種継暗殺事件で淡路国に流された早良親王の霊が淡路島の墓に鎮まっていたからであろう。

しかし、死者の霊魂の行方はこれだけではなかった。死者の霊魂が墳墓を離れるケースもあった。

〔史料26〕　仍りて伊勢国の能褒野陵に葬りまつる。時に日本武尊、白鳥と化りたまひて、陵より出で、倭国を指して飛びたまふ。……然して遂に高く翔びて天に上りぬ。……　（『日本書紀』景行四〇年是歳条）

乃ち神霊、白鳥と化りて天に上ります。……　（『日本書紀』仲哀元年一一月乙酉朔条）

右に引用したようにヤマトタケルが伊勢国に葬られた。しかし、ヤマトタケルは白鳥となって倭国を指して飛んでいき、倭の琴引原、河内の古市邑の陵を経て、さらに天翔っていく。また、『古事記』（中〈景行〉）でも、ヤマトタケルは「八尋白智鳥」になって伊勢国から河内国（白鳥陵）、そして、「天に翔りて飛び行しき」とある。『古事記』『日本書紀』ともにヤマトタケルの霊魂は墳墓に留まることなく、天空を飛翔する。

〔史料27〕　翼なす　あり通ひつつ　見らめども　人こそ知らね　松は知るらむ　（『万葉集』二―一四五）

〔史料28〕　青旗の　木幡の上を　通ふとは　目には見れども　直に逢はぬかも　（『万葉集』二―一四八）

〔史料27・28〕の万葉歌にも霊魂が鳥のように行き来する様子が歌われている。前者は、山上憶良の歌で、有馬皇子の魂は鳥のように行き来しながら見ているだろうが、人には分からないだけで松は知っていようという意。後者は、題詞では天智が危篤の時に大后が奉った歌とあるが、伊藤博氏は天皇崩御の後に天皇を山科に葬った時の歌とした方が落ち着くとされている[43]。大意は、木幡（宇治市北部）の山の上を御魂が行き来しているとは目には見えるけれども、直にはもうお逢いできないことよというもの。

〔史料29〕　重ねて命じて曰はく「予聞く、『人歿して精魂天に皈る。而れば空しく冢墓存して鬼物憑く。終に乃ち祟を為し、長く後累を貽す』と。今宜しく骨を砕き粉と為し、之を山中に散ぜむべし」と。

（『続日本後紀』承和七年〈八四〇〉五月辛巳条）

淳和太上天皇の遺詔は薄葬を命じたものであるが、ここにも精魂が天に帰る。空虚になった墳墓には鬼が住み着く。遂には祟りをなし、長く災いを残す。死後は骨を砕き、山中に散布すべきであるという。精魂が天に帰るというのは、樵夫が墳墓の樹木を伐採したため、「先祖幽魂」は帰って来られなくなる〔史料20〕というのと、関連するところがあろう。

このようにみてくると、古代では死者の霊魂は墳墓に留まるものと、墳墓から離れるものと双方のケースがあったことを認めておかねばならない(44)。かかる古代の二つの観念が中世社会にも及んでいることは勝田至氏に指摘(45)がある。

これを古墳の在り様から見直すと、白石太一郎氏の指摘(46)にもあるように、古墳時代の前・中期の竪穴式石室では、棺を石材と粘土で厳重に密閉していることと関係する。しかも、棺の周りに鏡を多数ならべて、霊魂を封じ込めたり、あるいは外部の悪霊の侵入を防いだりする（辟邪）という。このような密封に関して、高橋克壽氏は、前期古墳では墳頂下から三・五メートルから五メートルに及んで石室が築かれているのに対して、中期では〇・五メートルから一メートルと埋葬施設が浅くなるという指摘をされている(47)。深さという点では、密封意識が前期から中期にかけて相対的に弱まっていくらしい。しかし、いずれにしても、石室が密封されるということは、霊魂が墳墓に留まっている一方で、霊魂が墳墓から容易に飛び出していくことが考えられていたことも反映するのであろう。

後期の横穴式石室の段階になると、追葬が可能になり、密封は前・中期ほどではなくなるとしても、辟邪の姿勢は続く。たとえば、九州の装飾古墳で三角文や、鏡を表す円文などは辟邪を表すといわれている(48)。また、横穴式石室を舞台とする黄泉国の神話では、死者に対して現世との別処を宣言するコトドワタシの儀礼によって、現世と黄泉国は隔てられ、死者の霊を石室内に封じ込める。[49]このように辟邪、密封という点では前・中期とかわらないところがある。

以上の霊魂の行方を前提として、〔史料4〕の檜隈陵の立柱について、ここで再び取り扱うこととしたい。先述したとおり、推古二八年という欽明天皇没後五〇年目を期して、欽明の霊を迎えて祭祀がなされたとみられる。多くの指摘があるように、この時の柱は、欽明の霊魂を迎える招ぎ代（依り代）であろう。[50]とすると、古墳立柱が史料上、はっきり窺えるのは当該記事しかないが、他にも同様な例があったとしても不思議ではあるまい。その意味で注目したいのは、ヤマトトトヒモモソヒメを葬ったという箸墓の名称である。箸墓の名前は、ヒメが陰部に箸を突き刺したことによって死んだというのが『日本書紀』の由来伝承（『日本書紀』崇神一〇年九月甲午条）であるが、ハシという名称から生じた一説として、不自然な伝承という感は否めない。箸墓のハシについては、これまでも土師氏が造営した土師墓説、[51]大物主神が化した箸＝籌木説、[52]箸墓古墳の発掘調査で検出された土橋に由来するという説[53]などがあるが、土師墓説の場合、ハシとハジの相違は問題として残ろう。

ここでは、ハシ＝柱に着眼してみたい。とすれば、箸墓古墳の祭祀にも檜隈（欽明）陵と同様、立柱の祭祀が行われていたことを考慮すべきではないだろうか。このような見方は、筆者が最初ではない。すでに柳田國男氏は、箸墓・箸塚はハシラが立っていたことによる命名と指摘されていた。[54]

もっとも箸墓の例まで動員せずとも、近年の考古学の発掘調査は古墳立柱の事例がけっして檜隈陵だけではなかったことを教えてくれる。詳しくは植田文雄氏の近著に委ねたいが、[55]植田氏作成の〔表1〕[56]からも、古墳立柱がかなりの広がりをもっていたことを知るべきであるし、今後の発掘調査でさらに同様な事例がみつかるものと思う。

古墳立柱の起源については二つあり、一つは吉野ヶ里遺跡の墳丘墓など弥生後期に前例が求められ、現在までのところ、二四例が植田氏の著書に整理されている。[57]もう一つの系譜は朝鮮半島で、韓国梁山市の北亭里三号墳の墳丘裾に墳丘を囲むように木柱を立てたらしい柱穴がみつかっている(58)。ただし、この古墳の年代は六世紀前半なので、日本の立柱の起源にはならない。今後、朝鮮半島の事例が増えれば、古墳立柱の起源論にも新しい展開があるかもしれない。

では、古墳立柱の意味は何であろうか。植田氏は、弥生時代では「死者の霊魂の依り代」と「王の権力を示す施設」の役割があったが、古墳時代になると、「依り代」の役割が弱まり、「王の権力を示す施設」の意味が増したと結論付けている(59)。植田氏以外の諸説では、大別して中国の影響とする説と依り代説がある。前者は、古墳の墳丘の段築のテラスに木製の埴輪や木柱が林立する例があるのを、中国の祖先をまつる享堂の影響とする(60)。しかし、享堂は墳丘に段を作り、それを覆うように瓦屋根の重層建築を建てるものであるが、古墳の木柱や埴輪列と享堂建築との間にはかなりの差があり、直ちには賛成しがたいところがある(61)。それに対して、依り代説は植田氏以外に土生田純之氏(62)も同様の見解であり、欽明天皇陵の大柱からしても一番納得し易いところであろう(63)。

なお、小池寛氏が「墳丘という聖域を区画する概念、次に『亡き祖霊の依代』としての概念、そして、墳丘の正面観を表示する場合の概念」と指摘されていた(64)のは看過できない。小池説から継承するところとして、とくに聖域の区画説(65)は依り代説とともに活かすべきで

規模（m）	最深（m）	柱痕径（m）	分類	墳形
約0.3			C1	前方後円墳
0.3×0.3	0.4		D	前方後方墳
0.4〜0.8	0.85	0.25	C2	前方後円墳
			C2	前方後円墳
約0.5	0.4		C2	前方後円墳
0.8×0.8	0.7	0.2	C1	前方後円墳
約0.3			C2	前方後円墳
		0.2	C2・C3	前方後円墳
0.25〜0.5	0.35		C3	円墳
0.2〜0.3	0.4		E	前方後円墳
約0.9	1.4		D	前方後円墳
			C2	前方後円墳
約0.4	0.2		E	方墳
0.25〜0.5	1.23	0.2	C2	円墳
約0.4			C3	円積
0.3	0.2		C1	円墳
			C1	円墳
			C1	前方後円墳
			C1	前方後円墳

表1　古墳の立柱一覧表

番号	遺跡名	所在地	時期	遺構名	位置	形態
1	纏向石塚古墳	奈良県桜井市	古墳初頭	柱穴	墳丘裾	単独？
2	神郷亀塚古墳	滋賀県東近江市	古墳初頭	柱穴列	周濠外縁	9本柱列
3	五色塚古墳	兵庫県神戸市	古墳前期	柱穴	墳丘上	埴輪・柱列
4	処女塚古墳	兵庫県神戸市	古墳前期	柱穴	墳丘上	柱列
5	玉手山9号墳	大阪府柏原市	古墳前期	柱穴	墳丘上	埴輪・柱列
6	銚子塚古墳	山梨県中道町	古墳前期	木柱	墳丘裾	単独？
7	玉山古墳	福島県いわき市	古墳前期	柱穴	墳丘上	柱列
8	蛭子山1号墳	京都府与謝野町	古墳前期	柱穴	墳丘上・裾	単独？2
9	水源地2号周溝墓	熊本県熊本市	古墳中期	小穴	墓坑四隅	4本柱穴
10	鋤崎古墳	福岡県福岡市	古墳中期	柱穴	主体部入口	単独
11	両宮山古墳	岡山県赤磐市	古墳中期	柱穴列	周濠外堤	柱列
12	今里車塚古墳	京都府長岡京市	古墳中期	大柱	噴丘裾	柱列
13	芝山3号墳	京都府城陽市	古墳中期	柱穴	噴丘入口	柱穴
14	鴫谷東1号墳	京都府加悦町	古墳中期	柱穴	噴丘裾	埴輪・柱列
15	〃　3号墳	〃	古境中期	柱穴	墓坑肩	単独
16	佐美4号墳	鳥取県湯梨浜町	古墳中期	柱穴	噴丘裾	柱列
17	衛守塚2号墳	山形県山形市	古墳後期	柱穴	噴丘裾	柱列
18	軽井沢1号墳	神奈川県横浜市	古墳後期	小穴列	墳丘上・裾	柱列
19	小墓古墳	奈良県天理市	古墳後期	柱	噴丘裾	4本

はないだろうか。というのは、古墳の周囲に立てられた柱を依り代だけの意味と考える必要はないからである。柱はハシ＋ラ（助詞）で、同類の言葉に箸・嘴・橋・梯子・艀などがある。橋に象徴されるように、ハシとは別の世界との境界であった。そうした境界領域に立つのが柱であり、それが邪霊の侵入を防ぐ役割を果していたのではないだろうか。井手至氏の、「上代、特に書契以前の人々が、山や隈などを境界と観て、そこに『はし』を立て、それにこもる呪力によって災厄邪神の境界内への侵入を防塞しようとしたらしい形迹」[66]が認められるという指摘が参照される。たとえば、諏訪大社の御柱として、境内の四隅に枝葉を払い木の皮をむいた巨木（モミ）が立てられている。それは依り代であろうが、同時に神域の結界をも表わしているのであろう。したがって、古墳の柱も依り代だけの役割と考える必要はあるまい。死者の霊魂を迎える依り代と、境界にあって聖域を区画し、辟邪、邪霊の侵入を阻止する機能も同時にもっていたのであろう。

2　古墳植樹の背景

これまで古墳に植樹がなされたのは七世紀後半であろうと述べたが、理由、背景はどこにあるのか、次にその点を述べてみたいと思う。

その理由の一つに、律令国家の土地政策があった。すでに〔史料13〕として紹介したところであるが、慶雲三年、「氏々の祖の墓と百姓の宅の辺」に樹木を植えて林とした場合、「周二三十歩」ならば(67)、墳墓の周辺の土地まで豪貴族層の排他的土地経営が達成できることとなった。その具体例として、すでに〔史料20〕で葛井・船・津氏の墓地と「寺山」の例、〔図1〕の額田寺北方の古墳と「寺岡」の例を取り上げたので、ここでは繰り返さない。左に関係史料を追加しておこう。

〔史料30〕（大和国栄山寺）寺家四至内并郡内住人等不レ憚二制止一或遊猟、或切二損本願墓山樹木一事。

（「康和三年〈一一〇一〉一二月四日勧学院政所下文写」『平安遺文』一四六八）

〔史料31〕　糟糠墓東開発山田坪付……糟糠墓北浦谷尻新開六段

（「保安四年〈一一二三〉九月一二日明法博士勘状案」『平安遺文』一九九八）

〔史料30〕の栄山寺の寺家の解状によると、藤原武智麻呂の墓域（墓山）は徭丁一二人で守護していたが、近年、郡内の住人が四至内に乱入し、「墳墓樹木」を伐採するなどの行為に及んだ。住人の行為を停止させるよう、勧学院が栄山寺に命じている。墓山は二八〇町もあった（『平安遺文』三一八）が、墓樹の存在が栄山寺の寺領経営にとって必要なものであった様子が窺えよう。〔史料31〕は、「糟糠墓」の例。「糟糠」とは、夫の死後も墳墓を守護するなどして国家から顕彰された節婦の別称で、〔史料31〕からは墓を拠点に開発が進められていった様相が推想される(68)。ただし、「糟糠墓」の場合、墳丘に樹木があったかどうかまでは判明しない。

いずれにしても、慶雲三年詔を契機として、律令国家の土地政策の中で、墳墓の樹木は豪貴族層や寺院などが一定の土地私有を主張する場合、重要な意義を担った。古墳や墳墓に樹木が植えられていく、一つの理由は律令国家の土地政策にあったといえよう。

理由の二つ目は、中国の影響である。中国では戦国時代から大きな墳丘墓が出現するが、樹木の植えられた墳墓に関する、主な史料としては以下のものがある。

〔史料32〕凡そ有功は前に居り、爵等を以て丘封の度と其の樹数とを為す。

（『周礼』春官冢人条）

〔史料33〕世の丘壟を為るや、其の高大なること山の若く、其の之に樹うることの林の若く、……

（『呂氏春秋』孟冬紀）

〔史料34〕魯郡の上民孔景等五戸を孔子の墓側に居近し、其の課役を蠲き、洒掃に供給し、并せて松栢六百株を種ゑしむ。

（『宋書』文帝紀、元嘉一九年〈四四二〉一二月丙申条）

〔史料35〕……松柏　人の伐るところと為り、高墳　互に低昂す。……

（陶淵明、「擬古」其四）

〔史料36〕……古墓は犂かれて田と為り、松柏は摧かれて薪と為る……

（『文選』古詩一九首中の第一四首）

〔史料37〕仁傑、儀鳳中（六七六～六七八）大理丞為り、……時に武衛大将軍権善才、坐誤して昭陵の柏樹を斫る。仁傑、罪職を免ずるに當ると奏す。高宗、即ち之を誅さしむ。仁傑、又罪死に當らずと奏す。……

（『旧唐書』狄仁傑伝）

〔史料38〕諸陵柏栽、今後歳首に至る毎に有司に委ねて、正月二月七月八月四箇月の内に動土利便の日を擇び、先に奉陵の諸県に下して分明に百姓に榜示し、時至れば法を設けて栽植せよ。畢る日、県司、守塋使と與に同じく検点し、数に拠りて牒報し典により本戸の税銭を折るべし。

（『唐会要』会昌二年〈八四二〉四月二三日勅節文）

〔史料32〕には、身分に応じた墳丘の高さと樹木の数が定められている。〔史料33〕にも、丘壟が高大で、これに樹木を植えるとある。〔史料34〕は、孔景ら五戸を墓側に居住させ、課役を除き、掃除をさせて孔子の墓の管理をさせるが、その時、松柏を植えさせたとある。墓樹としての松柏は、陶淵明の詩に松柏が伐られて高墳も高低が定まらないとあること〔史料35〕や、古墓が破壊されて松柏が薪になるという詩〔史料36〕からも知られる。〔史料37〕は、権善才という武衛大将軍が唐太宗の昭陵の柏樹を切ってしまった。高宗は死罪にあたるとしたが、大理寺の丞、狄仁傑の説得で善才は死を免れたという話。唐の皇帝陵に柏が植わっていたことになる。〔史料38〕は、諸陵に柏を植えるのは、正月二月七月八月のうちで、「勳土利便」の日を択び、百姓に植栽させる。植栽が終わったら、県司と守塋使が点検し、樹木の本数に応じて税銭を折るとある。〔史料38〕にある植栽の月は農閑期であろう。日本側の史料には植樹がいつなされたか、記されたものを見出せていないが、古墳の築造にせよ、植樹にせよ、人々を徴発する以上、農閑期が利用されたのは日本の場合も同様とみてよいのではないだろうか。

ところで、劉慶柱・李毓芳氏の共著『前漢皇帝陵の研究』(69)によると、中国で松柏が植えられた理由については、松柏が百木の長であること、柏が死者の肝脳を食う罔象を駆逐するからだ（『風俗通義』）という指摘がなされている。谷野典之氏も、中国の墓に柏が植えられた理由を、常緑樹としての生命力、邪気を払う力、それに『風俗通義』の説をあげて説明されている(70)。このうち、後漢、応劭の『風俗通義』では、「墓上柏樹、路頭石虎」について、『周礼』の「方相氏は葬日に壙に入り魍象を敺る」をあげて、左のように説明している。

〔史料39〕　魍象好みて亡者の肝脳を食らふ。人家、能く常に方相をして墓側に立て以て之を禁禦せしむこと能はず。而るに魍象、虎と柏を畏る。故に墓前に虎と柏を立つ。

（『風俗通義』佚文）

〔史料39〕からも、中国で墓に柏が植えられた事情は了解できるが、松の根拠ははっきりしない。『史記』亀策列伝に「松柏は百木の長為たれども、門閭を守る」とあるのが根拠かもしれない。ただし、唐代では陵域を柏城と呼ぶことが一般化するということからすれば、中国の墓樹は柏が中心であったといえよう。[71]〔史料37〕でも昭陵には柏樹が植わっていたし、〔史料38〕では柏を植えるとあった。〔史料39〕の『風俗通義』でも「墓上柏樹」であったのに対し、松にも言及するのは、前掲では〔史料34・35・36〕であった。なお、『三国志』東夷伝高句麗条には「石を積みて封と為し、松柏を列べ種ゆ」とある。松柏を植える習慣は高句麗にも及んでいたことが知られる。

古代中国の墳墓に樹木が植えられていたことが日本に影響をあたえたであろうことは想像に難くない。日本の墓樹は、先に述べたとおり、〔史料9〕の六八九年の「采女氏塋域碑」が史料上の初見であった。ちょうど浄御原令の諸司班賜の時期と一致していることからも、浄御原喪葬令第一条（養老喪葬令先皇条相当）に「耕牧樵採」の禁止が規定されていた可能性が高い。とすると、厳密にいえば、古墳植樹は、浄御原令制定以前には、すでに始まっていたとみておくべきであろう。それ以前の史料に恵まれないが、だからといって、六八九年よりもはるか以前から植樹が始まっていたとも考えにくい。現段階では七世紀後半頃としておくのが妥当ではあるまいか（後述）。

ところで、日本と中国との墓樹を比較してみると、たしかに墳丘に樹木を植える点、樹木が辟邪の機能をもつ点では彼我の共通するところであった。しかし、『風俗通義』にある「石虎」〔史料39〕は日本に受容されていない点、日中間で相違もある。

ここでは、日中のもう一つの相違点として、樹木の種類について言及しておきたい。

〔史料40〕　太上天皇（元明）、また詔して曰はく、「……また、その地には、皆、常葉の樹を植ゑ、即ち剋字の碑を立てよ」とのたまふ。

（『続日本紀』養老五年〈七二一〉一〇月庚寅条）

右の記事には、元明太上天皇の遺詔として陵に「常葉の樹」（常緑樹）を植えるようにとあるが、これ以外に墳墓の樹木名が明らかになるケースは少ない。しかも、元明太上天皇陵の樹木についても問題は残る。というのは、『続日本紀』養老五年一二月乙酉条に「太上天皇を大和国添上郡椎山陵に葬る」とあるので、元明陵には「椎」が植栽されていたとみられるが、これまで「椎」字はナラと読まれてきた。[72]新日本古典文学大系の『続日本紀』の脚注には、『新撰字鏡』の「椎奈良乃木」を根拠にあげている。[73]『延喜式』二一（諸陵式）には「奈保山東陵」とあることから、松下見林の『前王廟陵記』上では「今按ずるに、延喜式に遽りて之を観るに、則ち椎は猶字の誤なり。猶は奈保と訓む」としてナホと読む説もあった。[74]しかしながら、ナラは落葉高木である。一方、シイは常緑高木であるので、元明が「常葉の樹」を植えるよう遺詔しておきながら、「椎（ナラ）山陵」になったというのは、やはり不自然であろう。ここは「椎（シイ）山陵」と読むべきではあるまいか。

〔史料41〕　……嗟呼、北芒の新墳、已に七尺之花樹を見る。……

（『本朝文粋』一四、大江匡衡「為㆓右近中将源宣方㆒四十九日願文」〈長徳四年（九九八）一〇月一二日〉）

墳丘の樹種名が窺える例としては、〔史料41〕がある。これは「北芒」（洛陽の北の貴族の墓地のことで、中国風に表現した墓地の意）の「新墳」（故源宣方の墓）に「七尺之花樹」が咲いており、それによって、宣方は西方極楽浄土に往生しているだろうという詩である。墓樹の一つの手がかりであるが、「花樹」の中身は具体的には不明としかいう他ない。[75]

〔史料42〕　檜隈坂合陵（欽明天皇）、檜隈大内陵・同大内陵（天武・持統陵）、真弓丘陵（草壁皇子）、檜前安占岡上陵（文武天皇）、大枝陵（高野新笠）、柏原陵（桓武天皇）、楊梅陵（平城天皇）、檜隈墓（吉備姫王）、拝志墓（藤原総継）――以上、『延喜式』二一（諸陵式）、新漢擬本南丘（葛城円大臣・黒彦皇子・眉輪王、雄略即位前紀）、赤石檜笠岡上（舎人姫王、

推古一一年〈六〇三〉七月丙午条）、桃原墓（蘇我馬子、推古三四年〈六二六〉五月丁未条）—以上、『日本書紀』〔史料42〕では『延喜式』や『日本書紀』から知られる陵墓名で、墳丘に樹木が植えられている可能性があるものを列挙してみた。このうち、大枝・拝志では樹木名は判明しない。ヒノクマは地名に由来している可能性があるので、除くべきであろうか。

草壁皇子の場合は真弓、桓武天皇は柏（コノテガシワ）[76]、平城天皇は揚梅（ヤマモモ）、葛城円大臣らの場合は擬（ツキ）であり、ツキは〔図3〕で推定した船墓の例と一致するかもしれない。蘇我馬子の場合は桃、それに〔史料15〕で紹介した真木（檜・杉）・松、〔史料17〕の黄楊小櫛、それに元明陵の椎の例もある。

陵墓名などに含まれる樹木名は単なる地名の一部かもしれず、決定的なことはいい難いところがあるが、全体的にはかなり多様な樹木が植えられていた可能性があろう。少なくとも、中国の松柏はそのまま日本に導入されていたわけではなかったように思う。柏の例は桓武陵の一例のみ、〔史料42〕の例では松は一つも見出せていないのである。

ちなみに〔史料42〕の樹木を常緑樹という点でみると、コノテガシワ・ヤマモモ・ツゲが該当する。これに檜の例も加えてよいのならば、ヒノキも常緑樹の仲間である。ツキ（ケヤキ）は落葉樹であるので、失格と言うべきかもしれない。いずれにしても、中国の松柏に対して、とくに柏に関して、日本でのこだわりは見出しがたい。むしろ、常緑樹が広く利用されていた——松柏も常緑樹である——というのが実際であったといえようか。

それが中世になると、「松墳」といういい方が史料上、散見するようになる。初見は一三世紀初頭の石清水文書（「建保五年〈一二一七〉正月二七日権別当宗清願文案」）とみられる。墓に松を植えるというのであれば、前掲の『喪葬記』の例があった。『喪葬記』の奥書に永長二年（一〇九七）とあったことからすれば、古墳と松との関係は一一世紀末まで遡ろう。『中外抄』上に、康治二年（一一四三）九月二五日、法輪寺の藤原道長室の御葬所に小松が植わっているという例、室町初期頃成立かと推定される『吉事略儀』に「山作所の行事。……其の後墓を築き、石の率都婆を立つ。釘貫を立ち廻らし松を植ゑ、四面溝を掘る」という例もある。それに〔図4〕などの絵画資料の松も参照される。とすると、唐では「柏城」になっていくのに対して、日本では「松墳」に収斂していったといえるかもしれない。これは日中の相違点として注意しておいて良いだろう。(77)(78)(79)

以上、述べてきたことをここでまとめておこう。日本の古墳や墳墓に樹木が植えられるようになったのには、以下の理由があった。一つは、墳丘の周囲に樹木を植えて林とすることで周辺の土地に対しても排他的土地所有が認められるという律令国家の土地政策で、慶雲三年詔に始まる。第二は、墳墓に松柏を植えるという中国の影響で、七世紀後半頃には始まり、浄御原喪葬令第一条が墓樹の伐採禁止を規定したとみられる。そして、第三の理由として、右記の二つの理由の背後に古墳立柱という伝統があったこと。いいかえると、古墳立柱という前提の下、中国の影響や律令国家の土地政策によって、古墳植樹が成立したといえよう。

古墳植樹の開始年代については、史料上の初見が〔史料9〕の六八九年であること、それ以前の七世紀前半では、〔史料3・4〕からして、植樹以前の段階と判断される。そこで、問題になるのは、この双方の時代のほぼ中間の年代に、古墳植樹に関する史料がもう一つあり、それが〔史料43〕の大化薄葬令であった。

〔史料43〕詔して曰はく、「朕聞く、西土の君、其の民を戒めて曰へらく、『古への葬は、高きに因りて墓とす。封かず樹ゑず。……』……」とのたまふ。（『日本書紀』大化二年〈六四六〉三月甲申条）

大化薄葬令とは、大化二年三月二二日に、孝徳天皇の詔として出された造営墓の規制策である。石室・墳丘の大きさ、造営の役夫・日数などを身分ごとに定めたもので、これにより、墳墓の規模は従来よりも縮小、簡素化されたものとみられる。〔史料43〕が詔の冒頭で、「古への葬」以下の箇所は『魏志』武帝紀と同文である。「封かず樹ゑず」

は嵯峨太上天皇の遺詔にもあり〔史料23〕、薄葬の決まり文句とでもいえようが、この語句から古墳と植樹をめぐって二つの解釈が成立する余地がある。

第一は、薄葬令がすべて大化二年に出されたとする立場で、中国に出典のある箇所も含めて、大化二年のものと理解される。(80) その場合、大化二年当時、古墳に植樹がなされていたことが前提になろう。そうでないと、「封かず樹ゑず」を『魏志』から引用した意味がなくなるはずである。とすると、薄葬令を間接的証拠として、大化二年段階で古墳に樹木が植えられていたことになる。しかし、先にも述べたとおり、古墳植樹の確実な最初の史料は〔史料9〕の六八九年のもので、大化二年の薄葬令はそれよりも四〇年以上も遡ることになる。

第二として、関晃氏らが指摘されている通り、(81)「封かず樹ゑず」を含む『魏志』の文章が『日本書紀』の編纂時に付加されたとする見解。七世紀後半以降の『日本書紀』の編纂段階で、『日本書紀』の編者が中国の先例を薄葬令に付け加えたということも、これまた想定可能であろう。その場合には、七世紀後半には古墳植樹がなされていたはずであるから、薄葬令に「封かず樹ゑず」の語句が採用されていても、一向に問題にはならないはずである。

現段階では、「封かず樹ゑず」の語句がどの時期に『日本書紀』の薄葬令に入ったかを解明するには十分な手がかりを欠く。ここでは大化の薄葬令の解釈次第では、古墳植樹の開始年代が七世紀中頃に遡るかもしれないということだけを指摘して、論を先に進めたい。

三　古墳の転用—樹木を手がかりに—

1　杣

古墳や墳墓は、七世紀後半頃から樹木が植えられていくことになり、それによって古墳は大きく姿を変えることになった。とはいえ、それがそのまま墓として継承されていくこともあったが、樹木のおかげで、別のものに転用されたケースもある。古墳そのものの転用例としては中・近世の城の例[82]があるが、本章では樹木を扱うのを基本としているので、樹木が植わったことで、古墳が墓とはみなされなくなる例を取り上げておく。

その第一は杣である。杣とは、木こりが材木を採る山のことであるが、こんもりと樹木が茂った古墳のモリはその周囲も含めて、杣にふさわしい景観になったものと思われる。前掲の〔史料20〕に「今樵夫市を成して、冢樹を採伐す」とあった。墳墓に関わって樵夫が出て来る最初の例であろう。もっとも、この場合、「樵夫」とは、菅野真道の奏上で、真道の側が木こりとみなした（受け止めた）人々が墳丘の樹木を伐採していたということであろう。

〔史料44〕「橘元実伊賀国玉瀧杣施入状案」

蔭子橘元実敬白

奉レ施下入売二與平時光一玉瀧杣内除上二留墓所杣一事

四至　東限玉瀧川西峯　南限岡本西谷北
　　　西限真木川東峯　限阿部門谷南峯

在二伊賀国阿拝郡一

右件杣、元是元実等先祖之墓地也、累代子孫相伝守レ領、其来尚矣、経レ年之間、樹木生繁、自為二杣山一、爰延喜御代造二東大寺講堂一之時、被レ造二運件杣木一也、當二於爾時一、元実注二先祖墓地之由一（愁申脱カ）公家之日、天恩早降、免除先畢、既省二庶人之競切一、全守二先祖之舊墳一、於レ是元実并族類等不レ久遭二於灾禍一、各浮二浪他国一、定知申妨二彼講堂料材木一之所レ致也、適従二遠国一還向之日、尋二事案内一、東大寺・修理職・冷泉院・雲林院等料材木、各給二官符一、造二運件杣一、其官符云、件杣私人所レ領也、宮城修理之間、殊給二官符一令二造用一云云、無力愁申、私歎之間、樹木漸切掃、墳墓作二露地一、其祟彌可レ有二元実并子孫之身一、不二若永奉一レ施二入伽藍一、令レ得二先祖菩提之道一、兼免二元実禍殃之祟一、仍施入如レ件、

……

（『平安遺文』二七一）

右は天徳二年（九五八）一二月一〇日、橘元実が伊賀国玉瀧杣（「墓所杣」）を東大寺に寄進した時の史料で、大意は以下の通りである。玉瀧杣の地は、元実の先祖の墓地で、子孫相伝の地であった。年とともに樹木が茂って杣山となった。ここに延喜の代（九〇一～九二三年）に、東大寺が講堂を造る時に杣の木が運び出されてしまった。その時、元実は先祖の墓地であることを「公家」（朝廷）に訴えたことで、樹木の運び出しが免除され、先祖の墓地もすべて守られることとなった。ところが、元実や族類が災禍に遭い、他国を浮浪していたのが、たまたま遠国から戻ってみると、今度は東大寺・修理職・冷泉院・雲林院らが太政官符を得て、杣から材木を運び出している。樹木は切り払われ、墳墓は露地になった。その祟りは元実や子孫の身に及ぶであろう。もし、この杣を東大寺に施入しなかったら、先祖の菩提の道が得られようか。あわせて元実の災禍の祟りも免れよう。それ故、東大寺に施入すること以上の通りである。

この史料からも、墳墓に樹木が植わっていて、そこが東大寺などによって「墓所杣」として利用されていた様子が窺える。しかも、〔史料44〕にははっきりと杣という言い方も出て来ている。墓所を杣というのは、当該史料が初見

であるが、『日本後紀』以下の六国史には、しばしば天皇陵などの樹木が陵守や百姓によって伐採されたという記事が散見している。それを次に提示しておこう。

〔史料45〕

楯列陵（神功皇后陵）　＊陵守による伐木（『続日本後紀』承和六年〈八三九〉四月丙子条）、＊陵守による七七株・楉木の伐採（『続日本後紀』承和一〇年〈八四三〉四月己未朔条）、＊陵守による伐木（『三代実録』貞観八年〈八六六〉六月壬寅晦条）、百姓による伐木（『三代実録』貞観一七年〈八七五〉七月癸未条）

山階陵（天智天皇陵）　陵守による伐木（『三代実録』貞観八年〈八六六〉一〇月乙酉条）

柏原陵（桓武天皇陵）　＊陵守による伐木（『続日本後紀』嘉祥三年〈八五〇〉三月甲午条）

田邑陵（文徳天皇陵）　陵守による伐木（『三代実録』貞観八年八月庚寅条）、陵守による伐木（『三代実録』貞観八年一〇月乙酉条）

高畠陵（藤原乙牟漏陵）　＊伐木（『類聚国史』弘仁七年〈八一六〉六月壬戌条）

多武峯墓（藤原鎌足墓）　部内の百姓による伐木・放牧を禁止（『三代実録』貞観五年〈八六三〉二月庚子条）

隅山墓（藤原房前墓カ）　百姓による伐木を禁止（『日本紀略』弘仁四年〈八一三〉一二月癸巳条）

これらは、後掲の〔史料46・47・48〕も含めて、いずれも陵墓に対する伐木の例である。ここには杣という言葉自体は出てこないものの、陵墓の樹木は陵守や百姓の伐採の対象になっていたことが分かる。墓所を杣というのは〔史料44〕が最初であったが、内実としては早くから陵墓も杣化していた様子が見て取れよう。

それと同時に注目したいのは、〔史料44〕に墳墓の樹木を伐採して露地にしてしまうことで、祟りが元実や子孫に及ぶとされていた点である。この場合の祟りとは何の祟りであったろうか。また、なぜ祟りは元実やその子孫に現れるのだろうか。

これに関して、米井輝圭氏が、古代の「祟りのシステム」を明らかにされているのを参考にしたい。[83] すなわち、「祟りのシステム」とは「災異の出現↓卜または占↓祟る存在とそれが祟りとなる原因となった事実の特定↓適切な対処↓〈災異の消滅〉」であった。このシステムは陵墓の伐木と祟りの問題を整理する際にも有効である。まず、三つの関係史料をあげておく。

〈史料46〉 詔して曰はく「天皇が詔旨らまと、掛まくも畏き柏原の御陵に申し賜へと申さく、この頃御病発りて悩苦しび大坐します。此に依りて卜ひ求むれば、掛まくも畏しき御陵の木伐ること并びに犯し穢せる祟有り。読経の奉仕は咎無く有るべしと卜ひ申す。驚きながら恐れ畏る状を、使に参議従四位下大和守正躬王、右近衛中将従四位上藤原朝臣助等を使に差して申し出で奉る。卜ひ申すがごとく読経も奉仕せしめむ。又巡見検へて犯せる状の随に山陵守等をば勘へ賜はむ。此状を平く聞こし食して、護り賜ひ矜み賜はむに依てし、苦しむ所を平らかに痊して、国家事無く有るべしと、恐み恐みも申し賜はくと申す」と。

(『続日本後紀』承和八年〈八四一〉一〇月乙未条)

〈史料47〉 参議正四位下行勘解由長官兼式部大輔播磨権守菅原朝臣是善、従四位上行左京大夫輔世王を遣して、深草山陵に向ひて過を謝して恩を祈らしむ。神祇官雨ふらざる祟は山陵の樹を伐るに在りと言ふを以て也。

(『三代実録』貞観一七年〈八七五〉六月丙寅条)

〈史料48〉 比月災旱す。神功皇后の楯列山陵、祟を成す。使を遣して巡検せしむるに、喪儀倉を守る者、倉下に於いて鹿を解き肉を喫ふ。百姓、南北二陵の樹木三百卌二株を伐り取る。倉を守る人及び諸陵官人に罪を科せき。

(『三代実録』元慶元年〈八七七〉七月壬寅条)

是日、使を楯列山陵に遣して、木を伐り鹿を解く祟りを申し謝らしむ。

(『三代実録』元慶元年七月己酉条)

〔史料46〕から見ていくと、まず、仁明天皇の病という「災異の出現」が起こった（傍線部）。「卜または占」として神祇官が卜うと柏原陵の木が伐られるという祟りであったこと、読経奉仕は問題ないことが判明した（破線部）。それに対して、「適切な対処」として、勅使を柏原陵に派遣して、読経と陵守への処罰報告及び国家の無事を祈願することがなされている（波線部）。〔史料47〕では、不雨という災異があり（傍線部）、それを神祇官が山陵の樹木を伐ったことによる祟りとし（破線部）、勅使が深草陵（仁明陵）に派遣されて謝罪がなされている（波線部）。〔史料48〕も同様で、災旱という事態が起こり（傍線部）、それが楯列陵の祟りと判断された（破線部）。その結果、「祟る存在と祟りとなる原因となった事実の特定」として巡検使が派遣されて、喪儀倉を守る者が倉下で鹿肉を食べていたこと、百姓が南北二陵（神功陵と成務陵）の樹木三三二株を伐採したことが判明した（二重線部）。そこで、「適切な対処」として守倉人と諸陵官人の処罰がなされ、さらに楯列陵に勅使を派遣して、伐木と解鹿の祟りを謝罪した（波線部）。

かかる三例からも「祟りのシステム」が判明する。〔史料45〕に掲げた諸例のうち、＊印を付けたのは、「祟りのシステム」のすべてか一部かが窺えるものである。そこに共通するところとして、災異や祟りが実際に樹木を伐採していたものには現れず、陵墓の子孫である天皇に及んでいたという点がある。「適切な対処」として、天皇が勅使を派遣して陵墓に謝罪していることから、祟りは墳墓の主のものであったとみられる。それに対して、伐木をした者は世俗的な刑罰で罰せられるだけであった。

実は子孫に祟りが及ぶというのは、〔史料44〕にもあった。〔史料44〕を見直すと、「災異の出現」とは元実一族の災禍遭遇と他国への浮浪であり（傍線部）、「祟る存在と祟りとなる原因となった事実の特定」は、東大寺などが一斉に墓所杣の樹木を伐採し露地にしたことであった（二重線部）。それは元実一族の祖先の祟りなのであろう。「適切な対処」として、祟りは元実や子孫にまで及ぶので、祟りを免れるために東大寺に杣を寄進する（波線部）という次第であった。「祟りのシステム」は何も都の周辺の陵墓だけの問題ではなかったことが知られよう。

〔史料49〕　左右京に勅したまはく、「今聞かくは、『寺を造るに、悉く墳墓を壊ち、その石を採り用ゐる』ときく。唯鬼神を侵し驚かすのみに非ず、実に亦子孫をも憂へ傷ましむ。今より以後、禁断を加ふべし」とのたまふ。

（『続日本紀』宝亀一一年〈七八〇〉一二月甲午条）

左右京の寺院造営に際して墳墓の石を利用するのを禁止した勅であるが、そのような行為は「鬼神」（死者の霊魂）を驚かすだけではなく、子孫を憂い傷つけるものだという。ここには樹木のことは出てこないが、墳墓と子孫との結びつきの強さが窺えよう。〔史料44〕に伐木による祖先のタタリが元実や子孫に及ぶというのには、以上のような背景があったからであろう。

いずれにしても、古墳や墳墓は樹木も含めて子孫と強いつながりがあり、樹木は墓の主の祟りによって伐木が食い止められていたことを確認したい。樹木を伐採する側からすれば、樹木の繁茂した古墳は格好の杣として意識されていたのではないだろうか。ただし、陵守や百姓たちが陵墓のことをすっかり忘れていたとは考えにくい。とくに樹木の伐採行為は、時として墓の主の祟りによって発覚し、中断に追い込まれた。この時、陵守や百姓にも墓としての存在が再認識されるのであろう。そして、何よりも注意されるのは、陵墓などの樹木の伐採という環境破壊には祟りが発端となって歯止めがかかったという点であろう(84)。

2　神　社

以上、述べてきた古墳と植樹の問題は、古墳と神社の関係についても新たなる見方を提供できるものと思う。古墳と神社の所在地が近接していることは、これまでもしばしば指摘されてきた。古くは、大場磐雄氏が、古墳と神社の立地が共通するのは多分に偶然ということもあると注意されながらも、岐阜県養老町の多岐神社の本殿背後に前方後円墳があり、しかも、この神社は式内社であること、中世の史料に「大塚社」とあることから、古墳から神社が発生していったのではないかとされた。では、なぜ墳墓と密接な関係をもつ神社が成立したのか。大場氏は以下のように説明された[85]。すなわち、墳墓が造られた直後に神社が出来たわけではなく、まず、墳墓に対する祭祀（墓前祭）があり、それを継承した後世の人々がそこに神社を立てて祭祀を行った。したがって、死者は死霊として恐怖の観念が当初あったろうが、祭祀の対象となると、神霊へと転化していったのであろう。そこには葬祭一致という観念があったとされた[86]。

そもそも古墳の所在地に比べて、神社の場合、式内社といえども古来の場所にそのまま位置していたかどうか、なかなか判断は難しいところがある。しかしながら、古墳の近くに、あるいは古墳の上に神社があるというのは、筆者の知る限りでも決して少なくないように思う。たとえば、奈良県天理市の伊射奈伎神社は式内社であるが、四世紀後半の前方後円墳（一部は破壊されている）を背後に本殿がある[87]。静岡県沼津市の高尾山古墳は、都市計画道路の建設計画により、熊野神社と高尾山穂見神社を移転して、境内地を二〇〇八年に発掘調査した際に発見された東日本最古級の前方後方墳で、古墳の上に神社が建てられていた一例である。東京都府中市の熊野神社の例は、本殿の背後に日本最大の七世紀中頃の上円下方墳（武蔵府中熊野神社古墳）があった。二〇〇五年に葺石や貼石に覆われた形が復原されて、国の史跡に指定されたが、もともと発掘前には塚の上の高まりには土が堆積し、樹木が茂っていたという[88]。

右にあげたのは、古墳と神社との関係の一部に過ぎないとしても、いずれも何時の頃から、古墳と神社とが関係をもつようになったのか、手がかりは乏しい。ただ、ここでは古墳と神社の関係を説明するに際して、時期の問題は措くとして、死霊から神霊へ、はじめは葬祭一致であったという大場氏のような指摘が成り立つかどうか、検証しておきたい。

この問題に関して、一つの有力な解釈を示していたのが、井上光貞氏であった。井上氏は、宗像沖ノ島祭祀遺跡に注目して、大場氏と同様、もともと葬祭未分化（一致）であったと指摘されていたからである。[89]

宗像沖ノ島祭祀遺跡については、すでに数多くの論著があるので、ここでは沖ノ島の成果から葬祭未分化説が成り立つかどうかの一点に絞って言及しておきたい。

そこで、井上氏は、同遺跡を巨岩（磐座）をめぐる祭祀遺跡として、祭りの変遷（場所と祭りの奉納品）を次のように整理された。すなわち、Ⅰ岩上遺跡（四世紀後半〜五世紀）、Ⅱ岩陰遺跡（五世紀後半〜六世紀前半）、Ⅲ半岩陰・半露天遺跡（七世紀後半〜八世紀）、Ⅳ露天遺跡（八世紀中頃〜一〇世紀）と推移し、Ⅰの段階の神祭り用の品々は古墳時代前期の副葬品（鏡・剣・玉）、Ⅱは古墳時代中・後期の副葬品（武器・馬具）と一致しているのに対して、Ⅲは金属のミニチュア、Ⅳは人・馬・船などの形代で、古墳の副葬品とは異なる。

以上のことから、井上氏は、ⅡとⅢの間、六・七世紀の交に神祭りの奉納品が登場するようになる。すなわち、Ⅰ・Ⅱの奉納品は古墳の副葬品と一致するのに対して、Ⅲ・Ⅳでは一致しない。これは葬祭未分化から葬祭分化への変化で、Ⅲ以降の段階で葬祭分化になって、神と死者の霊魂の区別、分離がなされたとされた。この説は六・七世紀に葬祭分化がなされたことを鮮やかに説明した点で、後にも大きな影響をあたえた。たとえば、最近、北村優季氏が、「沖ノ島の事例にしても、遺物が古墳時代の副葬品と一致することは、古墳での祭祀がもとになって沖ノ島独特の祭祀が形成されたことを示すものと考えられる。……律令制下の神観念も、古墳時代以来の、死者に対する処遇を基盤として形成された可能性が高い。……むしろ首長と、その死に対する感情こそが、神祇祭祀の原点にあったのではなかったか」と指摘されているのも、[90]井上説の延長線上にあるものと位置付けられよう。それに対して、笹生衛氏は、沖ノ島祭祀遺跡の奉献品を手がかりに、令制祭祀の祭祀具や供献品は井上氏の六・七世紀よりも古く、五世紀に成立し、以後、横穴式石室の導入などによって、葬・祭分離が進行していくと指摘されている。[91] 笹生説は井上説批判であるが、葬祭未分化説という点では井上説と同じであった。

しかしながら、ここにあげた限りでも大場氏から井上・北村・笹生氏へと学説的系譜が辿れる、葬祭未分化から葬祭分化へという説は成立するのだろうか。筆者は批判的に考えたいと思う。というのは、白石氏の、以下の指摘が参照されてよいと思うからである。すなわち、「初期の古墳の被葬者はのちに石製模造品化する農工具などの神まつりの祭器の副葬の事実が如実に物語るように、何よりもまず神をまつる司祭者であったと思われる」。[92] そもそも、古墳の被葬者は神をまつる司祭者であったために、古墳に神祭りと共通する副葬品が出て来るのだという指摘である。はじめから葬祭未分化説は成り立たないとする白石説は、井上説などに対して有力な解毒剤になるのではないだろうか。

この葬祭未分化かどうかという問題を、これまで述べてきた古墳の景観の変化、つまり、墳丘が葺石や埴輪で覆われていた段階から樹木が繁茂する段階へという点から見直すと、少なくとも、前者の段階の白色や赤色の色彩、あるいは玉のように光り輝くという古墳が神社と直結するとは考えにくい。やはり古墳の姿からしても葬祭未分化がはじめからあったわけではないだろう。それに対して、七世紀後半以降、植樹された古墳の姿が注目される。樹木の茂った古墳が、平安期に古墳とは無関係に杣に転用された例があったように、古墳がいわば神のモリとして神社に転化していったケースがあったとしても不思議ではあるまい。とくに古墳の記憶が失われてしまえば、こんもりと樹木の茂った古墳が神のモリとして神社へと転化することは比較的容易なことだったのではあるまいか。ただし、その時期が何時ごろであったかを特定することは困難で、とりあえず、七世紀後半以降と答えておくほかないだろう。[93]

右のように古墳や墳墓が神社になった段階では葬祭未分化といわれるかもしれない。しかし、古墳が神社に直ちに転化したわけではなく、古墳に樹木が育ったこと、さらには古墳の記憶が失われるというのが要件である。したがって、古墳と神社が接近したとしても、葬祭未分化とはいえないだろう。あくまでも、古墳や墳墓は神社と別個の存在と見るべきであって、その点ではどこまでも葬祭分化であった。ただ、その中で古墳に、さきほどのような特別な要件が加わった時にだけ、両者が接近するというように考えるべきであろう。なお、前述の通り、古墳はアジールであり、神社もその点では同様であった。古墳から神社という転換にはアジールという点で連続性が見出されるのである。

おわりに

本章の考察結果をまとめておく。

①古墳への植樹はおそくとも七世紀後半に始まる（あるいは七世紀中頃からか）。

②古墳植樹の背景には、墳墓に松柏を植えるという中国の影響、慶雲三年詔を契機とする律令国家の土地政策（古墳・墳墓の周囲に樹木を植えて林とした場合、周辺の土地に対しても一定の私有を認める）があったが、その前提として古墳の墳丘や周囲に立柱をして、祖霊を迎える（依り代）、あるいは悪霊の侵入を阻止することがあったと思われる。

③古墳・墳墓に植樹がなされ、やがて樹木が茂ったことで、周囲の陵守や百姓からは杣として伐木の対象とされることがあり、それは古墳の破壊行為となった。一方、こんもりと樹木が茂った古墳は神社のモリとみなされることともなった。古墳と神社の間に密接な関係が窺える例があるのは、古墳の転用例の一つといえる。また、古墳と神社にはアジールとしての共通性があったことも指摘される。

本章で指摘してきたところを本書のテーマである「古代の人々の心性と環境」という観点から整理すると以下の通りである。

1　七世紀後半を境として、古墳が樹木に覆われないことで古墳の環境が守られていた時代から、古墳や墳墓の樹木が伐られないことが古墳の環境保全を意味した時代に展開したこと。これを別にいいかえると、古墳に草や樹木があってはならない段階から、古墳には樹木がなければならない段階へと転化したともいえよう。

2　植樹以前の古墳は、墳丘に葺石が敷かれ、埴輪が置かれ、時には玉のように光り輝くとされるか、赤土で覆われた姿であり、樹木で覆われた古墳とはかなり異なる姿をしていた。葺石が施された箸墓古墳のような巨大古墳では、夜に神の力をも動員して造営されたと観念されていた。

3　樹木の繁茂した古墳・墳墓は杣と見なされることがあり、平安期には周囲の陵守や百姓から樹木は伐採の対象にもなった。それを防いだのは、古墳・墳墓の被葬者の子孫への祟りであり、そこには古墳の被葬者と子孫との間に強いつながりがあったものとみられる。

4　樹木のある古墳・墳墓は神のモリとして神社に転用されることもあった。しかしながら、このことから、これまでもしばしば指摘されてきた葬祭未分化の観念を読み解くことはできない。

最後に、「樹を塚に植えて霊の依代とする慣行は、死者が『草葉の陰』から子孫を見守っているという言いまわしと関係があるにちがいない。この表現も中世前期からある」という勝田氏の指摘を紹介しておこう(94)。とくに、「草葉の陰」というのは、今日にも息づいている言葉として注目されてよい。ただし、その淵源は「中世前期」より古く、本章で指摘した七世紀後半来の古墳植樹に由来するのであろう。とすれば、古墳に樹木が植えられたことの意義はけっして小さくはなかったといえよう。

古墳が築造されて以来、今日に至るまで長い年月を経過しているが、その間、古墳が常に古墳であり続けたわけではなかった。本章で指摘した通り、古墳は、七世紀後半に植樹されて景観が大きく変貌したこともあって、杣や神社に転用されることがあり、中・近世には城に再利用されるケースもあった。また、〔史料24〕にあげたように、平城京遷都に際しては墳墓が破壊されたとみられ、実際、平城宮造営で前方部が削平された市庭古墳の例などが知られる。その後も現代に至るまで、土地開発の際などに破壊された古墳も多々あったはずである。その一方で幕末から明治期には陵墓として治定されるものがあり、現在、宮内庁が管理する陵墓は七四〇基に及ぶ。

このように同一の事物への心性が時代とともに変わっていくというのは、古墳に限られることではない。本書第一部第一章「古代の人々の心性と巨樹」において考察の対象とした巨樹の場合でも、地球温暖化等による植生の変遷はあるとしても、当てはまろう。本書序章「古代の人々の心性と環境」で取り上げた日高敏隆氏の指摘を引用するならば、「変化したものは地球でも太陽でもなく、人間とそれによってつくられたイリュージョンと、そのイリュージョンによって構築された世界である」(95)。

巨樹や古墳への心性の復原を通して、古代の人々の豊かな想像力を垣間見る思いがする。現在に至るまでの人々が昔と同じものをどのように受け止めたかを探求するのは、本章の冒頭で紹介した桜井準也氏の研究(96)も含めて、環境史の検討課題になろう。

注

（1）五色塚古墳の復元整備について、坪井清足氏は当時を回顧して「一般の人は、古墳とは木の茂った小山だと思ってるわけです。ところが我々、小林先生（小林行雄氏―引用者注）に連れられて発掘してると、元は全然そういうものではない。葺石があって、埴輪を巡らして、という本当の古墳の姿を見せたいと思ったわけ」と述べられている（「対談　五色塚古墳の復元整備とその時代背景」〈『史跡五色塚古墳　小壺古墳　発掘調査・復元整備報告書』（神戸市教育委員会文化財課、二〇〇六年）三三八頁〉）。
（2）古墳と植樹に関して、まとまった先行論文としては、森浩一「古墳時代後期以降の埋葬地と墓地」（『論集終末期古墳』塙書房、一九七三年、初出一九七〇年）がある。
（3）桜井準也『歴史に語られた遺跡・遺物』（慶應義塾大学出版会、二〇一一年）。
（4）和田萃「率川社の相八卦読み」（『日本古代の儀礼と祭祀・信仰』中、塙書房、一九九五年、初出一九八九年）二二六～二三〇頁。
（5）先山徹「神戸市五色塚古墳出土の石材産地同定に関する覚書」（前掲（1）所収）二七七頁。
（6）森『巨大古墳の世紀』（岩波新書、一九八一年）五頁。
（7）律令制下に陵戸・守戸が設置された陵墓は別として、一般の古墳・墳墓の場合、誰が保守を担っていたのか、史料には恵まれない。その中で、和銅三年（七一〇）の「伊福吉部徳足比売骨蔵器」には「……末代君崩れ壊つべからず」とあり、「末代君」（子孫）の役割が記載されているのは注目してもよいのではないか。
（8）五色塚古墳の名称も葺石に光があたって輝くということに由来するのであって、古く遡るのではないだろうか。少なくとも樹木の茂った段階では五色塚の名前は生じないものと思う。なお、五色塚の名前は、寛文七年（一六六七）の『摂津名所地図』が最初であるという（丸山潔「古文献にみる五色塚古墳」〈前掲（1）所収〉一四頁）。
（9）小澤毅「飛鳥の都と古墳の終末」（『岩波講座日本歴史』二、岩波書店、二〇一四年）一六三頁。
（10）『書紀集解』二二に「明和辛卯（明和八年〈一七七一〉）の大旱に土人小池を穿つこと深さ数十尺、一の柀の大柱余を得。大きさ十囲長三尺。……所謂、坂上直樹つる所の大柱は蓋し是なり」とある。

(11) 土生田純之「古墳における儀礼の研究」(『黄泉国の成立』学生社、一九九八年、初出一九九一年)二七〇頁、和田「飛鳥の陵墓」(『古代を考える　終末期古墳と古代国家』吉川弘文館、二〇〇五年)二五〇頁。

(12) 菱田哲郎氏は「葺石は第一段テラスから墳丘裾までの斜面に葺かれていることが確認された」と指摘されている(「玉丘古墳」〈『加西市史』七、加西市、二〇一〇年〉二八六頁)。

(13) 鎌田元一「郷里制の施行と霊亀元年式」(『律令公民制の研究』塙書房、二〇〇一年、初出一九九一年)、同「郷里制の施行　補論」(同上書所収、初出一九九二年)。

(14) 都出比呂志「墳墓と葬法」(『前方後円墳と社会』塙書房、二〇〇五年、初出一九八六年)二五九頁。

(15) 青木敬『古墳築造の研究』(六一書房、二〇〇三年)一九〇頁。

(16) 森氏も「今日遠くから眺めると樹木でおおわれた小山のような景観をしている巨大古墳は、それが造営された当時の様子は、白一色で周囲の環境から際立っていたのである」とされ(前掲(6)八〜九頁)、辰巳和弘氏も「完成した古墳は、白石のもと、葺石に覆われた巨大な墳丘を白く輝かせる」と指摘されている(『黄泉の国の考古学』〈講談社現代新書、一九九六年〉一八七頁)。

(17) 奥田尚「墳丘裾部の葺石の岩石学的考察」(『箸墓古墳周辺の調査』奈良県立橿原考古学研究所、二〇〇二年)九四〜九七頁。

(18) 奥田『石の考古学』(学生社、二〇〇二年)七四〜七八頁。

(19) 金原正明「植生と環境の変遷の概観と問題点」(前掲(17)所収)一二九頁。また、箸墓古墳周辺第七次調査を総括された寺沢薫氏は「古墳築造後の箸墓古墳の経歴については全く想像の域をでないものであるが、やはり金原氏の堆積土の花粉分析、珪藻分析からみた環境復元を参考にすれば」と断った上で、四〜五世紀の頃には「箸墓古墳は緑の大木に覆われていたのである」とされた(「箸墓古墳の築造手順と築造時期」〈前掲(17)所収〉一三五〜一三六頁)。

(20) 金原氏自身、「花粉の集合体(花粉群集)より、植物環境とその変遷を解析復元していくのであるが、調査地周辺・周辺地域・近隣・局地的・地域的等の曖昧な表現で規定された範囲の植物環境として復元されているのが現状である」と述べられている(「遺跡における花粉群集の基礎的問題について」〈『天理大学報』一五七、一九八八年〉三〇三頁)。

(21)　清水真一氏は「古墳築造時には濠は空濠であって、集中豪雨や台風時に一時的には濠内に水が溜まることがあっても、常時溜めることはなかった。よく濠底の泥炭層を分析して、滞水したときに生える植物の種や花粉があるとは聞くものの、それは一時期なものである」(『最初の巨大古墳・箸墓古墳』〈新泉社、二〇〇七年〉一五頁)と指摘されている。その他、白石太一郎「古墳の周濠」(『古墳と古墳時代の文化』塙書房、二〇一一年、初出一九八三年)でも、箸墓古墳において湛水された周濠の存在には否定的である(二六、四〇頁)。

(22)　三谷芳幸「采女氏塋域碑考」(『東京大学日本史学研究室紀要』創刊号、一九九七年)。

(23)　墓に草を植える話として、『俊頼髄脳』に、父を失った兄弟が悲しみのあまり、兄は父の墓に萱草を植えて悲しみを忘れようとし、弟は紫苑を植えてますます父を恋し慕ったという話がある。

(24)　林紀昭「飛鳥浄御原令に関する諸問題」(『論集日本歴史二　律令国家』有精堂出版、一九七三年)一二五〜一二六頁。

(25)　なお、開元七年令は「諸諸陵、皆置二留守一。領甲士、與二陵令一、相知巡警。左右兆域内、禁レ人無レ得二葬埋一。古墳則不レ毀」と復元されている(仁井田陞、池田温編集代表『唐令拾遺補』〈東京大学出版会、一九九七年〉一四六四頁)。

(26)　東野治之「古代の墓誌」(『日本古代金石文の研究』岩波書店、二〇〇四年、初出一九七八年)四二頁。東野説以前に、岡田清子氏は、「采女氏塋域碑」の「請造」の語に土地公有制との関連を見出されていた(「喪葬制と仏教の影響」〈『日本の考古学』V、河出書房新社、一九六六年〉三四六〜三四七頁)。

(27)　長谷山彰氏も采女氏塋域碑の日付が浄御原令の諸司班賜の半年後であることに注目されている。長谷山説は浄御原律の施行をめぐるものであるが、関係箇所を引用しておく。「采女氏塋域碑には『毀木』という表現がみえるが、それは律の『毀伐樹木』(雑律棄毀官私器物条―引用者注)という表現をもとにしたと考えられる……官人の墓誌に律の規定と類似した表現が用いられていたことは律が単に編纂段階にあっただけではなく、その内容が一般に知られうる状況にあったことを物語っており、少なくとも浄御原律の一部が施行されていたことを推測させるのである」(「日本律成立の諸段階」〈『日本古代の法と裁判』創文社、二〇〇四年〉二七五頁)。

(28)　北村安裕「大土地経営を支える論理」(『日本古代の大土地経営と社会』同成社、二〇一五年、初出二〇〇九年)、森、前掲(2)六二〜七一頁。

(29) 伊藤博氏は「虫麻呂歌集では木の枝が茅渟壮士の墓の方に向って靡いているとしか言っていない。その木が『黄楊小櫛』であることは、この話をめぐっての言い伝えとしてあったものか、ここで家持が創りなしたものなのか、不明」とされている(『萬葉集釋注』一〇〈集英社、一九九八年〉一八八頁)。
(30) 森「菟原処女の墓と敏馬の浦」(『万葉集の考古学』筑摩書房、一九八四年)。なお、万葉歌の「奥つ城」が現在の処女塚古墳に比定されることについては、神野富一「菟原処女の伝承」(『甲南国文』三五、一九八八年)に考証がある。
(31) 白石「畿内における古墳の終末」(『古墳と古墳群の研究』塙書房、二〇〇〇年、初出一九八二年)七二〜八〇頁、今尾文昭「畿内における八角墳の出現と展開」(『律令期陵墓の成立と都城』〈青木書店、二〇〇八年、初出二〇〇五年〉。
(32) 網干善教「八角方墳とその意義」(『橿原考古学研究所論集』第五、吉川弘文館、一九七九年)。
(33) 和田、前掲(4)二三〇〜二三二頁。
(34) 吉田晶「律令制下の羽曳野」(『羽曳野市史』一、羽曳野市、一九九七年)五九一〜五九二頁。
(35) 森、前掲(2)六六〜六八頁。
(36) 『国立歴史民俗博物館研究報告』八八(二〇〇一年)所収の諸論文参照。
(37) 山口英男「額田寺伽藍並条里図」(『日本古代荘園図』東京大学出版会、一九九六年)二五五〜二五六頁。
(38) 北村、前掲(28)七〇頁、三谷、前掲(22)二八〜二九頁、黒田日出男「古代荘園絵図読解の試み」(前掲(36))七二〜七三頁。
(39) 藤澤典彦「墓塔・墓標」(『日本歴史考古学を学ぶ』中、有斐閣、一九八六年)。
(40) 『一遍上人絵伝』五には、一遍一行が祖父河野通信の墓を拝んでいる図がある。この墓は草が生えた緑の塚という描かれ方で、樹木は見当たらない。
(41) 源豊宗「誉田宗廟縁起について」(『新修日本絵巻物全集』三〇、角川書店、一九八〇年)六〇〜六一頁。
(42) 神山登「解説」(羽曳野市史文化財編別冊『絵巻物集』羽曳野市、一九九二年)一三二頁。
(43) 伊藤『萬葉集釋注』一(集英社、一九九五年)三五四〜三五五頁。
(44) 小林茂文「境界領域にみる古墳と死」(『周縁の古代史』有精堂出版、一九九四年)、熊谷公男「古代王権と霊(タマ)」

『日本史研究』三〇八、一九八八年）七～九頁、土生田「黄泉国の成立」（前掲(11)所収）など参照。
(45) 勝田至「中世の屋敷墓」（『日本中世の墓と葬送』吉川弘文館、二〇〇六年、初出一九八八年）八八～八九頁。
(46) 白石「墓と他界観」（『列島の古代史』七、岩波書店、二〇〇六年）一七五～一七六頁。
(47) 高橋克壽「墓域の護り」（『日本の信仰遺跡』雄山閣出版、一九八四年）。
(48) 白石、前掲(46)一八四頁。
(49) 白石「ことどわたし考」（前掲(21)所収、初出一九七五年）。
(50) 井手至「垂仁紀『はしたて』の諺と石上神庫説話」（『遊文録』説話民俗篇、和泉書院、二〇〇四年、初出一九六〇年）八四頁、上田正昭『日本神話』（岩波新書、一九七〇年）五九～六〇頁、和田、前掲(11)二六一頁など。なお、小林氏は、大柱を依り代や聖域を区画するものではなく、「大きさで忠誠を表わしているのだろう」と指摘されている（「古代国家と樹木の記憶」〈『早稲田』二八、二〇〇七年〉四六頁）。
(51) 土橋寛「箸墓物語について」（『古代学研究』七二、一九七四年）。
(52) 平林章仁「三輪山の神の姫事」（『三輪山の古代史』白水社、二〇〇〇年、初出一九九九年）。
(53) 清水、前掲(21)七七頁。その他、三輪と柳本の中間地帯としての「間（はし）の墓の意か」とする説（『日本書紀』①〈新編日本古典文学全集、小学館、一九九四年〉二八五頁頭注）、「恥墓」説（佐佐木隆『日本の神話・伝説を読む』〈岩波新書、二〇〇七年〉二二二頁）もある。また、最近、和田氏は、箸墓には尾根筋の先端という意と、列島で最初に出現した巨大古墳という意が込められているのではないかと指摘されている（『古代大和を歩く』〈吉川弘文館、二〇一三年〉七二頁）。
(54) 柳田國男「大柱直」（『定本柳田國男集』一一、筑摩書房、一九六三年、初出一九三五年）三八～三九頁、井手、前掲(50)八一頁。
(55) 植田文雄『古代の立柱祭祀』（学生社、二〇〇八年）。
(56) 植田氏作成の表の中の分類は以下の通り（前掲(55)五二頁）。
C類　直径が〇・五ｍまでの小さな柱。立てられた場所によって、三種類に分けられる。
C１類　墳丘の裾に立てられた柱

C2類　墳丘の段築面や、ハニワ列の間に立てられた柱
C3類　墓の主体部（墓穴）の柱
D類　墳丘と離れた、周濠の外側の柱
E類　墳墓の出入り口や、主体部の入り口の柱

(57) 植田、前掲(55)五一頁。

(58) 小池寛「古墳における木柱樹立について」（『京都府埋蔵文化財情報』四一、一九九一年）一〇〜一一頁参照。

(59) 植田、前掲(55)六六頁。

(60) 石野博信「古墳立柱」（『古墳時代史』雄山閣出版、一九九〇年、初出一九八八年）六六頁、高橋美久二「『木製の埴輪』とその起源」（『古代の日本と東アジア』小学館、一九九一年）。

(61) 土生田、前掲(11)二七三頁。

(62) 土生田、前掲(11)二七〇頁。

(63) 平林氏は、墳墓に立てられた柱を「被葬者の霊魂が墳墓の屍に戻ることを防ぐ標」とされている（「柱の信仰と儀礼」〈『橋と遊びの文化史』白水社、一九九四年〉七〇頁）。

(64) 小池、前掲(58)一二頁。

(65) 最近の岡林孝作「木柱・木柵と葬送儀礼」（『古墳時代の考古学』三、同成社、二〇一一年）も聖域区画説である。

(66) 井手、前掲(50)一〇頁。

(67) 『類聚三代格』一六、延暦一七年（七九八）一二月八日太政官符には「……元来相伝して功を加へ林と成し、民要地に非ざれば、主の貴賤を量り五町以下差を作らば之を許す。墓地・牧地は制限に在ず」とあり、慶雲三年詔にあった「周二三十許歩」の制限が継承されていない。

(68) 石附敏幸「田図と国郡図」（『日本古代社会と荘園』東京堂出版、二〇〇一年）二五〇頁。

(69) 劉慶柱・李毓芳（来村多加史訳）『前漢皇帝陵の研究』（学生社、一九九一年）三〇八頁。

(70) 谷野典之「画像石の樹木表現」（『饕餮』創刊号、一九九三年）。また、菅野恵美「樹木画像の伝播と変容」（『中国漢代墓

葬装飾の地域的研究』勉誠出版、二〇一二年）も参照。なお、谷野・菅野論文については、桐本東太氏（中国古代史）のご教示を頂いた。

(71) 菅野氏によると、漢代の墓樹としては、松・柏・欒・楊柳・梧桐などがあるが、「松柏への強いこだわり」と「中でも、柏樹は好んで墓の周囲に植えられていた」と指摘されている（前掲(70)一九一～一九二頁）。

(72) 林陸朗校注訓訳『続日本紀』一（現代思潮社、一九八五年）一八六頁、直木孝次郎他訳注『続日本紀』一（東洋文庫、平凡社、一九八六年）二三四頁。

(73) 『続日本紀』二（新日本古典文学大系、岩波書店、一九九〇年）一〇五頁。

(74) 村尾元融『続日本紀考証』（国書刊行会、一九七一年）三〇九頁が松下見林説を引用している。

(75) 檜隈坂合陵（現、梅山古墳）については、「弘安八年（一二八五）三月二三日某起請文案」（『春日大社文書』六）に「梅陵」とあることから、中世には墳丘上に梅木が植えられていた可能性があろう（和田『古代天皇への旅』〈吉川弘文館、二〇一四年〉一五三～一五四頁）。なお、享保一九年（一七三四）刊の『大和志』には「猿山とも、梅山ともよびて、松櫪生《マツクヌキ》ひたる冢あり」とあった。

(76) コノテガシワは『万葉集』一六―三八三六、二〇―四三八七にも詠まれ、ヒノキ科の側柏のこととみられる。この考証は、長田貞雄「万葉植物児手柏考」（『上代文学論叢』桜楓社、一九八八年）に詳しい。

(77) 来村『唐代皇帝陵の研究』（学生社、二〇〇一年）一八〇頁。

(78) 盛本昌広『草と木が語る日本の中世』（岩波書店、二〇一二年）三一～三二頁に、中世、墓に松が植えられる例があげられている。なお、盛本氏は、墓に松が植えられたのは松の祝儀性―「人生の最後を飾るものとして、出産という慶事と同様に墓に松を植えたとも考えられる」とされ（同上書、三三頁）、勝田氏は「松が選ばれたのは常緑樹で寿命も長く、常に霊が宿るとされてためであろう」と指摘されている（前掲(45)九三頁）。その他、墓上植樹に関しては、佐々木孝正「墓上植樹と真宗」（『仏教民俗史の研究』名著出版、一九八七年、初出は一九七九年）、有岡利幸『松と日本人』（人文書院、一九九三年）二一五～二一七頁、本林靖久「真宗門徒の葬送儀礼」（『宗教民俗学の展開と課題』法蔵館、二〇〇二年）など参照。

(79) 古墳と松との関係については、本章付論「古墳の名称と樹木」でも触れた。

(80) 奥村郁三「大化薄葬令について」(『高松塚論批判』創元社、一九七四年)、北康宏「大化二年三月甲申詔の葬制について」(『続日本紀研究』三一〇、一九九七年)。
(81) 関晃「大化のいわゆる薄葬令について」(『関晃著作集』二、吉川弘文館、一九九六年、初出一九五八年)、林「大化の薄葬令の再検討」(前掲(2)所収、初出一九七二年) 四〇一~四〇二頁など。
(82) 村田修三「『陵墓』と築城」(『「陵墓」からみた日本史』青木書店、一九九五年)、千田嘉博「陵墓と城郭研究」(『歴史学研究』八五七、二〇〇九年)。
(83) 米井輝圭「古代日本の『祟りのシステム』」(『東京大学宗教学年報』X、一九九三年)。
(84) 古墳の祟りという言説が古墳破壊を阻止したことについては、桜井、前掲(3)七九~八一頁でも指摘されている。
(85) 大場磐雄「古墳と神社」(『神道考古学論攷』葦牙書房、一九四三年)。
(86) 五来重氏も、有名神社の神域に古墳がある例が少なくないことを、「祖先の墓が森となり、この森でおこなった祖霊祭が墓を神社化してしまったのである」と指摘されている(「墓の話」〈『五来重著作集』三、法蔵館、二〇〇八年、初出一九五二年〉三三六頁)。
(87) 橿原考古学研究所編『大和天神山古墳』(奈良県教育委員会、一九六三年)。
(88) 府中市教育委員会・府中市遺跡調査会編『武蔵府中熊野神社古墳』(学生社、二〇〇五年)。
(89) 井上光貞「古代沖ノ島の祭祀」(『日本古代の王権と祭祀』東京大学出版会、一九八四年)。井上氏と同様な理解は、小田富士雄「福岡県・沖ノ島の祭祀遺跡」(『九州考古学研究　古墳時代篇』学生社、一九七九年、初出一九七〇~一九七二年)、小出義浩「祭祀」(『日本の考古学』V、河出書房新社、一九六六年) 二九一~二九四頁などにもある。沖ノ島をめぐる最近の研究動向については、大高広和「沖ノ島研究の現在」(『歴史評論』七七六、二〇一四年) 参照。
(90) 北村優季「日本古代の天皇」(『王の表象』山川出版社、二〇〇八年) 一〇八頁。
(91) 笹生衛「宗像沖ノ島祭祀遺跡における遺物組成と祭祀構造」(『日本古代の祭祀考古学』吉川弘文館、二〇一二年) 二三一~二三二頁。
(92) 白石「古墳出土の石製模造品」(前掲(21)所収、初出は一九八五年) 二〇六頁。そもそも、白石氏自身、当初は前期古墳の「被葬者は神ないしこれに近い存在」に考えていたのが、後にそれを「古墳の被葬者は神をまつる司祭者であっても、けっして神とは考えられていなかったと思われる」という説に修正したと述べられている（「ことどわたし考」〈前掲(49)〉補注三八四頁）。なお、土生田氏は、白石氏の修正説に賛同されている（「古墳と黄泉国」〈前掲(11)所収、初出一九八一年〉）。

(93) 祖先の墳墓が氏神化していく契機に七・八世紀の廟思想の影響を想定する説（土生田「古墳と黄泉国」〈前掲(92)二九六〜二九八頁〉）もあるが、香椎廟についていえば、『延喜式』（神名式）にも登載されておらず、通常の神社とは区別される存在であった（松前健『日本神話の形成』〈塙書房、一九七〇年〉五三頁）ことから、廟の影響を過大視すべきではあるまい。なお、ホノニニギ以下三代の神の陵が日向に所在している（『古事記』上、『日本書紀』神代第九段本文、同第一〇段本文、同第一一段本文、『延喜式』二一〈諸陵式〉）が、これも松前氏の指摘の通り、「古代には人の死霊は決して神社に祀られず、また逆に神も墓に祀られなかった。……三代も古くから『人』であるという伝承が、相当根強かった」とみるべきであろう（松前、同上書、五三〜五四頁）。

(94) 勝田、前掲(45)九一〜九二頁。

(95) 日高敏隆『動物と人間の世界認識』（ちくま学芸文庫、二〇〇七年、初出二〇〇三年）一七五頁。

(96) 桜井、前掲(3)。

付論　古墳の名称と樹木

現在、各地に残る古墳の名称については、白石太一郎氏が「古墳の名称」という論文(1)で、「前方後円墳の名称」「古墳の形状と名称」「被葬者と古墳の名称」「伝説と古墳の名称」の四点から具体例をあげて分析されており、示唆に富む。ただし、白石論文では「古墳と植樹」という観点から古墳の名称を検討されていないので、ここでは古墳の名称に含まれる樹木名を紹介しておきたい。古墳名に含まれる樹木名の由来は、古代に墳丘やその周囲に植えられたものに基く場合から近現代に植えられたものまで様々とみられる。(2)もとより、古墳の樹木自体、時代による植生の変化を想定しておかねばなるまい。とすれば、どの段階での樹木名が古墳の名称に取り入れられたか、古墳名だけから復元することは困難といえよう。そこで、古墳の命名の契機については捨象して、古墳とどの樹木との間に親近性があったのかという観点から、古墳名に含まれる樹木名を整理してみたい。

なお、全国で三〇万基ともいわれる古墳について、そのすべてを網羅的に調査するのは不可能に近い。ここでは『日本古墳大辞典』(3)と『続日本古墳大辞典』(4)に載る約六〇〇〇基の古墳名を対象としたことをお断りしておく。

その調査結果のみを示すと、樹木名を付す古墳は一五七例（樹木名では二七種）を数える。その中で、もっとも多いのが、松岳山古墳（大阪府）、観音松古墳（神奈川県）などのように松を含む例で四七例、続いて桜・藤が各一五例、竹が九例、柳が八例、柏・椿・柿が各六例、杉・栗・楢が各五例、桑・椎が各四例、樟・梅が各三例、梨・槻・檜・桂が各二例と続く。桐・椚・桃・榊・柊・椋・栢・茶の場合はいずれも一例のみであった。

本章でも述べたように、古代中国では松柏が墳墓に植えられ、日本でもその影響を受けたはずである。しかし、古代の史料では〔史料42〕に示した通り、古墳・墳墓の名称から、松の例は見出せず、柏も一例だけで、とくに松柏にこだわったようには窺えない。ところが、一一世紀末以降、墓に松を植えることが史料に登場することになり、以後、日本では松が中心になるとみられる。かかる点を念頭に置いて、古墳名称の樹木を見直すと、松の例が他に比べて多いことが留意される。これは本章で指摘した、古墳・墳墓の中世以降の景観と対応していたのではないだろうか。

ちなみに栃木県那須郡の上侍塚・下侍塚古墳は元禄五年（一六九二）に徳川光圀の命により大金重貞が発掘調査した古墳（五世紀代の前方後方墳）として名高い。この発掘は那須国造碑の発見が動機となり、那須国造の墓を求めての調査であった。しかし、その手がかりは発掘では得られず、所期の目的は達成できなかったが、発掘が終わると、古墳を修補し、墳丘に小松を新たに植えるよう、光圀の指示が出された。(5) 現在、封土の上に、元禄の松の末裔であろうが、赤松が育って見事な景観が見られる。上侍塚・下侍塚古墳と松との関係は、数多くの古墳のほんの一例に過ぎないとしても、松を墳丘に植えるという点に関しては中世以降のあり様が継承されているのであろう。

注

（1）白石太一郎「古墳の名称」（『古墳と古墳時代の文化』塙書房、二〇一一年）。

（2）外池昇氏の考察によると、明治年間の陵墓の樹木については、①苦竹・槲・櫟・竹木・荊棘・藤・蘿・根笹といった村落生活にとって利用価値が高いものが伐採された、②陵墓としての整備を目的として新たに松・杉・檜・樫が植樹された、③桜や梅も陵墓に花見客が群集することを忌避すべく伐採されたと指摘されている（「村落と周濠・墳丘」〈『幕末・明治期の陵墓』吉川弘文館、一九九七年〉一〇七〜一〇九頁）。

（3）大塚初重・小林三郎・熊野正也編『日本古墳大辞典』（東京堂出版、一九八九年）。

（4）大塚・小林編『続日本古墳大辞典』（東京堂出版、二〇〇二年）。

（5）「大金重徳家所蔵文書」（斎藤忠・大和久震平『那須国造碑・侍塚古墳の研究』〈吉川弘文館、一九八六年〉所収）。

第三章　木　俣　考——古代の人々の心身と境界——

はじめに

本章では、「樹木をめぐる古代の環境史」の一環として、木俣を扱う。木俣とは、樹木の幹から枝が分かれていく場（Y字形）を指すが、それだけではなく、幹が地面近くで分かれて、時として「空」（ウツホ）を形成するところ（逆Y字形）の場合もあった。そうした場のもつ意味を古代の史料に遡って検討してみたいのである。

木俣は樹木の一部であるが、樹木を離れてマタ（俣・股）に広く目を向けると、道の分かれ目、分岐点としてのチマタ（衢、巷、千股）、川の合流点、分流点としてのミナマタ（水俣）・カワマタ（川俣、川股）あるいはカワイ（川合）、人間のからだのコカン（股間）やワキノシタ（腋の下）、手・指のマタなど、マタはけっして木俣だけではなかった。また、樹木のような枝や幹の分かれという点では、鹿角、杖なども形状からしてマタの仲間といってよいだろう。『古事記』『日本書紀』神話のヤマタノオロチや石上神宮蔵の七支刀も想起されてよい。また、二俣の樹木を伐ってはならないなどという木俣をめぐる民俗も少なくない。[1]このように関連するかと思われる諸例を並べてみると、多様なマタの存在の一つが木俣ともいえるかもしれない。

以上のことを念頭に置いて、次節以下では、木俣をはじめとして他のマタも視野に入れつつ、古代の人々の心身と木俣との関係を論じていく。その際、チマタ[2]や杖[3]など、これまでにかなりの研究があるものについては論を省略するか、簡単に触れるだけに留めていることを断っておきたい(4)。

一　木　俣

1　『古事記』神話の「木の俣」「木俣神」

最初に『古事記』には木俣の二つの例があるので、それに言及しておく。

〔史料1〕乃ち木国之大屋毗古神之御所於違へ遣りましき。爾して、八十神、覓ぎ追ひ臻り而、矢刺を乞ふ時、木の俣自り漏き逃がし而云らししく、「須佐能男命所坐せる根の堅州国に参向ふ可し。必ず其の大神議りましなむ。」とのらしき。（『古事記』上）

〔史料2〕故、其の八上比売者、率て来ましつれ雖、其の嫡妻須世理毗売を畏み而、其の所生める子者、木の俣に刺し挟み而返りき。故、其の子を名けて木俣神と云ふ。亦の名は御井神と謂ふ。（『古事記』上）

〔史料1〕は、八十神の迫害を受けたオホナムチは母神に木国のオホヤビコのもとに行くようにいわれたが、それでも八十神は追いついてきたので、オホヤビコはオホナムチを「木の俣」から逃して、スサノヲのいる根の堅州国に行けば、きっとスサノヲが取り計らってくれるだろうといったという話。〔史料2〕では、その後、根之堅州国に入ったオホナムチはスサノヲの試練を受けてオホクニヌシとなって葦原中国に戻り、「稲羽」（因幡）のヤカミヒメと結婚。しかし、ヤカミヒメは正妻のスセリヒメを畏れて、自分の子を「木の俣」に刺し挟んで帰って行った。それで、その子を「木俣神」といい、亦の名を「御井神」というとある。

〔史料1・2〕が『古事記』の木俣の事例であるが、実は〔史料1〕の前段には、オホナムチが八十神から迫害を受けた話の中に次の一節があった。「八十神見て、且欺き山に率て入り而、大樹切り伏せ、茹矢其の木に打ち立て、其の中に入ら令むる即ち、其の氷目矢を打ち離ち而拷ち殺してき」として、八十神は山中で大樹を伐り倒し、割れ目に茹矢（楔）を打ち込み、オホナムチにその割れ目に入らせると、楔を抜いてオホナムチを殺した。そこで、母神が泣きながらオホナムチを探し、樹を裂いて取り出すと、「汝者此間に有ら者、遂に八十神に滅さ所なむ」といって、オホナムチは木国のオホヤビコのもとに遣わされることとなった（この後に〔史料1〕が後接する）。この場合、楔を大樹に打ち込んで、その中にオホナムチを挟むというのであるから、前二例とは少し様相が違うが、ひとまず、本例も加えて、「木の俣」を考察することとしたい。

次に『古事記』の「木の俣」や「木俣神」については、先行研究があるので、それを一通り紹介しておきたい。『古事記』の注釈書では、たとえば、「木俣神」について、「子を木の俣に挟み云々の意味がよく分からない。オホナムチが木の俣から漏《ク》き逃れたという話のたんなるこだまと見ていいのではなかろうか」（西郷信綱氏(5)）、「名義は『神木の木股』。……神の依代《よりしろ》の木である。井泉の側に生えていることが多く、またその股木を植えたりした」（西宮一民氏(6)）などの指摘があるが、十分とはいい難い。むしろ、注目してよいのは、「木の俣」を考察した専論として、『今昔物語集』一九―一四の話（後掲）やヤカミヒメの話〔史料2〕と比較して、「木の俣」を現世と異なる別世界への入り口とされた勝俣隆氏(7)の説、『古事記』『日本書紀』の神話でトヨタマヒメが天孫の子を海辺に産み置いて海底に帰っていったという神話と〔史料2〕とはパラレルとみて、「木の俣」を「彼我の両界のあわいを象徴するもの」とされた山本節氏(8)の説であろう。

〔史料1〕では、オホナムチは「木の国」を経由して「木の俣」から根の堅州国に入ったわけであるから、逆Y字形の「木の俣」という場所は根の堅州国という異界への境界領域とみてまず間違いあるまい。〔史料2〕の方は、ヤカミヒメが生まれたばかりの子供を「木の俣」に刺し挟んで稲羽に帰っていったというもので、これは山本氏の指摘の通り、トヨタマヒメの神話と対比させて[9]、「木の俣」（Y字形の木俣）は天孫の子を産み置いた海辺と同じ境界とみてよいだろう。どちらも「木の俣」は現世と異界との双方が交わる境界領域といえよう。このことは本章の結論でもあるが、その前に木俣をめぐる諸史料を列挙して、木俣への古代の人々の心性を改めて考えてみたい[10]。

2　諸史料に見る木俣

そこで、本節では諸史料に見る木俣の例をいくつかのグループに分けて取り上げておこう。

〔史料3〕是年、河辺臣名を闕せり。を安芸国に遣して、舶を造らしむ。山に至りて舶の材を覓ぐ。便に好き材を得て、伐らむとす。時に人有りて曰はく、「霹靂の木なり。伐るべからず」といふ。河辺臣曰はく、「其れ雷の神なりと雖も、豈皇の命に逆はむや」といひて、多く幣帛を祭りて、人夫を遣りて伐らしむ。即ち大雨ふりて、雷電す。……十余霹靂すと雖も、河辺臣を犯すこと得ず。即ち少き魚に化りて、樹の枝に挟れり。即ち魚を取りて焚く。遂に其の船を修理りつ。

（『日本書紀』推古二六年是年条）

〔史料3〕は、安芸国に河辺臣が派遣されて大船を造ることとなった。人は雷神の木を伐るべきではないといったが、河辺臣は天皇の命に逆らえようかといって樹木の伐採を強行した。雷神の抵抗（落雷）はあったが、河辺臣は無事で、結局、雷神は「少き魚」になって「樹の枝」に挟まっていた。河辺臣は魚を取って焼き、大船を造営することができたという話。〔史料3〕の中で、雷神（「少き魚」）が挟まっていた「樹の枝」というのは、神の示現する境界であろう。まさにそこがY字形の木俣であったとみられる。

〔史料3〕とも共通するY字形の木俣の例として、以下の四例がある。①『……其の神の御門に到りな者、傍之井上に、湯津香木有らむ。故、其の木の上に坐さ者、其の海神之女、見て相議らむ者也。』といふ。……故、教の随に少し行ししに、備さに其の言の如し。即ち其の香木に登りて坐しき」(『古事記』上)、②「東の大き山を、賀毗礼の高峰と謂ふ。すなはち天つ神在す。名を立速男の命と称す。一の名は速経和気の命なり。本、天より降りて、すなはち松沢の松の樹の八俣の上に坐しき。神の祟、甚厳し」(『常陸国風土記』久慈郡条)、③「行基菩薩は、俗性高志氏、和泉国大鳥郡の人なり。菩薩初めて胎を出でしとき、胞衣に裹み纏れり。父母忌みて樹の岐の上に閣げつ。宿を経てこれを見るに、胞を出でて能く言ふ。収めて養へり」(『日本往生極楽記』二)。④猟師の兄弟が「待」という鹿狩をするが、兄の方は「其レハ、高キ木ノ胯ニ横様ニ木ヲ結テ、其レニ居テ、鹿ノ来テ其ノ下ニ有ルヲ、待テ射ル也ケリ」。その際、兄弟の老母が鬼となって手で兄の「髻ヲ取テ上様ニ引上レバ」、四・五段ほど離れた木の上で向き合っていた弟が兄の声をたよりに「雁胯」で老母の身を射た(『今昔物語集』二七―二二)。

①は、ホヲリがワタツミの神の宮に到ったら、側の井の傍らに湯津香木があり、その「木の上」にいれば、海神の娘がホヲリを見つけて相談に乗ってくれるだろうと塩椎神に教えられる。ホヲリはその教えの通りに「其の香木に登りて坐しき」という神話。(11) ②は、立速男命が「松沢の松の樹の八俣の上」に坐し、人々に祟りをなしたという伝承である。樹上の多数に枝分かれしたところは神が示現する場所であったといえようが、とくに「松の樹」はそれにふさわしいようである。(12) ③は、行基の出生伝承で、行基が(13)胞衣に包まれていたので、一晩、両親が「樹の岐の上」に置いておいたところ、行基は「胞を出でて能く言ふ」とあった。この話の「樹の岐の上」も人間の出生にかかわる木俣＝境界の場であったといえよう。④では、「木ノ胯」は兄が異界の動物と対峙する場であり、鬼となった老母が示現する場でもあった。しかも、その老母の手は「雁胯」の鏃で射られたという話である。以上の四例からも、Y字形の木

俣が神々などの示現、誕生という特別な場所であった[14]ことが察知されよう。[15]

ところで、死体・髑髏・棺をY字形の木俣に置くという、樹上葬[16]とみられる事例もあった。これも具体例をあげると、左の通りである。

〔史料4〕高麗の学生道登は、元興寺の沙門なりき。山背の恵満が家より出でたり。往にし大化の二年の丙午に、宇治椅を営らむとして往来する時に、髑髏奈良山の渓に在りて、人・畜の為に履まる。法師之を悲しびて、従者万侶をして木の上に置かしめき。（『日本霊異記』上―一二）

〔史料4〕は、奈良山の渓間に髑髏があり、人や獣に踏まれていたのを道登は従者の万侶に命じて「木の上に置かしめき」。この後、一二月晦日の夕方、一人の人が万侶を魂祭りの場に誘い出して御馳走を与えて恩返しをし、自らの死の真相を万侶に語ったという話である。髑髏を「木の上に置かしめき」というのは、Y字形の木俣に髑髏を置いたということであろう。[17]ここに再生への観念があったかどうかまでは分からないとしても、〔史料4〕の木俣を死者の世界への入り口（境界）とみることは可能ではないだろうか。

〔史料4〕に関係する例としては、①摂津国多々院の優婆塞が死んだので、「棺に入れて樹の上に挙げ置けり。五日を過ぎて、甦りて棺より出で、即ち本の宅に到る」。その後、優婆塞は妻子に「冥途」の様子を語ったという話（『法華験記』上―三二）。②摂津国豊島の箕面の滝の下に「大きなる松の樹あり」。八月一五日夜、樹下の修行僧は、樹上の人が一年後の往生を予告されているのを聞き、翌年、その日に立ち会ったという話（『日本往生極楽記』二三）、③讃岐国の源大夫が突然出家をし、念仏を唱え金鼓をたたきつつ、西方に向かい、ついに西海を臨む高峰の「二胯ナル木」の上で極楽往生を遂げたという話（『今昔物語集』一九―一四）がある。

このうち、①において、死者は明らかに五日後に蘇生しているので、再生を祈って木俣に棺をあげたものと思われる。②③の場合は、「松の樹」の上、「二股ナル木」から極楽往生するという説話であった。いずれも、Y字形の木俣が異界への入り口であったことは認めてよいところであろう。

　Y字形の木俣に対して、逆Y字形の例もあった。これも具体例をあげておく。

〔史料5〕……其時ニ、或ル僧ノ思ハク、「何ナレバ、此ノ木ヲ伐ニハ人ハ死ル」ト、「構テ此事知ラバヤ」ト思テ、雨ノ隙無ク降ル夜、僧自ラ蓑笠ヲ着テ、道行ク人ノ木蔭ニ雨隠シタル様ニ、木ノ本ニ窃ニ抜足ニ寄テ、木ノ空ノ傍ニ窃ニ居ヌ。夜半ニ成ル程ニ、木ノ空ノ上ノ方ニ多ノ人ノ音聞ユ。……異音シテ、「若麻苧ノ注連ヲ引廻ラシテ、中臣祭ヲ読テ、杣立ノ人ヲ以テ縄墨ヲ懸テ伐ラム時ゾ、我等術可尽キ」ト云フ。亦、異音共シテ、「現ニ然ル事也」ト云。亦、異音共、歎タル言共ニテ云合ル程ニ、鳥ナキヌレバ音モセズ。……

（『今昔物語集』一一―二二）

〔史料5〕は、本元興寺（飛鳥寺）建立をめぐる話の一部。本堂を建てようとしたところに「古キ大ナル槻」があったが、それを伐ろうとすると、木伐りが頓死することがあった。そこで、（以下、引用箇所）ある僧がさかんに雨の降る夜、一人で蓑笠をつけ、「木ノ空ノ傍」に隠れていた。夜半に木の空の上の方で、多くの人の声が聞こえる。その中に「麻苧の注連を引き廻し、中臣祭文を読んで、墨縄を掛けて木伐りに切らせたら、我々はなすすべもない」という声があり、別の声で「その通りだ」というのが聞こえた。そのうち、鳥が鳴き、声もしなくなった。その後、麻苧の注連云々通りのことをして、木伐りに大木を伐らせたところ、誰一人死ぬことなく、木は伐られ、本堂は完成したとある。本話は、夜という異類が活動する時間帯に、僧が「大木の秘密」を聞くという話で、僧は大木の霊の声を聴いていたわけであるが、とくにその場所が「木ノ空ノ傍」であったことは興味深い。逆Y字形の木俣は「空」になっており、そこには夜、大木の霊が現れていたことが窺われるからである。

　かかる逆Y字形の木俣の例としては、①天王寺僧道公が紀伊国美奈倍郷の海辺の「大きなる樹の下」に宿泊した際、

図7『信貴山縁起絵巻』

夜半に二、三十騎の騎馬の者と樹下の翁との会話を聞いてしまう。翌朝、道公が樹下を見ると、古びた男形の道祖神像と、その前に前足を破損した板の絵馬があった。道公が絵馬の足を直してやると、その夜、道祖神は騎馬のものと一緒に出掛けて行ったという話がある（『法華験記』下―一二八）。本話には「空」のことは出てこないが、道公が宿泊したのは、海辺（境界）の「大きなる樹の下」というのであるから、これも逆Y字形の木俣とみてよいだろう。なお、一二世紀中頃の『信貴山縁起絵巻』（図7）には、道の辻（境界）と思われるところに、二本の大木があり、うち左側の一本には大きな洞がある。また、その左手には丸石と幣串が供えられており、右手には道祖神の小祠も描かれていた。①の光景を髣髴とさせてくれるところがあろう[18]。

〔史料5〕や①と同様のケースを追加しておくと、②慈覚大師が、比叡山に「大ナル椙有リ、其木ノ空ニ住シテ、如法ニ精進シテ、法花経ヲ書給フ」（『今昔物語集』一一―二七）、③陸奥国の狗山（猟犬を使って狩猟する猟師）が山中で、夜、「大キナル木ノ空ノ有ケル内ニ居テ」寝ていたところ、同所の「空ノ上ヨリ」落ちてきた大蛇を猟犬が噛みついて殺したという話（『今昔物語集』二九―三二）、④右の頬に大きな瘤がある翁が夜、山の中、一人で「木のうつほのありけるにはひ入りて」、じっとしていると、鬼が百人ほどやって来て、「うつほ木の前」で輪になって酒宴を始めた。その場で翁は面白げに舞を舞って見せたので、鬼たちは次回も宴席にくるようにといって、翁が大事にしていた瘤を取って行ったという話（『宇治拾遺物語』一―三）がある。

②は、慈覚大師円仁が逆Y字形の「木ノ空」で写経をしたという話（『今昔物語集』一九―一にも慈覚大師が「横河ノ北ナル谷ニ大ナル椙木ノ空ニ在マシテ」法華経を書写したとある）。③④では、ともに大木の「空」という場に大蛇や鬼という異類が夜になって姿をみせている。③④の二話からも、逆Y字形の木俣は、夜に異界のものが出現する空間と観念されていたとみられよう。

以上、Y字形・逆Y字形の木俣の例をあげてきたが、木俣とは、いずれも異界に通ずる境界的な場であったことが認められる。これは『古事記』の木俣の例〔史料1・2〕とも合致するところといえよう。

3 「二俣小舟」

木俣に関連して、「二俣小舟」(19)についても、あわせて言及しておこう。

〔史料6〕故、其の御子を率て遊びし状者、尾張之相津於在る、二俣榲を二俣小舟に作り而、持ち上り来て、倭之市師池・軽池に浮け、其の御子を率て遊びき。然あれども、是の御子、八拳鬚心前に至るまで、真事登波受。

（『古事記』中〈垂仁〉）

〔史料6〕には、垂仁皇子のホムチワケを「二俣榲」から作った「二俣小舟」に乗せて遊んだが、ホムチワケは大人になるまで口をきけなかったとある。二俣の船については、①『日本書紀』仁徳六二年五月条に「遠江国司、表上言さく、『大きなる樹有りて、大井河より流れて、河曲に停れり。其の大きさ十圍、本は壹にして末は両なり』とまうす。時に倭直吾子籠を遣して船に造らしむ。而して南海より運して、難波津に将て来りて、御船に充てつ」、②『日本書紀』履中三年一一月辛未条に「天皇、両枝船を磐余市磯池に泛べたまふ。皇妃と各分ち乗りて遊宴びたまふ」という話もある。

〔史料6〕の「二俣小舟」の池遊びを鎮魂の呪術的行為とみることは、すでに先学も指摘してきたところである。[20] その際の呪術は外来魂の付着[21]（タマシヅメ）とするのか、衰えた魂の活性化[22]（タマフリ）とするのかで意見は分かれているが、ここでとくに問題にしたいのは、船は魂の入れ物[23]であるとして、それが「二俣」という特異な形状が強調されているのはなぜかという点である。結論を先回りしていえば、そこには、これまで指摘してきた木俣の意味が参照さるべきであろう。すなわち、木俣が異界との境界であり、呪力ある場であったという点である。ホムチワケが乗せられた船〔史料6〕、履中や皇妃の船（②）がいずれも二俣と語られていたのは、かかる船には特別な呪力が籠ると観念されていたからではないだろうか。①の船が難波津に廻漕されて、「御船」に充てられたのも、天皇の鎮魂に利用するためであったろう。

4　小　結

以上、本節の考察を整理しておくと、次の通りである。『古事記』神話にみる「木の俣」とは諸他の史料からして、異界に通ずる境界であったといえる。オホナムチが「木の俣」から根の堅州国に入った〔史料1〕のは、「木の俣」が異界への出入り口であったからであり、ヤカミヒメが子供を「木の俣」に刺し置いて稲羽国に帰って行った〔史料2〕のは、「木の俣」が子供の誕生の境界的な場所であったからとみられる。ヤカミヒメの子供の「木俣神」の亦名が「御井神」であることについて、井泉の辺りの樹木との関係を指摘する説[24]も首肯されようが、より直接的には井泉そのものが異界への境界であったことが重要ではないだろうか。

また、オホナムチが大樹の割れ目に挟まって殺されるが、母神が楔を抜いて助けるという件（『古事記』上）についても、右の生死と関わる木俣との共通性が指摘できよう。『日本霊異記』上―一には、少子部栖軽に捉えられた雷神が栖軽の死後、「悪み怨みて鳴り落ち、碑文の柱を踊え践み、彼の柱の析けし間に、雷揲りて捕へらゆ。天皇、聞して雷を放ちしに死なず」として、栖軽の碑（木製の碑）[25]に挟まった雷神の話があった。

なお、樹木を割ってものを挟むという点では、『延喜式』二（四時祭式下）に「幣を挿む木二十枚」（毎月晦日御贖）、『延喜式』三（臨時祭式）に「幣を挿む木一百廿枚」（八十嶋神祭）、「幣を挿む木六十枚」（東宮八十嶋祭）、『延喜式』三四（木工式）に「幣帛を著す木卅六枚、長さ各八尺、方一寸五分、」（賀茂上下祭料他一〇祭料）、「幣帛を挿む木三百八十四枚、日別に卌八枚」（一一月の新嘗祭と六・一二月の神今食前の八日間の御贖料）があった。このうち、『延喜式』三四にみえる「幣帛を挿む木」の「三百八十四枚」という数量は「木偶人」の数量とも一致するので、両者はセットとされて用いられていたとみられる。[26]「幣帛を挿む木」というのは二俣の場所の聖性とも関わるのではないだろうか。これも木俣の仲間とみておきたい。

いずれにしても、Y字形・逆Y字形の木俣は境界という特別な場所であった。そもそもY字形そのものに分岐と統合の境界性が表現され、[27]それは再生の観念とも繋がっていたとみられる。境界の呪力は「二俣小舟」でのタマフリにも利用されていたことは前述の通りである。とすれば、用明天皇の「磐余池辺雙槻宮」（『日本書紀』用明即位前紀）、斉明天皇が「田身嶺」山上の「両つの槻の樹の辺」に造営したという「両槻宮」（『日本書紀』斉明二年〈六五七〉是歳条）も木俣の仲間であろう。忍海郎女（飯豊王）の「葛城の忍海之高木の角刺宮」（『古事記』下〈清寧〉）も名称から推すと、これも木俣と関係するのではないだろうか。[28]

本節の終わりに、京都府出雲大神宮蔵の「出雲神社牓示図」[29]〔図8〕に触れておきたい。画面には御影山（神体山）とその麓に立つ鳥居、三棟の建物などが描写されている。図の右下の「和銅二年四月十五日」というのは神社開創の日付であるが、本図は一三世紀のものであるので、この日付の信憑性がどこまであるかは分からない。問題にしたいのは山と建物、水田との間で、鳥居の左右に描かれた八本の樹木である。枝振りからして松の木とみてよいだろうが、松は山上の樹木とも違って、枝振りも大きく分かれている様子が、幾ばくかの誇張をもって描かれている。奇妙にも見える、この松の木こそ、神体山と人里との間の境界領域に位置する、木俣の一例ではないだろうか(30)。

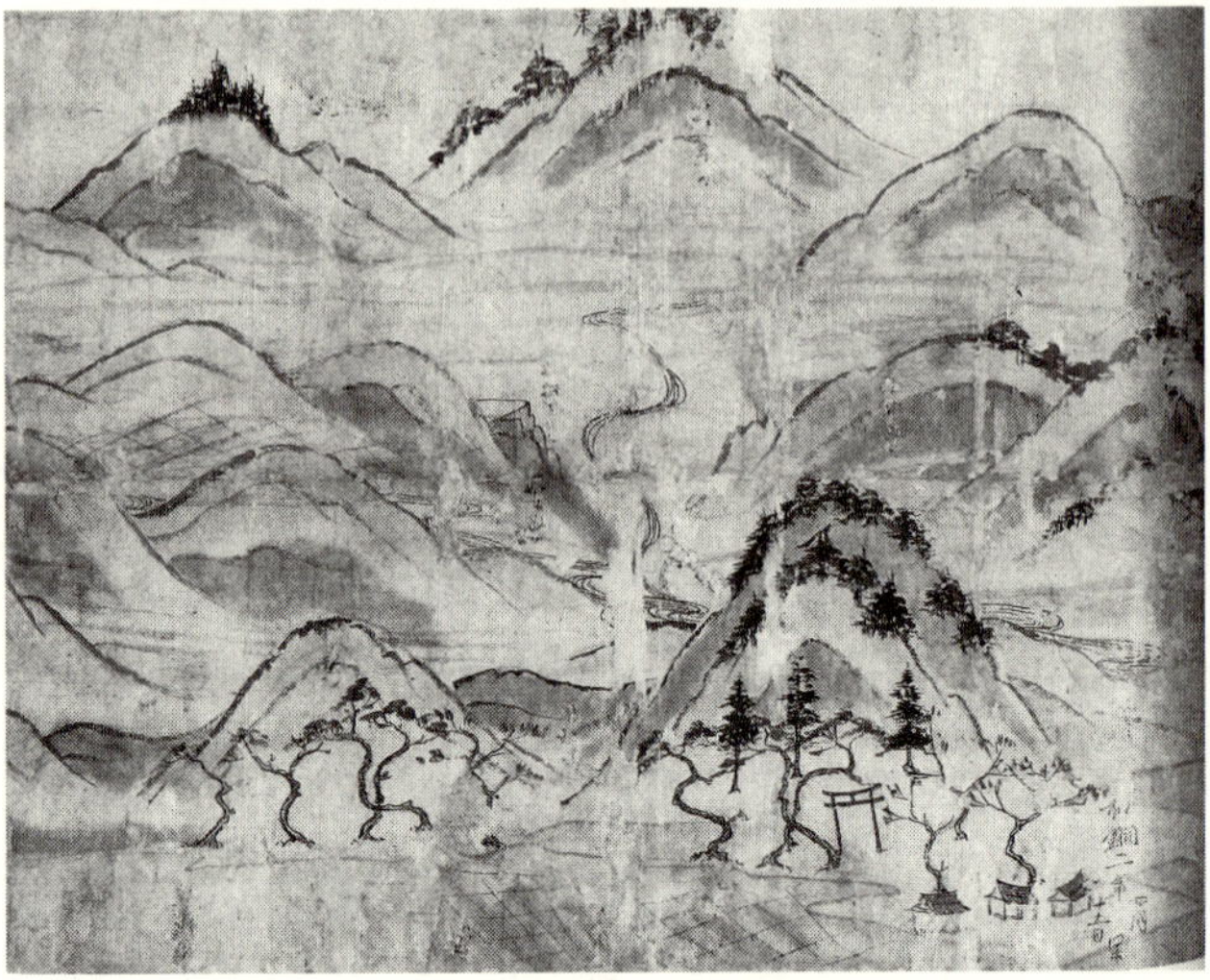
図8「出雲神社牓示図」

二　鹿角とからだ

1　鹿　角

本節では、樹木が枝分かれしている木俣と似た形状の例を取り扱う。その際、まずもって指摘できるのは、鹿角ではあるまいか。次の史料は樹木（木俣）と鹿角とのアナロジーが窺える史料である。

〔史料7〕　常世の祠ありて一の朴樹あり。……鹿角なす枝生え長さ五寸ばかりなり。角の端は両道なり。
（『筑紫国風土記』逸文）

常世の祠があり、そこに生えている朴樹がある。鹿角のように枝が生えていて、長さは五寸程度、角の端は二俣に分かれているとある。このような鹿角と樹木との関係は、『古事記』下（安康）にみえ、大長谷王（雄略）が市辺之忍歯王を狩りに誘い出して殺害するが、その時、淡海之佐々紀山君の祖、韓帒が市辺之忍歯王に向かって「淡海之久多（注略）綿之蚊屋野は、多に猪鹿在り。其の立てる足者、莪原の如し。指挙げたる角者、枯松の如し」といったという。同様の話は『日本書紀』雄略即位前紀にもあり、そこでの韓帒の言は「今近江の来田綿の蚊屋野に、猪鹿、多に有り。其の戴げたる角、枯樹の末に類たり。その聚へたる脚、弱木株の如し。……」であった。ここに鹿角は「枯松の如し」「枯樹の末」のようだという指摘がなされている。『常陸国風土記』多珂郡条に、飽田村で、ある人が倭武天皇に「野の上に群るる鹿、数なく甚多し。その聳ゆる角は、芦枯の原のごとく……」と奏上したというのも関連するところであろう。

　このような鹿角――木俣が多くある――が、鹿皮とともに古代宮廷祭祀の場で幣物などに加えられていたことは注目される。この点は、すでに岡田精司氏が指摘されている通りで、(31)『延喜式』一（四時祭式上）によると、鹿角が供えられる祭祀としては、祈年祭の案上官幣社（一九八社）をはじめとして、鎮花祭（大神社・狭井社）、三枝祭（率川社）、風神祭（竜田社）、月次祭（案上官幣社）があり、伊勢神宮の神宝の材料にも「鹿角六枚」（『延喜式』四〈大神宮式〉）とあった。また、六・一二月の大祓の場でも祓物として「鹿角三頭」（『延喜式』一）があり、斎宮関係の祓（祓料、斎王入二初斎院一時祓二清其院一料、造二野宮一畢祓料、野宮六月晦日大祓）においても祓物として弁備されることになっていた（『延喜式』五〈斎宮式〉）。

　このような宮廷の祭祀や祓の場における鹿角の利用は限られており、鹿皮を含めても、八～九世紀以降に始まる祭祀には見出せないので、「鹿と宮廷祭祀の結びつきには、根の深く伝統の古いものがあった」(32)とみられよう。

　鹿角の利用として、もう二点、追加しておきたい。その第一は、『常陸国風土記』香島郡条の「角折の浜」の話である。すなわち、「或いは曰はく、倭武の天皇、この浜に停宿りまして、御膳を羞め奉る時に、都に水なかりき。すなはち鹿の角を執りて地を掘りしに、その角折れぬ。所以に名づく」とあった。このように鹿角が杖の役割を果たしていたことに留意したい。『今昔物語集』二九―九には「鹿ノ角ヲ付タル杖ヲ、尻ニハ金ヲ朳ニシタルヲ突テ、金鼓ヲ扣テ、万ノ所ニ阿弥陀仏ヲ勧メ行」く「阿弥陀ノ聖」がおり、山の中で、同行の男を殺害したという話がある。鹿杖に関していえば、中世の絵巻には鹿杖が描かれている。その形には三型があり、第一に「上部に撞木がつき、下がY字になっているもの」、第二に「上部に撞木がつき、下端が二つにわれていないもの」、第三に「上端に鹿角をとりつけたもの」[33]が知られるが、中でも注目されるのは、第三で『融通念仏縁起絵巻』（清凉寺本）に描かれた鹿角の杖をもち、背中に鹿皮を被った鉦叩きの姿であろう。さらには、上端に鹿角を付けた杖を手にした空也上人立像（六波羅蜜寺）の存在もあった。鹿角への信仰も確実に中世に継承されていったことが窺えよう。

鹿角利用の第二として、鹿角の強精剤としての効能である。『日本書紀』推古一九年（六一一）五月五日条の菟田野の薬猟記事は端午節の初見で、和田萃氏は、鹿角（鹿茸）や薬草を獲る儀であったと指摘されている[34]。当該儀は八世紀以降になると、野外での薬猟が形骸化し、宮内などで騎射が行われるようになるが[35]、薬物でもある鹿角・鹿茸は、『延喜式』三七（典薬式）には、「諸国進年料雑薬」として美濃・信濃・播磨・讃岐各国から進上される規定があった。ここにも鹿角の呪力の系譜を辿ることができよう。

ところで、樹木（木俣）と鹿角との類似形として、石上神宮の七支刀が注目されよう。七支刀については、これまで銘文の解釈研究がなされ、年号を東晋の泰和四年（三六九）とし、東晋→百済→倭国という国際関係が読み取れるとするのが通説であるが、本章では、刀身の左右に六本の樹枝が出るというような独特の形について問題にしたい。かかる形は、七支刀そのものに該当するかどうかは別としても、『日本書紀』神功皇后摂政五二年九月丙子条の「七枝刀一口」にも当てはまろう。

七支刀の特異な形については、すでに土橋寛氏に考察がある。土橋氏によると、かかる形状は朝鮮半島の王陵から出土した宝冠の立飾とも類似するところで、「左右六本の枝が、発現する霊気をデザイン化したもの(36)」と推察されている。

七支刀は、石上神宮においては御神体として伝来したらしい(37)。その様子は近世の史料から窺える。たとえば、寛永六年(一六六六)の『和州寺社記』には次のようにあった。すなわち、「石上布留大明神は素戔嗚尊の御子大巳貴命にてまします。(中略)六月晦日八幄の御剣とて袋に入たる御剣明神御身躰なるとて鳥居の外まで出し奉る、此御剣はむかし布留の河上に一の剣流る、是に触るものは石木とても砕截すと云ことなし。ある時賤女川の辺にて布を洗しが、その布にとまりて不流因茲神と崇め奉るよし(38)」として、少なくとも近世では石上神宮の神体として扱われていた。六月晦日の儀に関しては、現在でも神剣渡御祭として、太鼓を打ち鳴らしながら、錦に包まれた七支刀が境内末社まで渡御するという。このような七支刀という特異な形状の刀が石上神宮の御神体として信仰されてきたのは、これまで述べてきた木俣と無関係であったとは考え難いように思うが、いかがであろうか。その点からも、七支刀の枝の意味するところとしては、「発現する霊気」説を承認したい(後述)が、その根底には木俣への信仰が見出せるのではないだろうか。本章では木俣説を提起しておきたい(39)。

2 からだ

木俣が人間の股間とも関係することについてはすでに指摘がある(40)。しかしながら、そもそも人間のからだも木俣の仲間とみるふしがある。その点で留意されてよいのは、『古事記』神話において、イザナキが黄泉国から逃げ帰る場面で、桃実に対して、「汝、君を助けしが如く、葦原中国於有ら所る宇都志伎（注略）青人草之、苦しき瀬に落ち而、患へ惚む時、助く可し」と語った件、また、千引石を挟んでイザナキとイザナミが「事戸度し」をする場面で、イザナミがイザナキに向かって「愛しき我が那勢命、如此為者、汝の国之人草、一日に千頭絞り殺さむ」といった件である。「青人草」「人草」の語（『日本書紀』神代第五段第一一の一書、同第八段第六の一書、同第九段第二の一書には「顕見蒼生」とある）に人間を植物（草）とみる観念が認められよう。[41]天孫降臨後、ホノニニギがイハナガヒメではなく、コノハナサクヤヒメを選択したため、人間（天皇）の命が短くなったという話（『古事記』上、『日本書紀』神代第九段第二の一書、同第六の一書）、『常陸国風土記』香島郡条に、歌垣の場で邂逅した男女が朝になると、人目を恥じて松樹に変じたという話も、その表れでもあろう。しかも、これにはさらなる関連史料がある。

〔史料8〕　故爾して、伊耶那岐命詔之らさく、「愛しき我が那邇妹命乎、（注略）子之一つ木に易へむと謂へ乎。」とのらして……（『古事記』上）

〔史料8〕は、イザナキ・イザナミの国生みの後、イザナミは火神を生んで死んでしまうが、その時、イザナキは「いとおしいわが妻の命よ。火神の『一つ木』に代わろうというのか」といったという話。ここでは、神（人）のからだを樹木とみなす観念が窺えるのではないだろうか。[42]

〔史料9〕　天皇、大きに怒りたまひて、大伴室屋大連に詔して、来目部をして夫婦の四支を木に張りて、仮庪の上に置かしめて、火を以て焼き死しつ。（『日本書紀』雄略二年七月条）

〔史料9〕は、雄略天皇が百済の池津媛を召そうとしたところ、池津媛は石川楯に「淫けぬ」。そこで、天皇は大いに怒り、大伴室屋に命じて、来目部に夫婦の「四支」を木に張り付け、桟敷の上に置き、火を付けて焼き殺したという話である。人間の手足を「四支」としているのに注目したい。このような捉え方は、『古事記』中（景行）に、小碓命（ヤマトタケル）は兄（大碓命）を「朝署に厠に入る時、待ち捕へ搤批ち而、其の枝を引き闕き、薦に裹み投げ棄てつ」という話、[43]『日本書紀』顕宗元年二月是月条に、殺された市辺押磐皇子の骨を近江国蚊屋野で探そうとしても「髑髏を相別くと雖も、竟に四支・諸骨を別くこと難し」という話、『日本霊異記』上―三〇に、膳臣広国が冥土で亡妻の「鉄の縄を以て四枝を縛」られている姿を目撃したという話、同下―四に、大僧の聟が大僧の「四枝を縛り」、船から海中に投じたという話、同下―九に、藤原朝臣広足が「四支曲屈」しながら倒れ息をしなかったという話、さらには名例律の八虐の中の「不道」に「人を支解し」（肢体を切断する殺人）があり、賊盗律非死罪条によると、人を「支解」した場合は「斬」とあること、戸令目盲条に「一支廃」「二支廃」とあること――以上の諸例からも窺われるように、人間の手足は「四支」「四枝」と観念されていた。

したがって、磔刑に際しては、①〈史料9〉のように雄略天皇が怒って来目部をして「夫婦の四支を木に張りて」、火あぶりにして殺した、②『今昔物語集』一三―三八に、馬盗人と疑われた雑色男が「四ノ枝ヲ張リ付タリ……」とされた、③『今昔物語集』一六―二六に、播磨国の盗賊の男が「罪重クシテ、縄ヲ以テ四ノ支ヲ機物ニ張リ付テ」とある通り、「四ノ支」が「機物」に張り付けられるということになったのであろう。[44]

要するに、古代の人々は人間のからだそのものを青人草という植物、さらには、樹木のように「四枝」「四支」がある存在とみていたことが認められよう。まさに、からだも鹿角・七支刀などと同じ、木俣の一類と想像されていたのではないだろうか。樹木の古代語では茎・幹にあたる「カラ」と、「カラ」から伸びる細い部分が「エダ」であるが、これは人間の「カラダ」と手足の「エダ」と対応関係にあったことも留意される。[45]

このような中で注目したいのは、からだの腋の下や手指の俣である。まず、腋の下としては、『古語拾遺』には次のような伝承がある。

〔史料10〕 仍りて、共に約誓ひて、即ち其の玉を感けしめて、天祖吾勝尊を生みます。是を以て、天照大神、吾勝尊を育ひたまひて、特甚に愛を鍾めたまふ。常に腋の下に懐きたまふ。称けて腋子と曰ふ。（『古語拾遺』）

アマテラスとスサノヲとが「約誓」して吾勝尊を生んだ。アマテラスは吾勝尊をかわいがって「腋の下」に懐いていたという。大林太良氏は、〔史料10〕の話が環太平洋地域における腋の下の神聖視と関係があり、釈迦が摩耶夫人の右腋から誕生したという話（『仏本行集経』七、『過去現在因果経』一など）とも関係するとされた[46]。東京国立博物館蔵の法隆寺宝物の中に、七世紀の「摩耶夫人および天人像」（四躰）があり、夫人の右袖の腋から釈迦が上部の姿をみせている[47]。釈迦の生誕の話も、古代日本でも受容されていたことが窺えよう。なお、文殊菩薩も母親の右脇から生まれたとある（『仏説文殊師利般涅槃経』）。

また、右に関連して、『万葉集』に妻を失った夫が子供を腋に挟んで抱くという歌がある[48]。「……みどり子の　乞ひ泣くごとに　取り与ふる　物しなければ　男じもの　わき挟み持ち……」（二―二一〇）、「……みどり子の　乞ひ泣くごとに　取り委す　物しなければ　男じもの　わき挟み持ち……」（二―二一三）、「……夕には　入り居嘆かひ　わき挟む　子の泣くごとに　男じもの　負ひみ抱きみ……」（三―四八一）の三歌に共通する「男じもの」とは「男なのに男らしくもなく」という意であるから、男が子供を「わき挟む」のは本来的ではなく、母親の行為ということであろうか[49]。いずれにしても、ここにも腋の下と子供の関係の現れをみる可能性があろう。

腋の下が特別な場所であったことは、『日本往生極楽記』二六に、陸奥国小松寺の僧玄海が「左右の腋に忽ちに羽翼を生じ、西に向ひて飛び去」り、極楽浄土に至ったという夢を見たという話、『古今著聞集』一七―五九九に、承安元年七月八日、伊豆国奥島の浜に鬼の乗った船が到着したが、その鬼は「脇より火をいだしけり」という話からも知られる。『今昔物語集』六―二三は震旦の話であるが、急死した王氏は「左右ノ脇暖カ也。三日ヲ経テ活ヌ」とあったのも留意される。腋の下が暖かいかどうかが生死の指標であったことが窺えよう。

ちなみに、伊予国の中世豪族、河野通清は、母が三島明神（大蛇）の子を懐妊して産んだと伝えられ、「其形常ノ人ニ勝テ容顔微妙ニシテ、御長八尺、御面ト両脇ニ鱗ノ如ナル物アリ」（『予章記』長福寺本）(50)。通清の顔と腋の下に蛇鱗があったというのも、かかる場所が出生と関わると観念されていたからであろう(51)。

〔史料11〕　於是、伊耶那岐命、所御佩かせる十拳剣を抜きて、其の子迦具土神之頸を斬りましき。……次に、御刀之手上に集まれる血、手俣自り漏き出でて、所成りませる神の名は、（注略）闇淤加美神。（注略）次に、闇御津羽神。

（『古事記』上）

〔史料11〕は、イザナキは火神カグツチを斬り殺し、その血や体から神々が生まれた。引用箇所（後半）では、イザナキの御刀の柄に集まった血が手俣から漏れて生まれた神がクラオカミ・クラミツハという話。手指の間の「手俣」とは、腋の下と並んで、大切な生成の場であったことが知られよう。ちなみに、手指の俣から漏れたという神話は他にもあり、『古事記』上に、オホクニヌシが出雲の「御大之御前」で「天之羅摩の船」に乗って近づいてくる神と出会った。そこで、オホクニヌシがカミムスヒに尋ねると、「此者実に我が子なり。子之中於、我が手俣自り久岐斯子なり。（注略）故、汝葦原色許男命与、兄弟と為り而、其の国を作り堅めよ」といわれたとある。これとほぼ同じ神話が『日本書紀』神代第八段第六の一書にあり、そこではタカミムスヒが「吾が産みし児、凡て一千五百座有り。其の中に一の児最悪くして、教養に順はず。指間より漏き堕ちにしは、必ず彼ならむ。愛みて養せ」といわれ、それはスクナヒコナとあった。いずれも神々が手指の俣より漏れ生まれた様子が窺われるが、それは取りも直さず、当該場所が神々の誕生の場と位置付けられていたからであろう。

以上、指摘してきたように、からだの中では腋の下や手指の俣も、木俣と同様に、生に連なる境界的な場所であった。[52]しかしながら、神々（人間）の生誕の場として、何よりも重要なのは女性の股間であったことはいうまでもない。周知の通り、天石屋戸神話では、石屋戸に籠ったアマテラスに対してアメノウズメは「胸乳を掛き出で、裳の緒番登於忍垂れつ」（『古事記』上）という行為に及んでいる。かかる局面で女性性器を露出するというのは、先行研究の指摘の通り、[53]神々の笑いとともに太陽霊の復活再生を祈る呪儀であった。しかも、このようなアメノウズメの行為は、天孫降臨の際にもあった。すなわち、「天八達之衢」に天孫一行を出迎えたサルタヒコを前に、アメノウズメは「其の胸乳を露にかきいでて、裳帯を臍の下に抑れて、咲噱ひて向きて立つ」（『日本書紀』神代第九段第一の一書）という。アメノウズメは持ち前の呪力を用いてサルタヒコを威圧しようとしたのであろう。

女性の陰部の呪力はアメノウズメだけではなかった。『今昔物語集』一一―二四の久米仙人の話では「久米モ既ニ仙ニ成テ、空ニ昇テ飛テ渡ル間、吉野河ノ辺ニ、若キ女衣ヲ洗テ立テリ。衣ヲ洗フトテ、女ノ肺脛マデ衣ヲ掻上タルニ、肺ノ白カリケルヲ見テ、久米心穢レテ、其女ノ前ニ落ヌ」として、女の白いふくらはぎを見た久米仙人は女の前に墜落し、以後、「只人ニ成ニケル」とあった。また、『沙石集』一〇末―一二には、夫藤原保昌に愛されなくなった和泉式部が老巫女に頼んで夫の愛を取り戻すべく貴布禰で「敬愛の祭り」をさせた。老巫女は「鼓を打ち、前を掻き上て叩きて、三度廻りて、『これ体にせさせ給へ』と云ふ」が、和泉式部は「面うち赤めて、返事もせず」という話もある。この両話からも女性の股間の持つ力が知られるところであろう。

なお、人間の股間について、女性の性器だけを取り上げたのでは不公平であろう。男性性器に関しては、①前掲の天孫降臨神話でアメノウズメに相対するサルタヒコは「其の鼻の長さ七咫」という（『日本書紀』神代第九段第一の一書）道祖神であるが、大きな鼻は男性性器を象徴するものであろう。[54]②『古語拾遺』には、御歳神の祟りを解くために、御歳神は「牛の宍を以て溝の口に置きて、男茎形を作りて之に加へ、……薏子・蜀椒・呉桃の葉及塩を以て、其の畔に班ち置くべし」といったという話。また、③『小野宮年中行事』六月条に「天慶元年（九三八）九月一日外記記云」として「近日、東西両京大小路の衢に木を刻みて神を作り、相対して安置す」として「或る所又女形を作りて大夫に対して之を立つ。臍下腰底に陰陽を刻み絵す。……」とあった。しかも、いずれの例も場所がチマタ―「天八達之衢」（①）、「溝の口」（②）、「東西両京大小路の衢」（③）であったことは看過できない。

近年、百済の扶餘（王京）の陽物形木簡（六世紀前半）や、その系譜に連なる前期難波宮西北隅や多賀城東南隅・外郭南門付近から出土した陽物木製品が邪悪なものの侵入を防ぐために掲げられていたことが指摘されているが、(55) かかる陽物出土地も内外を分かつ境界であったことも合わせて注目してよいだろう。

3 小結

本節では、樹木の木俣とは別に、鹿角や人間のからだの俣・股についても検討を試みた。そこでは共通して俣・股という空間に、生と死、現世と異界が交錯する、呪力のある境界という性格が読み取ることができるように思う。ではなぜ、木俣に対して、古代の人々はそのような心性を懐くのであろうか。この問いに答えるのは容易ではなく、最終的には想像を廻らす以外ないが、一通りの考えの道筋だけは付けておくこととしたい。(56)

前記した通り、土橋氏は七支刀の枝を「発現する霊気をデザイン化したもの」(57) とされた。土橋氏とは別に井手至氏は、杖・鉾・串など樹枝を素材とするものが卜占に使用されていたことを手がかりに、「樹の枝が人力を加えないのに自然に成長することを驚異の目でながめた」古代人にはそこに霊妙な呪力がこもると感じていたと指摘されていた。(58) 土橋・井手両氏の指摘は参照さるべきではあるまいか。木俣を起点として幹・枝が分かれて伸びていくさまは、古代の人々にとっては、まさに霊力があり畏怖さるべき存在であったろう。成長するのは、何も樹木に限っていたわけではない。本章の関心に引きつけていえば、鹿角や人間のからだの成長も樹木同様、驚異であったに違いない。しかも、その始まりは、やはり股間などの股であった。ただし、その一方で、鹿角は春に生え始め、冬には脱落するという。そのサイクルは異なるとしても人間も樹木も死を免れられるわけではなかった。かかる生と死の出発点が俣・股という場所と考えられていたのではないだろうか。その際、樹木や鹿角への関心が先か、人間が先かは判断し難いとしても、古代の人々の木俣への信仰と人間のからだへの思いとが深く関係していたであろうことを十分予測しておきたい。(59)

なお、右の補足として次の二点も指摘しておこう。一つは、『古事記』『日本書紀』神話のヤマタノオロチについてである。ヤマタノオロチは、「身一つに八頭八尾有り」（『古事記』上）、「頭尾各八岐有り」（『日本書紀』神代第八段本文）、「頭毎に各石松有り。両の脇に山有り」（同第八段第三の一書）とある通り、頭・尾が数多く分岐していたと語られている。ここからは多数の俣をもつ出雲の霊威ある神の姿形を見出せるのではないだろうか。このことは、従来、ヤマタノオロチ神話の母胎として、斐伊川の水神オロチに稲田を象徴する女神が神妻として奉祀するという「招ぎ斎き型」の豊穣儀礼の痕跡が指摘されてきたこととも対応しよう。(60)

もう一つは、『江談抄』三―七の話である。すなわち、伴善男が佐渡国の郡司の従者であった時、夢に「西の大寺と東の大寺とに跨がりて立ちたりつ」と見て、それを妻に語ったところ、妻は「胯こそは裂かれめ」と夢判断をした。そこで、善男は郡司（相人）に相談したところ、郡司は「汝は高名高相の夢を見てけり」、しかし、それを「由なき人」に語ったため、必ず「大位」に至るとしても、事件が起きて縁坐することがあろうといった。その後、郡司がいった通りになったとある。善男の股間をめぐる夢は、「大位」（大納言）になる吉夢であったが、それを妻に語ってしまったため、悪夢（応天門の事件で伊豆国に配流）になったというのである。股間が善男の運命を左右する重要な場所と観念されていたことが窺えるのではあるまいか。(61)

おわりに

最後に、木俣ないしは関連する語句を氏の名にもつ古代氏族とその祖先伝承についても検討を加えておく。以下にあげるのは、いずれも『新撰姓氏録』から抜き出したものばかりである。

イ、吉田連「大春日朝臣と同じき祖。……彦国葺の命の孫、塩垂津彦命、頭上に贅有り、三岐にして松樹に如し。因りて松樹君と号く。……彼の俗、宰を称へて吉と為せり。故、其の苗裔の姓を謂て吉氏と為す。……神亀元年に、吉田連の姓を賜ふ。……」（左京皇別）

ロ、川俣公「上毛野と同じき氏。多奇波世君の後なり」（左京皇別）

ハ、川俣公「日下部宿禰と同じき祖。彦坐命の後なり」（大和国皇別）

ニ、川俣公「日下部宿禰と同じき祖。彦坐命の後なり」（河内国皇別）

ホ、大貞連「速日命の十五世孫、弥加利大連の後なり。……時に家の辺に大俣の楊樹有り。太子、巻向宮に巡行せる時に、親ら樹を指して問ひたまひて、即ち阿比太連に詔して、大俣連を賜ひき。四世孫、正六位上千継等に、天平神護元年に、字を改めて大貞連と賜ひき」（左京神別）

ヘ、榎室連「火明命の十七世孫、呉足尼の後なり。……時に、古麻呂が家、山城国久世郡水主村に在り。其の門に大榎樹有りければ、太子曰はく、『是が樹は室如せり。大雨も漏らじ』とのたまふ。仍りて榎室連と賜ひき」（左京神別）

ト、三枝部造「額田湯坐造と同じき祖。顕宗天皇の御世に、諸氏の人等を喚集へて、饗醼を賜へり。時に三茎の草、

宮庭に生ひたるを採りて奉献れり。仍りて姓を三枝部造と負ひき」（左京神別）
チ、三枝部造「額田湯坐造と同じき祖。天津彦根命の十四世孫、達己呂命の後なり。顕宗天皇の御世に、諸氏に饗醼を賜へり。時に宮庭に三茎の草有りけるを献りき。因りて、姓を三枝部造と賜ひき」（大和神別）
リ、八俣部「百済国の人、多地多祁卿の後なり」（河内国未定雑姓）
ヌ、川跨連「同じき神（津速魂命）の九世孫、梨富命の後なり」（河内国神別）

イでは、吉田連の祖先の「塩垂津彦命」の頭上には瘤のようなものがあり、「三岐にして松樹に如し」というので、「松樹君」といわれたとある。ニには『延喜式』九（神名式上）の河内国若江郡「川俣神社」があるが、これは川俣公の氏神社とみてよいだろう。ホは大貞連の祖先の家の辺には「大俣の楊樹」があった。それで聖徳太子から「大俣連」を賜ったとある。イと合わせて、Y字形の木俣が氏の名になった例といえよう。への榎室連では、「古麻呂が家」の門前に「大榎樹」があったのを聖徳太子が「是が樹は室如せり。大雨も漏らじ」といったので、榎室連を賜ったという話。この場合は、逆Y字形の木俣例であろう。

トとチはほぼ同じで、三枝部造とは顕宗天皇の名代の三枝部（福草部）の伴造氏族といわれているが[62]、黛弘道氏は三枝部を同じ母親から生まれた三人の皇子女養育のための部とされている[63]。黛説に従うと、「三茎之草」の話は後世の付会ということになるが、それでも「三茎之草」が氏名の起源になるという三枝部造氏の思いまでを否定する必要はないだろう。この他、ロ・ハ・リ・ヌについては、とくに手がかりはないが、氏名の「川俣」「八俣」「川跨」がこれまで述べてきた俣の仲間であることはいうまでもあるまい。かかる例からも、俣とは特別な意味をもっていたことが改めて確認されよう。

しかしながら、その一方で、以下の指摘が可能である。すなわち、イに神亀元年（七二四）に「吉田連の姓を賜ふ」

とあり、『続日本紀』神亀元年五月辛未条に「従五位上吉宜、従五位下吉智首に並に吉田連」とあるので、『新撰姓氏録』の記載は史実に基づくとみられる。ニに関しては、『三代実録』貞観三年（八六一）九月乙未条の豊階真人安人の卒伝に「安人は、元河内国大県郡の人、後に左京人と為る也。本姓は河俣公。延暦十九年（八〇〇）、河俣公御影、姓を豊階公に改む」とあった。また、ホについては、『新撰姓氏録』には天平神護元年（七六五）に大貞連を賜ったとある（『続日本紀』には関連記事はない）が、『日本後紀』延暦二三年一一月甲申条に「左京の人従七位下大俣連三田次に姓大貞連を賜ふ」、『続日本後紀』承和四年（八三七）四月丁酉条に「大和国人内蔵史生大俣連福山に姓大貞連を賜ふ」とあるので、年次はともかくも、大俣連から大貞連への氏名の変更は間違いないところであろう。

イ・ニ・ホにおいて、八〜九世紀にかけて氏の名前の俣を他に改めているのは注目されてよい。これまでも再三指摘してきた通り、木俣などの俣は特別な意味をもっていたはずである。それ故、氏の名前にも採用されてきたはずである。それが八〜九世紀に変更された例もあるということは、俣への関心が薄らぎつつあることを意味するのであろう。ただし、たとえば、イの場合、吉田連と改められても、同氏の「松樹君」という旧氏名やその伝承は『新撰姓氏録』にあり、俣への関心をけっして喪失していなかったことも事実である。この点に着目するならば、古代氏族名をみる限りでは、俣そのものへの古代的心性がすべて喪失されたとする必要はあるまい。

諺に「木の股から生まれる」「木の股から生まれもせず」というのがある。近世の『俚言集覧』[64]などには出てくるが、木俣から人間が生まれるというのが当該諺の前提にあるから、木俣への信仰を表すといえよう。しかし、現代では木俣から生まれた人は男女の情愛を解せない、人情を理解できない人のたとえとして使用される。そのような意味に転化したのは木俣と人間とが分離してしまったからであろう。では現代のように両者が分離してしまったのはいつのことであろうか。右記の木俣の氏族名や第二節にあげた木俣関連の諸史料からすると、少なくとも古代のことでな

いだろう。(65)

木俣の仲間には川俣・水俣・チマタなどがあるが、このうち、水俣に関しては、現在の熊本県水俣市の旧地名が『延喜式』二八（兵部式）の諸国駅伝馬条の駅名と、『和名抄』の肥後国葦北郡内の郷名にある。現在の水俣市の名前は確実に古代に遡る。

そこで、水俣市の歴史を振り返ると、水俣は、もともと水俣川・湯出川に囲まれたデルタ地帯で、河口に発達した港町であった。地名に含まれる「俣」からも窺われるように境界領域の一つとみられる。そのような地に一九〇九年（明治四二）に日本窒素肥料株式会社（以下、チッソと略称）が進出すると、一九二〇年代から三五年にかけて河川の付け替えがなされて、川中島は埋め立てられるなど、水俣は古代以来の地名の由来を喪失してしまった。水俣はチッソの企業城下町へと転換したばかりか、チッソが水俣病を発生させ、地域住民に多大の被害を与えたことは周知の通りであろう。

色川大吉氏は、水俣の転換は「川に向って暮らしていた人びとが川を背にして暮らすようになる」ことであり、「広く捉えれば江戸・東京も大阪も同じで」、近世に栄えた流域は近現代には衰え、近未来には恢復されると指摘されている。(66)

もとより、福島第一原子力発電所の立地場所も海辺で、境界領域であった。豊かな境界の地を企業が汚染させるという公害問題は福島でも繰り返された。(67)境界の地の歴史の重みを無視したツケはあまりに重い。

注

（1）最近の論文として、常光徹「二股の木と霊性」、同「菅江真澄が描いた神の木」、同「縁切榎と俗信」（『妖怪の通り道』吉川弘文館、二〇一三年）を挙げておく。
（2）前田晴人『日本古代の道と衢』（吉川弘文館、一九九六年）、和田萃「チマタと橘」（『日本古代の儀礼と祭祀・信仰』中、塙書房、一九九五年、初出一九八四年）など。
（3）松村武雄「生杖と占杖」（『民俗学論考』大岡山書店、一九三〇年）、菊地照夫「国引神話と杖」（『出雲古代史研究』創刊号、一九九一年）、井手至「垂仁紀『はしたて』の諺と石上神庫説話」（『遊文録』説話民俗篇、和泉書院、二〇〇四年）など。
（4）本章では、水俣・河俣については十分言及していないが、最近、水俣・河俣について示唆的な指摘があるので、それを紹介しておく。松尾充晶氏によると、古代の出雲大社は、東の吉野川、西の素鵞川がY字形に合流する地点に立地しており、それは中世の『三輪山絵図』（大神神社蔵）で谷川がY字形に出会う大神神社の祭祀空間と共通するという指摘である（「大神・石上と出雲　神祭りの空間」〈『百八十坐す出雲』島根県立古代出雲博物館、二〇一五年〉）。水俣・川俣の重要性が窺える指摘といえよう。なお、『三輪山絵図』には合流点付近に「二本杉」が描かれており、この点も看過すべきではあるまい。
（5）西郷信綱『古事記注釈』二（平凡社、一九七六年）五八頁。
（6）西宮一民校注『古事記』（新潮日本古典集成、一九七九年）三七八頁。なお、『古事記』（日本思想大系、一九八二年）七〇頁頭注も西宮説とほぼ同じ。
（7）勝俣隆「『自二木俣一漏逃』の一解釈」（『異郷訪問譚・来訪譚の研究』和泉書院、二〇〇九年）。
（8）山本節「木の股と異界」（『神話の海』大修館書店、一九九四年）。
（9）トヨタマヒメの話は『古事記』上と『日本書紀』神代第一〇段本文、第一・第三・第四の一書にある。
（10）木俣や木俣神をめぐる主な先行研究としては、勝俣、前掲(7)、山本、前掲(8)、服部旦「木俣神と御井神」（『同時代』三一、一九七六年）、溝口睦子「ヤクシーと木俣神」（『十文字国文』一、一九九五年）、渡辺正人「木俣神」（『古事記研究大系』五—Ⅰ、高科書店、一九九八年）。また、藤澤典彦氏には「俣樹考」（『古代研究』一七、一九七九年）と「俣樹雑考」（『古代研究』二一、一九八〇年）があり、両論文はともに示唆に富む。その他、関連する論考として、工藤健一「描かれた樹木」（『絵巻に中世を読む』吉川弘文館、一九九五年）、藤原良章「中世の樹の上で」（『中世的思惟とその社会』吉川弘文館、一九九七年）も参照される。

（11）『古事記』のように、天孫が海神の宮において樹上で待つというのは『日本書紀』神代第一〇段第二・第四の一書であるが、樹下にいるという説もある（『日本書紀』神代第一〇段本文・第一の一書）。

（12）常光氏の指摘によると、二俣の樹木は松に多く見られるというが、それだけではなく、松葉の「形状自体が『二股に分かれた針葉』で、松の木はいわば無数の二股の葉の集合から成り立っている」点にも松の木の霊性が見出されるという（「二股の木と霊性」〈前掲（1）〉一六頁）。また、境界と松との関係については、古橋信孝「境界のことば・ことばの境界」（『雨夜の逢引』大修館書店、一九九六年）一四二～一四九頁、盛本昌広『草と木が語る日本の中世』（岩波書店、二〇一二年）三〇～三六頁も参照。

（13）胞衣については、飯島吉晴「胞衣のフォークロア」（『心意と信仰の民俗』吉川弘文館、二〇〇一年）参照。

（14）この他、『今昔物語集』二〇―三に「今昔、延喜ノ天皇ノ御代ニ、五条ノ道祖神ノ在マス所ニ、大キナル不成ヌ柿ノ木有ケリ。其ノ柿ノ木ノ上ニ、俄ニ仏現ハレ給フ事有ケリ。微妙キ光ヲ放チ、様々ノ花ナドヲ令降メナドシテ、極テ貴カリケレバ、京中ノ上中下ノ人詣集ル事無限シ」とあった。この話は、五条の道祖神の鎮座地に、実のならない柿の木があり、その柿の木の上に、突然、仏が示現し、光を放ち花を降らすなどの霊異を示したので、京中の人々が集まって、これを拝んでいた。しかし、右大臣源光は、その正体が屎鵄（天狗）であることを見破り、屎鵄は子供たちによってたたき殺されてしまった。源光は「然レバコソ、実ノ仏ハ何ノ故ニ俄ニ木ノ末ニハ現ハレ可給キゾ。人ノ此レヲ不悟シテ、日来礼ミ喤ルガ愚ナル也」といったという。源光は「木ノ末」に「実ノ仏」が示現するはずがないといっているが、たとえ屎鵄であったとしても、異界のものが「柿ノ木ノ上」「木ノ末」に現れたこと、人々がそれを拝んだことは動かない。ここからも、木俣が異類の示現の場所であったことが確認されよう。

（15）鎌倉時代の「明恵上人樹上坐像」（高山寺蔵）には、Y字形の木俣で坐禅をする明恵像が描かれている。

（16）樹上葬については、大林太良『葬制の起源』（角川書店、一九七七年）一四二～一四九頁。

（17）藤原氏は、〔史料4〕と①などからも「蘇生を願う葬法としての樹上葬の存在が確認される」と指摘されている（前掲

（10）五頁）。

（18）逆Y字形の木俣に関連するかという例として、加賀国翁和尚が「山寺に臨み往きて、樹の下に寄宿し」往生したという話（『法華験記』下―一〇九）、宮仕えの女が父親の分からない子を孕んで「何ナラム木ノ下ニテモ産マム」と「若シ死ナバ、人ニモ不被知デ止ナム。若シ生タラバ、然気無キ様ニテ返リ参ラム」と思って山科に向かったという話（『今昔物語集』二七―一五）も留意されてよい。翁和尚と宮仕えの女の話には逆Y字形の木俣は出てこないが、木の下が生死に関わる場であったことが窺えよう。なお、「空」については、盛本、前掲（12）四四～四六頁参照。

（19）二俣船の例としては、弥生時代後期のケヤキ製で全長一七メートルに及ぶという二俣船が大阪府門真市三ツ島遺跡から出土しており（「門真町三ツ島遺跡発掘調査概報」〈『大阪市立博物館報』二、一九六三年〉、三品彰英『古代祭政と穀霊信仰』〈平凡社、一九七三年〉四五四頁に実測図が載る。二俣船の絵としては、稲吉角田遺跡（鳥取県）出土の弥生時代中期後半の大型壺形土器の頸部にみえる（辰巳和弘『風土記の考古学』〈白水社、一九九九年〉五七頁）ほか、福井県坂井市春江町出土の流水文銅鐸（辰馬考古資料館蔵）の例もある。なお、置田雅昭「二股船考」（『古墳文化とその伝統』勉誠社、一九九五年）には、日本を含む東アジアの二股船（戦闘用の衝角付きの船）の例が紹介されているが、本章でいう二俣船と衝角付きの船とは別ではあるまいか。

（20）西村亨「船のあそび考」（『慶應義塾大学言語文化研究所紀要』二、一九七一年）。また、近稿として菊地「古代王権と船あそび」（『法政考古学』四〇、二〇一四年）も参照。

（21）阪下圭八「ホムチワケの物語㈠」（『東京経済大学人文自然科学論集』五八、一九八一年）。なお、三品氏は「二俣小舟」「両枝船」の池遊びに稲の稔りをもたらす豊穣の源泉としての水の呪儀を指摘されている（前掲（19）四四五～四五五頁）。

（22）三浦佑之「話型と話型を超える表現」（『古代叙事伝承の研究』勉誠社、一九九二年）三四四～三四七頁。

（23）柳田國男『妹の力』（『定本柳田國男集』九、筑摩書房、一九六九年）一六九～一八七頁。

（24）西宮、前掲（6）三七八頁、服部、前掲（10）。

（25）仁藤敦史「古代東国石文の再検討」（『東国石文の古代史』吉川弘文館、一九九九年）では、石碑に対して、古代日本では木製の碑が広範に存在していたことを推定されている。

(26) 井手、前掲(3)六一〜六四頁。なお、幣帛を挿む木は〔図7〕にも描かれている幣串の先蹤であろう（他に『北野天神縁起』『春日権現験記絵』など）。絵巻物の幣串と『延喜式』の規定を比較すると、後者の方が串の部分がかなり長いように見受けられる。

(27) 常光「菅江真澄が描いた神の木」（前掲(1)）三六頁。

(28) 一九七八年四月、大阪府藤井寺市の三ッ塚古墳濠底から二俣木製遺物（V字形）の修羅が出土して話題となった。修羅は巨石など重量物の運搬具であるが、石棺、石室の石材、寺院の礎石の運搬が想定されているものの、実際に何を運んでいたのかがはっきりしているわけではない（藤井寺市教育委員会編『修羅とその周辺』〈一九九二年〉）。それでも修羅の形状が二俣であるのは、やはり木俣が特別な呪力をもつと考えられていたからであろう。

(29) 「出雲神社牓示図」については、宮地直一監修、福山敏男他編『神社古図集』（臨川書店、一九四二年）、東京国立博物館・九州国立博物館編『国宝大神社展』（NHK、NHKプロモーション、二〇一三年）参照。

(30) 天平勝宝八歳（七五六）六月九日の日付をもつ「東大寺山堺四至図」（正倉院蔵）にも「神地」の周囲に三本の松が描かれて、神域を画しているように見られる。

(31) 岡田精司「古代伝承の鹿」（『古代祭祀の史的研究』塙書房、一九九二年）。

(32) 岡田、前掲(31)四二五頁。

(33) 澁澤敬三・神奈川大学日本常民文化研究所編『新版絵巻物による日本常民生活絵引』五（平凡社、一九八四年）四一頁。また、網野善彦「童形・鹿杖・門前」（『異形の王権』平凡社、一九八六年）五六〜六〇頁も参照。

(34) 和田「薬猟と本草集注」（前掲(2)所収、初出一九七八年）一〇一〜一〇三頁。端午節については、増尾伸一郎「〈紫の匂へる妹〉考」（『万葉歌人と中国思想』吉川弘文館、一九九七年、初出一九八七年）、大日方克己「五月五日節」（『古代国家と年中行事』吉川弘文館、一九九五年）など参照。

(35) 和田、前掲(34)一〇六〜一一〇頁、大日方、前掲(34)七〇〜七二頁。

(36) 土橋寛「霊魂」（『日本古代の呪禱と説話』塙書房、一九八九年）二三九頁。

(37) 藤井稔「菅政友以前の『七支刀』」（『石上神宮の七支刀と菅政友』吉川弘文館、二〇〇五年）。

(38)『和州寺社記』の引用は、『大和志』三―六（一九三四年）、復刻版『大和志』二（吉川弘文館、一九八二年）による。

(39) 木俣と形態上類似しているのが、祥瑞の中の白鹿（上瑞）や嘉禾・木連理・戴角麀角・駮鹿（下瑞）であろう。『延喜式』二一（治部式）には、白鹿とは「仁鹿なり。色は霜雪の如し」、嘉禾は「或いは異なる畝に同じ穎、或いは孳り連なる数穂、或いは一稃に二米なり」、木連理は「仁木なり。木は異なるも枝を同じくし、或いは枝、旁より出でて、上は更た還り合う」、戴角麀角は「牝鹿にして角あるなり」、駮鹿は「鹿の如く疾走す」とあった。しかし、たとえば、白鹿は白色によって祥瑞とされているのであって、木俣のもつ生死、内外の境界性とは無縁である。嘉禾以下も事情は同じであろう。その点から、上記の祥瑞を木俣から区別しておく必要があろう。

(40) 藤澤「俣樹考」（前掲(10)）三八頁、常光「二股の木と霊性」（前掲(1)）二〇頁。ただし、藤澤・常光両氏ともに木俣と股間の関係について十分な言及はない。

(41) 三浦佑之「青人草」（『神話と歴史叙述』若草書房、一九九八年）。

(42) 福島秋穂「死の起源説明神話について」（『記紀神話伝説の研究』六興出版、一九八八年）二五二頁。なお、福島氏は、『日本霊異記』上―四の「人木墓」も関係するかとされている。

(43)『今昔物語集』二九―二九に、山中で二人の乞食に襲われた女が子供を残して逃げたため、乞食は「其ノ子ヲバ二ツ三ツニ引破テナム逃テ去ニケル」とあるのも、ヤマトタケルの場合と同様であろう。

(44)「機物（幡物）」は『今昔物語集』に四例あり（四例以外に「機物」という言葉はないが、『今昔物語集』一三―三八の例はそれと窺われる）、黒田日出男氏の指摘によると、「罪の重い者の両手足を縄で『機物』に張り付け、弓で射殺する処刑法であり（巻一六―第二六話）、また『機物』には背中を向けて縛り付け、その背を笞で打つことも行われた（巻二九―第三話）。その『機物』は捕えた場所などに（巻二九―第一〇話）、地面の土を掘って立てられた（巻一九―第一九話）ようである」（「『獄』と『機物』」〈『姿としぐさの中世史』平凡社、一九八六年〉一二七頁）。

(45) 西郷信綱『古事記の世界』（岩波新書、一九六七年）五七〜五八頁、坂本勝『古事記の読み方』（岩波新書、二〇〇三年）一五頁。

(46) 大林太良編『シンポジウム日本の神話2　高天原神話』（学生社、一九七三年）二〇、八六〜八七頁。大林氏の指摘を受けて、伊藤清司氏は古代中国・朝鮮の「腋の下尊重」の話を収集されている（「地震鯰と腋児」〈『日本神話と中国神話』学生社、一九七九年〉五二〜五九頁）。
(47)　摩耶夫人像については、小林剛「御物摩耶夫人像の研究（上）（下）」（『国華』五二一・五二二、一九三四年）参照。
(48)　『北野天神縁起』にも左わきに子供を抱えた男性の絵がある。
(49)　多田一臣『万葉集全解』一（筑摩書房、二〇〇九年）一九五頁。
(50)　『予章記』の引用は、伊予史談会編『予章記・水里玄義』（伊予史談会、一九八二年）による。
(51)　新潟県南蒲原郡下田村（現、三条市）に「大蛇が男になって来て、庄屋の娘に子をはらまして、そして、このできた子（五十嵐小文治―引用者注）は、脇の下に鱗が三枚あったって。……」という伝承がある（野村純一編『日本伝説大系』三〈みずうみ書房、一九八二年〉九二〜九四頁）。
(52)　常光氏は、「股のぞきと狐の窓」（『しぐさの民俗学』ミネルヴァ書房、二〇〇六年）という論文において、「股のぞきのしぐさ自身が、顔は下にさげて後ろを見ているが足は前を向いて立っているという、上下前後があべこべの関係を同時に体現した形」（九五頁）で、股の下から異界を覗き見ることができると指摘されている。
(53)　松本信広「笑いの祭儀と神話」（『日本神話の研究』平凡社、一九七一年）、松前健「鎮魂祭の原像と形成」（『古代伝承と宮廷祭祀』塙書房、一九七四年）。なお、吉田敦彦氏によると、アメノウズメの行動は「鎖されている口、入口、通路などを開く働き」とされる。すなわち、天岩屋戸を開き、八百万の神々の口を開き（笑い）、サルタヒコの口を開く。さらにサルタヒコを送った後、海鼠の口を紐小刀で裂いたからである（「女性器露出神話の系譜」〈『小さ子とハイヌウェレ』みすず書房、一九七六年〉五六〜五八頁）。この点からもアメノウズメ（の性器）の呪力に注目すべきであろう。
(54)　松前「日本の太陽船と常世国」（『日本神話の新研究』桜楓社、一九七一年）四五頁、飯島「性の神」（『一つ目小僧と瓢簞』新曜社、二〇〇一年）二〇二〜二〇五頁。
(55)　平川南「道祖神信仰の源流」（『国立歴史民俗博物館研究報告』一三三、二〇〇六年）。また、春成秀爾「性象徴の考古学」、同「男茎形の習俗」（『儀礼と習俗の考古学』塙書房、二〇〇七年）も参照。
(56)　安井真奈美「妖怪・怪異に狙われやすい日本人の身体部位」（『怪異と身体の民俗学』せりか書房、二〇一四年）では、近世から現代の怪異・妖怪伝承データベース（国際日本文化研究センター）をもとに、以下の点が指摘されている。すなわち、妖怪・怪異の侵入経路としては鼻孔・背中が多いが、それ以外では指と指との間、腋の下、股の下があった。その場所は普段は人に見せたり、開いたりすることがなく、開くことで隙間ができると、その隙間が狙われると考えられていたという。指と指との間などの場所については、本章の指摘と一致するが、閉じていた場所が開くことで隙間が狙われるという後段の指摘はどうか。本章では樹木や鹿角の俣などとのアナロジーから、俣という場の境界性を重視したいと思う。

（57）土橋、前掲（36）二三九頁。

（58）井手、前掲（3）五五頁。

（59）本章では、神々の誕生の場として、股間・腋の下・手俣という身体部位を取り上げたが、それ以外にも『古事記』『日本書紀』の神話では、神々の身体から神や穀物などが生まれるという話がある。その神名と身体部位のみをあげておくと、『古事記』上では、カグツチ（頭・胸・腹・陰・左手・右手・左足・右足）、イザナミ（頭・胸・腹・陰・左手・右手・左足・右足）、オホゲツヒメ（頭・目・耳・鼻・陰・尻）、『日本書紀』神代第五段第八の一書のカグツチ（首・身中・手・腰・足）、同第九の一書のイザナミ（首・胸・腹・背・尻・手・足上・陰上）、同第一一の一書のウケモチ（頂・顱上・眉上・眼中・腹中・陰）。上記の中では手・足が具体的にどの部位なのか、はっきりしないが、陰部は別として、腋の下・手俣が出てこないのも事実である。これはカグツチ以下の神々が死体であったことが関係するのではないかと思う。

（60）松村『日本神話の研究』三（培風館、一九五五年）一九六～二一三頁、松前『日本神話の形成』（塙書房、一九七〇年）一六三～二二三頁、拙著『記紀神話の成立』（吉川弘文館、一九八四年）二四一～二四二頁など。

（61）『大鏡』にも、若い頃の藤原師輔が「朱雀門の前に、左右の足を西東の大宮にさしやりて、北向きにて内裏を抱きて立てりとなむ見えつる」という夢を見たが、女房が「いかに御股痛くおはしまつらむ」と夢解きしたので、師輔の子孫は繁栄したものの、自らは摂政・関白になれなかったとある。これも伴善男の話と共通するところがあろう。また、『曽我物語』三（真名本）には、安達盛長の夢に、源頼朝が「足柄山矢倉が岳に渡らせ給へば……左の御足にて奥州の外の浜を踏み、右の御足にて西国鬼界が島を踏」むという話がある。

（62）佐伯有清『新撰姓氏録の研究』考證篇第三（吉川弘文館、一九八二年）二〇四～二〇六頁。

(63) 黛弘道「三枝(福草)部について」(『律令国家成立史の研究』吉川弘文館、一九八二年)。
(64) 北村孝一監修『故事俗信ことわざ大辞典(第二版)』(小学館、二〇一二年)三六八頁。
(65) 木喰(一七一八～一八一〇年)の「微笑仏」の中に、生きている木の「空」に仏像を彫りこんだ立木仏がある。現在、全国で九体が確認されているという(『木喰展』〈神戸新聞社、二〇〇七年〉二三頁)が、ここにも木俣への信仰の系譜を辿ることが可能ではないだろうか。
(66) 色川大吉「水俣川流域の民俗誌」(『東北の再発見』河出書房新社、二〇一二年、初出一九八三年)一八六～一八七頁。
(67) 山田真『水俣から福島へ』(岩波書店、二〇一四年)には、水俣や福島などでは、国家が一部の地域・住民を切り捨てるという「棄地」「棄民」の問題が指摘されている。

第二部　古代の人々の心性と異界・境界

第一章　古代の声の風景—ナクとサヘヅル—

はじめに

本章では、古代の人々が周囲の音や声をどのように聴いていたのか、そこにどのような意味づけをしていたのかを論じてみたい。具体的には人間や動物、神などのナキ声を聴くこととするが、とくにナクとサヘヅルという言葉を手がかりにする。その際、最初に、以下の三点を指摘しておきたい。(1)

第一は、柳田國男氏の「涕泣史談」である。一九四一年（昭和一六）に発表された論稿であるが、「人が泣くといふことは、近年著しく少なくなつて居るのである(2)」と指摘して、かつての人々の暮らしにおいて言語以外の音声やしぐさが重要であったことを、具体例をあげて説く。ナクは涕・泣の字が宛てられて、涙を流す意とされるが、それは間違いで、「ナクは始めから声を出すことだつたのである(3)」、「生きた人ばかりか、死んだ眼にみえぬ人の霊にまで、やはり心のかなしみの声を、聴かせる必要を昔の人は認めて居たのである。……たゞ単に慟哭といふ一種の交通方法を遮断したとしても、それで世の中が楽しくなつた証拠にはならない(4)」とある。柳田論文は、ナク・ナキ声に着目した先駆的研究として注目される。

第二は、音の風景（サウンドスケープ）論である。これはカナダの作曲家、マリー・シェーファーが唱えたもので(5)、日本でも音楽学、社会学などで継承されている(6)。音の風景論とは、音楽・騒音を含む音環境全体と人々との相互作用を歴史的、文化的に調査研究するというもので、人間はどのような音を聴いていたのか、あるいは人間は環境にどのような音を発すればよいのか（サウンドスケープ・デザイン）が議論される。このような問題が提起され、広まった背景に、近年の環境の悪化という深刻な事態があったことは忘れてはならない。

第三として、人が聴くのは音か声かという問題がある。現代では、動物が出すのは声で、無生物が出すのは音という区別するのが一般的である。しかし、時代を古く遡っていけばいくほど、すべてのものが声を出すと認識されていたのではないだろうか。(7) きわめて大まかな歴史的推移として、古くはアニミズム信仰のもと、声が基本であったのが、やがて音が区別されて、現代に至っているといっても大過ないように思われる。これに関連して、小峯和明氏の指摘(8)―「他人ではなく、〈他者〉の声をもっと聞きわけたい。たとえば、自然の音ではなく、自然の〈声〉を。木立のゆらぎそよぐ音ではなく、木々が発する〈声〉を、聞いてみたい」を引用しておこう。

ちなみに、本章の題名を「古代の声の風景」として、音の風景としなかったのも右の理由によることをあらかじめ申し添えておきたい。

一　ナ　ク

そこで、はじめにナク・ナキ声(9)に関して、『古事記』と『日本書紀』神話にみえる、スサノヲのナキ声の例を取り上げることからはじめたい。

〔史料1〕　故、各依さし賜ひし命の随に、所知看す中に、速須佐之男命、所命しし国を治不而、八拳須心前に至るまで、啼き伊佐知伎。……其の泣く状者、青山は枯山如す泣き枯らし、河海者悉泣き乾しき。是を以ちて、悪しき神之

音なひは、狭蠅如す皆満ち、万の物之妖悉く発りき。（『古事記』上）

〔史料2〕次に素戔嗚尊を生みまつります。……此の神、勇悍くして安忍なること有り。且常に哭き泣つるを以て行とす。故、国内の人民をして、多に以て夭折なしむ。復使、青山を枯に変す。（『日本書紀』神代第五段本文）

〔史料1〕では、イザナキ・イザナミの国生みの後、イザナキはイザナミを追って黄泉国に入るが、妻を連れ戻すことに失敗。イザナキは竺紫の阿波岐原で禊をし、その時にアマテラス・ツキヨミ・スサノヲが生まれ、イザナキはアマテラスに高天原を、ツキヨミに夜の食国を、スサノヲに海原を治めるよう命じた。スサノヲは命じられた国を治めないで、ヒゲがみぞおちの辺りまで伸びてもなお、ナキわめいた。そのナク様によって、青山は枯山となり、河や海はすっかり乾き、悪しき神の音が満ち、万の災いがおきたとある。

〔史料2〕では、『古事記』と異なり、イザナキの黄泉国訪問の件がなく、イザナキ・イザナミが国を生んだ後、さらに山川草木、日神・月神・ヒルコ・スサノヲを生んだ。スサノヲは強く残忍な性格で、常にナクことを仕事としていた。これにより、国内の人民は早死にし、青山は枯山になったという。

以上から、スサノヲは成人になるまでナク神であったこと、しかも、スサノヲはナクことで、青山を枯山にし〔史料1・2〕、河や海をナキ乾かす〔史料1〕、悪しき神の音、万の物の妖がおきる〔史料1〕、人民が夭折する〔史料2〕などといった、様々な神威が発揮されたと語られている。(10) すなわち、スサノヲという異界の神のナキ声は現世に影響を及ぼすと観念されていたことが知られよう。

これに対して、現世のナキ声が異界へ届くと観念されるケースがあった。差しあたって該当する例を三例あげよう。

〔史料3〕故、天若日子之妻、下照比売之哭く声、風与響きて天に到りき。於是、天に在る、天若日子之父、天津国玉神と其の妻子及聞き而、降り来、哭き悲しびて、乃ち其処於喪屋作り而、……日八日夜八夜、以ち遊びき。

〔史料4〕　於是、其の弟、泣き患へて海辺に居ます時、塩椎神来て、問ひて曰く、……

（『古事記』上）

〔史料5〕　皇太子、公卿・百寮人等を率て、殯宮に適でて慟哭る。納言布勢朝臣御主人誄る。礼なり。誄畢へて衆庶発哀る。次に梵衆発哀る。是に、奉膳紀朝臣真人等、奠奉る。奠畢へて、膳部・采女等発哀る。

（『日本書紀』持統元年〈六八七〉正月丙寅朔条）

〔史料3〕は、国譲り神話の一節で、アメノワカヒコは国譲りの使者として葦原中国に派遣されたが、オホクニヌシに国譲りをさせることに失敗し、高天原側によって殺害されてしまう。その時、妻のシタテルヒメのナク声が風に乗って響き、高天原にまで届いた。ここに天にいたアメノワカヒコの父、妻子が「聞き而」、葦原中国に降り、喪屋を作って、八日八夜遊んだとある。ここに葦原中国のシタテルヒメのナキ声が高天原という異界にまで届くという特別な声であったことが読み取れよう。

〔史料4〕は、『古事記』の海幸山幸神話。兄の釣り針を失った弟（山幸）が「泣き患へて」海辺にいる時、シホツチノ神が現れて、ワタツミノ神の宮へ行くよう教えられたという話。海辺というのは境界領域であるので、異界の神が示現するにふさわしい場所であるが、海辺でのナキ声がシホツチノ神にも聞こえ、神が姿を現したという展開であろう。ここにもナキ声が異界にまで届くという観念が読み取れるはずである。

〔史料5〕は、天武天皇の殯宮儀礼の史料の一部。持統元年正月元日、皇太子（草壁）は公卿・百寮人を率いて殯宮で「慟哭」したとある。「慟哭」「発哀」は「ミネタテマツル」と読まれるが、「ネ」（ナキ声）に天皇を尊んで「ミ」という接頭語をつけたもので、皇太子以下が亡き天皇の前で一斉にナキ声を献上して、「被葬者に対する哀傷と忠誠」を示したことに他ならない。元日朝賀儀礼が殯宮で実施されたという形であろう[11]。その後も「衆庶」や「梵衆」「膳部・釆女」の「発哀」が続く。かかるナキ声も、天武のいる異界（死者の世界）に達すると考えられていたのではないだろうか。

以上、述べてきたところをまとめておく。まず、〔史料1・2〕からスサノヲのナキ声が古代の人々の耳に届いていたばかりでなく、現世にも様々な影響を与えていたこと、逆に〔史料3・4・5〕から神や人間のナキ声が異界に到達すると見なされていたことが確認された。ナキ声は神でも人でも、時には異界に到達するような呪力のある声であったと考えられていたものと思う。

なお、『古事記』『日本書紀』の中でも、ナク例は他にも少なくない。それらを逐一検討してみると、右記にあげた例に該当するところであるので、ここではこれ以上は言及しないこととする。

二　鳥のナキ声

鳥がナクということに関して、人間が鳥語を解する話について触れてみたい。そもそも古代中国では、『周礼』（秋官）に「夷隷。牧人に役し、牛馬を養い、鳥と言ふことを掌る」[12]とあり、また、鳥語を解した人物として、伯翳（『後漢書』蔡邕列伝）や管輅（『三国志』魏書方技伝二九、管輅別伝）などの例も知られている。その中で、解鳥語伝承のストーリーの豊かさ、後世への受容、展開という点で出色なのが公冶長の話[13]である。

公冶長は孔子の弟子の一人で、梁の皇侃（四八八～五四五年）著の『論語義疏』に引く『論釈』に以下のような話がある（大意）。すなわち、公冶長が衛から魯に帰る途中、国境で鳥が「清渓に行って死人の肉を食べよう」と話しているのを聞いた。その後、公冶長は息子を探している嫗に出会い、鳥の言葉を告げると、その通り、息子が死んでいた。そこで、媼は村役人に訴え、公治長は投獄されてしまう。公治長は「鳥の言葉が分かるだけで、人殺しはしていない」といったが、獄主は「もし本当に鳥の言葉が分かるのならば釈放しよう」という。公治長は六〇日間、獄に留められたが、獄の柵の上で雀がナキ交わしていたのを聞き、「白蓮水のほとりで、車がひっくり返って黍粟があたりにばらまかれ、雄牛は角を折ってどうもこうもない。つっつきに行こう」という雀の言葉を獄吏に伝えた。獄主は信じなかったが、見に行かせると、その通りの光景があった。このようなことが何度もあったので、公治長は釈放された、というもの。

　鳥語を解したばかりに罪に問われるが、その特技を生かして釈放されたという公治長の話については、金文京氏に示唆に富む論文(14)があるので、ここでは金論文をもとに論点をまとめておきたい。

①『論語義疏』の解鳥語の話は、後漢から魏晋の頃に公治長に付託された。

②南宋の頃（一三世紀）には『論語義疏』も省みられなくなり、『論語義疏』そのものは亡んでしまうが、公治長の話自体は現代の民間の口頭伝承に至るまで、形を変えながらも連綿として語り継がれた。

③日本では『本朝文粋』三（延喜八年〈九〇八〉八月一四日の対冊「鳥獣言語」）に「公治長」のことが出てくるので、一〇世紀には知識人の間で知られていたことになる。しかし、何といっても圧巻なのは、一九〇二年（明治三五）一一月一日『万朝報』に幸徳秋水が論説として「鳥語伝」として取り上げていることである。秋水の「意図が一体何であったのか、あるいは単なる戯れの筆に過ぎぬのか(15)」。

④解鳥語譚は、鳥のナキ声を人間の言葉として聞く「聞きなし」と関連する。「聞きなし」は日本ばかりではなく、中国・ヨーロッパ・アフリカにも分布する。また、日本では「聴耳頭巾」という昔話があるが、これも世界的に広く分布しており、そこには鳥の声を異界からのメッセージとして受け止めていた人々、すなわち、鳥と人間とのコ

ミュニケーションがあった。

⑤公治長や「聴耳頭巾」の話はインドにとくに多く、「仏教の影響によりこのような話が生まれた可能性も否定できない」[16]。

以上が金氏の論文の概要であるが、鳥のナキ声を異界のメッセージとして聴くというのは、前節のスサノヲがナクというのと同列であろう。また、鳥のナキ声を理解する話というのは、金氏の指摘の通り、中国の公治長の話だけではなく、「聴耳頭巾」の昔話や「聞きなし」の例まで含めると、世界的にかなり広く分布している。かかる鳥のナキ声の話を日本古代で検討してみると、関連する話としては以下のものが指摘される。

〔史料6〕　故爾して、鳴女、天自り降り到り、天若日子之門の湯津楓の上に居而、言ふこと委曲に天つ神之詔命の如し。爾して、天佐具売、（注略）此の鳥の言を聞き而、天若日子に語りて言はく、「此の鳥は、其の鳴く音甚悪し。故、射殺す可し」と云ひ進むる即ち、天若日子、天つ神の所賜へる天之波士弓・天之加久矢を持ちて、其の雉を射殺す。

（『古事記』上）

〔史料7〕　皇師大きに挙りて、磯城彦を攻めむとす。先づ使者を遣して、兄磯城を徴さしむ。兄磯城命を承けず。更に、頭八咫烏を遣して召す。時に、烏其の営に到りて鳴きて曰はく、「天神の子、汝を召す。率わ、率わ」といふ。……兄磯城忿りて曰く、「天圧神至しつと聞きて、吾が慨憤みつつある時に、奈何ぞ烏鳥の若此悪しく鳴く」といひて、……乃ち弓を彎ひて射る。烏即ち避去りぬ。次て弟磯城が宅に到りて、鳴きて曰く、「天神の子、汝を召す。率わ、率わ」といふ。時に弟磯城慄然ぢて改容りて曰はく、「臣、天圧神至りますと聞きて、旦夕に畏ぢ懼る。善きかな、烏。汝が若此鳴く」といひて、即ち葉盤八枚を作して、食を盛りて饗ふ。

（『日本書紀』神武即位前紀戊午年一一月己巳条）

〔史料8〕　烏とふ　大をそ鳥の　まさでにも　来まさぬ君を　ころくとそ鳴く　（『万葉集』一四―三五二一）

〔史料9〕　法吉の郷。郡家の正西一十四里二百卅歩なり。神魂の命の御子、宇武賀比売の命、法吉鳥と化りて飛び度り、此処に静まり坐しき。故れ、法吉と云ふ。　（『出雲国風土記』嶋根郡条）

〔史料10〕　簾巻き上げてなどあるに、この時過ぎたる鶯の、鳴き鳴きて、木の立ち枯れに、「ひとくひとく」とのみ、いちはやく言ふにぞ、簾おろしつべくおぼゆる。そもうつし心もなきなるべし。
（『蜻蛉日記』中、天禄二年〈九七一〉六月条）

〔史料6〕は、国譲り神話の一部で、アメノワカヒコが葦原中国に降って八年たっても復命しない。そこで、高天原側は雉の「鳴女」を派遣して、高天原側の命令を伝えた。それに対して、アメノワカヒコは、雉のナキ声が悪いので射殺しなさいというアメノサグメの勧めに従って、直ちに弓矢で雉を射殺する。それを知った高天原側から矢が投げ返されて、それに当たったアメノワカヒコが死んだという話。これは雉のナキ声を正しく理解できなかったという話であるが、もし、アメノサグメが鳥語を解することができていれば、アメノワカヒコも死なずに済んだとも解釈されるのではないか。とすれば、〔史料6〕も解鳥語譚の仲間とみることができよう。

〔史料7〕でも鳥語を正しく理解するかどうかがポイントになっている。神武一行が吉野から大和に入る際に、神武方はヤタガラスを兄磯城と弟磯城の陣営に送ったが、兄磯城の方は鳥の声を不吉として矢を射かけたの対して、弟磯城の方は「善きかな、烏。汝が若此鳴く」といって、烏に料理を備えて振る舞ったとある。これは、烏のナキ声に対して、兄磯城は理解できず、弟磯城の方は烏の声の意味がわかったとみられる。なお、兄磯城の方は、〔史料6〕のアメノサグメの話と共通するところがあろう。

ところで、烏にはナキ声が「カアカア」というハシブトカラスと、「ガアガア」と濁った声のハシボソカラスの二種類がある。〔史料7〕の「率わ、率わ」は「さあさあ」という磯城彦に降伏を勧める言葉であるが、それは同時に鳥のナキ声を人間の言葉にうつしていた「聞きなし」でもあった。山口仲美氏は、「率わ、率わ」はダミ声のハシボソカラスの声で、濁ったハシボソカラスの声はいかにも不気味で、霊的能力を感じさせるものがあると指摘されている。(17)

〔史料8〕の歌は、鳥という間抜けな鳥がよくもまあ、来ない君なのに、「ころく（自分から来る）」とナクことよ、という意。歌の作者の女性は、愛する男性が今来るかと待っていると、鳥が「ころく」とナクというのである。鳥のナキ声の「聞きなし」は「コロ」「カラ」で、そこから「コロク」と聞いていたことになる。また、その「聞きなし」に「ス」（鳥であることを示す接辞）がついて、カラスという鳥名が生まれたという。(18)

〔史料9〕は、法吉郷の名前が法吉鳥に由来するという話で、これも鶯のナキ声に由来するという。「ホホキドリ」の「ホホキ」を「ホーホキ」とすれば、我々が聴いている「ホーホケキョ」に通じる。(19)これは、鳥のナキ声が地名に転じた例で、『風土記』には他に馬・猿・鹿のナキ声が地名化した例もある。(20)

〔史料10〕は、作者が夫の藤原兼家との仲がうまく行かず、悩み暮らしていたのに、鶯が立ち枯れの老木に止まって、「ひとくひとく（人来人来）」と、夫がくるはずもないのに、嫌味のようにナク。この「聞きなし」の前提は、鶯の「ピートクピートク」というナキ声であった。(21)

以上、本節で述べてきたところをまとめれば、鳥のナキ声も、異界からの声と観念されていた。したがって、古代の人々は鳥の声にも耳を傾け、鳥語として、あるいは「聞きなし」として、異界からのメッセージを受け止めていたのではないか。(22)とすれば、はたして、現代人は鳥のナキ声に何を聴き取ろうとしているのだろうか。

三　サヘヅル

本節では、ナクとよく似た言葉としてサヘヅルを検討してみたい。『岩波古語辞典』によると、サヘヅル（リ）の語義として、「①鳥が歌う。絶えず鳴く。②節をつけて歌う。③外国人や田舎者が、訳のわからぬ言葉でしゃべる。④早口でしゃべる」の四つをあげている。

このうち、①の鳥がサヘヅル例はかなりあるので、ここでは二例だけを提示しておきたい。一つは美努連浄麻呂作「春日応詔」に「囀鳥葉裡に陳ぶ」（『懐風藻』）、もう一つは、仁明天皇の四〇歳の祝賀に献呈された歌に「鶯は枝に遊て飛舞て囀歌ひ」（『続日本後紀』嘉祥二年〈八四九〉三月庚辰条）とある例。どちらも、『岩波古語辞典』の①と同じで、鳥がナクというのと変わるところがない。

それに対して、③の外国人や田舎者がサヘヅルという例もある。たとえば、ヘロドトスの『歴史』二には、エジプトからギリシアのドドネに連れてこられた「女たちのことをドドネ人が鳩といったのは、彼女らが異国人であったため、彼らの耳にはその言葉がさながら鳥の囀りのように響いたためであろう。しばらくしてからその鳩が人間の言葉を話した、と彼らがいうのは、その女のいうことが彼らに判るようになったからで、女が異国語を話している間は、鳥のように囀っているとしか彼らには思われなかったのである」とあった。また、一八七八年（明治一一）に来日し、三カ月かけて東京から北海道まで旅行した、イギリス人のイザベラ・バードは、秋田県北部の白沢での様子として、日本の下層階級（平民）の「たいていの言葉と音節は母音で終わりはするのだが、その会話はまるで〔英国の〕農家の庭でのガチョウの耳障りな鳴き声のようである」（『日本奥地紀行』第三二報）と書いている。

このような人間がサヘヅルというのは洋の東西を問わず、広く見出せるかもしれないが、日本古代にもサヘヅル例はあった。〔史料11〕から〔史料16〕まで、サヘヅルとされた人間を基準に整理すると、以下の通りである。

〔史料11〕　百済人

イ、俄ありて、家の裏より来る韓婦有り。韓語を用て言はく、「汝が根を、我が根の内に入れよ」といひて、即ち入家去ぬ。（『日本書紀』敏達一二年是歳条）

ロ、住吉の　波豆麻の君が　馬乗衣　さひづらふ　漢女を据ゑて　縫へる衣ぞ（『万葉集』七―一二七三）

ハ、……あしひきの　この片山の　もむにれを　五百枝剝ぎ垂れ　天照るや　日の異に干し　さひづるや　韓臼に搗き　庭に立つ　手臼に搗き……（『万葉集』一六―三八八六）

〔史料12〕　唐人

イ、（下種唐人―引用者注）その事ともなくさへづりければ……このさへづる唐人走り出でて……（『宇治拾遺物語』一四―六）

ロ、久寿二年（一一五五）の冬の比、鳥羽の禅定法皇熊野山に御参詣有しに、其比那智山に唐僧あり。名をば淡海沙門といふ。……唐僧なれば、いふ事を人聞知ず。鳥の囀がごとし。（『平治物語』上〈金刀比羅本〉）

〔史料13〕　胡人

イ、聞モ不知ヌ言共ナレバ、何事ヲ云フトモ不聞エズ。……此ノ胡ノ人、一時許囀合テ、河ニハラ〳〵ト打入テ渡ケルニ……（『今昔物語集』三一―一一）

〔史料14〕　海人

イ、（海人ども）そこはかとなくさへづるも……（『源氏物語』〈須磨〉）

ロ、あやしき海人どもなどの……聞きも知りたまはぬことどもさへづりあへるも……
（『源氏物語』〈明石〉）

ハ、鵜飼ども召したるに、海人のさへづり思し出でらる。
（『源氏物語』〈松風〉）

〔史料15〕　卑賤な人

イ、あやしきしづの男のさへづりありくけしきどもまで、色ふしに立ち顔なり。
（『紫式部日記』寛弘五年〈一〇〇八〉九月一五日）

ロ、（鯖を買ふ翁）講説の間、多く梵語を囀づる。法会の中間、高座に於て忽然と失ひ了ぬ。
（『東大寺要録』三）

〔史料16〕　畿外人

イ、（大夫の監）色あひ心地よげに、声いたう枯れてさへづりゐたり。
（『源氏物語』〈玉蔓〉）

ロ、（近江の君）いとよげにいますこしさへづれば……
（『源氏物語』〈常夏〉）

ハ、（常陸介の従者）例の、荒らかなる七八人、男ども多く、例の、品々しからぬけはひ、さへづりつつ入り来たれば……
（『源氏物語』〈浮舟〉）

まず、〔史料11〕は百済人の言語にサヘヅルが使用されていた例。イは、百済に派遣された朝廷の使者が、韓婦が「韓語」を話しているのを聞いたとある。「汝が根を、我が根の内に入れよ」が百済語であろうが、意味は不明。『日本書紀』の古写本（平安後期の前田家本）には「韓語」に「カラサヒツリ」という古訓が付いているので、百済人の会話は何をいっているのか、よく分からない、鳥のサヘヅリのようだということである。ロ・ハの二例は枕詞で、それぞれ「漢」「韓」にかかる。これには百済、朝鮮の人はサヘヅルという理解が前提にあろう。

〔史料12〕の例は唐人がサヘヅルとされた例。イは、博多で舎人がもっていた玉を欲しがった「下種唐人」が太刀一〇振と交換したという話の中に、その唐人が「さへづる」という表現が二度出てくる。ロは、淡海沙門という唐僧が那智山にいた。この僧は中国で生身の観音を拝むという請願のもと日本に渡ってきたのであるが、鳥羽法皇の御前に召されたものの、唐僧であるので、「鳥の囀がごとし」とあるように言葉が通じない。唐僧は、御前の末座にいた藤原信西に対して中国のことを様々に問いかけたという。

〔史料13〕は、安倍頼時が一族を率いて胡国（アムール川周辺の沿海州地方[23]）と思われる場所に渡ったが、そこで胡国の人に出会ったという話。胡人は千騎ほどの騎馬軍団で、聞いたこともない言葉で話しているので、何といっているのかも分からない。胡人はしばらく「囀合テ」、河に馬を乗りいれて渡って行ったという話。

〔史料14〕の三例は、いずれも『源氏物語』が出典で、海人の言葉がサヘヅルとされている。海人の言語は古くから特異なものとみられていたらしい（後述）。

〔史料15〕は卑賤な人の例で、イは中宮彰子が出産した祝いの場で、身分の低いものがサヘヅルが、それも晴れがましいようだとある。ロの鯖買（売）の翁の話[24]は、『東大寺要録』をはじめ、いくつかの史料に出てくるが、翁が登場するのは、東大寺開眼供養の日とする説（『今昔物語集』一二―七）と、東大寺建立の時とする説（『東大寺要録』三、『宇治拾遺物語』八―五、『古事談』三―二、『建久御巡礼記』など）と二説がある。いずれも身分の低い鯖売りの翁が突然現れて、高座に登り、梵語をサヘヅル。しかし、途中で忽然と姿を消したという。『東大寺要録』は、これを考察して華厳会の時のこととし、実際にもかかる儀がなされていたらしい。

〔史料16〕は、肥後の武士の大夫の監と常陸介の従者という畿外の人たちと、内大臣（頭中将）の娘で、近江国（畿外）で生まれ育ったとみられる近江君[25]がサヘヅルとされた例。

以上、サヘヅルとされた人々を整理すると、①百済人、②唐人、③胡人、④海人、⑤卑賤な人、⑥畿外人ということになる。これにサヘヅルの類義語の使用例を重ね合わせてみても、ほぼ同様の結論を得ることができる。

まず、①の百済人であるが、『万葉集』には「言さへく」（言葉が通じないという意）という枕詞が「つのさはふ　石見の海の　言さへく　辛の崎なる　いくりにそ　深海松生ふる……」（『万葉集』二―一三五）、「……言さへく　百済の原ゆ　神葬り　葬りいませて　あさもよし　城上の宮を　常宮と　高くしたてて……」（『万葉集』二―一九九）として、いずれも「辛」「百済」にかかる形で使用されている。これは〔史料11〕の「さひづるや」「さひづらふ」が「漢」「韓」の枕詞で用いられているのと同様であろう。

②の唐人のサヘヅリに関連して、中国の鸚鵡の話がある。すなわち、久安三年（一一四七）一一月一〇日、西海の荘園から鳥羽法皇にもたらされた孔雀・鸚鵡（『台記』久安三年一一月庚午条）のうち、鸚鵡は同月二八日に法皇から禅閤（藤原忠実）のもとへ貸し出され、頼長も鸚鵡を見た。「（中国の鸚鵡の）舌人の如し、能く言ふは是の故歟。但し其の鳴くを聞くに言語無し。疑ふらくは是漢語に依り、日域の人は聞き知らず歟」（『台記』久安三年一一月戊子条）とあるように、頼長の観察では、鸚鵡の舌は人間にそっくりで、よくしゃべるのはそのためか。しかし、言葉が分からない。おそらく漢語をしゃべっているためで、日本人にはさっぱり分からないということであろう。[26]中国で言葉を覚えた鸚鵡が「言語無し」というのは、まさに鳥のサヘヅリの意を汲み取ってもよいのではないだろうか。[27]

③の胡人については、〔史料13〕以外に手がかりはないが、同じ北方民として蝦夷の例をあげておこう。「是に、神宮に献れる蝦夷等、昼夜喧り譁きて、出入礼無し。……未だ幾時を経ずして、悉に神山の樹を伐りて、隣里に叫び呼ひて、人民を脅す」（『日本書紀』景行五一年八月壬子条）とあるように、蝦夷の言語が伊勢神宮や畿内（三輪山周辺）では「喧り譁きて」「叫び呼ひて」として、受け止められていた様子が窺える。[28]

④の海人についても、「処処の海人、訕哤きて命に従はず。……則ち阿曇連の祖大浜宿禰を遣して、その訕哤を平ぐ。……俗人の諺に曰はく『佐麼阿摩』（さばあま）といふは、其れ是の縁なり」（『日本書紀』応神三年一一月条）とあ

るのが参照される。サバメク・サバアマというのも〔史料14〕の海人のサヘヅリと共通するところがあろう[29]。

⑥の畿外人については、『日本書紀』崇神一〇年一〇月乙卯朔条に「群臣に詔して曰はく、『今反けりし者悉に誅に伏す。畿内には事無し。唯し海外の荒ぶる俗のみ、騒動くこと未だ止まず……』とのたまふ」として、畿内は無事であるのに対して、「海外」（畿外）は「騒動く」と位置付けられている。

畿外人のうち、主に東国人に関して、以下の史料がある。『今昔物語集』二八―二には、東国の武士三人（源頼光の郎等）が都で女房の乗る牛車を借りて賀茂祭を見物したところ、三人とも車酔いになり、車の中で騒いでいる様子は、都の人たちにとって「東雁ノ鳴合タル様」だとある。これは鳥のサヘヅリと同じであろう。一一世紀初めの『拾遺和歌集』七には「あづまにて　養はれたる　人の子は　したゞみてこそ　物は言ひけれ」（四一三）という歌がある。東国の子供は舌が曲がって物をいう、すなわち、なまっているとある。『今昔物語集』には「横ナバリ（レ）タル」とされた人たち――上野国の王藤大主（一九―一一）、平維茂の郎等（二五―四）、平忠常の郎等（二五―九）、源頼光の郎等（二八―二）――はいずれも東国出身の武士たちであった[30]。さらには、〔史料16〕に関しては、『源氏物語』に大夫の監が「言葉ぞいとたみたりける」（玉鬘）、近江君が「言葉たみて」（常夏）、常陸介も「ものうち言ふすこしたみたるやうにて」（東屋）として、いずれも、言葉が「たむ」（訛る）とされていた。また、とくに大夫の監は手紙の文面までもがひどく訛っている（玉鬘）、常陸介の従者は「賤しき東国声したる者ども」ともあった（東屋）[31]。

ところで、サヘヅル（類義語も含めて）とされていた人々の中に、百済人・蝦夷人などが含まれていたことに留意したい。かかる人々の言語をサヘヅリとする背景に中華意識があったことが指摘されるからである。

『礼記』王制篇には「中国・夷・蛮・戎・狄、皆安居・和味・宜服・利用・備器有り。……五方の民は、言語通ぜず、嗜欲同じからず。其の志を達し、其の欲を通ずるものは、東方を寄と曰ひ、南方を象と曰ひ、西方を狄鞮と曰ひ、北方を譯と曰ふ」とある。中国と周辺の四方の異民族にはそれぞれの住居・美味・衣服・用品・器具などが備わっている。しかも、中国と四方の民は互いに言語が異なり、好みも異なるので、その間に立って意志を通じ、欲望を達せしめる人が必要になる。これが通訳で、東方については寄といい、南方は象、西方は狄鞮、北方は譯という。

中国の周辺民族の言葉を鳥のサヘヅリとする点に関しては、『孟子』滕文公篇が手がかりになる。すなわち、孔子が死んで、許行という人が「今や南蛮鴃舌の人、先王の道を非とす」として孔子の道を非難しているとある。許行は南方の異民族の出身であるが、それを「南蛮鴃舌の人」とする。「鴃舌」とは百舌鳥の言葉、つまり、南方の野蛮人の鳥のサヘヅリだというのである。『後漢書』南蛮西南夷列伝論にも「緩耳雕脚の倫、獣居鳥語の類」として、南蛮西南夷とは耳を垂らしたり、足に入れ墨を入れたりする人々、獣のような穴居、鳥のような訳のわからぬ言葉を話す人々とあった。また、八世紀後半に東大寺かその周辺の寺院で撰述された『新訳華厳経』の音義書である『新訳華厳経音義私記』には「辺呪語呪古経云鬼神辺地語佐比豆利」として、「鬼神辺地語」をサヒツリと注している。辺地とは国土のはて、辺境のことであるので、そうしたところの言語はサヘヅリなのだというわけである。「南蛮鴃舌」「鳥語」と共通するところがあろう。

すでに指摘し尽されている感があるが、古代中国では中華と夷狄とを区別する世界観があった。中華（化内）とは天子の徳が及ぶ、高度な文化の地域であったのに対して、化外は中華の周辺民族の地域で、中華よりも文化的にも劣るとされる。化外には天子の王室を守る諸侯の国としての蕃国と、夷狄とが配される。

このような中華—蕃国・夷狄の世界観を日本の律令国家も導入した。化外として、新羅や百済などを蕃国、蝦夷・隼人などを夷狄とするというのがそれであり、かかる化外の蕃国・夷狄の人々に対して、古代の諸史料にサヘヅリを使用した例が散見しているのは、日本の中華意識に由来するといってよいだろう。

しかし、問題は唐人に対しても、サヘヅリが出てくる点である。なぜ、中華の唐の言葉までがサヘヅリとされてしまうのか。これについては、二つの解決の道があろうかと思う。一つは、一〇世紀以降、日本も唐を超えるという優越意識が台頭するという点に着眼する。(32)九世紀中頃の唐の法難、九〇七年の唐の滅亡により、たとえば、中国は国内で散逸した天台宗の経典を日本から取り寄せたり、また、永延元年（九八七）には源信は九州に下向して、翌年正月に帰国する宋船に『往生要集』が宋に届くよう託している。(33)このような中国と日本との関係を軸に、唐も日本の蕃国の一つだという意識が芽生えていく。これにより、唐人に対してもサヘヅリを使用するようになったとみるのである。

もう一つは、律令国家の唐への意識(34)の中にサヘヅリを位置づける見方である。日本が中華であれば、当然、唐は化外の蕃国になり、実際、それを窺わせる日本側の史料（賦役令外蕃還条）もある。しかし、これは対外的に唐に表明できるものではなく、遣唐使はあくまでも唐に対して朝貢するのであって、日本は唐の蕃国の一つであった。つまり、律令国家の唐に対する意識は矛盾したものが錯綜していたことになる。このうち、前者の日本中心主義の表明はあくまでも国内に限られ、唐に対して明らかにされることはついになかったようである。日本の律令国家は、内向きには日本中心、唐に対しては事大的立場と双方を使い分けていたものとみられている。とすれば、この内向きの日本中心の立場に唐人のサヘヅリを位置づけておくことも可能であろう。

現段階のところ、唐人のサヘヅリが右のどちらによるのか、あるいは双方というべきか判断できない。いずれにしても、サヘヅリの言葉には唐も含めて律令国家の対外意識が反映しているという点では動かせないところではあるまいか。

ところで、もう一点、化内にも目を転ずると、東国を中心に畿外人に対してもサヘヅリが使用されていたという事実が認められる。この点について、遠山美都男氏は、海人語・飛騨方言・東国方言を一括して、律令制下で服属儀礼を伴う調の貢納を行う人々の言語が差別されたと指摘されている。[35] しかし、ここでは畿内と畿外との区別を重視したい。大津透氏は、「畿外は服属すべきもので、繰り返し服属儀礼が要求されるということは、結局、畿外は在地首長が自立していて彼らを通じてしか支配不可能な地、天皇支配の及んでいないまつろわぬ地である」[36]とし、また、『万葉集』においても、畿外は近江国であっても「天離る夷」（一―二九）、すなわち、「中央の支配の及んでいない異国、まつろはぬもの」と述べられている。[37] かかる観点から、広く畿外の人々の言語もサヘヅリの範疇で捉えられていたのではないだろうか。

以上、本節で述べてきたところを整理すると、外国人や田舎者がサヘヅルという場合、古代日本で対象となった唐人・百済人・胡人（蝦夷）・畿外人については、律令国家の支配者層の国家意識に由来するとみられるということになろう。[38]

四　『日本霊異記』と「自土」

最後に、これまで述べてきたナク・サヘヅル論を踏まえて、『日本霊異記』の関係説話に言及してみたい。『日本霊異記』においては、仏教への信仰を基点に、ナク・サヘヅルに新しい解釈がなされていることに注目したい。[39]

〔史料17〕行基大徳は、難波の江を掘り開かしめて船津を造り、法を説き人を化しき。道俗貴賤、集り会ひて法を聞きき。爾の時に、河内国若江郡川派の里に、一の女人有りき。子を携へて法会に参ゐ往き、法を聞く。其の子、哭き譴びて、法を聞かしめず。其の児は、年十余歳に至るまで、其の脚歩まず。哭き譴びて乳を飲み、物を噉ふこと間むこと無し。大徳告げて曰はく、「咄、彼の嬢人、其の汝が子を持ち出でて淵に捨てよ」といふ。衆人聞きて、当頭きて曰はく、「慈有る聖人、何の因縁を以てか、是く告ふこと有る」といふ。嬢は、子の慈に依りて棄てざりき。猶し抱き持ちて、法を説くを聞く。明くる日復来り、子を携へて法を聞く。子猶し囂しく哭き、聴衆囂しきに障へられて、法を聞くことを得ず。大徳、嘖びて言はく、「其の子を淵に投げよ」といふ。爾の母怪しびて、思ひ忍ぶること得ず、深き淵に擲ぐ。児、更に水の上に浮き出で、足を踏み手を攢り、目大きに瞻り暉て、慷慨みて曰はく、「惆きかな。今三年徴り食はむに」といふ。母怪しびて、更に会に入りて法を聞く。大徳問ひて言はく、「子を擲げ捨てつや」といふ。時に母答へて、具に上の事を陳ぶ。大徳告げて言はく、「汝、昔先の世に、彼が物を負ひて、償ひ納めぬが故に、今子の形に成りて、債を徴りて食ふなり。是れ昔の物主なり」といふ。

（『日本霊異記』中―三〇）

〔史料17〕は、河内国若江郡川派里で、一〇歳まで歩くことができない子供がナキわめき、法会に参加していた母親や聴衆を妨害した。行基は、母親には前世で負債があり、それを返さなかったために貸主が子供になって負債を取り立てていると判断して、母親に子供を淵に投げ捨てさせたという話。

この話の基底に〔史料1・2〕のナキ続けるスサノヲと同様の水神信仰があり、水神信仰に対する仏教の優位を説く説話と位置付けたのが守屋俊彦氏[40]であった。それに対して、丸山顕徳氏は、貸主が借り主の息子となって転生し、息子がさんざん財産を食いつぶすというのは、中国の討債鬼説話と一致することから、〔史料17〕には中国の民俗信仰が強く影響していることを主張された[41]。たしかに、当該譚に中国説話の影響を見出すことに異論はないが、一方、中国の討債鬼説話に殊更、ナクというファクターがないことも事実であろう[42]。ここにスサノヲ神話の系譜を辿ることも不可能ではあるまい。しかしながら、前述のように、スサノヲのナキ声は異界からのメッセージであり、様々の神業を発揮するものであったのに対して、〔史料17〕の子供のナキ声はそれとは明らかに一線を画し、やかましいナキ声の子供は、法会を邪魔するとして行基によって一方的に断罪され、淵に捨てられる存在であった。法会の場で発せられたナキ声について、行基によってスサノヲとは異なる、新しい意味付けがなされたことに注目しておきたい。

〔史料18〕　昔、山背国に一自度有りき。姓名詳かならず。常に碁を作すを宗とせり。沙弥、白衣と倶に碁を作しき。時に乞者来りて、法花経品を読みて物を乞ひき。沙弥、聞きて軽み咲ひ呰り、故に己が口を俣して、音を訛ちて効び読む。白衣聞きて碁の条に恐りて、「畏し、恐ろし」と曰ふ。白衣は碁を作すに遍毎に勝ち、沙弥は遍毎に猶し負す。是に即坐に沙弥の口喎斜みて、薬をして治療せしむるに、終に直らず。……　　（『日本霊異記』上―一九）

〔史料19〕　去にし天平年中、山背国相楽郡の部内に、一の白衣有りき。姓名詳かならず。同じ郡の高麗寺の僧栄常、常に法花経を誦持しき。彼の白衣、僧と其の寺に居て、暫の間碁を作しき。僧、碁の条に、「栄常師の碁の手ぞ」と言ふことを作す。遍毎に言ふ。白衣僧を呰り、故に己が口戻りて、効び言ひて曰はく、「栄常師の碁の手ぞ」といふ。是くの如く重ね重ね止まずして猶し効ぶ。爰に奄然に白衣の口喎斜みぬ。恐りて手を以て頤を押へ、寺を出でて去る。去る程遠くあらずして、身を挙げて地に躃れて、頓に命終しぬ。　　（『日本霊異記』中―一八）

〔史料20〕　粟国名方郡埴の村に、一の女人在りき。忌部首なり。字は多夜須子と曰ひき。白壁の天皇のみ代に、是の女、法花を麻殖の菀山寺にして写し奉る。時に、麻殖郡の人忌部連板屋、彼の女人の過失を挙げ顕して、以て誹謗るが故に、即ち口喎斜み、面、後に戻りて、終に直らざりき。　　（『日本霊異記』下―二〇）

〔史料18〕の話は、山背国の私度僧が法華経品を読む物乞いを馬鹿にして、わざと自分の口を曲げ、声を訛らせ、物乞いを真似て法華経品を唱えてみたところ、たちまち、私度僧の口はゆがみ、医者を呼んで治療させたが、治らなかったというもの。〔史料19〕は、山背国相楽郡高麗寺で、法華経を読んでいた僧栄常は、俗人と碁を打っていた。俗人は栄常をあざけって、わざと自分の口をゆがめて、栄常の言い方を真似た。これを繰り返したため、俗人の口がゆがみ、手で顎を押さえて寺を出ていったが、寺からさほど遠くないところで、地面に倒れ、たちまちに死んだといる。

　〔史料20〕では、粟国名方郡埴村の女人は麻殖郡の菀山寺で法華経を写した。その時、麻殖郡の人忌部連板屋がその女人の過去をあげて非難したところ、たちまちに口がゆがみ、顔がねじ曲がり、そのまま治らなくなったという話。

　この三話には共通項がある。法華経品を読む乞食僧〔史料18〕、法華経を読む栄常〔史料19〕、法華経を書写した女〔史料20〕を、いずれも馬鹿にした人たちは口がゆがみ、訛る、それが治らなくなり、時には死に至ったという筋書きである。仏教を侮辱したものは口が歪み治らなくなってしまうのだというのは、前節の舌たむ（舌が曲がっている）という表現、さらにはサヘヅリと共通するところがあろう。

　そもそも古代日本において、鳥のようにサヘヅル人たちとはいかなる存在であったか。それは唐人・百済人・蝦夷人であり、さらには畿外人で、彼らに対して、中華意識のもとで差別的に用いられた言葉であったことは指摘した通りである。それが『日本霊異記』では明らかに相違する。『日本霊異記』では仏教を迫害したもの、馬鹿にしたものはどのような場所でも、どのような人（個人）でも、その時点で急に口がゆがんでしまうのだという論理であり、そこには律令国家の支配論理はまったく見出せない。ここに『日本霊異記』独自の声の風景を読み解くことができるのではないだろうか。

〔史料21〕　禅師（永興—引用者注）怪しび往きて聞くに、実に有り。尋ね求めて見れば、一つの屍骨有りき。麻の縄を以て二つの足に繋ぎ、巌に懸かり身を投げて死せり。骨の側に水瓶有り。乃ち知りぬ、別れ去きし禅師なることを。永興見て、悲しび哭きて還る。然して三年歴て、山人告げて云はく、「経を読む音、常の如く止まず」といふ。永興復往きて、其の骨を取らむとして、髑髏を見れば、三年に至るも、其の舌腐ちず。菀然に生にして有り。

（『日本霊異記』下—一）

〔史料22〕　又吉野の金の峯に、一の禅師有りき。峯を往きて行道せり。禅師聞けば、往く前に音有り。法花経、金剛般若経を読みき。聞きて留り立ち、草の中を排し開きて見れば、一つの髑髏有り。久しきを歴て日に曝りたるも、其の舌爛れずして生ける者著く有りき。禅師、浄処に取り収め、髑髏に語りて言はく、「因縁を以ての故に、汝、我に値へり」といふ。便ち草を以て其の上を葺き覆ひ、共に住りて経を読み、六時に行道せり。禅師法花を読むに随ひ、髑髏も共に読むが故に、彼の舌を見れば、舌振動へり。是れも亦奇異しき事なり。（『日本霊異記』下―一）

〔史料21〕では、紀伊国牟婁郡熊野村の永興禅師のもとにきた法華経を唱える僧が、一年後、永興と別れて、山中に入って行ったが、その後、山中では法華経を読む声が聞こえた。経を読む声はいつまでも止まず、五年半後、永興が遺骨を拾おうと髑髏を見ると、舌は腐っておらず、生きているままの状態であったとある。次の〔史料22〕は、『日本霊異記』では〔史料21〕とともに下巻第一縁としてあるが、吉野の金峯山中で修行する一人の僧が法華経、金剛般若経を読む声を聞いたので、草を押し分けてみると、一つの髑髏があった。久しい年月がたって、髑髏は日にさらされていたが、髑髏の舌は爛れ腐ることなく、生きているかのようであったという話。

右の二話のような髑髏誦経譚には、中国の仏教説話に類話がある。ただし、中国の事例は舌が朽ちないという舌根不壊譚に対して、日本には法華経読誦の執着があったという差違もあった。[43]もちろん、髑髏の中に舌だけが赤く残るというのはあり得ない。ここで問題としたいのは、〔史料18・19・20〕との対比である。もう一度、繰り返すと、〔史料18・19・20〕は僧侶や仏教信者を侮辱すると、たちどころに口が曲がり、場合によっては命を落とすという話であった。それに対して、〔史料21・22〕では、法華経を読むものは死んで髑髏になっても赤い舌が残り、いつまでも経を読むのだというのである。つまり、『日本霊異記』の髑髏誦経譚には、仏教を信仰しているものは髑髏になっても口はゆがむことはない、それは取りも直さずサヘヅルことはないという主張が込められていると読み解いてみたいのである。

〔史料23〕　肥後国八代郡豊服の郷の人、豊服広公の妻懐任みて、宝亀の二年辛亥の冬の十一月十五日の寅の時に、一つの肉団を産み生しき。其の姿卵の如し。……八箇月経て、身俄に長大り、頭と頸と成り合ひ、人に異りて頤無し。身の長三尺五寸なり。生知り利口にして、自然に聡明なり。七歳より以前に、法華八十花厳を転読せり。黙然りて逗らず。終に出家を楽ひ、頭髪を剃除し、袈裟を著て、善を修し人を化す。人として信ぜずといふこと無かりき。其の音多く出て、聞く人哀びを為す。其の体人に異なり。閪無くして嫁ぐこと無し。唯し尿を出す竇有り。愚俗呰りて、号をば猴聖と曰ふ。時に託磨郡の国分寺の僧、又豊前国宇佐郡の矢羽田の大神寺の僧二人、彼の尼を嫌みて言はく、「汝は是れ外道なり」といひて、啁し呰りて嬲るに神人空より降り、桙を以て僧を棠かむとす。僧恐り叫びて終に死にき。

（『日本霊異記』下―一九）

〔史料23〕は、肥後国八代郡豊服郷の豊服広公の妻が懐妊して肉塊を産んだ。それを山中の石の中に隠しておいたところ、七日後に肉塊から一人の女子が生まれた。八カ月を経て体も大きくなったが、頭と首がくっついて顎がない。生まれつき賢く、法華経・華厳経を読み、ついに出家を願い、頭髪を剃り、袈裟を着て、人々を教えさとした。「其の音多く出て、聞く人哀びを為す」とあるが、その体は人に異なり、陰部がなく、尿を出す穴しかない。人々は嘲笑して猴聖といったとある。

頭と首がくっついて、しかも、顎もない女子が出家する。[44] しかしながら、彼女は声量が豊かで、聞く人が感動するというのはなぜだろうか。顎がないという身体では、まともに声を発することができるのかどうか。しかし、それでも修行者は立派に声を出すことができるのだという主張が当該譚にはあるのではないか。[45] とすれば、先の髑髏になっても赤い舌が動くというのと、基本的な捉え方は同じとみられよう。[46]

しかも、この話では、〔史料23〕の後に、国分寺と大神寺の僧が猴聖を嘲笑すると、神人が空から降りて来て、桙で僧たちを突こうとした。僧たちは恐れ叫んで、そのまま死んだとある。これは猴聖を馬鹿にしたものは、直ちに命を落とすという意に他ならない。

ところで、これまで取り扱ってきた『日本霊異記』説話の成立と関連するのが、九世紀前半に成立した(47)とされる『東大寺諷誦文稿』である。『東大寺諷誦文稿』は官大寺僧による、地方の「堂」での法会における説教の文例とみられ、『日本霊異記』の成立とも関わって、近年注目を集めている(48)。『東大寺諷誦文稿』の中に、如来の万能を説く一節として、「各々世界ニ於テ、正法ヲ講説スル者ハ、詞、无导解ナリ、謂ク、大唐、新羅、日本、波斯、混崘、天笠（竺）ノ人集マレハ、如来ハ一音ニ風俗ノ方言ニ随ヒテ聞カ令メタマフ、假令ヘハ此ノ當国ノ方言、毛人ノ方言、飛騨ノ方言、東国ノ方言、假令ヘハ飛騨ノ国ノ人ニ対ヒテハ而飛騨ノ国ノ詞ヲモチテ聞カ令メテ而説キタマフ云、譯語通事ノ如シ」とあった。この箇所は『日本霊異記』上―二八に「道照」が新羅の山中で五〇〇の虎に法華経を講じた際、役の優婆塞が「倭語」で質問をしたという話とも関係するところであろう。

『日本霊異記』では因果応報が貫かれた地域を「自土(49)」とするが、声に関する説話に限ってみても、法会を妨害するナキ声の子供は淵に投げ捨てられる、仏教を侮辱すると口がゆがむ、逆に法華経を読み続けたものは、髑髏になっても舌が赤い、顎がない人間でも立派に経典が読めるというのは、「自土」における因果応報の話の一部であった。しかし、それだけではない。『日本霊異記』の説話が、律令国家の支配論理とは異なり、仏教を崇拝するか否かを軸に人間の声に新しい意味付けをも提示していたことに注目すべきであろう。それは『日本霊異記』における「自土」の新しい声の風景の達成といえるのではないだろうか。そこには官大寺僧の都鄙間交通が重要な役割を果たしていたということであろう。

おわりに

本章で考察してきたところをまとめると、以下の通りである。

1　神や鳥のナキ声は、異界からの声とみなされていた。また、時には人のナキ声も異界へ届くと観念されていた。したがって、古代の人々は、鳥のナキ声に耳を傾け、鳥語として、あるいは「聞きなし」として、異界からのメッセージを読み取ろうとしていたものとみられる。

2　ナクと同類のサヘヅルについて、とくに外国人や田舎者がサヘヅルという用例では、唐・百済・蝦夷・畿外などの人々がサヘヅル（類義語も含めて）というケースがあり、それは律令国家の支配者層の国家意識に由来するものとみられる。

3　『日本霊異記』では、1・2のナク・サヘヅルとはまったく異なる意味づけをした声の風景の説話が登場する。これは律令国家の支配論理とは異なるもので、人や地域とは関係なく、仏教を信仰していたか、逆に侮辱していたかという基準で生まれたもので、かかる背景には、因果応報の奇事を広く収集した官大寺僧の役割が大きかったといえよう。

最後に、『日本霊異記』以後についても触れておく。まず、『法華験記』の近江国沙門頼真の話（上―二四）が注目される。すなわち、頼真の「定途の所作は、口歯を動かして、虚けて哃めること牛のごとし」であったのを本人は恥じていたが、比叡山の根本中堂で「汝先生の身は、これ鼻の欠けたる牛なりき」という夢告を得たので、頼真は「悪道を怖畏し」、ますます法華経を読誦して命を終えたとある。牛のような口をしていても往生できたというのであり、同様の話は、前世が白馬で「その声麁曠にして、馬の走る足音のごとし」という比叡山僧の朝禅にもあった（上―三六）。髑髏誦経譚も『法華験記』にあり、髑髏誦経の場所が判明するケースにつき、場所と人名のみを列挙すると、紀伊国宍背山―円善（上―一三）、一条馬場―春朝（上―一二）、淀河の南の辺―長増（中―五六）、一条北辺の道場の墓所―広清（中―六四）の例があった。以上、頼真以下広清に至る各話の舞台はいずれも畿内・畿外の別がない。その点で『日本霊異記』と共通するといえる。

『法華験記』の話は中―五六を除けば、『今昔物語集』や『拾遺往生伝』に取り入れられている。『日本霊異記』で達成された声の風景は後世にも継承されていったことが窺えよう。

本書序章「古代の人々の心性と環境」でも述べたところでもあるが、古代の人々の感性（聴覚）を扱うことの意味について、改めて指摘しておきたい。

本章の「はじめに」に記した通り、ナク・ナキ声について最初に論及したのは、柳田國男氏の「涕泣史談」であった。「涕泣史談」が発表された一九四一年当時、日本の軍部が、遺族がナクことを戦意低下ととらえ「泣くな、笑え」と要求したことへの痛烈なプロテストであったことは千葉徳爾氏に指摘がある。(50)

マリー・シェーファーのサウンドスケープ論には、一九六〇年代以降の世界的な環境破壊、騒音公害が背景にあった。(51) 筆者の立場は、本書第二部第二章「神々の声・神々への声を聴く」とともに、サウンドスケープ論の問題意識と同じ地平にあるが、それだけではない。序章でも指摘した通り、福島第一原子力発電所の事故以来、我々は五感を超えた放射能の恐怖に直面させられている。そうした時期であるからこそ、古代の史料の中からナク・サヘヅル声や神々の声・神々への声を聴くことも無意味ではないだろう。少なくとも、我々の先祖たちは五感で捉えられる世界（現世、異界）の中で生きていたことを確認しておきたい。

注

（1）ナクには哭・鳴・泣・啼・涕といった漢字が宛てられているが、本章では、史料での使用例を除いて、すべてナクという表記で統一した。
（2）柳田國男「涕泣史談」（『定本柳田國男集』七、筑摩書房、一九六八年、初出一九四一年）三三七頁。
（3）柳田、前掲(2)三三八頁。
（4）柳田、前掲(2)三四〇～三四一頁。
（5）マリー・シェーファー（鳥越けい子他訳）『世界の調律』（平凡社、二〇〇六年）。
（6）鳥越『サウンドスケープの詩学』（春秋社、二〇〇八年）、中川真『平安京　音の宇宙』（平凡社、一九九二年）、堀切実『芭蕉の音風景』（ぺりかん社、一九九八年）、山岸美穂・山岸健『音の風景とは何か』（日本放送出版協会、一九九九年）、山岸美穂『音　音楽　音風景と日常生活』（慶應義塾大学出版会、二〇〇六年）など。
（7）鳥越他「生き物の声は何を語っているのか」（『サウンドスケープ』七、二〇〇五年）一頁における山口仲美氏の発言。なお、この点については、たとえば、夜ナキ石やナキ砂のことを想起すれば十分であろう。夜ナキ石については、石上堅『新・石の伝説』（集英社文庫、一九八九年）一〇四～一一五頁、笹本正治『鳴動する中世』（朝日新聞社、二〇〇〇年）一一～一八頁、五一～五七頁など、琴ケ浜（石川県門前町）、琴引浜（京都府網野町）、敦煌の鳴沙山などのナキ砂については、鳥越、前掲(6)二六～二八頁、一〇五～一〇八頁など参照。
（8）小峯和明「〈声〉をめぐる断章」（『説話の声』新曜社、二〇〇〇年）二五三頁。
（9）ナクに関する先行研究は多い。ナクに関する主な先行研究をあげておく。守屋俊彦「素戔嗚尊の涕泣神話」（『記紀神話論考』雄山閣出版、一九七三年）、瀧川美穂「ナク」（『千葉大学語文論叢』二〇、一九九二年）、森朝男「スサノヲの泣哭」

（『日本文学』四三―六、一九九四年）、渡辺正人「古事記の中の『音』風景」（『古事記年報』三七、一九九五年）、古橋信孝「泣く」（『雨夜の逢引』大修館書店、一九九六年）、山田永「泣くことの古代的意味」（『古事記スサノヲの研究』新典社、二〇〇一年）、山本志乃「涙のフォークロア」、及川智早「日本神話における『なく（泣・哭・啼）』神の諸相」（『涙の文化学』青簡舎、二〇〇九年）、松田浩「須佐之男の啼泣と『悪神の音』」（『法制と社会の古代史』慶應義塾大学出版会、二〇一五年）など。

(10) この他、『日本書紀』神代第五段第二の一書には「次に素戔嗚尊を生む。此の神、性悪くして、常に哭き恚むことを好む。国民多に死ぬ。青山を枯に為す」、同第五段第六の一書には「是の時に、素戔嗚尊、年已に長いたり。復八握鬚髯生ひたり。然れども天下を治さずして、常に啼き泣ち恚恨む」とあるが、前者は〔史料2〕と、後者は〔史料1〕とほぼ共通する。

(11) 和田萃「飛鳥・奈良時代の喪葬儀礼」（『日本古代の儀礼と祭祀・信仰』上、塙書房、一九九五年）一〇二頁。

(12) 『周礼』の「夷隷」の文章のうち、「與鳥言」は、前の「閩隷」のこととして「閩隷。鳥を畜養するに役して、之を阜蕃・教擾し、鳥と言ふことを掌る」と復原する説がある（本田二郎『周礼通釈』下〈汲古書院、一九七九年〉三一二〜三一三頁）。

(13) 公冶長の話については、戸川芳郎「公冶長の解鳥語について」（『東洋文化』五七、一九七七年）、柳瀬喜代志「解鳥語譚考」（『早稲田大学大学院文学研究科紀要』三〇、一九八五年）一八四〜一九〇頁、渋谷瑞江「公冶長故事考」（『北海道大学文学部紀要』四四―一、一九九五年）など参照。

(14) 金文京「A little bird told me!」（『慶應義塾大学言語文化研究所紀要』二二、一九九〇年）。

(15) 金、前掲(14)六九頁。

(16) 金、前掲(14)七九頁。なお、インド起源説としては、戸川、前掲(13)一五五〜一五六頁、柳瀬、前掲(13)一八八〜一九〇頁、渋谷、前掲(13)八八頁も同じ。

(17) 山口『ちんちん千鳥のなく声は』（大修館書店、一九八九年）一四〜一七頁。

(18) 山口、前掲(17)八〜一四頁。

(19) 山口、前掲(17)二八〜二九頁。

(20) 馬のナキ声が地名化した話として『播磨国風土記』宍禾郡条（伊奈加川）、猿は『常陸国風土記』久慈郡条（古々之邑）、鹿は『播磨国風土記』賀古郡条（日岡）、託賀郡条（比也山）の例がある。

(21) 山口、前掲(17)三三〜三四頁。

(22) 『日本書紀』雄略五年二月条には「天皇、葛城山に校猟したまふ。霊しき鳥、忽に来れり。其の大きさ雀の如し。尾長くして地に曳けり。且鳴きつつ曰はく、『努力努力』といふ。俄にして、逐はれたる嗔猪、草中より暴に出でて人を逐ふ」として、「霊鳥」が「努力努力」（ゆめゆめ）といって狩人に警告したという話がある。雀のような大きさの「霊鳥」が何であるのか分からないが、「努力努力」は鳥語であったとみられる。

(23) 『青森県史資料編古代1』（青森県、二〇〇一年）四七頁。なお、『今昔物語集』の注釈書（新編日本古典文学全集、新日本古典文学大系）では、北海道のこととしている。

(24) 鯖売りの翁の話については、今野達「鯖の木の話」（『今野達説話文学論集』勉誠出版、二〇〇八年）参照。今野説では「鯖」は「生飯（さば）」であったと解されているが、本文中に引用した「佐麼阿摩」（『日本書紀』応神三年一一月条）の例との関連も無視できないように思う。

なお、法会の場における鯖売りの翁のような存在については、以下の類例がある。すなわち、『日本霊異記』上―一〇、中―一五には、法会を開く前段において、最初に路上で出会った人を迎え入れるとあり、『帝王編年記』には、承和五年（八三八）に内裏の仏名会を開始するに際して、一人の僧が不足していたので、内野の芝上に臥していた僧（野臥）を召したとあった。かかる例からしても、鯖売り翁の例だけが特別というわけではないようである。

仏名会の野臥については、『御堂関白記』長和四年（一〇一五）一二月己亥条に「大内の御仏名に参る。御導師の闕有り。事了りて後、阿闍梨慧寿を以て補せらる。件の僧、此の度初めて野臥に参る。而して前の者より頗る宜し。仍りて補せらるるなり」とあった（他に『権記』長保二年〈一〇〇〇〉一二月一九日条、『小右記』寛弘八年〈一〇一一〉一二月戊午条など）。山中裕氏は、野臥とは「新しく召される僧であったらしい。そして、一年の罪を消滅するためには、呪術の意味をふくめて古いなじみの僧より新参の僧が喜ばれ、しかもそれは、著名な格式の高い僧よりも野育ちの呪術性の濃い野臥僧が歓迎されたのではないだろうか」と指摘されている（『平安朝の年中行事』〈塙書房、一九七二年〉二八五頁）。

(25) 竹内正彦「近江君の賽の目」（『源氏物語発生史論』新典社、二〇〇七年）など参照。

(26) 『台記』の鸚鵡関係記事については、服部英雄「久安四年、有明海にきた孔雀」（『歴史を読み解く』青史出版、二〇〇三年）、皆川雅樹「鸚鵡の贈答」（『長安都市文化と朝鮮・日本』汲古書院、二〇〇七年）参照。

(27) 鎌倉初期の『宝物集』二に「勧学院の雀の、蒙求をさへづり」という一節がある。『蒙求』は唐の李瀚が編集した教科書であるが、それを勧学院の学生は中国音で音読しており、雀までもが真似てサヘヅルという。ここにも雀を介して中国音を鳥のサヘヅリとする意識が窺えよう。「勧学院の雀…」については、太田晶二郎「勧学院の雀はなぜ蒙求を囀ったか」（『太田晶二郎著作集』一、吉川弘文館、一九九一年）、湯沢質幸『増補改訂古代日本人と外国語』（勉誠出版、二〇一〇年）一一〜二三頁参照。

(28) 一四世紀の『諏訪大明神畫詞』には、「日ノ本」と「唐子」という蝦夷集団について「形体夜叉ノ如ク変化無窮ナリ。人倫、禽獣・魚肉等ヲ食トシテ、五穀ノ農耕ヲ知ズ。九訳ヲ重ヌトモ語話ヲ通ジ堅シ」とあった。

(29) 海人に関しては、「この嶋の白水郎、容貌は隼人に似て、恒に騎射を好み、その言語は、俗人と異なり」（『肥前国風土記』松浦郡条）とある。

(30) 『日本書紀』『豊後国風土記』『肥前国風土記』には、「訛」（「因りて、名けて浪速国とす。亦浪花と曰ふ。今、難波と謂ふは訛れるなり。訛、此をば與許奈磨廬と云ふ。」〈『日本書紀』神武即位前紀戊午年二月丁未条〉）という例が散見している。『日本書紀』の「訛る」については、「文字とその字義が問題となり、そこでは『訛り』は『誤り』を指定するものであった。その点で現代人のいう『訛り』とは一線を画すべきものと思う」という指摘（山田直巳「『訛る』の始原」〈『異形の古代文学』（新典社、一九九二年）五八頁〉）に従う。たとえば、イクハについて、「今的と謂ふは訛れるなり」（『日本書紀』景行一八年八月条）、「後の人、誤りて生葉の郡と号けけり」（『筑後国風土記』逸文）とあるのは、「訛」と「誤」が同義であることの証拠になる。

(31) 「東」の枕詞「鶏が鳴く」（『万葉集』二―一九九など）については、東国人の言語が禽獣のナキ声として蔑視されていたとする説（大野晋『日本語の起源』〈岩波新書、一九五七年〉五八〜五九頁、遠山美都男「日本古代の民族と言語」〈『古代王権と大化改新』雄山閣出版、一九九九年〉三三九〜三四〇頁）がある。しかし、この枕詞に関しては、鶏がナク起きよ吾夫とする説（福田益和「枕詞『トリガナク』考」〈『長崎大学教養部紀要人文科学篇』二九―一、一九八八年〉）、鶏がナクあづ（鶏が時をつくるところ）とする説（近藤信義「鳥が鳴くあづま考」〈『音喩論』おうふう、一九九七年〉）、鶏のナキ声で太陽を招くという太陽祭儀がもとになって生まれたという説（桜井満「鶏が鳴く　あづま」〈『桜井満著作集』一、おうふう、二〇〇一年〉）などもある。

(32) 一〇世紀以降の中国に対する優越意識については、森公章『遣唐使の光芒』（角川書店、二〇一〇年）一五一〜一五五頁、二五〇〜二五一頁、榊原小葉子「『聖徳太子伝暦』にみえる中国観」（『東京大学史料編纂所研究紀要』一五、二〇〇五年）など参照。

(33) 小原仁『源信』（ミネルヴァ書房、二〇〇六年）一九九〜二一五頁。

(34) 律令国家の日本中心的立場については、石井正敏『東アジア世界と古代の日本』（山川出版社、二〇〇三年）、東野治之『遣唐使』（岩波新書、二〇〇七年）三六〜四九頁、森、前掲(32)一一〇〜一一六頁など参照。

(35) 遠山、前掲(31)三三七〜三四二頁。

(36) 大津透「律令国家と畿内」（『律令国家支配構造の研究』岩波書店、一九九三年）四九〜五〇頁。

(37) 大津「万葉人の歴史空間」（前掲(36)所収）八八頁。

(38) 海人のサヘヅリに関しては、柿本人麻呂歌「荒たへの　藤江の浦に　すずき釣る　海人とか見らむ　旅行く我を」（『万葉集』三―二五二、「海人とか（や）見らむ」の表現は他に『万葉集』七―一一八七、七―一二〇四、七―一二三四、一五―三六〇七、一九―四二〇二）から、人麻呂の海人への視線（卑賤視）も参照される。かかる点も含めて、今後検討していきたい。

(39) 『日本霊異記』にはサヘヅルの類義語はあるが、サヘヅル（囀）という言い方そのものはない。

(40) 守屋俊彦「日本霊異記中巻第三十縁考」（『日本霊異記論』〈和泉書院、一九八五年〉一〇四〜一〇六頁）。この他、当該説話成立の背景に、治水工事における人柱や行基の優れた眼力への称賛があったとみる説（黒沢幸三「日本霊異記小論」〈『日本古代論集』笠間書院、一九八〇年〉三六五〜三六八頁）や、水神に不具の子供を奉るという風習を背景に、法会を行っていた行基が子供を捨てるよう命じるという話が作られたとする説（米山孝子「『霊異記』中巻第三十縁考・『子を淵に捨てる』説話の成立事情」〈『行基説話の生成と展開』勉誠社、一九九六年〉）などもある。

(41) 丸山顕徳「討債鬼説話と食人鬼説話」(『日本霊異記説話の研究』〈桜楓社、一九九二年〉一二一～一二二頁)。

(42) 澤田瑞穂『修訂鬼趣談義』(平河出版社、二〇〇五年)一五三～一七五頁には、数多くの中国の討債鬼説話が紹介されているが、討債鬼がナキわめく例はあがっていない。討債鬼とナクとは別レベルの問題ではないだろうか。

(43) 広田哲通「説話のなりたち」(『中世仏教説話の研究』勉誠社、一九八七年)、林嵐(河野貴美子編訳)「『日本霊異記』における『舌不朽』の話について」(『アジア遊学』二七、二〇〇一年)。

(44) 『冥報記』下—九に、「隋の大業中」に「頤下肩上に肉枷の若きもの有りて、都て頸項無し」という子供が生まれた。それは苛酷な「獄卒」の子供であり、「数歳にして行くこと能ずして死す」とあった。『日本霊異記』の猴聖と体型では共通するところがあるが、『日本霊異記』と『冥報記』とでは意味付けが異なることが留意される。

(45) 猴聖には顎がないという点については、『古事記』中(垂仁)のホムチワケの話も参考になる。すなわち、ホムチワケは大人になるまで「真事登波受(マコトトハズ)」であったが、クグヒ(白鳥)の声を聞いて「始めて阿芸登比為」とあった。西郷信綱氏は「アギトヒは幼児などがアゴを動かして片言をいうこと……魚が浮上して呼吸するのもアギトフということがある。……アギトフはしかしマコトトフではない」と指摘されている(『古事記注釈』三〈平凡社、一九八八年〉二四一頁)。顎を動かしてわずかに口がきけたというホムチワケに対して、顎もない猴聖がマコトトフというのは、周囲の人々にとっても不思議なことと受け止められたのではないだろうか。

(46) 『日本霊異記』中—一九には、河内国の利苅の優婆夷の話がある。すなわち、彼女は「天年澄清にして、三宝を信敬し、常に心経を誦持し、以て業行と為しき。心経を誦ずる音、甚だ微妙にして、諸の道俗の為に愛楽せられき」。聖武天皇の代に、急死し、閻羅王のもとに召され、閻羅王に誦経の声を聞かせた。王は歓喜し、三日後には生き返ることができ、しかも、京の東市で長く失っていた経典を入手できたとある。利苅の優婆夷も「微妙」な声で誦経するというのであり、その点では声量豊かな猴聖〔史料21〕と共通する。

(47) 『東大寺諷誦文稿』の成立年代については、中田祝夫『改訂新版東大寺諷誦文稿の国語学的研究』(風間書房、一九七九年)一九二～一九九頁、小林真由美「東大寺諷誦文稿の成立年代について」(『国語国文』六〇—九、一九九一年)参照。

(48) 鈴木景二「都鄙間交通と在地秩序」(『日本史研究』三七九、一九九四年)、藤本誠「『東大寺諷誦文稿』の史料的特質をめ

ぐる諸問題」（『水門』二三、二〇一〇年）。なお、官大寺僧の中央―在地間の交通については、川﨑晃「古代北陸の宗教的諸相」（『古代学論究』慶應義塾大学出版会、二〇一二年、初出二〇〇三年）三一四～三三二頁、川尻秋生「日本古代における在地仏教の特質」（『古代東国の考古学』慶友社、二〇〇五年）も参照。

(49)　『日本霊異記』の日本国（自土）が、古代貴族が組織した律令国家体制ではないことついては、河音能平「『国風文化』の歴史的位置」（『天神信仰と中世初期の文化・思想』文理閣、二〇一〇年、初出一九七〇年）、神野志隆光「『霊異記』と『三宝絵』をめぐって」（『国語と国文学』五〇―一〇、一九七三年）など参照。ただし、河音・神野志氏が、『日本霊異記』の自土意識は私度僧の活動を前提とするとされた点については、従い得ない。

(50)　千葉徳爾『柳田國男を読む』（東京堂出版、一九九一年）一六三～二一六頁。

(51)　マリー・シェーファー、前掲(5)二四～二六頁、山岸美穂「サウンドスケープ、その方法と実践」（前掲(6)）七五～七六頁。

第二章　神々の声・神々への声を聴く—古代の聴覚—

はじめに

日本古代の神々は、目にみえないと指摘されてきた。[1] この背景には、祭りの場において、神は夜に示現し、朝には自然界に帰っていくというのが一般的で、[2] 暗い夜に人々が神の姿を直接に目にすることは少なかったであろうこと、『常陸国風土記』行方郡条の夜刀の神の話に「見る人あらば、家門を破滅し子孫を継がず」として、神の姿をみてはならないというタブーがあったことなどが関係しよう。

では、姿がみえないはずの神の存在は、どのようにして人々によって受け止められていたのであろうか。

第一は、神々の痕跡（足跡）であろう。その意味から、以下のような二史料が参照される。①『播磨国風土記』託賀郡条に「昔、大人在りて、常に勾り行きき。南の海より北の海に到り、東より巡り行きし時に、この土に到り来て云ひしく、『他し土は卑かければ、常に勾り伏して行きしに、この土は高ければ、申びて行く。高き哉』といひき。故れ、託賀の郡と曰ふ。その踰みし迹の処、数々沼と成れり」、②『常陸国風土記』那賀郡条に「平津の駅家の西一二里に、岡あり。名を大櫛と曰ふ。上古、人あり。体極めて長大く、身は丘壟の上に居て、手に海浜の蜃を摎る。……その践みし跡は、長さ四十余歩、広さ廿余歩なり。尿の穴の径廿余歩計りなり。」。いずれも巨人伝承であり、民間伝承としても後世に継承されているが、[3] そもそも①「大人」、②「人あり。体極めて長大く」という巨人（神）であることの根拠は、①では「その踰

み し 跡の処」(沼)、②では「その践みし跡」の大きさから巨人像が想像されたのであって、巨人の姿そのものではあるまい。同様なことは、『出雲国風土記』意宇郡条のヤツカミヅオミヅノの国引き神話についても該当する。オミヅノは国引きをする巨人であるが、『風土記』にはその姿形が鮮明にとらえられているわけではない。むしろ、スケールの大きな国引き、「持ち引ける綱は、夜見の嶋なり。固堅め立てし加志は、伯耆の国なる火神岳、是なり」(『出雲国風土記』意宇郡条)という件にこそ、巨人の面影の一端が認められていたはずである。

第二は、人間の五感―そのうちでも聴覚であろう。神々の声を介して、古代の人々は神の存在を実感していたのではないだろうか。本章ではこの点を重視したい。

そもそも人間には五感があり、外界の刺激を五感を通して受け取っている。ただし、その感性の働きには時代、地域、文化によって相違があった。池上俊一氏は、ヨーロッパ中世では、一二世紀以降、視覚の優位が確立していくが、それ以前は、読書法や聖遺物への接触法からしても、触覚や聴覚中心の時代であったとし(4)、小倉孝誠氏も、五感のヒエラルキーが歴史的に変化することを具体例をあげて指摘されている(5)。古代日本でも聴覚のもつ意味を考慮する必要があろう。

人間の聴覚の役割については、マーシャル・マクルーハンが、「書字法が発明されるまで人間は、今日のエスキモー〔イヌイット〕のように、音の空間に生きていた(6)」と指摘した。また、近年では、マリー・シェーファーが、音楽だけではなく、騒音も含めた音環境全体と人々との関係を歴史的、文化的に解明するという音の風景論(サウンドスケープ)を提起している(7)。音の風景論は日本でも社会学・音楽学の分野で継承されていることは周知の通りで、古代の音環境を念頭に置いて、人々がどのような音を聴いていたのか、検討してみることは環境史研究としても重要であろう。

日本史研究の分野では主に中世史で、視覚以外の感性の働き―とくに音声の役割に注目すべきだという指摘がなされてきた。後に取り上げるが、網野善彦[8]・名畑崇[9]・笹本正治[10]・千々和到[11]・酒井紀美[12]・蔵持重裕[13]各氏などの研究がそれで、日本古代史[14]でも参考となる点は多い。

なお、本書第二部第一章「古代の声の風景」でも指摘したところであるが、改めて述べておきたいのは、人々が聴いていた「神々の声」とは、音なのか、声なのかという問題がある。今日では、動物の声に対して、無生物は音と区別している。しかし、古代のアニミズムの信仰のもとでは、すべてのものは声を発すると考えられていたのではないだろうか[15]。それが時代の経過とともに、音と声とを区別するようになっていったのであろう。したがって、本章の題名は「神々の声・神々への声を聴く」とした。ただし、本章では、史料中の「音」「声」の表記をそのまま活かしているケースも少なくないことも、はじめに断っておきたい。

以上のことを前置きとして、本章では、古代のサウンドスケープのもと、異類（異界のもの）の声の世界全般を一通り大観することから始める。その次に、神々の声、神々への人間の声という順番で、史料の中からさまざまな声を聴き、人々がそれにどのような意味を汲み取ろうとしていたかを探ってみたいと思う。

一　異類の声の世界

1　釈迦の声

異類の発する声とは、どのようなものとして古代の人々は聴いていたのか。以下、いくつかのグループに分けて紹介しよう。最初に釈迦の声を取り上げる。

〔史料1〕　今昔、仏ノ御弟子目連尊者ハ、神通第一ノ御弟子也。諸ノ御弟子ノ比丘等ニ語テ云ク、「我等仏ノ御音ヲ所々ニシテ聞クニ、常ニ同シテ只側ニシテ聞ガ如シ。然レバ我レ、神通ノ力ヲ以テ遙遠ク行テ、仏ノ音ノ高ク下ナルヲ聞ムト思フ」ト云テ、三千大千世界ヲ飛過テ、其ヨリ西方ニ、又無量無辺不可思議那由他恒河沙ノ国土ヲ過行テ聞クニ、仏ノ御音、猶同クシテ只側ニシテ聞ツルガ如シ。

其ノ時ニ目連、飛ビ弱テ落ヌ。其ノ所、仏ノ世界也。仏ノ弟子ノ比丘有テ、座ニ居テ施ヲ受ル時、目連其ノ鉢ノ縁ニ飛ビ居テ暫ク息ム程ニ、仏弟子ノ比丘等、目連ヲ見テ云ク、「此ノ鉢ノ縁ニ沙門ニ似タル虫居タリ。何ナル衣ノ虫ノ落来タルゾ」ト云テ、集会シテ此ヲ興ズ。

（『今昔物語集』三―三）

〔史料1〕は『今昔物語集』の天竺の話(16)であるが、釈迦の第一の弟子目連が、いつもどこでも釈迦の声が同じように聞こえるので、時には高く、時には低く聞いてみたいと思い、遠くに飛んで行ったものの、釈迦の声はどこまでも同じで、側で聞いているようであった。そればかりか、目連が飛び疲れて落ちたところは、仏弟子の比丘が施しを受ける鉢の縁で、しかも、虫になって休んでいたという。この話には、釈迦の声は遠近無関係に常に同音で聞かれるという不思議が語られている。

　このような同音の不思議さは釈迦の声だけではなかった。関連する史料を列挙すると、①『帝王編年記』承和五年（八三八）条に、一二月の夜、仁明天皇が「側に仏名経を誦する音有り。何方を知らず」。そこで、蔵人にこの声の主を探させたところ、「音を聞くに只同じ」。蔵人は、大原を通って比良山麓の一僧庵に浄安大徳を訪ねることとなり、宮中に浄安を招いて、仏名会を施行させたという話。②『今昔物語集』二〇―一に、天竺の天狗が震旦に渡る途中、海水が「諸行無常　是生滅法　生滅々已　寂滅為楽」という法文を唱えるのを聞いたので、その声を辿っていくと、震旦から「日本ノ境ノ海ニシテ聞クニ、猶同ジ様ニ唱フ」。しかし、筑紫から多くの国を経て、淀川、琵琶湖を進むと、その声はますます高くなり、比叡山の学僧の厠から出る水の流れの末に当たっていることを知ったという話。震旦から「日本ノ境ノ海」までは法文は同音で聞こえていたとある。③『今昔物語集』二四―二四には、村上天皇の代、玄象という琵琶の名器が宮中から盗まれたが、琵琶の名人、源博雅が玄象を弾く音を清涼殿で聞いたので、衛門陣（内裏の宜秋門）から「南様ニ行クニ、尚南ニ此音有リ。『近キニコソ有ケレ』ト思テ行クニ、朱雀門ニ至ヌ。尚同ジ様ニ南ニ聞ユ」として、結局、羅城門まで行き、その上層で玄象を弾く声を聞いた。博雅が天皇の命令で玄象を尋ねてきたと告げると、門の天井から縄を付けて玄象が降りてきた。天皇はこれを「鬼ノ取リタリケル也」と仰せられたという話[17]。

以上の諸例から、時には人（天狗）を惑わすような声の主は、いずれも異界のものか、それに近い存在であったみてよい。〔史料1〕は釈迦の声、①は浄安という高僧の読経、②は比叡山の学僧の厠から聞こえる「諸行無常……」の法文、③は鬼による玄象という名器の演奏である。このような同音の声は聴く人々に特別な思いを抱かせるものであったといってよいだろう[18]。

2　仏像や僧侶・修行者の声

〔史料2〕　聖武天皇の御世に、其の部（和泉国日根郡―引用者注）の尽恵寺の仏の鐌、盗人に取られき。時に路往く人有りき。寺の北の路より、馬に乗りて往く。聞けば声有りて、叫び哭きて曰はく、「痛きかな、痛きかな」といふ。人聞きて、諫びて打たしめじと思ひ、馬を趁せ疾に前めば、近づくに随ひて叫ぶ音、漸く失せて叫ばず。馬を留めて聞けば、唯鍛する音のみ有り。所以に馬を前めて過ぎ往く。却くに随ひ、先の如く復叫び呻ふ。忍び過ぐること得ぬ

が故に、更に還り来れば、叫ぶ音復止みて、鍛する音のみ有り。（『日本霊異記』中―二二）

〔史料2〕には仏像が声を出すという不思議が語られている。和泉国尽恵寺の仏像が盗まれ、盗人はそれを解体して売ろうとした。たまたま通行人が「痛きかな、痛きかな」という声を聞き、馬を走らせ急いで行くと、叫ぶ声が聞こえない。馬を留めて耳を傾けると、ただ金属をたたく音だけがする。そこで、馬を進めて通り過ぎると、先の通り、大声でうめくが、再び帰ってくると、金属をたたく音だけがする。これが手がかりになって、盗まれた仏像がみつかったという話。要するに、遠くで聞こえていた声が近くでは別の声になって聞こえるというのである。

これに関しては、①『日本霊異記』下―一に、熊野の山中で船を造る人が修行者の「経を読む音を聞きて、発心して貴び、自が分の粮を擎げて、以て之を推ね求むれば、形色を瞰ず。故に、還りて居るに、経を読む音、先の如く息まざりき」とあった。ここでも造船の者が「経を読む音」の出所を探し求めたが、みつからず、戻ってみると、再びその声が聞こえたという。②『法華験記』中―五六には、長増という僧が法華経読誦を続け、最後は淀河の南で入滅した。それより、毎夜、法華経を読誦する声が聞こえたので、道心の僧が「近づき寄りて聞く。一町以上を隔てて聞くときは、高く貴く法華経を読誦す。もし極めて近く往くときは、その声聞えず」とあった。一町以上遠く離れたところでは法華経読誦の声は聞こえたが、それより近くでは「その声聞こえず」というのであるから、これも〔史料2〕と同じ声の風景といえよう。[19] ③『うつほ物語』(俊蔭)には、天皇の北野行幸に従った藤原兼雅が北山中に響きわたる琴の音を耳にして、近くで聴こうとする。兼雅は山中の杉の大木のうつほで、ようやく琴の音の主の母子に出会うが、兼雅はそれを秘して、兄忠雅に次のように山中の様子を報告する。すなわち、琴の音は「谷に聞こえ、峰に聞こえ、高うのぼれば地の底なり、谷に下れば雲の上に聞こえて……」というと、兄は「さればこそ。天狗ななり」と答えるという話。このような琴の音は天狗の仕業と観念されていたことが窺える。

〔史料3〕　白壁の天皇のみ代の宝亀の二年の辛亥の秋の七月中旬に、夜半より呻ふ声有り。言はく、「痛きかな、痛きかな」といふ。其の音細く小くして、女人の音の如くにして、長く引き呻ふ。（『日本霊異記』下―一七）

〔史料3〕は、紀伊国那賀郡の弥気の山室堂での話。未完成のまま鐘堂に放置されていた仏像二体が、夜中に「痛きかな、痛きかな」という「呻ふ声」を発した。その声は細く小さく、女性の声のようであったという。こうした小声の例は、『日本霊異記』下―二七にもあり、備後国の竹原で野宿した品知牧人は、一晩中、「目痛し」という「呻ふ音」を聞いた。その声の正体は竹の子が目の中を貫通していた髑髏であったという。

なお、異類の声が小さいという点に関しては、『日本霊異記』中―二〇に、地方に赴任した国司の家族の館の屋根に七人の僧が現れて読経し、家族の危難を警告したという話があるが、その読経の声は「蜂の集り鳴くが如し」とあること。『今昔物語集』一二―三八にも、葛木山の杉木のもとで修行していた円久という僧が、その木の梢で仙人が「細ク幽ナル音ニテ極テ貴ク」偈を唱えて飛び去ったのを目撃したとあった。同じく『今昔物語集』一三―一二にも、長楽寺僧が亥の時（午後一〇時）頃、山中の宿っていた木の傍らで、「細ク幽ニ貴キ音ヲ以テ法花経ヲ誦スル音ヲ聞ク」が、僧がその正体を尋ねると、入定した女法師であったとあるが、三話の中の「蜂の集り鳴くが如し」「細ク幽ナル音ニテ極テ貴ク」「細ク幽ニ貴キ音」とは「呻ふ」に近いところがあろう。

そもそも「呻ふ」というのは、〔史料3〕にある通り、微声であったと思われるが、その一方で、大声の場合もあった。すなわち、〔史料2〕であげた『日本霊異記』中―二二では、解体されつつあった仏像は「痛きかな、痛きかな」という声を発するが、それは「叫び哭きて曰はく」「先の如く復叫び呻ふ」とあった。かかる場合の「呻ふ」はけっして小さな声をいうわけではあるまい。

しかも、「呻ふ」については、もう一つの用例も留意される。それが『日本霊異記』下―二八にあり、紀伊国名草郡の貴志寺で「時に寺の内に音ありて呻ひて言ひしく、『痛きかな、痛きかな』といひき。其の音、老大人の呻ひの如し」。ところが、貴志寺の優婆塞は毎夜の「病み呻ふ音」の原因をつきとめることができない。そのうちに「最後夜に、常の音に倍して、大地に響きて、大きに痛み呻ふ」。翌朝、優婆塞が堂内をみると、弥勒の丈六仏の頸が蟻に嚙み切られて土の上に転がっていたという。この話の中の「痛きかな」の声は、前述の〈史料3〉の「呻ふ」と同じといえようが、「最後夜」には「大地に響きて、大きに痛み呻ふ」というのであるから、ここでの「呻ふ」声は、小声から大声へ、急に変化するものであったといえよう。このようにみてくると、仏像などの「呻ふ」声とは、小声の場合と、大声の場合、それに小声から大声に急展開するケースと三通りがあったと整理できるはずである。

3　鬼や妖怪の類の声

〈史料4〉　……鞍櫃ノ蓋ヲカサト開テ出ル者有リ。極テ怖シ気ナル音ヲ挙テ、「己ハ何コマデ罷ラムト為ルヲ。我レ此ニ有トハ不知ザリツルカ」ト云テ、追テ来クル。……橋ノ上ニシテ、極テ怖シ気ナル音ヲ挙テ、「河侍々々」ト度々呼ケレバ……
（『今昔物語集』二七―一四）

勢田橋付近のあばら家に宿泊した東国人が深夜、鞍櫃にひそんでいた、きわめて怖ろしい声の鬼に襲われる。東国人が勢田橋の下の柱の陰に隠れると、鬼が追ってきて、橋の上で再び、きわめて怖ろしい声で「河侍々々」と何度も叫んだとある。

同様な例としては、①『今昔物語集』一二―二八では、肥後国の書生が羅刹女（鬼）の危難に遭遇するが、羅刹女の声は「怖シト云ヘバ愚也」というものであった。②『今昔物語集』一七―四七では、越前国の、額に角が一つ、目が一つで、赤い褌の鬼の声が「高ク怖シ気ナル音」であった。③『今昔物語集』一九―一九では、東大寺の東の奥山で、毎日一度、死んだ僧たちを責める「唐人ノ姿ノ如クナル者ノ極テ恐シ気ナル、額ニ帕額ヲシタル、四五十人許」の声が「極テ恐気ナル音」であった。④『今昔物語集』二六―一九では、東国下向の途中、出産のあった家に泊まった男が、「鬼神」と思しきものが「極テ怖シ気ナル音」で赤ん坊の将来を予言したのを聞いた。かかる四つの話の音声が〔史料4〕と同様の異類の、きわめて怖ろしい声の例として指摘できよう。[20]

鬼の声として、もう一例、『今昔物語集』二七―一三の安義橋の鬼の例をあげておこう。すなわち、近江国の安義橋に鬼が出没するということで、国守の配下の若い男が肝試しに橋を渡ることになった。男が橋に到着すると、欄干によりかかる若い女がいた。男の方は、女は鬼であろうと判断して、馬に乗ったまま通り過ぎようとする。女は「耶、彼ノ主。何ドカ糸情無クテハ過ギ給フ。奇異ク不思懸ヌ所ニ、人ノ棄テ行タル也。人郷マデ将御セ」と呼びかけたが、男はそれを無視して馬に鞭打って飛ぶように逃げていく。すると、女は「『穴情無』ト云フ音、地ヲ響カス許也」。しかし、男は無事に女（鬼）をやり過ごして、橋を渡ることができたという。この女の最初の声は、女が男を誘う声であったに違いない。それが男に聞き遂げられないと、ただちに「地ヲ響カス許也」の「穴情無」という鬼の声に転じたというのである。これは、先に示した「呻ふ」の第三の例（『日本霊異記』下―二八）と同じであろう。鬼という異類の者も、時に急激に声を変えるものであったことが窺えよう。

〔史料5〕……其ノ時ニ、宰相音ヲ挙テ、「何事申ス翁ゾ」ト問ヘバ、翁、□キ皺枯レ小キ音ヲ以テ申サク、「年来住候ツル所ヲ、此ク令居給ヘバ、大キナル嘆キト思給テ、愁ヘ申サムガ爲ニ参テ候フ也」ト。

（『今昔物語集』二七―三一）

宰相（三善清行）が五条堀川にあった妖怪が出るという旧家を買い取り、引っ越した時、真夜中に妖怪の首領らしき翁が現れた。翁は清行に向って「皺枯レ小キ音」で、「私が長年住んでいる家に、お出でになられて、大いに困ったことと存じまして、訴え申し上げようと思い、出て参りました」といったとある。[21]この妖怪の翁のしわがれ声は、『今昔物語集』二七―三四の、照射という夜の狩猟の際に「林ノ中ニ辛ビタル音ノ気色異ナルヲ以テ」として、野猪（タヌキ）が狩猟者の名前を呼んだ時の声とも共通する。[22]

しわがれ声は、不気味な声として恐れられた。『源氏物語』（夕顔）には、「夜中も過ぎにけんかし、風のやゝ荒〳〵しう吹たるは。まして松の響き木深く聞こえて、けしきある鳥のから声に鳴きたるも、ふくろうはこれにや、とおぼゆ」として、梟の声は「から声」、すなわち、「老人のような低く濁ったしゃがれ声」であった。梟の声が不気味な悪声とされたのは、梟が親を食べてしまう親不孝の鳥として、声も忌み嫌われたからであるらしい。[23]

『平家物語』六には、治承五年（一一八一）六月一六日、越後国の城太郎助長が木曽義仲追討のため総勢三万騎で出立しようとしたところ、天のお告げとして「大きなる声のしはがれたるをもって」、平家方を召しとれと三声叫ぶ声があった。これを聞くもの、皆、身の毛がよだったという。この時の天のお告げは、妖怪の声といえないかもしれないが、異様な大きなしわがれ声であったことが窺えよう。また、『北野縁起』上には、都良香が羅生門を通った際、「気霽れては風新柳の髪を梳る」と詠んだものの、次の句が浮かばない。すると、羅生門の上から「大にしはがれたる声」で、「氷消へては波旧苔の鬚を洗ふ」と付けた。良香は嬉しくなり、菅相丞（道真）に詩を伝えたところ、道真は下の句は「鬼神の次たる者哉」と見破ったという話もある。〈史料5〉と照らし合わせると、異類のしわがれ声にも大小二種類があったとみられるのである。

なお、本節の最後に、〈史料5〉の翁の「皺枯レ小キ音」に関して、翁は三善清行から大学寮南門の東脇に移り住むよういわれると、「音ヲ高クシテ答ヘヲ為ル」として、急に声を変えて大声で返事をしたとある。翁の声も小さな声から大声に急に変化することがあった。これは前掲の『日本霊異記』下―二八と共通することもあせて指摘しておこう。[24]

4　往生と音楽

本節の最後に、異界からの声として、平安後期の往生伝の世界に言及しておく。

〔史料6〕　今夜金光忽ちに照し、紫雲自らに聳けり。音楽空に遍く、香気室に満てり。和尚西方を礼拝して、阿弥陀仏を念ず。香を焼きて几に倚りて、眠れるごとくして気止みぬ。斂葬の間に煙の中に芳気あり。

（『日本往生極楽記』六）

〔史料7〕　其ノ死ヌル時ニハ、家ノ内ニ俄ニ艶ズ馥バシ香満テ、空ノ中ニ微妙ノ音楽聞ヱケリ。亦、極熱ノ比ニテ、死人ノ身乱レテ甚ダ臰カルベキニ、日来ヲ経ト云ドモ、身不乱ズシテ臭キ気無カリケリ。

（『今昔物語集』一五―三四）

右の二史料は往生伝の一部であるが、それによると、往生人の延暦寺座主増命〔史料6〕や高階良臣〔史料7〕のもとには、阿弥陀如来の来迎の証として、光・紫雲・音楽・異香が現れる。往生人は阿弥陀の来迎を五感を介して感じていたことが知られる。[25]このうち、本章で注目したいのは、音楽である。そもそも、人間は死に際して、五感の中でも聴覚は最後まで残り、思いのほかよく聞こえていたらしい。[26]

往生譚は『今昔物語集』巻一五に五四話が収録されている。『今昔物語集』の往生譚の多くは、『日本往生極楽記』や『法華験記』を典拠としているが、〔史料7〕にあるように、『今昔物語集』の場合は、音楽の語に「微妙」という形容語を冠しているケースが多い。[27]「微妙」とは不思議なほどすばらしいという意（『岩波古語辞典』）であり、極楽浄土を希求する往生人にも、特別な声として聴かれていたはずである。阿弥陀如来が二五の菩薩を従えて往生人を迎える場面の「聖衆来迎図」にも、菩薩が楽器を手にして奏楽する様子が描かれている。

5　小　結

以上、古代の人々は異類（異界）の声をどのように聴いていたのか、諸史料から具体例をあげてみた。その結果、異類の声とは、①釈迦のように遠近に関係なく同音であると観念されていたこと、②仏像や僧侶の声などでは、遠くで聞こえていても近くでは聞こえないという例があること、「呻ふ」の例からも、小さな声、大きな声、小から大へという急激な声の変化の例があること、③鬼の場合は、きわめて怖ろしい気な声、女の声から急に地を響かす声に変わるという例、それに妖怪の類では大小のしわがれ声の例があること、④往生人が聴く「微妙」の音楽――かかる諸例を総括するならば、異類の声とは、人間の通常の声の範疇を逸脱したものであるという見通しが得られよう。(28)

このような見通しを裏付けるものとして、左の二説話をあげておく。

〔史料8〕……此テ音モ不為シテ居タル程ニ、暫許有テ、千万ノ人ノ足音シテ過グ。「既ニ過テ行ヌ」ト聞ツル者共、即チ返来テ物云ヒ騒グナルヲ聞ケバ、人ノ音ニ似タリト云ヘドモ、□ニ人ニハ非ヌ音ヲ以テ云ク、「此者ハ此程ニコソ馬ノ足音ハ軽ク成ツレ。……」ト喤ル也。（『今昔物語集』二四―一三）

〔史料9〕（敏達）九年（庚子）夏六月、人有りて奏して曰く、土師連八嶋有り。歌を唱ふこと世に絶したり。夜、人有り来りて相和して争ひ歌ふ。音声は常に非ず。八嶋之を異しみ、追ひ尋ぬるに住吉浜に至る。天暁、海に入るといへり。（『聖徳太子伝暦』）

〔史料8〕では、大納言安陪安仁が陰陽師の滋岳川人と文徳天皇陵を点定したところ、地神の怒りに触れ、役目が終わって帰る途中、地神に襲われる。日暮れの後、安仁と川人が田の中に隠れたが、千万人とも思しき地神が通り過ぎると、何人かが引き返していい合っている。その地神の声は「人ノ音ニ似タリト云ヘドモ、□ニ人ニハ非ヌ音ヲ以テ云ク」というのである。[29]

〔史料9〕では、敏達九年六月、ある人が天皇に奏上するに、土師連八嶋のもとに、ある夜、人がやって来て、互いに調子を合わせて歌を歌った。その人の「音声は常に非ず」であったので、八嶋は不思議なことと思い、その後を追いかけていくと、住吉浜に至り、夜明けには海に入った、と。この時、天皇の側にいた九歳の聖徳太子が熒惑星が未来の出来事を予言するような歌を歌ったのだろうといった話。

〔史料8・9〕からも、地神のような声、熒惑星の歌声のような人間の声の範疇を外れた声こそが異類の声と観念されていたではないだろうか。

二　神々の声

1　雷・噴火・飄風

本節では、神々の声について検討してみたい。差しあたっては、『古事記』上に、タケミカヅチとオホクニヌシが国譲りの交渉をしている際、タケミナカタが「誰ぞ我が国に来而、忍々如此物言ふ」といった話、『今昔物語集』二七—四五に、近衛舎人が相撲使として陸奥国から常陸国へ向かう山中で、常陸歌を歌ったところ、山の神が「恐シ気ナル音」で「穴謡（あなおもしろ）」といって、手をはたと打ったという話などが手がかりになろう。

しかし、ここで注目してよいのは、神が示現する際に発していたはずの様々の声である。たとえば、『古事記』上に、スサノヲが「乃ち天に参上る時、山川悉動み、国土皆震りぬ」、『日本書紀』神代第六段本文には「始め素戔嗚尊、天に昇ります時に、溟渤以鼓き盪ひ、山岳為に鳴り呴えき。此則ち、神性雄健きが然らしむるなり」として、スサノヲの昇天に際しては、暴風雨や地震がおきて、人々は大きな声を聴いたように察せられる。もとより、神々と自然現象とは密接な関係の下にあった。自然環境の中でも神の声として、雷神の声（カミナリ）が非常に大きなものであった。そこで、雷鳴の史料を提示することから始めたい。(30)

〔史料10〕　うまこり　あやにともしく　鳴る神の　音のみ聞きし　み吉野の　真木立つ山ゆ　見下ろせば……

（『万葉集』六―九一三）

〔史料11〕　天地の　神はなかれや　愛しき　我が妻離る　光る神　鳴りはた娘子　携はり　共にあらむと　思ひしに　心違ひぬ……

（『万葉集』一九―四二三六）

〔史料10〕の「鳴る神の」が「音」にかかる枕詞であり、〔史料11〕も枕詞の「光る神　鳴り」が「はた娘子」（「はた」は激しい雷鳴）にかかる。雷神は光（稲妻）だけではなく、音とも密接な関係にあったことが〔史料10・11〕の枕詞成立の背景にあったことは間違いあるまい。

三重県青山町の常楽寺に伝来した『大般若経』巻九一の跋語に、天平勝宝九年（七五七）六月三〇日、沙弥道行が一人で山中修行をしていた時、「砊磕」（雷鳴）があり、「手足措く所を知ること無し」という状況であったのを、道行が大般若経書写を祈願したところ、「雷電響を輟む」とあった。山中での雷鳴のすさまじさが窺えよう。(31)

『延喜式』九・一〇（神名式上・下）には雷神を祭神としたと推定される神社名がある。その中でも、雷神の声という点では、「鳴雷神社」（宮内省主水司、大和国添上郡）、「気吹雷響雷吉野大国栖御魂神社」（大和国高市郡）、「止杼侶支比売命神社」（摂津国住吉郡）、「鳴神社」（紀伊国名草郡）などがあげられる。これらの神社名は雷神示現の際の声を表しているのであろう。[32]

ところで、『万葉集』二―一九九には「……整ふる　鼓の音は　雷の　声と聞くまで……」として、壬申の乱での戦いが歌われている。太鼓は雷を象徴する楽器で、しかも、太鼓の大きな声は、火山の噴火の声にも比定されることがあった。その主な例をあげると、①『日本書紀』天武一三年（六八四）一〇月壬辰条には、大地震の記事の後に「是の夕に、鳴る声有りて鼓の如くありて、東方に聞ゆ。人有りて曰はく、『伊豆嶋の西北、二面、自然に増益せること、三百余丈。更一の嶋と為れり。則ち鼓の音の如くあるは、神の是の嶋造る響きなり』といふ」、②『続日本紀』天平一四年（七四二）一一月壬子条には、「大隅国司言さく、『今月廿三日未時より廿八日に至るまで、空の中に声有り。大なる鼓の如くして、野の雉相驚き、地大に震ひ動けり』とまうす」、③『続日本紀』天平宝字八年（七六四）一二月是月条には、「西方に声有り。雷に似て雷に非ず。時に大隅・薩摩の両国の堺に当りて、煙雲晦冥して奔電去来す。……麑嶋信尓村の海に沙石自ら聚り、化して三つの嶋と成る」、④『続日本紀』宝亀九年（七七八）一二月甲申条には「去にし神護中に大隅国の海中に神有りて嶋を造る。その名、大穴持神なり。是に至りて官社とす」とあった。①は伊豆大島の噴火を指すとみられる。[33]次の②③④は一連の記事で、桜島の火山活動による新島の誕生を意味する。火山の噴火そのものは神の絶大な威力の表れであり、その声は太鼓や雷鳴に比較されていた。火山噴火の大きな声で、人々は神の示現を実感していたはずである。

次に、飄風の大きな声にも注目したい。『延喜式』（神名式）に、飄風を祭ったと思しき神社として、大和国平群郡「竜田に坐す天御柱国御柱神社二座」[34]、出雲国意宇郡「同社（筑陽神社）に坐す波夜都武自和気神社」、島根郡「同社（久良弥神社）に坐す波夜都武自神社」、出雲郡「都武自神社」[35]がある。[36]

〔史料12〕……取り持てる　弓弭の騒き　み雪降る　冬の林に〈一に云ふ、「木綿の林」〉つむじかも　い巻き渡ると

思ふまで　聞きの恐く〈一に云ふ、「諸人の　見惑ふまでに」〉引き放つ　矢の繁けく……　（『万葉集』二―一九九）

飄風とは現在の竜巻にあたるらしいが、ここで注意されるのは、〔史料12〕の万葉歌において、壬申の乱での高市皇子軍の兵士が手にした弓弭の唸りは、雪の降る冬の林に、飄風が一面に吹き渡るのかと思うほど、声が恐ろしいと、兵士の弓弭の声を飄風の声の恐ろしさで形容している点である。伊藤博氏によると、「弓弭の騒ぎ」とは「中弭の音」（『万葉集』一―三）の高鳴りをいうのであり、それは「弦が震動して鞆に当たる音のことであるらしい。音が大きければ大きいほど、敵を威嚇するのにも役立つ(37)」と指摘されている。また、『方丈記』においても、治承四年（一一八〇）四月二九日、京の家屋に多大の被害を与えた「辻風」について「おびたたしく鳴りとよむほどに、もの言ふ声も聞こえず。かの地獄の業の風なりとも、かばかりにこそはとぞおぼゆる」とあった。とすれば、右にあげたツムジ社においても、「聞きの恐く」「おびただしく鳴りとよむ」という神の示現の声が聞こえていたのではないだろうか(38)。

2　鏑　矢

神々の声は、雷・噴火・飄風のような大きな声だけではなかった。それとは別に、鏑矢のような、小さな声のケースもあったことに留意する必要がある。

「鏑とは内部が蕪状の木や角の先に数個の孔を開け、音響効果で獲物を威嚇するためのものだが、中世で鏑矢といえば、鏑を加えた狩俣の矢を指す(39)」という。この説明に関しては、『今昔物語集』二七―三四に、深夜、平安宮内を通行していた男が豊楽院の北の野に丸く赤く光ったものが見えたので、「鳴ル箭」で射たところ、ぱっと消えたとあることからも、鏑矢が獲物だけではなく、悪霊をも退ける力があると観念されていた点を追加する必要があろう。鏑矢の声（音響効果）については、たとえば、『日本書紀』天智即位前紀に「日本の、高麗を救ふ軍将等、百済の加巴利浜に泊りて、火を燃く。灰変りて孔に為りて、細き響有り。鳴鏑の如し」、『平家物語』一一の那須与一段では「与一鏑をとってつがひ、よっぴいてひやうどはなつ。……弓は強し、浦ひびく程長鳴して、あやまたず扇のかなめぎは一寸ばかりおいて、ひぃふつとぞ射きったる」として鏑矢が特別に響く声を発するものであったことが窺われる。

実は鏑矢は古代の神々とも関係が深い。①『古事記』上の大年神の系譜段では「大山咋神、亦の名は山末之大主神。此の神者、近淡海国之日枝山に坐し、亦葛野之松尾に坐す、鳴鏑用つ神者也」、②『日本後紀』延暦二四年（八〇五）二月庚戌条に、造石上神宮使が石上神宮の兵杖を運び出したところ、文章生従八位上布留宿禰高庭が太政官に上申するに「神戸百姓等の款を得るに偁はく、『比来大神頻りに鳴鏑を放ち、村邑咸く怪む。何の祥なるか知らず』といへり」、③『住吉大社神代記』に、住吉大神が「時に荒振神を誅服はしめ賜ひ、宍背の鳴矢を射立てて堺と為す」という三例が指摘される。

このうち、①の「鳴鏑」は境界設定の呪具であり、大山咋神はその鳴鏑を使用する神であったという意[40]であり、③の住吉大神の「鳴矢を射立てて堺と為す」という行為と共通する。②は石上神宮の兵杖を山城国葛野郡に移そうとしたところ、石上大神が兵杖移動を批判して、鳴鏑をしきりに放ったという。かかる例からも、少なくとも、古代の松尾・石上・住吉の各社において、鳴鏑の声を神意の表れと解していたことが認められよう[41]。

なお、境界設定に際して矢が用いられていた例として、以下の三史料を挙げておく。すなわち、①『播磨国風土記』揖保郡条に「広山の里。……都可と名づくる所以は、石比売の命、泉の里の波多為の社に立たして射たまひしに、此処に到りて、箭尽に地に入り、唯握許り出でたりき。故れ、都可の村と号く」、②同宍禾郡条に「宍禾と名づくる所以は、伊和の大神、国作り堅めたまふこと了はりし以後に、山川谷尾を堺ひに、巡り行でましし時に、大きなる鹿、己が舌を出だして矢田の村に遇へり。ここに勅りたまひしく、『矢はその舌に在り』とのりたまひき。故れ、宍禾の郡と号け、村の名を矢田の村と号く」、③『出雲国風土記』大原郡条に「屋代の郷。……天の下造らしし大神の垜立て射たまひし処なり。故れ、矢代と云ふ。……屋裏の郷。……古老伝へて云ひしく、天の下造らしし大神、笑を殖てしめ給ひし処なり。故れ、矢内と云ふ」。いずれも鏑矢が使用されているわけではないが、矢そのものが境界を設定する呪具であったみてよいだろう。

ただし、鏑矢の声は、通常の矢の飛ぶ声とは異なり、前述のように特別な響きがあったというべきではあるまいか。そこに人々は神意の表れを感じていたのであろう。

3　〈言問う草木〉

草木のざわめき―〈言問う草木〉も神々の小さな声の一つであった。

〔史料13〕然も彼の地に、多に蛍火の光く神、及び蠅声す邪しき神有り。復草木咸に能く言語有り。（『日本書紀』神代第九段本文）

〔史料14〕事問ひし磐根・木の立ち・草のかき葉をも言止めて……（「大殿祭」〈『延喜式』八、祝詞式〉）

〈言問う草木〉に関しては、すでに別の機会に論じたところでもあるので[42]、ここでは要点のみを簡潔に記すと、第一に、〔史料13〕は天孫降臨神話の一節で、天孫降臨前の葦原中国は「草木咸に能く言語有り」という状態であったこと、第二に、かかる〈言問う草木〉の伝承は、『日本書紀』神代第九段第六の一書、同欽明一六年二月条、『常陸国風土記』信太郡条、「六月の晦日の大祓」「祟る神を遷し却る詞」「出雲の国造の神賀詞」（『延喜式』八）にもみられること、第三に、〈言問う草木〉は、いずれも高天原から王権神が天降る時の話とされ、かつ、王権神の天降りに「事問ひし磐根・木の立ち・草のかき葉」すべてが「言止めて」〔史料14〕という例もあること、の三点である。このうち、とくに第三点から、〈言問う草木〉の信仰は、王権側にそのまま継承されなかったことが考えられる。しかし、それと同時に、アニミズム信仰に基づく、磐根・草木の信仰が葦原中国において簡単に喪失されてしまったとも到底考え難い。むしろ、〈言問う草木〉という神々の小さな声は、古代社会では広く受容されていたのではないだろうか。

『日本霊異記』中―二六には、禅師広達が大和国吉野郡桃花里の椅を渡る時に、下から「嗚呼、痛く踰むこと莫れ」という声がした。それは仏像が未完成なままに捨て置かれた木であった。広達はこれを彫像して、越部の村の岡堂に安置したとある。本話の説示に「木は是れ心无し、何にして声を出さむ。唯し聖霊の示したまへらくのみ。更に疑ふべからず」とあった。この話から、〈言問う草木〉の信仰がなお生き延びていたこと、しかし、その一方で、景戒によって、仏像となるべき霊木の声を感受できたのは、修行僧の広達だからだとして、新しい意味付けがなされていたことが知られよう(43)。

4 川のせせらぎ

近年、水辺の祭祀遺跡が各地で発掘調査され、注目を集めている。そのうちの一つに三重県伊賀市比土の城之越遺跡がある。同遺跡は、四世紀後半に始まる古墳時代の祭祀遺跡であるが、三か所の湧水点から湧き出した水が、貼石を敷き詰めた溝を流れて一か所に合流するというものであった。

この遺跡に関して注目してよいのは、神の示現する声の問題である。鈴木正崇氏の「水の在るところにはカミがいる。水のカミ、河のカミ、泉のカミ、そして山のカミもまた水源を司る水分のカミである。川のせせらぎに耳をかたむける時、ただごとではないと感ずる。それがカミとの出会いなのかもしれない。自然の声に心を託す者にカミが顕れる(44)」という指摘を受けて、和田萃氏は次のように指摘された。すなわち、「せせらぎの音（瀬音）が変化することで、神の示現を観念したかと思われる。……水辺の祭祀に関わる遺跡で、貼石や石敷きが数多くみられるのは、水を清浄に保つことともに、瀬音を響かせる効果もあるかと推定される[45]」と。川のせせらぎの小さな声も水神信仰にとって重要であろう[46]。

川の瀬音に関しては、『播磨国風土記』に、①餝磨郡条に「高瀬と称ふ所以は、品太の天皇、夢前の丘に登りて望見したまへば、北の方に白き色の物あり。云りたまひしく、『彼は何物ぞ』とのりたまふ。すなはち舎人、上野の国の麻奈毗古を遣りて察しめたまへば、申して云ひしく、『高き処ゆ流れ落つる水、これなり』とまをす。すなはち、高瀬の村と号く」、②宍禾郡条に「川音の村。天の日槍の命、この村に宿りまして勅りたまひしく、『川の音甚高し』とのりたまひき。故れ、川音の村と曰ふ」、③託賀郡条に「高瀬の村と云ふは、川の瀬高きに因りて名と為す」という史料がある。

このうち、①については、『風土記』が滝の様子を書いていると読めなくはないが、実際には「高瀬の村」比定地付近に滝はなく、「河中の大石などに塞ぎ止められた水が落ちる[47]」ところを指すらしい。②に川の瀬音が高いので川音村と名付けられ、③も同様に、川の高い瀬音が村名の由来になっていることからすれば、①も急流のせせらぎの声が「高瀬の村」の由来になったのではないだろうか。

また、『万葉集』にも「さざれ波　磯越道なる　能登瀬川　音のさやけさ　激つ瀬ごとに」（三―三二四）、「やすみしし　我が大君の　見したまふ　吉野の宮は　山高み　雲そたなびく　川速み　瀬の音そ清き……」（六―一〇〇五）など、川の瀬音を歌う例がある。

川のせせらぎの声は、けっして大きな声ではない。しかし、水辺の祭祀遺跡の例や『播磨国風土記』の地名伝承、それに万葉歌の例からして、水の神の示現の声として、たしかに古代の人々の耳に届いていたはずである。

5　ナクと沈黙

神々の声は、雷鳴のような大きな声、〈言問う草木〉のような小さな声だけではない。[48]ナキ声も、また、物をいわず無言であるのも、神性のなせるわざであった[49]。

〔史料15〕　速須佐之男命、所命しし国を治め不而、八拳須心前に至るまで、啼き伊佐知伎。　（『古事記』上）

スサノヲは父イザナキから海原を治めるよう命ぜられながら、成人して長いヒゲがみぞおちの辺りに届くまでナキわめいたとある。いつまでもナキ続けるというスサノヲの話は、〔史料15〕以外にも、『日本書紀』神代第五段本文に「且常に哭き泣つるを以て行とす」、同第二の一書に「此の神、性悪くして、常に哭き恚むことを好む」、同第六の一書に「素戔嗚尊、年已に長いたり。復八幄鬚髯生ひたり。然れども天下を治さずして、常に啼き泣ち恚恨む」とあった。

いつまでもナクという神はスサノヲだけではなかったことも周知の通りであろう。『出雲国風土記』神門郡条には、アヂスキタカヒコが「甚く昼夜哭き坐しき。仍りてその処に高屋を造りて坐せき。すなはち高椅を建て、登り降らせて養し奉りき」、同仁多郡条にも、アヂスキタカヒコは「……御須髪八幄に生ふるまで、昼も夜も哭き坐して、み辞通はざりき」とあり、御祖の命の夢に「御子辞通ふと見坐しき」、そこで、目覚めて問うと、ようやく「御沢」といったとある。

垂仁天皇の皇子、ホムツワケにもナク伝承がある。『日本書紀』垂仁二三年九月丁卯条によると、「群卿に詔して曰はく、『誉津別王は、是生年既に三十、八掬髯鬚むすまでに、猶泣つること児の如し。常に言はざること、何由ぞ。因りて有司せて議れ』とのたまふ」とあり、その後、ホムツワケはクグヒ（白鳥）が大空を飛ぶのをみて、「是何物ぞ」といったとある（『日本書紀』垂仁二三年一〇月壬申条）。『古事記』中（垂仁）のホムチワケは、「八拳鬚心前に至るまで、真事登波受」であったのが、やはりクグヒの声を聞いて、はじめて「阿芸登比為」。そこで、天皇は山辺の大鶙を遣して、クグヒを捕えさせ、ホムチワケにみせたが、ホムチワケは言葉を話さなかった。その後、ホムチワケは、出雲大神を参拝して、はじめて物を言ったとある。また、『尾張国風土記』逸文には、ホムツワケは「生七歳にして語ひたまはず」。皇后の夢に、多具国の阿麻乃弥加都比売に「祝人」（神職）が当てられたら、皇子は物言うようになると託宣があったという話がある。

右のスサノヲ・アヂスキタカヒコ・ホムツ（チ）ワケには、二つの共通項がある。一つはいずれも成人になるまで、ナキ続けたこと、もう一つは沈黙していた、無言であったという点である。この点については、すでに指摘があるよう(50)に、二つの事柄はまったく同じ意味であるとみてよい。それは人間の言語以前という共通性である。ホムツワケも含めて、神の声というのは、人間の言語の領域を超えたところにあったといってよいだろう(51)。

アヂスキタカヒコやホムツワケのように、一定の期間の沈黙を経て、急に言葉を発するというのは、神の託宣と共通するところでもあった(52)。

〔史料16〕　是より先に、金綱井に軍せし時に、高市郡大領高市県主許梅、倏忽に口閉びて、言ふこと能はず。三日の後に、方に神に着りて言はく、「吾は、高市社に居る、名は事代主神なり。又、身狭社に居る、名は生霊神なり」といふ。乃ち顕して曰はく、「神日本磐余彦天皇の陵に、馬及び種種の兵器を奉れ」といふ。……且言はく、「西道より軍衆至らむとす。慎むべし」といふ。言ひ訖りて醒めぬ。（『日本書紀』天武元年七月条）

〔史料16〕は、壬申の乱の最中、高市県主許梅が急に口を閉ざして、三日後に、ようやく神の託宣が得られたという話。長い沈黙の時間を経過して、ようやく神の託宣が示されたということは、その間、神意が現れるのをじっと待ち続ける人々の姿があったはずである。このように神託が獲得されるまで、長い時間がかかるというのは、〔史料16〕の例だけではない。『日本書紀』神功摂政前紀によると、仲哀の死を受けて、神功皇后が託宣を受ける件では、武内宿禰が琴を弾き、中臣烏賊津使主が審神者となって、「七日七夜」の後、皇后が託宣を語るとあった。

このように長い期間、神がナキ続けたり、沈黙したりした後、声を発したという伝承は、沈黙から託宣へというプロセスと共通する。[53] かかる点からしても、ナク・沈黙するというのは、神の声として理解されていたものとみるべきであろう。

6　託宣の言葉

次に、神の託宣の言葉自体を史料に即して検討してみたい。

〔史料17〕　時に、丹波の氷上の人、名は氷香戸辺、皇太子活目尊に啓して曰さく、「己が子、小児有り。而して自然に言さく、

玉菨鎮石。出雲人の祭る、真種の甘美鏡。押し羽振る、甘美御神、底宝御宝主。山河の水泳る御魂。静挂かる甘美御神、底宝御宝主。菨、此をば毛と云ふ。

是は小児の言に似らず。若しくは託きて言ふもの有らむ」とまうす。（『日本書紀』崇神六〇年七月己酉条）

出雲の神宝を朝廷に献上した出雲の飯入根は、兄の振根によって謀殺される。しかし、その振根も朝廷によって殺害されたので、出雲臣たちは恐れて大神を祭らなかったが、その時、丹波の氷香戸辺の子供が「玉菨鎮石……」といったとある。これは子供の言葉ではない、あるいは神の託宣かもしれないという氷香戸辺の言からは、「玉菨鎮石……」が神託に近い扱いを受けていたことを示唆しよう。

「玉萎鎮石……」の解は簡単には得られない[54]が、同様な事例は他にもあり、主なものを挙げておく。①崇神天皇の命令で四道将軍が各地に派遣され、大彦命が和珥坂に到った際、少女が「御間城入彦はや　己が命を　弑せむと　竊まく知らに　姫遊すも……」と歌って、急に姿を消した（『日本書紀』崇神一〇年九月壬子条）、②皇極二年（六四三）一〇月、「蘇我臣入鹿、独り謀りて、上宮の王等を廃てて、古人大兄を立てて天皇とせむとす。時に、童謡有りて曰はく、岩の上に　小猿米焼く　米だにも　食げて通らせ　山羊の老翁」（『日本書紀』皇極二年一〇月戊午条）、③光仁天皇が即位する以前、「葛城寺の前なるや　豊浦寺の西なるや　おしとど　としとど　桜井に白壁沈くや　好き壁沈くや　おしとど　としとど　然しては国ぞ昌ゆるや　吾家らぞ昌ゆるや　おしとど　としとど」という童謡があった（『続日本紀』光仁即位前紀）。このうち、①については、少女が「言はず。唯歌ひつらくのみ」とあるので、神の憑依が想定できること、歌われた場が坂という境界で、しかも、突然に少女が姿を消すという異類の退場を窺わせること[55]からして、神の託宣の類とみてよいだろう。②③の童謡はそれぞれ、上宮王家滅亡事件（『日本書紀』皇極二年一一月丙子朔条）、光仁即位の予兆であった。そもそも、童謡とは、童謡（わざうた）自体の背後に隠れた神の意志をみようとする一種の言葉に対する信仰が読み取れ[56]、やはり神の託宣との近さが指摘できよう[57]。

このように託宣の言葉をあげてみると、これらが人間には簡単に理解しにくいものであったことが窺えよう。そこで、託宣の意味を知るために、求められたのが審神者であったはずである。前述の神功皇后の託宣では、神意を伝える役として中臣烏賊津使主がいたし、〔史料16〕で神の言葉がはっきりと理解できるのは、「顕して曰はく」という審神者がいたからであろう。また、①の少女の歌では、聡明で先々のことがわかるという倭迹迹日百襲姫命が「歌の怪を知りて」（歌の前兆を知って）、天皇に武埴安彦の謀反を知らせた、③でも「識者」が光仁が即位する「徴」と思ったとあった。逆に〔史料17〕の小児の言葉の意味が分からないのは、審神者がいなかったからで、託宣の言葉そのままが伝わったからと考えられよう。

『古事記』下（雄略）には、葛城山に百官を従えて行幸した雄略天皇の前に、ヒトコトヌシが「吾者、悪事なれ雖一言、善事なれ雖一言、言ひ離つ神。葛城之一言主之大神者也」と名告ったとある。すべての善悪事を「一言」で言いはなつとは、やはり神業と認める他はない。それと同時に、神の「一言」を人間の言葉で伝える審神者が存在していたのではないだろうか(58)。

〔史料18〕古老の曰ひしく、倭武の天皇の世に、天の大神、中臣の臣狭山の命に宣りたまひしく、「今、社の御舟」とのりたまひき。臣狭山の命答曰へけらく、「謹みて大き命を承りぬ。敢へて辞ぶるところなし」とまをす。天の大神、昧爽後に宣りたまひしく、「汝が舟は、海中に置きつ」とのたまふ。舟主仍りて見れば、岡の上に在り。又、宣りたまひしく、「汝が舟は、岡の上に置きつ」とのたまふ。舟主因りて求むるに、更、海中に在り。此くのごとき事、已に二三にあらざりき。爰にすなはち懼り惶み、新たに舟三隻、各長さ二丈余りなるを造らしめて、初めて献りき。

（『常陸国風土記』香島郡条）

〔史料18〕は、天の大神（香島の大神）が舟の奉納を要求した際、夜明け後に、「お前の舟は海中に置いた」と中臣の臣狭山の命に託宣する。ところが、舟主（臣狭山の命）が舟を探すと、舟は岡の上にある。また、「お前の舟は岡の上に置いた」と託宣すると、実際には海中にある。こうしたことが二度三度続いたので、臣狭山の命は恐懼して、新造の舟三隻を津の宮に献上したという話。

中臣の臣狭山の命は、夜の間に海中と岡の上を自在に移動する舟を朝に発見して、神の威力を実感したに違いない。〔史料18〕では神の託宣の言葉と舟の置かれた場所が、実際とは正反対というのが特徴的である。かかる局面でも、託宣の意味を正しく伝える審神者の介在が求められているのかもしれない。しかし、それはともかくとしても、このうか。

話からも、神の託宣の世界とは、現実の人間の日常言語とは一致しない関係にあることが認められるのではないだろ

　ところで、網野善彦氏は、神の声は「ささやき声」とされた(59)。網野説はモシ王国の王の声が常に小さく低いことや(60)、日本の民俗でも神の声や託宣の「ささやき声」を聞き得た「キキミミ」という特異な呪力をもつものが存在していたことなどを参考にして指摘されたものであった(61)。たしかに、『日本書紀』皇極二年（六四三）二月是月条に「国の内の巫覡等、枝葉を折り取りて、木綿を懸掛けて、大臣の橋を渡る時を伺候ひて、争ぎて神語の入微なる説を陳ぶ。其の巫甚多にして、悉に聴くべからず」（『日本書紀』皇極三年六月是月条もほぼ同じ）とあるように、巫覡の言葉は「入微なる説」であり、巫が多かったので「悉に聴くべからず」とされていた。また、『保元物語』上に久寿二年（一一五五）冬のこととして、鳥羽法皇が熊野に参詣した際、「巫女、よに心細げなる声にて」歌い、「明年の秋、必ず崩御なるべし。その後、世間、手の裏を返すがごとくなるべし」という熊野権現の託宣を告げたとある。この場合の声もささやき声に近いものがあろう。

　しかし、その一方で、託宣の別の声もあったことに留意したい。長元四年（一〇三一）の斎王託宣事件にその声を聞くことができる。

〔史料19〕　神事了りて十七日に離宮に還り給ふ。内宮に参らむと欲するに、暴雨大風、雷電殊に甚だし。在々の上下、心神、度を失ふ。……召に依りて御前に参る。斎王の御声猛しく高きこと喩ふべき事無し。御託宣に云はく……

（『小右記』長元四年八月己卯条）

　『小右記』や『太神宮諸雑事記』一に記された事件の経緯については、すでに早川庄八(62)・岡田荘司氏(63)の考察があるので、簡単に指摘するに留めると、六月の月次祭の際、場所は離宮院（『小右記』）か内宮（『太神宮諸雑事記』）の二説

があるが、暴風雨、雷電がはなはだしい中、斎王が託宣を発した。その時、祭主大中臣輔親が召されて、斎王の御前に参ったところ、斎王は「猛しく高きこと喩ふべき事無し」という声で、斎宮寮頭夫妻の所業の糾弾などのことを、荒祭宮の神の託宣として伝えたものであった。ここにあるように斎王の託宣の声は、「ささやき声」とはけっして言い難い。『太神宮諸雑事記』にも、雷鳴轟く中、「斎王俄かに音を放ちて叫び呼び給ふ」とあるので、斎王の託宣の声がきわめて大きなものであったことは動かない。とするならば、先程の「入微なる説」と合わせて、託宣の声には、はじめから、きわめて大きな声と小さな声（ささやき声）の二種類があったとする他あるまい。人間の通常の声の領域から外れたところに神の声があったことが、ここでも確認できるのではないかと思う[64]。

なお、本事件の斎王の託宣はきわめて明瞭な内容として『小右記』や『太神宮諸雑事記』に記録されている。これは祭主輔親が審神者として介在していたからではあるまいか。『小右記』にも輔親は「託宣を奉はる者也」とあった。

7　小　結

以上、本節では、古代の人々が聴いていた神々の声とはどのような声であったかを列挙した。雷鳴・火山の噴火・飄風のような自然の大きな声、鏑矢のような通常の矢音とは異なる声、〈事問う草木〉や川のせせらぎのような繊細な小さな声、ナクと沈黙、大小二種類の託宣の声と、いずれも人間の通常の言語秩序の外にある声ばかりであった。このうち、雷鳴をはじめとして、自然界の声が少なくないのは、古代の神々の世界が自然界との強いつながりをもっていたことの反映でもあろう。

三　神々への声

1　忌詞と諷歌倒語

人間が神々へ届ける声も問題にしたい。『常陸国風土記』信太郡条には「浮嶋の村」の記述があり、「山と野と交錯れり。戸は一十五烟、田は七八町余りなり。居める百姓、塩を火きて業を為す。而して九つの社在りて、言と行を謹諱めり」とあった。「言と行」を慎むというのは、浮嶋村に「九つの社」があるからであろうが、慎みの具体的な内容は不明という他ない。

神事の場において特定の言葉を避けるというのが制度化しているのが、忌詞であった。『延喜式』五（斎宮）では、「内の七言」として、仏（中子―カッコ内は忌詞、以下、同じ）、経（染紙）、搭（阿良良伎）、寺（瓦葺）、僧（髪長）、尼（女髪長）、斎（片膳）、「外の七言」として、死（奈保留）、病（夜須美）、哭（塩垂）、血（阿世）、打（撫）、宍（菌）、墓（壌）、「別の忌詞」として、堂（香燃）、優婆塞（角筈）があがっている。

『皇太神宮儀式帳』の忌詞は、『延喜式』五の忌詞のうち、尼と堂の二つを欠いた格好になっている。また、『儀式』三（践祚大嘗祭）では、「外の七言」と同じ五種（打と搭を欠く）、『延喜式』六（斎院式）、同七（大嘗祭式）では「外の七言」と同じ七種の忌詞をあげている。

神々に対して、特定の言葉を使用しないという慣習は、神々に接する際の人間側の態度の一つとして注目される。ただし、奈良末期から平安初期にケガレ観念の肥大化によって、死・病・血・宍・墓などのケガレ関連の忌詞が制定されたとみられるので、[65]忌詞自体に時代による変化を想定しないわけにはいかない。『播磨国風土記』揖保郡条には、新羅人が海上で遭難し、死体を浜辺に埋めた地を通過するものは「韓人と言はず」とある。また、前記の『常陸国風土記』の「浮嶋の村」の事例まで視野に入れると、忌詞自体は列島内において、多様な形で広まっていた可能性があろう。

諷歌倒語については、『日本書紀』神武元年正月庚辰朔条に「初めて、天皇、天基を草創めたまふ日に、大伴氏の遠祖道臣命、大来目部を帥ゐて、密の策を奉承けて、能く諷歌倒語を以て、妖気を掃ひ蕩せり。倒語の用ゐらるるは、始めて茲に起れり」とあるのが、唯一の手がかりである。このうち、諷歌とは「他の事にかこつけて歌をうたう」意、倒語とは「内容を倒錯したことば」の意で、[66]具体的には神武記紀の来目（久米）歌が該当するものとみられる。『日本書紀』神武即位前紀戊午年一〇月癸巳朔条には、道臣命が神武天皇の「密旨」を承けて忍坂で八十梟帥の余党を倒すが、来目歌三首をあげた後、「此皆、密旨を承けて歌ふ。敢へて自ら専なるに非ず」とあり、先に引用した「密の策」と一致することが理由である。[67]

いずれにしても、神武の即位に際して、諷歌倒語が「妖気」を掃蕩する役割を果たしていたというのが注意される。諷歌倒語にも、特別な言葉の呪力の世界が語られていたといえよう。

2　大声と小声

〔史料20〕その後、難波の長柄の豊前の大宮に臨軒しめしし天皇のみ世に至り、壬生の連麿、初めてその谷を占め、池の堤を築かしめし時に、夜刀の神、池の辺の椎の株に昇り集ひて、時を経れども去らざりき。ここに、麿、声を挙げて大言びしく、「この池を修めしめ、要盟て、民を活かさむとす。何の神誰の祇ぞ、風化に従はざる」と言ひき。

すなはち、役の民に令りて云ひしく、「目に見ゆる雑の物、魚虫の類は、憚り懼るることなく、随尽に打ち殺せ」といふ。言了るすなはち神しき蛇避り隠りき。
（『常陸国風土記』行方郡条）

〔史料21〕（少子部）栖軽勅を奉りて宮より罷り出づ。緋の縵を額に著け、赤き幡鉾を擎げて、馬に乗り、阿倍の山田の前の道と豊浦寺の前の路とより走り往きぬ。軽の諸越の衢に至り、叫嘯びて請けて言さく、「天の鳴雷神、天皇請け呼び奉る云々」とまうす。然して此より馬を還して走りて言さく、「雷神と雖も、何の故にか天皇の請けを聞かざらむ」とまうす。走り還る時に、豊浦寺と飯岡との間に、鳴雷落ちて在り。
（『日本霊異記』上—一）

〔史料20〕は、夜刀の神の話の一節で、孝徳天皇の代、壬生連麿が谷田開発を妨害する夜刀神に対して、大声を挙げて、天皇の皇化に従うように、また、役民に対しては、目に見える魚・虫の類はことごとく打ち殺せといった。すると、「神しき蛇」はその場から去り隠れたとある。この文章から、夜刀の神に対して、麿は大声で脅迫していることが分かる。これによって、神は退去したという。

〔史料21〕は、雄略天皇の命令で、少子部栖軽が雷を迎えることになるが、その時、栖軽は、赤い縵を額に著け、赤き幡鉾をかかげもち、馬に乗って軽の諸越の衢まで至って、雷に向って「天皇のお呼びである」と大声で叫んだ。これにより、雷は豊浦寺と飯岡の間に落ちて、栖軽によって宮に迎え入れられたとある。

この二例からも、人間の大声[68]は神の世界にも届くものとみられていたことが知られる。他にも、①『古事記』中（景行）には、ヤマトタケルが伊吹山に登った際、出会った白猪を神の化身とは分からず、「言挙げ為而詔らさく、『是の白猪に化れる者、其の神之使者ならむ。今殺さ不雖、還らむ時に殺さ将。』とのらし而、騰り坐す」、②『出雲国風土記』意宇郡条に安来郷の話として、「父（語臣）猪麻呂、賊はえし女子を浜の上に斂め置き、大く苦憤を発し、天に号び地に踊り、行きては吟ひ居ては嘆き、昼夜辛苦みて、斂めし所を避ることなし。……すなはち訴へを擡げて云ひしく、『天神千五百万、地祇千五百万、并せて当国に静まり坐す三百九十九の社、及海若等、大神の和魂は静まりて、荒魂は皆悉に猪麻呂の乞む所に依り給へ。良に神霊し坐しまさば、吾に傷はせ給へ。これを以て神霊の神たるを知らむ』といへり」、③同嶋根郡条の加賀の神埼に「今の人、是の窟の辺を行く時に、必ず声磅礚して行く。若し密かに行かば、神現れて、飄風起り、行く船は必ず覆る」という例もある。

このうち、①の「言挙げ」とは大声で言いたてる意で、ヤマトタケルは「言挙げ」に失敗したことで、「大氷雨」に打ち惑わされ、自ら死を招くこととなった。②は、語臣猪麻呂の娘が、ワニザメに食われて死んだのを、父の猪麻呂が怒り、天に向かって泣き叫び、地には地団太を踏んで、数日後には「訴へを擡げて云ひしく」として、天つ神、国つ神、出雲国の三九九社、海神に対して、復讐を祈願する。これにより、百匹のワニザメが一匹のワニザメを囲んで猪麻呂のもとに現れ、猪麻呂は娘を殺したワニザメを殺害することができたという話。この場合、猪麻呂が「訴へを擡げて」というのは分かりにくいが、「擡」に動かす、もたげるという意味がある（『大漢和辞典』）ので、猪麻呂の大声の訴えが天つ神以下、神々の世界にも通じた解釈しておきたい。③は、加賀の潜戸を通過する船人は必ず大声をこだまさせながら行く。もし、こっそり行くと、神が現れて飄風が起こり、行く船は必ず転覆するとあった。このようにみていくと、人間側の大声は神々の世界にも到達すると考えられていたことが確認されよう[69][70]。

一方、神に対して、小声で人間の意志が伝達するケースもあった。すなわち、『延喜式』一（四時祭式上）の大殿祭には「……中臣は御殿の南に侍り、忌部は巽に向ひて微声にて祝詞を申す」とある（『儀式』一も同じ）。『延喜式』八（祝詞式）には「凡そ祭祀の祝詞は、御殿・御門などの祭には斎部氏祝詞まうし、以外の諸祭には中臣氏祝詞まうす」とあること、しかも、大殿・御門祭の祝詞には「古語」の訓注が共通していること、その訓注のあり方は『古語拾遺』と同じスタイルであることから、大殿祭ばかりでなく、御門祭も忌部氏が「微声」で祝詞を奏上していたのであろう。[71]この他、『儀式』一によると、園并韓神祭儀でも「御巫微声にて祝詞を宣す」とあった。「微声」の大殿祭・御門祭・園并韓神祭の祝詞に対して、『延喜式』には大声で唱えられたと思しき祝詞もある。たとえば、祈年祭では、二月四日、神祇官斎院に諸社の神主・祝部を参集せしめ、中臣が祝詞を読むが、『儀式』一には「中臣進みて庭の座に就き、祝詞を読む。一段了る毎に、祝部称唯す」とあった。祝部は、祝詞の一段（全部で一二段）毎に「オー」と称唯するのであるから、斎院内に声が届くように、中臣は祈年祭の祝詞を大声で唱えていたのではないだろうか。このようなあり方は、月次祭・新嘗祭でも基本的に同じである。ただし、かかる祝詞の場合、いずれも人間に対して唱えられた祝詞であって、直接、神に対するものではなかったことは注意しておきたい。

右の祝詞以外のケースでは、古代で祝詞がどのように読まれていたか、殊更に手がかりがあるわけではない。ただ、小倉朗氏が、庶民の、旋律的な主情的な御詠歌の朗詠に対して、宮廷の祝詞の朗誦は、強弱のアクセントによる、一本調子の抑揚であったと指摘されたのは示唆的である。[72]これまで述べてきた通り、神々から人間への声は、人間の通常の言語域の外にあるものであったが、その反対に、人間から神々へ伝えられる祝詞のような声も特別なものだったのではないだろうか。[73]

3　隼人の吠声

声の呪力の一例として、隼人の吠声についても触言しておきたい。南九州の隼人は服属の証として、朝廷に上番、隼人司に属して宮中の警護や天皇の行幸に従い、時に吠声を発することとなっていた。これは『儀式』『西宮記』『北山抄』『江家次第』などの儀式書にもみえるが、ここでは詳細な規定が載る『延喜式』を中心に指摘してみたい。

大儀（元日・即位・蕃客入朝）の時には隼人の大衣・番上・今来・白丁の計一七四人が隼人司の官人・史生に率いら

れて応天門外左右に陣列し、「群官初めて入るに胡床自り起ち、今来隼人、吠声を発すること三節……」として、今来隼人（二〇人）は応天門から入場する六位以下の官人に吠声をするという規定（『延喜式』二八〈隼人式〉）がある。これは官人の邪気を払うためであるらしい。[74] 践祚大嘗祭の卯日でも悠基・主基国の供物の行列が大嘗宮（大極殿前庭）に入る際、「隼人司、隼人を率ゐて、分かれて左右朝集堂の前に立ち、開門を待つ、乃ち声を発す」、その後、「群官初めて入る、隼人声を発し、立ち定まりて乃ち止む」とある通り、六位以下が大嘗宮に参入する時も隼人の吠声がなされた[75]（『延喜式』七〈大嘗祭式〉）。また、正月一五日の御薪儀でも「史生一人并びに大衣、今来隼人を率ゐて、主殿寮に就きて声を発すること一節、乃ち御薪進む」（『延喜式』二八）とあった。

同じく『延喜式』二八によると、「凡そ今来隼人、大衣をして吠を習はしむ。左は本声を発し、右は末声を発す。惣じて大声十遍、小声一遍。訖りて一人更に細声を発すること二遍」「凡そ大衣は譜第の内を択びて、左右に置くこと各一人、……隼人を教導して雑物を催造し、時に候して吠せしむ」とあり、発声の仕方にも「本声」以下、様々あったことが窺われる。この儀の起源神話が『日本書紀』神代第一〇段第二の一書にあり「是を以て、火酢芹命の苗裔、諸の隼人等、今に至るまでに天皇の宮墻の傍を離れずして、代に吠ゆる狗して奉事る者なり」であったこともよく知られている。

さらに隼人の吠声については、『延喜式』二八に「凡そ遠く駕行に従ふは、官人二人、史生二人は、大衣二人、番上隼人四人及び今来隼人十人を率ゐて供奉す。……其の駕、国界及び山川道路の曲を経ば、今来隼人吠を為す」「凡そ行幸宿を経ば、隼人吠を発す。但し近幸は吠せず」とあるのも注意される。隼人は天皇の遠方への行幸に従い、「国界」や「山川道路の曲」という境界的な場で、その先に潜む邪霊を払うべく吠声を発するというのである。行幸の「宿」の場合も同様であるが、「近幸」の場合は「吠せず」というのであるから、都周辺から遠ざかれば、それだけ邪霊の威力は強かったということであろう。

『万葉集』一一―二四九七に「隼人の　名に負ふ夜声　いちしろく　我が名は告りつ　妻と頼ませ」とあった。これは宮中警護の際の隼人の吠声の例とみられよう。

このように隼人は声を替え、吠声という特殊な声で邪霊に立ち向かうことを求められたといえる。(76)直木孝次郎氏が指摘されているように、より正確には「隼人が呪術的儀礼として大声を発するのを、大和の貴族が犬の吠え声に似ていると感じて狗吠と称し(77)」たというべきかもしれない。その際、『日本書紀』清寧元年一〇月辛丑条に「大泊瀬天皇を丹比高鷲原陵に葬りまつる。時に、隼人、晝夜陵の側に哀号ぶ。食を與へども喫はず。七日にして死ぬ」とあるのは、隼人が「天皇の宮墻の傍を離れずして、代に吠ゆる狗して奉事る者なり」という神話（前掲）と共通する点も参照される。とすると、隼人の吠声は大声の仲間といってもよいかもしれないが、右にあげた諸史料にも吠声が出てくるので、やはり大声とは区別されるところもあったとみておきたい。いずれにしても、隼人の吠声は邪霊の潜む異界にも届くと観念されていたのであろう。

4　金　属　音

神社や寺院の鈴、鰐口、梵鐘は人々と神仏を結ぶ音であったということは、これまでも指摘されてきた。(78)とくに中世では誓約の場で鐘が鳴らされており、それは鐘の「神おろし」の機能によるものとみられている。その起源は弥生時代の銅鐸の音にまで遡るらしい。(79)古代社会のサウンドスケープとしては、人々の声を別とすれば、動物の声、川のせせらぎ、風の音、木々のざわめき、波の音などの自然の音があふれていた程度で、全体としては、きわめて静寂な音環境のもとにあったと推想される。その中で発せられる金属音は、人々の耳に特別な声として響いたはずである。

現代社会では想像がつかないほど、金属音は古代の人々にとって印象深い声だったのではないだろうか。

〔史料22〕「是は何処ぞ」と問ふ。「師を煎熬らむが為の阿鼻地獄なり」と答ふ。即ち至れば、師を執へて焼き入れ焼き煎る。唯し鐘を打つ音を聞く時のみ、冷めて乃ち憩ふ。（『日本霊異記』中―七）

〔史料23〕……鋳師ガ云ク、「此ノ鐘ヲバ、搥ク人モ無クテ、十二時ニ鳴サムト為ル也。其レヲ、此ク鋳テ後、土ニ堀埋ムデ三年可令有キ也。今日ヨリ始メテ、三年ニ満テラム日ノ其ノ明ム日、可堀出キ也。其レヲ、或ハ日ヲ不令足ズ、或ハ日ヲ余テ堀開タラム、然カ搥ク人モ無クテ十二時ニ鳴ル事ハ不可有ズ。而ル構ヘヲシタル也」ト云テ、鋳師ヲ返リ去ニケリ。（『今昔物語集』三一―一九）

〔史料22〕は、智光という高僧が行基を誹謗したため、死後、地獄の苦しみを受け、その後、蘇生したという話の一節。阿鼻地獄に至った智光は焼かれたり煎ったりされたが、「鐘を打つ音」が地獄で聞こえた時だけ、熱気も冷め、苦痛も治ったという。この「鐘」は、智光が生前住んでいた鋤田寺の鐘で、寺では智光を供養するために打たれていたものとみられている。つまり、鋤田寺の鐘の声は地獄という異界にまで届くと考えられていたはずである(80)。

〔史料23〕は、小野篁建立の愛宕寺の鐘を造った鋳物師が「人がつかなくとも一二の時に自然に鳴るようにしてあるので、三年目に土中から掘り出すように」といってあったにもかかわらず、寺の別当がその日を待ち切れず、期日前に鐘を掘り出してしまった。そのため、普通の鐘で終わったという話。この話から何が読み取れるのか、分かりにくいところであるが、やはり、鐘の声とは特別なもので、自然に鳴るものという観念の一端が窺えるのではないだろうか。

ただし、異界に届く金属音は鐘だけではなかった。これも主な例をあげておくと、①「勝侍ノ云フニ随テ、渡由ノ文ヲ書テ、観音ノ御前ニシテ、師ノ僧ヲ呼テ、金打テ事ノ由ヲ申サセテ」（『今昔物語集』一六―三七）、②「其ノ牓ニ入道登リ居テ、金ヲ叩テ、『阿弥陀仏ヨヤ、ヲイ〳〵』ト叩ヒ居タリ。……海ノ中ニ微妙ノ御音有テ、『此ニ有』ト答ヘ給ヒケレバ」（『今昔物語集』一九―一四）、③「此ノ御房ノ上ヲ、常飛テ罷リ過グル間ニ、御行ヒノ緩ミ無クシテ、鈴ノ音ノ極ク貴ク聞ツルハ」（『今昔物語集』二〇―六）があげられる。①は、双六に負けた負け侍が清水寺への二千度詣の功徳を勝ち侍に譲り渡す際、観音の前で「金」を打ったという話。②は、讃岐の源大夫が突然、出家し、「金」（金鼓）を叩きながら、西方に進み、西海を望む高峰の樹上で阿弥陀の声を聞いたという話。③は、東山の大白河に通っている天狗が仏眼寺の仁照の修行の「鈴ノ音」を聞いて、女に取り憑いて仁照を堕落させようとした話。以上の例からしても、いずれも異類（異界）のもとには、①「金打」、②「金（鼓）」、③「鈴ノ音」が聞こえていたはずである。

では、かかる鐘の声のような金属音は、なぜ特別な声と受け止められたのであろうか。それは、金属音にはいったん打たれるとしばらくの間、鳴り続ける余韻という特性があることに由来する。(81)人と神仏とを結びつけるのが金属音であるというのは、人間の制御を超えた余韻という金属音の特性にこそ原因を求めるべきであろう。

5　小　結

以上、本節では、人間から神（仏）への声の世界を探ってみた。その結果、忌詞、諷歌倒語、大小の声、祝詞、隼人の吠声、金属音と人間の言語秩序の外に属するものと指摘できるように思う。その点では、異類や神々の声と同じといえる。しかし、そのことを指摘するだけでは不十分であろう。というのも、このような声には人間の側が意図するところがあったことを重視すべきと思うからである。

〔史料24〕　……三搭ノ僉議ト申事ハ、大講堂ノ庭ニ三千人ノ衆徒会合シテ、破タル袈裟ニテ頭ヲ裹ミ、入堂杖トテ三尺許ナル杖ヲ面々ニ突、道芝ノ露打払、小石ヲ一ヅ、持、其石ニ尻懸居並ルニ、弟子ニモ同宿ニモ聞キシラレヌ様ニモテナシ、鼻ヲ押ヘ、声ヲ替テ、「満山ノ大衆立廻ラレヨヤ」ト申テ、訴訟ノ趣ヲ僉議仕ニ、可然ヲバ「尤々」ト同ズ、不可然ヲバ「此条無謂」ト申。

（『源平盛衰記』四）

〔史料24〕は、後白河法皇の前で豪雲が比叡山の大衆僉議の様子を語った一節である。大衆は裹頭して顔を隠し、弟子にも同宿にも分からないように「鼻ヲ押へ、声ヲ替」える。発言の同意には「尤々」、異議には「無謂」と応ずる。これに杖を突き、地響きをたてる。この特異な僉議の様子は以前から注目されていたが(82)、最近でも蔵持氏が「それはもうトランス状態に近いのではないか(83)」と指摘されている。

しかも、引用箇所の直前に、豪雲は「山門ノ僉議ト申事ハ異ナル様ニ侍。歌詠ズル音ニモアラズ、経論ヲ説音ニモ非、又指向言談スル体ヲモハナレタリ。先王ノ舞ヲ舞ナルニハ、面摸ノ下ニテ鼻ヲニガムル事ニ侍也」と述べたとある。この独特の声は、先に取り上げた地神の声——「人ノ声ニ似タリト云ヘドモ、□ニ人ニハ非ヌ音ヲ以テ云ク」〔史料8〕、熒惑星の声——「音声は常に非ず」〔史料9〕と共通するところがあろう。要するに、人間が神仏に意思を伝達するには、意図的に声の質を変えていたのではないだろうか。

おわりに

本章では、異類の声から始めて、古代の神々の声、神々への声を考察した。考察結果は各節毎の小結に記したので、ここで改めて整理することはしないが、神々の声とは、人間の日常言語秩序の外のものであったと観念されていたし、また、人々の神（仏）への声としては、声を変質させて、通常の言語では神とは交流していないことが判明したと思う。

そもそも、この点について、松村武雄氏が以下のような指摘をされていた。すなわち、「神事に於ては、普通の音声と異つた高さのそれが採択される。普通ならぬ高さの音声には、二種ある。一は、普通以下の高さの小なるものであり、二は、普通以上に高さの大なるものである」(84)。呪的行法を行うに際しては「普通人には通じ難い異様な若くは古風な言語によつてレゴメノンする」のが一般的である。それは神へのレゴメノンであるために、言語的に俗性から遠離するためと、今様の言語を用いるとすべての人が通暁するばかりか、他者から対抗されるためと、二つの理由があった(85)、と。松村氏の指摘は、今日、顧みられることがほとんどないようであるが、神々への声を理解する際の基本的見解ではなかったろうか(86)。

本章に関連して、筆者のサウンドスケープ体験を二つ。

一つは、自宅から二キロほどの池上本門寺（東京都大田区）の除夜の鐘の音である。三〇年ほど前までは自宅内でも聞こえていたと思うが、現在ではまったく聞こえない。屋外に出て耳を澄ませてみても事情はかわらない。代わりに、我が家ではテレビの画面を通して、京都か奈良の除夜の鐘の音をしみじみした気持ちで聴くことになっている。

もう一つは芝増上寺（東京都港区）の鐘の音。現在、増上寺では夕方五時に鐘をついている（朝五時も同じ）。このことを数年前、偶然、夕方に増上寺近くを通っていた時にはじめて知った。慶應義塾大学の三田キャンパスには学生時代も含めて四〇年以上通っているが、増上寺から徒歩一五分程度のキャンパス内でも、重さ一五トンという大鐘の音は聞こえていなかった。自動車の騒音、林立する高層ビルのおかげで、寺の鐘の音が周囲に届かないのである。しかも、それだけではない。増上寺前の区役所が同時刻に「夕焼け小焼け」のチャイムを鳴らす。チャイムは拡声器を通して、三田キャンパスにもはっきり聞こえる。これも増上寺の鐘の音の広まりを阻んでいる一因であろう。

自らのサウンドスケープを少しばかり点検しただけでも、音環境は確実に劣化している。とくに神々の声・神々への声をはじめ、とりわけ小さな声（音）を聴くことは難しくなりつつある。『枕草子』二五七段に「大蔵卿ばかり耳とき人はなし。まことに蚊の睫の落つるをも聞きつけたまひつべうこそありしか」という、まことに小さな声まで聞きつける大蔵卿（藤原正光）の話が載る。平安期の静寂な環境に思いを馳せつつ、身の回りの音環境を点検すべきであろう。

注

（1）岡田精司『新編神社の古代史』（学生社、二〇一一年、初出一九八五年）六頁。ただし、神の姿が一時的ではあっても、明け方に視覚的にとらえられていた徴証もある。『日本書紀』崇神一〇年九月甲午条は、夜に三輪山のオホモノヌシがヤマトトトビモモソヒメ（以下、ヒメと略す）のもとに通ったという伝承であった。ヒメは神の姿を見たいというので、オホモノヌシは朝に櫛箱に入っていると告げる。ヒメが櫛箱を開けると、「美麗しき小蛇」が入っており、ヒメが驚き叫ぶと、たちまちに「人の形」に変身し、神は恥をかかせられたといって、御諸山（三輪山）に登っていったという。この話からも、わずかな時間であろうが、神は小蛇や人間の形でヒメの前に姿を現したはずである。

（2）祭りの時間が夜であることについては、拙著『時間の古代史』（吉川弘文館、二〇一〇年）でも触れた。

（3）柳田國男「ダイダラ坊の足跡」（『定本柳田國男集』五、筑摩書房、一九六八年）。

（4）池上俊一『身体の中世』（ちくま学芸文庫、二〇〇一年、初出一九九二年）二八九〜三五九頁。

(5) 小倉孝誠『身体の文化史』(中央公論新社、二〇〇六年) 八四〜九七頁。
(6) マーシャル・マクルーハン(大前正臣・後藤和彦訳)「メディア・アフォリズム」(『マクルーハン理論』平凡社、二〇〇三年) 一〇二頁。
(7) マリー・シェーファー(鳥越けい子他訳)『世界の調律』(平凡社、二〇〇六年)。
(8) 網野善彦「高声と微音」、同「中世の音の世界」(『網野善彦著作集』一四、岩波書店、二〇〇九年)。
(9) 名畑崇「中世における音の聖と俗」(『大谷大学史学論究』一、一九八七年)。
(10) 笹本正治『中世の音・近世の音』(名著出版、一九九〇年)、同『鳴動する中世』(朝日新聞社、二〇〇〇年)。
(11) 千々和到「中世日本の人びとと音」(『歴史学研究』六九一、一九九六年)。
(12) 酒井紀美『中世のうわさ』(吉川弘文館、一九九七年)。
(13) 蔵持重裕『声と顔の中世史』(吉川弘文館、二〇〇七年)。
(14) 日本古代史では、音声の問題は律令制下の公文書制度と口頭伝達(コトダマ)との関係で説かれることが多い(たとえば、早川庄八「前期難波宮と古代官僚制」〈『日本古代官僚制の研究』岩波書店、一九八六年〉)。それに異を唱えるつもりはないが、本章では、古代の人々が周囲の声を、文書とは関係なくとも、広く聴いていた点を取り上げてみたい。
(15) 鳥越他「生き物の声は何を語っているのか」(『サウンドスケープ』七、二〇〇五年) 一頁における山口仲美氏の発言。
(16) 本話の主たる出典は『注好選』中—二四であるが、『今昔物語集』と同文的同話であるので、ここでは後者の方を取り上げた。
(17) 『今昔物語集』二四—二四の末尾には「此玄象ハ生タル者ノ様ニゾ有ル。弊ク弾テ不弾負セレバ、腹立テ不鳴ナリ。亦塵居テ不巾ル時ニモ、腹立テ不鳴ナリ。其気色現ニゾ見ユナリ。或ル時ニハ内裏ニ焼亡有ルニモ、人不取出ト云ヘドモ、玄象自然ラ出テ庭ニ有リ」とあった。
(18) 〔史料1〕に関連して取り上げた①では仁明天皇、③では琵琶の名人、源博雅という特別な人物だけが声を聴くという話になっている。これは人間の間で聴覚に差があったからであろう。同様に視覚の差については、本書第二部第四章「古代の人々と不思議」でも指摘している。

(19) その他、『法華験記』中―六五には、摂津の慶日聖人の入滅に際し、「百千の人、聖人を恋慕して、悲泣の音声あり。人驚きて往きて見れば、泣く音ありといへども、その形を見ず」という話もある。
(20) 『今昔物語集』二七―二八には、三月二〇日頃、京極殿で桜の花が満開の折、寝殿の日隠し間の付近で、「極ジク気高ク神□タル音」で歌を詠う声を上東門院が聞いた。その声の正体は「物ノ霊」であったらしい。「極ジク気高ク神□タル音」も異類の声の一種であろう。
(21) 三善清行の前に翁が現れる前段に、天井の格子に「物ノコソメク」音があり、格子ひとます毎に顔がみえたが、清行は騒がず平然としていると、顔はぱっと消え失せたとある。「物ノコソメク」音も妖怪変化の声であろう。
(22) 『今昔物語集』二八―二七には、伊豆国で目代として任用されていた男が、傀儡子一行が大挙して国府を訪れ、歌舞音曲を披露すると、目代は「太ク辛ビタル音ヲ打出シテ、傀儡子ノ歌ニ加ヘテ詠フ」として、傀儡子の素性を自ら現してしまったという話がある。
(23) 山口『ちんちん千鳥のなく声は』(大修館書店、一九八九年)一三七〜一四〇頁。
(24) 柳田氏の指摘によれば、おばけの声は「モー」と「ガンゴ」、それに両者の結合した三系統があり、「咬まう」から出発した「モー」を、人々が怖れぬようになって、ガ行の、物凄い音が生まれるようになったという(『妖怪談義』〈『定本柳田國男集』四、筑摩書房、一九六八年〉三一一〜三二八頁)。少なくとも、おばけの声に大小二種類あったという指摘は示唆に富む。
(25) 千々和「仕草と作法」(『日本の社会史』八、岩波書店、一九八七年)、同、前掲(11)五六〜五八頁。
(26) 加須屋誠『生老病死の図像学』(筑摩書房、二〇一二年)二三八頁。
(27) 〔史料7〕の出典は『日本往生極楽記』三三、『法華験記』下―一〇一であるが、どちらも「空に音楽あり」とあった。なお、「微妙ノ音」に関して参考になるのは、『法華験記』下―一一八に、加賀前司兼隆(澄)朝臣の女が死後、浄土に至り、釈迦如来に出会うが、釈迦は「伽陵頻の声」で女に本国に帰還するよう告げたという話である。同じ話は『今昔物語集』一三―三六にあり、釈迦の声は「微妙ノ音」とあった。両書からすると、『今昔物語集』の「微妙ノ音」とは『法華験記』の「伽陵頻の声」とみられよう。

（28）中川真『平安京　音の宇宙』（平凡社、一九九二年）九〇～九四頁。
（29）一〇歳頃の賀茂保憲が祓所で鬼神を見たが、その姿は「人ニモ非ヌガ、□ニ亦人ノ形ノ様ニシテ、二三十人許出来テ並居テ」とある（『今昔物語集』二四―一五）のと、地神の様子は類似する。
（30）雷神（雷鳴）については、拙稿「古代史料にみる雷神の示現と神異」（『古代の王権祭祀と自然』吉川弘文館、二〇〇八年）二四四～二四六頁参照。
（31）なお、雷の声は雷神のものだけではなかった。九世紀中頃から始まる、山海・陵墓・神社・寺院の鳴動が中世史研究者の間で注目されている（黒田智「鳴動する大地と御影堂」〈『中世肖像の文化史』ぺりかん社、二〇〇七年〉など）が、笹本氏によると、石清水八幡宮の鳴動音の実態は「低音で遠くから聞こえる、雷のような音であったようである」とされる（『鳴動する中世』〈前掲(10)〉八八～八九頁）。鳴動の場合は、音だけではなく、振動も伴う異変であろうが、雷鳴と関係づけられていたことが窺えよう。
（32）『長谷雄草紙』によると、夜更けに紀長谷雄が内裏から帰る途中、男（朱雀門の鬼）に遭遇する。「中納言心を致して、『北野天神助け給へ』と念じ侍る時に、空に声ありて、『便なき奴かな。確かに罷り退け』と、大きに怒りて聞こえける時、男掻き消つ如く失せにけり」とあった。「北野天神」（菅公の怨霊、雷神）の空からの声も大きかったことが知られよう。
（33）原秀三郎「古代の遠江・駿河・伊豆と自然災害」（『地域と王権の古代史学』塙書房、二〇〇三年）二四七～二四九頁。
（34）「竜田に坐す天御柱国御柱神社」について、平野仁啓氏は「ミハシラノ命という名に竜巻のイメージがひそんでいると考えている」とされた（『日本の神々』〈講談社現代新書、一九八二年〉二一九頁）。かかる見解は、和田萃「日本の神々」（『日本古代の儀礼と祭祀・信仰』下、塙書房、一九九五年）二八三頁にもある。
（35）出雲郡の都牟自神社について、関和彦氏は、同社が旅伏山山頂に鎮座しているが、旅伏（タブシ）は烽の訛りで『烽』の煙が天高く上昇する形を『つむじ』と見立てたと考えられる」として、竜巻を象徴する神がまつられていたとされる（『「出雲国風土記」註論』〈明石書店、二〇〇六年〉八一六～八一七頁）。
（36）『出雲国風土記』嶋根郡条に「同じき波夜都武志の社」、出雲郡に「都牟自の社」（以上、「神祇官に在り」）、出雲郡に「都牟自の社」「同じき社」（以上、「神祇官に在らず」）がみえる。

(37) 伊藤博『萬葉集釋注』一（集英社、一九九五年）三九頁。なお、近藤信義氏は「弓弭の騒ぎ」を「おそらく兵士同士が士気を鼓舞するために弓の先端を打ち合ってはげしい音をだすのであろう」とされている（『音感万葉集』〈はなわ新書、二〇一〇年〉三九頁）。

(38) 神の大きな声は諏訪湖の御神渡りにもあった。周知の通り、御神渡りとは、諏訪湖が冬期に全面結氷し、寒気が続くと、深夜に大音響とともに氷が隆起する自然現象である。一二世紀初頭の『堀川百首』の「諏訪の海　氷の上の　かみひぢは神の渡りて　とくるなりけり」（源顕仲）からも、御神渡りは諏訪社の上社男神が下社女神に通う道筋と解された（『諏訪市史』上〈諏訪市、一九九五年〉八〇六～八一一頁）。御神渡りについては、川村晃生「諏訪湖」（『壊れゆく景観』慶應義塾大学出版会、二〇〇六年）参照。

(39) 近藤好和『弓矢と刀剣』（吉川弘文館、一九九七年）五〇～五二頁。

(40) 西宮一民「古事記の大年神系譜中の松尾社」（『青須我波良』二六、一九八三年）一六～二〇頁。

(41) 『貞信公記』天慶二年（九三九）正月二日条に「春日社鳴る。鼓を撃つが如し。又鳴鏑の声有り」とある。

(42) 〈言問う草木〉については、拙稿「古代の樹木と神異」（前掲(30)所収）二三二～二三五頁参照。

(43) 武田比呂男「仏像の霊異」（『日本文学』四五―五、一九九六年）一五頁。

(44) 鈴木正崇「祭りと水」（『水の原風景』ＴＯＴＯ出版、一九九六年）二三四頁。

(45) 和田「小川考」（『東アジアの古代文化』九四、一九九八年）六〇頁。

(46) 水辺の祭祀遺跡の一つに静岡県引佐町の天白磐座遺跡がある。同遺跡は神宮寺川の上流に位置する水分の祭祀場とみられ、古墳時代前期後葉から平安時代まで続いた遺跡であることが発掘調査で判明している。遺跡の中心は渭井神社背後の巨大な磐座であるが、そこから西に少し離れて鳴岩と呼ばれる巨岩がある。鳴岩については呼称名から、各地に残る「夜泣き石」伝承が想起されるという指摘がある（辰巳和弘『聖なる水の祀りと古代王権・天白磐座遺跡』〈新泉社、二〇〇六年〉五二～五三頁）。しかし、筆者が現地を二度訪れた経験からすると、鳴岩の地に立つと、直下の神宮寺川の八幡堰のせせらぎの声がはっきり聞こえてきたのが印象に残っている。鳴岩の「鳴」の由来は、堰の声、水分の神の声ではなかったろうか。

(47) 『風土記』（日本古典文学大系、岩波書店、一九五八年）二七七頁頭注二二。

(48)　ナクには哭・鳴・泣・啼・涕といった漢字が宛てられているが、本章では、史料での使用例を除いて、すべてナクという表記で統一した。

(49)　ナクについては先行研究が多い。本章では、瀧川美穂「ナク」(『千葉大学語文論叢』二〇、一九九二年)、森朝男「スサノヲの泣哭」(『日本文学』四三―六、一九九四年)、近藤信義「異界の〈音〉と表現の世界」(『日本文学』四四―五、一九九五年)、古橋信孝「泣く」(『雨夜の逢引』大修館書店、一九九六年)、山田永「泣くことの古代的意味」(『古事記スサノヲの研究』新典社、二〇〇一年)などを参照した。

(50)　吉井巌「ホムツワケ王」(『天皇の系譜と神話』二、塙書房、一九七六年)二二五～二二六頁、多田一臣「古代の『言』と『音』」(『古代文学の世界像』岩波書店、二〇一三年)七五～七七頁。

(51)　肥後和男『風土記抄』(弘文堂書房、一九四二年)二三三～二三四頁、吉井、前掲(50)二二六頁、吉田修作「託宣考」(『ことばの呪性と生成』おうふう、一九九六年)二六八～二七一頁。

(52)　『法華験記』下―八二は多武峰の増賀上人(九一七～一〇〇三年)の話であるが、増賀についても「年始めて四歳にて、最初に言語せり。父母に向ひて言はく、我比叡山に登りて、法華経を読み、一乗の道を習ひて、当に聖跡を継ぐべしといへり。この語を作し已へて、また語るところなし。父母大きに驚けり。嬰姟の小児、何ぞこの語を作さむ。鬼神の託き悩して、この言を発すかといへり。大きに歎きて怖畏す」とあった。長い間の無言と託宣に近い言葉は増賀の場合も同じであろう。

(53)　吉田氏は「神の託宣は意味以前のある異和を抱え込んでいるからこそ、一時的な沈黙、或いは失語状態を経て神のことばが憑り来ると考えられていた」と指摘されている(「託宣のことば」『憑り来ることばと伝承』おうふう、二〇〇八年〉三一頁)。

(54)　「玉萎鎮石……」の解については諸説あるが、『日本書紀』上(日本古典文学大系、岩波書店、一九六七年)は、この後に天皇が鏡を祭らせていることから、出雲の鏡が水底に沈んでいることを訴えている意(二五二頁)とし、『日本書紀』①(新編日本古典文学全集、小学館、一九九四年)は、出雲の鏡は大和朝廷に没収されているが、立派な神魂として返却してほしい意(二九三頁)と解釈している。

(55)　拙稿、前掲(2)二一一～二一四頁。

(56) 多田「わざうた」(『古代国家の文学』三弥井書店、一九八八年)。

(57) 折口信夫『日本文学の発生　序説』(『折口信夫全集』四、中央公論社、一九九五年)一七六頁。なお、古代の童謡の系譜に、中世の、神の意志としてのうわさを位置づけることができよう(酒井、前掲(12))。

(58) ヒトコトヌシの託宣に関して参考になるのは、常光徹氏の以下の指摘である。すなわち、「一声は異界からの声であると同時に、この世から異界にむけて発する声でもあり、二つの世界の交流は、しばしば、一声あるいは一口で行われてきたようだ」(「『一つ』と『二つ』の民俗」〈『しぐさの民俗学』ミネルヴァ書房、二〇〇六年〉二六六頁)。

(59) 網野「高声と微音」(前掲(8))。

(60) 川田順造『声』(筑摩書房、一九八八年)六頁。

(61) 村山道宣「耳のイメージ論」(『口頭伝承の比較研究』二、弘文堂、一九八五年)。なお、村山氏の、神の託宣はささやくように語られるという指摘は、尾畑喜一郎氏による(「神と神を祭る者」〈『古代文学序説』桜楓社、一九六八年〉六二頁)。尾畑説では、託宣の囁く意の「そゝ」「そゝや」は、ざわつき騒ぐ意と同根の「そゝかう」「そゝこそばなし」という現代方言に残っているとされる。

(62) 早川「長元四年の斎王託宣事件をめぐって」(前掲(14)所収)。

(63) 岡田荘司「平安中期の天皇と神宮」(『平安時代の国家と祭祀』続群書類従完成会、一九九四年)。

(64) 『日本後紀』延暦二四年(八〇五)二月庚戌条によると、平城旧京松井坊の女巫が石上神宮で石上神の託宣を下すが、そこには「女巫通宵忿怒し、託語すること前の如し。遅明にして乃ち和解す」とあった。引用箇所に「忿怒」とあることから、この場合の託宣も「ささやき声」とはいえないだろう。

(65) 和田「神宮の忌詞」(『日本古代の儀礼と祭祀・信仰』中、塙書房、一九九五年)。

(66) 中西進『万葉の世界』(『中西進万葉論集』六〈講談社、一九九五年〉)四四〇頁。なお、倒語と関連して、最近、平林章仁氏が「古代の聖性・他界観念について」(『「日の御子」の古代史』塙書房、二〇一五年)で、『万葉集』『儀式』に見える屋根の「逆葺き」を検討して、「逆」は日常とは逆、非日常の意であることを指摘されている。

(67) 中西、前掲(66)四四〇～四四二頁、吉田「混沌からの声」(前掲(51)所収)一〇～一五頁。

(68)　大声については、村山「おらび声の伝承」(『国文学解釈と鑑賞』四六—三、一九八一年)、常光「大声の力」(前掲(58)所収)参照。

(69)　「擡訴」をどのように読むかについては諸説ある。そもそも「擡」字は『出雲国風土記』諸本すべて「擡」である(秋本吉徳編『出雲国風土記諸本集成』〈勉誠社、一九八四年〉参照)が、日本古典文学大系、新編日本古典文学全集などでは「揎」に改めて、拝むの意にとっている。活字本では沖森卓也他『出雲国風土記』(山川出版社、二〇〇五年)だけが「擡」字を採用し、「訴へを擡(あ)げて」と訓んでいる。本章では、父猪麻呂は娘の死を憤り「天に号び地に踊り」とあるので、その意味からも「擡」の方がよいと判断し、大声で神々に訴えたと解釈した。

(70)　仏への声も、神々への声と同様、大声の例がある。ここでは三例をあげておく。①『今昔物語集』五—一は、商人たちが美女のいる南の島に漂着したが、美女は人を食う羅刹鬼であったので、商人たちが浜辺で「遙ニ浦陀落世界ノ方ニ向テ、心ヲ発シテ皆音ヲ挙テ観音ヲ念ジ奉ル事無限シ。其ノ音糸オビタヽシ」。すると、沖の方から、商人たちを助ける白馬が現れたという話。②『今昔物語集』一五—四一は、筑前国の念仏尼は「此ク高声ニ、其ノ音極メテ高クシテ叫ブガ如也」、死期に際しても「此ノ尼音ヲ高クシテ前々ノ如ク念仏ヲ唱ヘテ居タル程ニ……」とある話。③『今昔物語集』一五—五四で、仁和寺の観峰の従童滝丸が西に向かい「音ヲ挙テ、『南無阿弥陀仏』ト十二十度許唱」えて死んだという話。

　なお、古代・中世では、神仏に対して高声が禁止されることがあった。この理由として、網野氏は神仏と世俗の「二つの世界のつり合いのとれた関係がかき乱され、均衡が崩れることに対する忌避感がそこに強く働いていたのであろう」と指摘された(「高声と微音」〈前掲(8)〉四〇五頁)。それに対して、千々和氏は、仏前での高声の読誦が人々の宗教的高揚感を生みやすく、それを戒めたのではないかとされている(前掲(11)五八頁)。

(71)　青木紀元「忌部氏の祝詞」(『祝詞古伝承の研究』国書刊行会、一九八五年)一七〇～一七一頁。

(72)　小倉朗『日本の耳』(岩波新書、一九七七年)一三〇～一三三頁。川田氏も、モシ族の言語で、「特定の儀礼的役割を付与された声」とは「抑揚を消した一本調子ということだが、これは聞く者にある異様感を与える」と指摘されている(前掲(60)九頁)。

(73)　吉田一彦氏は、『日本霊異記』にみえる「願はくは我に財を賜へ」(中—一四)、「願はくは我に福を施せ。早く睨へ、急に施せ」（中―三四）などといった祈願詞は、「声に出して、仏像に対して申し上げられたのであった。しかもそれは独特のイントネイションをともなって」発声されていたのではないかと推測されている（「寺と古代人」〈『日本古代社会と仏教』吉川弘文館、一九九五年〉二二一頁）。祝詞の発声とも関わって首肯されてよい。また、吉田氏は、『日本霊異記』下―三の白堂（大安寺僧弁宗）にも着眼されている。すなわち、「白堂とは、おそらくは、堂前に跪き、堂の扉をあけて仏像に対面し、祈願の言葉を申しあげる」が、白堂の祈願の言葉は「文章といい、発声といい、見事なものであったのだろう」（二二二頁）。これにも同感である。

（74）中村明蔵『隼人の実像』（南方新社、二〇一四年）一二三～一三九頁。
（75）藤森健太郎「日本古代元日朝賀儀礼の特質」（『古代天皇の即位儀礼』吉川弘文館、二〇〇〇年）五六～五七頁。
（76）松村武雄『日本神話の研究』三（培風館、一九五五年）七一〇～七一三頁。
（77）直木孝次郎『日本古代兵制史の研究』（吉川弘文館、一九六八年）一六七頁。
（78）勝俣鎮夫『一揆』（岩波新書、一九八二年）三四～四〇頁、笹本『中世の音・近世の音』（前掲(10)）一四頁。
（79）峰岸純夫「誓約の鐘」（『人文学報』一五四、一九八二年）。
（80）鐘の音ではないが、現世の声明の声が閻魔庁で聞こえていたという震旦の話が『今昔物語集』七―三一（出典は『冥報記』下―四）である。すなわち、北斉の時代、梁という男が閻魔庁に召され、体の脂を搾り取られたが、「守衛ノ人」（閻魔庁の獄卒）が「此ノ人死シテ三日ニ、家ノ人有テ、此ノ人ノ為ニ、僧ヲ請ジテ斎会ヲ設ク。経唄ノ声ヲ聞毎ニ、鉄ノ梁輒ク折タルガ故ニ、油ヲ不押得ル也」と語っている。梁の家族が僧を招いて「経唄」（声明）を唱えたので、鉄の梁が簡単に壊れてしまったので、油を搾れなかったという。この話からも、現世の声明が閻魔庁に達していたことが窺えよう。
（81）中川、前掲(28)二八七～二九一頁、浦井祥子『江戸の時刻と時の鐘』（岩田書院、二〇〇二年）二二一～二二二頁。
（82）勝俣、前掲(78)四六～四八頁、小峯和明「声を聞くもの」（『中世法会文芸論』笠間書院、二〇〇九年、初出二〇〇一年）五二二～五二三頁。
（83）蔵持、前掲(13)一九九頁。
（84）松村『日本神話の研究』二（培風館、一九五五年）六一四頁。

(85)　松村、前掲(84)六一六頁。

(86)　古橋氏の以下の指摘も参照される。すなわち、「〈聞く〉のは耳でだから、耳も呪力をもつものとなる。耳は御霊（みみ）だろう。つまり霊そのもの、霊の宿る所である。だから聞くことだけに限らないはずだ。にもかかわらず〈聞く〉場所をミミというのは、〈聞く〉ことがもっとも基本的な神の意志を判断する行為だったからかもしれない」(「〈聞く〉ことの呪性」〈『古代和歌の発生』東京大学出版会、一九八八年〉八〇頁)。古橋氏の指摘からも、人間の聴覚は神の意志を聞く耳の問題とも不可分である。民俗学の村山氏の論考（前掲(61))、安井真奈美「妖怪・怪異に狙われやすい日本人の身体部位」(『怪異と身体の民俗学』せりか書房、二〇一四年）や小池淳一「耳のフォークロア」(『国立歴史民俗博物館研究報告』一六九、二〇一一年）においても、耳は異界からの情報を受け止める重要な器官と位置付けられているが、いずれも身体論としても注目に値する。

第三章　異界・異類とニオイ―古代の嗅覚―

はじめに

本章では、ニオイ[1]―古代の人々の嗅覚を環境への心性史研究の立場から検討する。古代のニオイに関しては、最近、安田政彦氏が『平安京のニオイ[2]』を上梓され、平安貴族の邸宅の緑豊かな広大な空間と薫香の環境に、死臭・糞尿臭が十分に管理されていない京内外の庶民の生活環境を対置された。安田氏のニオイの環境をめぐる分析はその通りであるが、本章では、ニオイに関する諸史料を手がかりに、古代の人々がニオイを介して異界・異類の存在を感じ取っていた様子を考察したいと思う。

右のようなテーマで注目されるのは、ヨーロッパ中世史の池上俊一氏の『身体の中世[3]』である。池上氏は、中世では嗅覚が重視されていた感覚であったとして次のような指摘をされている。すなわち、「キリストの言葉を芳香に譬えるだけではなく、キリスト自身が芳香につつまれている、との考えも中世後期には広く普及した[4]」、「芳香の聖性は、聖者の発する芳香についての信仰を生みだした。多くの聖者は、生前ないし死後、その身体から芳香が立ち昇ったとして崇められたのである[5]」、「まず、悪魔や魔女の悪臭がある。悪魔はからだから腐臭を発していた。悪魔が糞《ふん》をするイメージや、臭い煙を残して消えてしまうイメージが広くゆきわたっていたが、その悪魔の手下である魔女もまた、吐き気をもよおすような有毒なにおいを発散させて、人畜を汚染するとされた[6]」。

これはヨーロッパ中世に限ることではあるまい。日本中世史の千々和到氏は「人々が他の世界からきたものの存在を認識する場合に、香りのもつ意味は決定的だったと言うべきであろう(7)」と述べられている。池上氏の指摘とあわせて、継承さるべき視点であろう。

そこで、本章においては、池上・千々和両氏の指摘を受けて、ニオイを便宜的に二区分し、まず、「異界・異類からのニオイ」として、古代の人々が異界・異類の存在を嗅覚を介しても感じ取っていた様子を指摘する。その後で、「異界・異類へのニオイ」として、異界・異類に対して人間側がどのようなニオイを発していたかを論じ、最後に天皇即位儀礼（元日朝賀儀礼）にも言及することとした。その際、悪臭（不快なニオイ）は臭い、芳香（心地よいニオイ）は匂いと表記し、両者を合わせた場合は異臭とする。なお、史料上の表記はそのままとした。

一　異界・異類からのニオイ

1　異界・異類と異臭

現世と異なる空間としての異界や、異界に棲息する異類はしばしば異臭を発した。そこで、この点に関する史料を提示することからはじめよう。

〔史料1〕　この村に泉あり。同じき天皇（景行―引用者注）、行幸しし時に、奉膳の人、御飲に擬むとして泉の水を汲ましむるに、すなはち蛇龗於箇美と謂ふ。ありき。茲に、天皇勅云りたまひしく、「必ず臭くあらむ。な汲み用ゐしめそ」とのりたまひき。斯れに因りて名を臭泉と曰ひ、因りて村の名と為す。今、球覃の郷と謂ふは、訛れるなり。

（『豊後国風土記』直入郡条）

〈史料2〉是より先、出羽国司言さく、「従三位勳五等大物忌神社、飽海郡の山上に在り。巌石壁立、人跡到るに稀なり。夏冬雪を戴き、禿に草木無し。去四月八日山上に火有り。土石を焼く。又声有りて雷の如し。山より出づる所の河、泥水泛溢す。其の色青黒にして、臰気充満す。人聞くに堪へず。……之を蓍亀に決するに、並びに云く、彼の国の名神禱りし所に未だ賽せず。又冢墓の骸骨、其の山の水を汚ししに因り、是に由りて怒を発して山を焼き、此の災異を致す。……」と。

（『三代実録』貞観一三年〈八七一〉五月辛酉条）

〈史料1〉の「蛇龗」とは水神で、山椒魚のこととみられる。湧水池にかかる生物が生息し、悪臭を発したため、「球覃」のもとの地名の「臭泉」が生まれたとある。〈史料2〉は、鳥海山の噴火記事である。出羽国司の報告として、火山性ガスであろうか、「臰気充満す」とあった。出羽国では「蓍亀」双方で占うと大物忌神への奉賽をしていないこと、冢墓の骸骨が山水を汚していることにより、神が「怒を発して山を焼き、此の災異を致す」とあり、神の怒りが原因で様々な災異が生じたという。

〈史料3〉沙門雲浄は……霊処を拝まむとして、熊野に参詣せり。志摩国を過ぎて、海岸に到りぬ。人無きの境なり。大きなる岩洞に宿りぬ。……況やまたその地極めて臭く腥臊きをや。……纔に夜半に至りて、風吹き雨灑きて、作法常に背けり。温気身に当りて、臭き香弥増る。即ち大きなる毒蛇、口を開きて呑まむと欲す。比丘見已へて、ここに死を定め、弥信心を発して法華経を誦せり。

（『法華験記』上—一四）

〈史料3〉は、沙門雲浄が志摩国の海岸の洞窟に宿って、夜半に大毒蛇に襲われたが、法華経を読誦したおかげで、危難を免れたという話。雲浄が宿した海岸部の洞窟ははじめから生臭かったが、夜半に大毒蛇が出現した時には「臭き香弥増る」とある。この話から、海岸部の洞窟という境界領域と悪臭、大毒蛇という異類と悪臭の関係が窺えよう。

同様の例として、①但馬国の無住の山寺で、夜半に旅僧が牛頭鬼に襲われるが、牛頭鬼は「その香甚だ臭くして、気息牛に似たり」とあること（『法華験記』中―五七）、②日蔵の師の行者が吉野山の南の谷で、「聖人ノ香」を嗅いだ大蛇の群れに襲われるが、大蛇は「鯹□キ息ノ煖カナルヲ散ト吹キ係ケタルニ」とあること（『今昔物語集』一四―四三）、③震旦の天狗が比叡山の高僧に打ちのめされたので、湯屋で湯治をしたが、そこが「極ク臭クテ」湯屋に入った木伐は頭痛がしたとあること（『今昔物語集』二〇―二）、④四国の山中で道に迷った修行者の一人が、夜、女の家に隠れていると、「生臭キ香薫タリ」という鬼が女の家を訪れ、女と同衾したとあること（『今昔物語集』三一―一四）などの例がある。

〔史料4〕見レバ、僅ニ奄見ユ。近ク寄テ見レバ、三間許ノ奄也。持仏堂及ビ寝所ナド有リ。奄ノ体極テ貴気也。奄ノ前ニ橘木有リ。……和ラ寄テ、窓ノ有ヨリ臨ケバ、文机ノ上ニ法文共置テ散シタリ。経置キ奉レリ。不断香ノ香、奄内ニ満テ、馥キ事無限。吉ク見レバ、年七十許有ル僧ノ極テ貴気ナル、独鈷ヲ捲テ、脇足ニ押シ懸リテ、眠リ入タリ。（『今昔物語集』二〇―三九）

〔史料4〕は、山城国の清滝川の奥で修行していた僧が川上から水瓶が飛んできて水を汲んでいくのを見て、その水瓶のあとをつけていくと、川上に庵室があり、より有験の僧がいたという話。有験の僧の庵室の様子を〔史料4〕に引用したが、その中に「不断香ノ香、奄内ニ満テ、馥キ事無限」とあり、芳香に満ちていた様が知られる。しかも、庵室前に「橘木」があった。橘は、垂仁天皇の命令で田道間守が常世国に遣わされて「非時香果」（橘）を求めたという話（『古事記』中〈垂仁〉、『日本書紀』垂仁九〇年二月庚子朔条、同九九年明年三月壬子条）からも常世国という異界の植物と観念されていた。橘の白い花や実には芳香があることも注意される。『万葉集』一七―三九一六に「橘の　匂へる香かも　ほととぎす　鳴く夜の雨に　うつろひぬらむ」（橘の花の香りが夜の雨で消えてしまっていないだろうか）とあった。いずれにしても、清滝川の奥より、さらに上流には有験の僧が住む、芳香に溢れた異界があったことが窺えよう。

〔史料5〕　亦、暫許有テ見レバ、塗籠ノ戸ヲ三尺許引開テ、女居ザリ出ヅ。居長三尺許ノ女ノ、檜皮色ノ衣ヲ着タリ。髪ノ肩ニ懸リタル程、極ク気高ク清気也。匂タル香、艶ズ馥バシ。麝香ノ香ニ染返タリ。……見レバ、鼻鮮ニテ匂ヒ赤シ。口脇ニ四五寸許銀デ作タル牙咋違タリ。奇異キ者カナト見ル程ニ、塗籠ニ入テ戸ヲ閉ツ。

（『今昔物語集』二七―三一）

〔史料5〕は、三善清行が五条堀川の旧家に引越す前に、清行は一人で旧家に赴いて、夜半に妖怪一族と対決するが、塗籠の中から現れた妖怪の女は「匂タル香、艶ズ馥バシ。麝香ノ香ニ染返タリ」という話。

かかる異界・異類と芳香との関係は、以下の例からも窺知される。すなわち、①『今昔物語集』二四―六の話として、寛蓮という碁の名人が京内の見知らぬ女の家に招かれ、簾越しの女と碁の対局をするものの、完敗を喫した。その際、女の「賤小家」は「簾ノ内ヨリ空薫ノ香馥ク匂出ヌ」とあったこと、碁の勝負に負けた寛蓮は女のことを「人ニハ非デ変化ノ者ナルベシ」と思い、女が碁の勝負の後、急に姿を消したことから、当時の人々も「此ハ変化ノ者ナドノ来リケルナメリ」とあること。②『宇治拾遺物語』六―二の話として、世尊寺となった桃園邸の西南の隅に塚があり、そこを掘り崩すと、「石の辛櫃」に若い尼が寝入るように横たわっていた。「入りたる物、何も香ばしき事類なし」であった[8]が、西北から風が吹いてくると、「金の杯」以外はすべて塵となって飛び散ったとあること。③一四世紀初頭に製作された『春日権現験記絵』一七によると、建仁二年（一二〇二）正月二六日、春日大明神が憑依した橘氏女は鴨居に登り、託宣を下した。二九日には「異香庭までみちみてり」、氏女は天井に登った。その後、氏女は音もなく天井から降り、「異香」はますます強くなり、人々は氏女の足を舐めたとあること。黒田日出男氏の指摘[9]の通り、中世の人々は神の示現を氏女が鴨居や天井という高い所に登ったことや、芳香の強い匂い、身体を舐めるという行為—嗅覚・味覚を介して感じ取っていたとみられる。〔史料4・5〕と以上の三例からも、異類の中には芳香を放つものがあったとしてよいだろう。

ところで、異界・異類の存在としての仏像がある。とくに仏像の中でも木彫像とニオイとの関係について言及しておきたい。近年、美術史の研究成果として、左の点が指摘されるようになったからである(10)。

第一は、七世紀代の木彫像は基本的にクスノキを用材としていたこと。クスノキを木彫像に利用するのは中国南部にクスノキが自生しており、その影響も考えられる(11)。

第二は、八世紀後半から九世紀の木彫像の用材として、カヤ（榧）が利用されるようになったこと。これは七世紀中頃に玄奘がインドから檀像を唐に将来するものの、白檀自体はインドから東南アジア原産の植物で、中国に自生していない。そこで、代用檀材として「栢木」が用いられる（唐・慧沼〈六五〇～七一四年〉著『十一面神呪心経義疏』）ことに由来する。「栢木」は日本ではカヤに比定され（『出雲国風土記』意宇郡条に「栢、字或は榧に作る。」とある）、一木彫（白木像）に用いられた。それは、従来、唐招提寺の一木彫像がヒノキとされてきたのが、樹種同定の結果、すべてカヤと判定されたことからも、栢をカヤと認識する鑑真の来朝が契機になったとみられる。

そもそも、クスノキは伐採されると、樟脳の刺激的な香りを発散させる。同様にカヤにも強い香りがあることが注目される。仏像の用材に香りのある樹種が選ばれていたということは、木彫の仏像には異類として芳香を放つ存在として意識されていたことが窺えるかもしれない。ただし、大橋一章氏は、日本の現存のクスノキ像が漆箔像か彩色像で、クスノキの芳香は封じ込められているということから、クスノキの木彫像と芳香との関係については批判的である(12)。また、クスノキやカヤのニオイがいつまで持続するのかという問題も残る。

寺院の中のニオイという点で注目すべきは、香の役割ではないだろうか。天平一七年（七四七）の『法隆寺伽藍縁起并流記資財帳』には「合香壹拾陸種」が「丈六分」（沈水香・浅香・薫陸香・青木香）、「佛分」（浅香・丁子香・安息香・熏陸香・甘松香・楓香・蘇合香・青木香）、「聖僧分」（白檀香）、「搭分」（白檀香）に区分されて香名（分量は引用略）が載る。同年の『大安寺伽藍縁起并流記資財帳』も同様で、「麝香」以下、一三種の香名が「仏物」「法物」「通物」に区分して列記されている。天平勝宝八歳（七五六）の『法隆寺献物帳』にも「青木香貳拾節」が見える。

右の点は、『万葉集』六―三八二八は、題詞に「香、搭、厠、屎・鮒、奴を詠める歌」として「香塗れる　搭になな寄りそ　川隈の　屎鮒食める　いたき女奴」という歌（香を塗った搭に近寄るな、川隈の屎鮒を食っている、ひどい女奴よ）があること、堂の忌詞として「香燃」（『延喜式』五〈斎宮式〉）があることとも関連しよう。古代の寺堂の中には、仏の空間を演出すべく、本尊やその周辺から芳香が匂っていたことを想定しておく必要があろう。

2　悪臭から芳香へ・芳香から悪臭へ

『三代実録』貞観九年（八六七）二月丙申条には、大宰府から中央政府に、豊後国速見郡鶴見山嶺―従五位上火男神と従五位下火売神―の噴火の様子を報告したという記事がある。それによると、「去正月廿日池（山頂の三池―引用者注）震動して、其の声雷の如し。俄に臰きこと流黄の如く、国内に遍満す」とあり、その後に、噴石、噴煙、温泉の湧出、震動のことが続く。火山の噴火により様々な異変が起きたわけであるが、その中の一つに「流黄」（硫化水素）の悪臭が急に発生したとあるのは注目される。突然のニオイを介して、人々は火男神・火売神の威力を感じたに相違ないからである。

そこで、以下では、古代・中世の史料の中から、右と同様な例を指摘する。まず、悪臭から芳香へ、急に変化した諸例を、それに準ずると思しきものも含めて列挙し、〔史料7〕以降ではそれとは逆に展開する事例を提示することとしたい。

〔史料6〕帝姫阿倍の天皇の御世に、一はしらの大僧有りて、彼の山寺に住みき。精懃に道を修せり。身疲れ力弱りて、起居すること得ず。魚を食はむと念欲ひて、弟子に語りて言はく、「我、魚を噉はむと欲ふ。汝求めて我を養へ」といふ。弟子、師の語を受け、紀伊国の海辺に至り、鮮けき鯔八隻を買ひて、小櫃に納れて帰り上る。時に本より知れる檀越三人、道に遭ひて問ひて言はく、「汝が持てる物は何物ぞ」といふ。童子答へて言はく、「此れは法花経なり」といふ。持てる小櫃より、魚の汁垂らして、其の臭きこと魚の如し。俗、経に非じと念ふ。即ち大和の国の内の市の辺に至りて、俗等倶に息む。俗人逼めて言はく、「汝が持てる物は経に非じ。此れ魚なり」といふ。童子答へて言はく、「魚に非ず。当に経なり」といふ。俗強ひて開かしむ。逆ひ拒むこと得ずして、櫃を開きて見れば、法花経八巻に化せり。俗等見て、恐り奇しびて去りぬ。

（『日本霊異記』下―六）

〔史料6〕は、吉野山の山寺の僧がからだが弱ってきたので、弟子（童子）に魚を食べたいという。弟子は紀伊国で「鮮けき鯔八隻」を買い、小櫃に入れて帰る途中、出会った檀越三人から小櫃の中身を問われる。弟子は「此れは法花経なり」と答えるものの、小櫃の中から「魚の汁垂らして、其の臭きこと魚の如し」であった。大和国の「内（宇智）の市」に至った際、小櫃を開けてみると、中身は法花経八巻に化していた。それ故、檀越たちは「恐り奇しびて去りぬ」という話（以上、引用箇所）。この後、弟子は無事に山寺に帰り、吉野山の僧は鯔を食べることができたとある。

市では鯔が法花経に変わった（市から離れると再び鯔に戻ったとみられる）というのは、市においては神仏によってモノが姿を変えるという市の特性[13]に関わるのであろうが、その際、魚の悪臭が一時的に消えたはずである。

このようなニオイの変化が窺える話として、①『今昔物語集』六―六は震旦の話であるが、玄奘が天竺に渡った際、山中に棄てられた「臭キ事譬ヘム方無シ」という女に出会った。玄奘が女の膿汁を吸うと「俄ニ微妙ノ梅檀・沈水香等ノ如クナル香出来ヌ」。この女の正体は観音で、「掻消ツ様ニ失給ヌ」とあった。この話は日本では光明皇后の話(14)として知られ、皇后が異様な臭気の病人の膿を吸うことで、室内は光明と香気に満ち、阿閦仏の化身の病人は忽然と姿を消したという（『元亨釈書』一八）。②『今昔物語集』一一―二八によると、智証大師円珍に三井寺の再興を委ねた老僧（教代和尚）は、はじめ円珍と出会った時には「鱗・骨ナドヲ食ヒ散タリ。其香鮁キ事無限シ」であったが、円珍が老僧の僧房を再び訪ねてみると、「初メハ臭カリツルニ、此ノ度ビハ極テ馥シ」であり、老僧は「人ノ夢ニハ、弥勒ニテナム見エ給フナル」と、隣の僧房の僧から教えられたという。ニオイが急変したという老僧自身は現世の人間ではなく、弥勒の化身であった。すなわち、かかる老僧であればこそ、ニオイも急に変化するのであろう(15)。③『今昔物語集』一九―二一は、僧が修正会の時の餅で酒を造っておいたところ、僧とその妻には酒壺の中にたくさんの蛇が見えたので、壺を広野に捨て置いた。しかし、一両日後、それをみつけた男たちは「先ヅ壺ノ内ヨリ微妙キ酒ノ香匂出タリ」として美酒を飲むことができたという話。酒も不思議な存在として受け止められていたことが窺えよう(16)。

〔史料7〕西ノ京ノ家ヘ行クトテ、只独リ内通リニ行ケルニ、九月ノ中ノ十日許ノ程ナレバ、月極ク明キニ、夜打深更テ、宴ノ松原ノ程ニ、濃キ打タル衵ニ、紫菀色ノ綾ノ衵重ネテ着タル女ノ童ノ、前ニ行ク様体・頭ツキ、云ハム方無ク月影ニ□テ微妙シ。……安高、近ク寄テ触這ニ、薫ノ香極ク聞ユ。……（安高―引用者注）紐ヲ解テ引編ギテ、八寸許ノ刀ノ凍ノ様ナルヲ抜テ、女ニ指宛テ、「シヤ吭掻切テム」ト、「其ノ衣奉レ」ト云テ、髪ヲ取テ柱ニ押付テ、刀ヲ頸ニ指宛ツル時ニ、女、艶ズ臭キ尿ヲ前ニ散ト馳懸ク。其ノ時ニ、安高驚テ免ス際ニ、女忽ニ狐ニ成テ、門ヨリ走リ出デ、「コウ〳〵」ト鳴テ、大宮登ニ逃テ去ヌ。

（『今昔物語集』二七―三八）

〈史料7〉は、近衛舎人の幡磨安高が九月中旬の月明かりの夜、宴の松原辺を行くと、美しい女に出会った。安高が女に近寄ると「薫ノ香極ク聞ユ」。しかし、安高は女のことを人を化かす狐であろうと思い、八寸ほどの氷のような刀を突きつけると、女は「艶ズ臭キ尿ヲ前ニ散ト馳懸」け、「コウ〳〵」と鳴いて大宮大路を北に逃げ去ったという話。香の薫りのする女が、突然臭い小便を引きかけて狐の本性を現して逃げて行ったというのであるから、〈史料5〉などの例とは逆に、芳香から悪臭に急に転じた典型的な例といえよう。なお、狐が本性を現す際に「臭キ尿ヲ散ト馳懸タリ」というのは、『今昔物語集』二七―三九にもあった。

〈史料8〉　加持参ル次デニ、此法師ノ居タル所ニ向テ、諸心ニ皆心ヲ励マシテ、一時許加持スルニ……此僧ノ居タル几帳ノ内ニ、物ノハタリ〳〵ト鳴ケレバ、「何ノ鳴ゾ」ナド思ヒ合ヘリケル程ニ、俄ニ狗ノ屎ノ香ノ、清涼殿ノ内ニ満テ臭カリケレバ、候ヒト候フ人、「此ハ何ナル事ヲ」ト云ヒ喤ケルニ、此加持スル人々ハ、「然レバコソ。此ハ様有ル事ゾ」ト思ツルニ、此ク怪キ事共有レバ、弥ヨ心ヲ励マシ、各年来ノ行ヲ憑テ加持ス。（『今昔物語集』二〇―四）

〈史料8〉は、験力に優れた高山の聖人が内裏に招かれて円融天皇の病気を平癒させた。しかし、これを怪しく思った寛朝僧正や余慶律師が調伏すると、高山の聖人は天狗を祭る法師であったことが露見したという話の一節である。高山の聖人が正体を現す際に、「俄ニ」狗の屎香が清涼殿内に満ちて臭かったというのも、突発的なニオイの変化の一例といえよう。なお、〈史料8〉には、①五条の道祖神の柿の木に金色の仏（天狗）が示現し、金色の光を放ち、空から様々な花を降らしたが[17]、右大臣源光がそれを怪しく思い見つめていると、「忽ニ大キナル屎鵄ノ翼折タルニ成テ、木ノ上ヨリ土ニ落テ□メクヲ」という話（『今昔物語集』二〇―三）、②讃岐国の万能池の竜が天狗にさらわれるが、その仕返しに竜は京の荒法師になっていた天狗を蹴殺した。すると、天狗は「翼折レタル屎鵄ニテナム、大路ニ被踏ケル」という話（『今昔物語集』二〇―一一）も関連するだろう。①②に「屎鵄」とあるからには、天狗が本性を現すと、急に悪臭を発したことが想像されるのである。

3　異臭とその周辺

平安後期の往生伝から、往生人は阿弥陀の来迎を光・紫雲・音楽・芳香によって五感を介して感じていたことは、すでに千々和氏の指摘がある。(18)

〔史料9〕　近江国犬上郡に一老尼有り。廿年来念仏を業と為す。……（久安二年〈一一四六〉九月一五日）寂して命終す。観者堵の如し。悲感せざること莫し。後数日葬斂せず。容色常の如し。時、暑月に当たるも、敢へて爛壊せず。

（『本朝新修往生伝』）

〔史料9〕のように、一老尼の死体は「容色常の如し」、暑い季節でも「敢へて爛壊せず」とあるが、このようなケースも往生の奇瑞と判断された。(19)しかしながら、往生が叶わず、通常の死を迎えた場合、いうまでもなく、そこには必ずや死臭があらわれたとみられる。

死臭に関しては、たとえば、春宮蔵人宗正の妻の死体は「香ハ口・鼻ニ入ル様ニテ無限ク臭カリケレバ、噎スル様ニナム有ケル」（『今昔物語集』一九―一〇）、絵師百済川成が描いた死体の絵はあまりにリアルであったため、それを見た飛弾工が圧倒され「臭キ事鼻ニ入様也」（『今昔物語集』二四―五）、養和年間（一一八一〜一一八二年）、京の飢饉で多数の死体が放置され「くさき香世界に満ち満ちて」（『方丈記』）などとあるように、殊のほか臭かったはずである。それ故、死体に悪臭がないというのは、往生など特別な場合と見られたに違いない。

次に悪臭がするはずが、往生の際のように芳香があった話として、三例を挙げておく。

〔史料10〕　后答テ云ク、「君ハ天下ノ主ト在スト云ヘドモ、我ガ夫ノ下賤・野人ナルニハ劣リ給ヘリ。其ノ故ハ、我ガ夫ノ口ノ内ノ息ノ香シキ事、栴檀・沈水ノ香ヲ含ルガ如シ、君ハ不然ズ。此レニ依テ不咲カラザル也」ト。

（『今昔物語集』二―一六）

〔史料11〕其ノ時ニ、参リ集レル若干ノ上中下ノ道俗・男女、声ヲ挙テ泣キ合ヘリ。阿弥陀経ヲ読ミ念仏ヲ唱ル事無限シ。人皆返ヌレバ、牛ヲバ牛屋ノ上ノ方ニ少シ登テ土葬ニシツ。其ノ上ニ率都婆ヲ起テ、釘抜ヲ差セリ。夏ノ事ナレバ土葬也ト云ヘドモ少モ香ハ可有キニ、露其ノ臭キ香無シ。

（『今昔物語集』一二―二四）

〔史料12〕「……此レヲ思フニ、此ハ誰モ為ル者ハ有ナム。但シ、『此レヲ涼シテ見ム物ゾ』ト云フ心ハ、何デカ仕ハム。然レバ、様々ニ極タリケル者ノ心バセカナ。此ノ人ニハ非ザリケリ。何デカ、此ノ人ニ不会デハ止ナム」ト思ヒ迷ケル程ニ、平中、病付ニケリ。然テ悩ケル程ニ死ニケリ。

（『今昔物語集』三〇―一）

〔史料10〕は、天竺の話であるが、国王に后として召された女は、王宮の暮らしを快く思えない。国王からその理由を問われると、后は、元夫の口の息が香ばしいのに対して、国王はそうではないと答える（〔史料10〕傍線部）。そこで、国王は仏に理由を尋ねると、元夫は前世の功徳で口の中が香ばしい、ついには「香身仏」になるだろうと教えられたとある。

近江国の関寺で材木を引いていた霊牛が死んだ件を〔史料11〕として引用した。霊牛は夏の土葬であったが、少しも臭くなかった。そもそも関寺の霊牛は三井寺の明尊の夢に自らを迦葉仏の化身と名乗ったという。牛の死体にも死臭がないはずがない。しかしながら、死臭がなかったことにより、霊牛を土葬にした人たちは霊牛が迦葉仏の化身であることをさらに確信したのであろう。

〔史料12〕は、平中こと平定文の好色譚の一部。平中は侍従の君という若い女房にいいよったが、相手にされない。そこで、平中は女の便器を覗けば、女に嫌気がさすのではないかと思い、便器を奪って中を見るという行動に出る。

すると便は「鼻ニ宛テ聞ゲバ、艶ズ馥シキ黒方ノ香ニテ有リ。……崎ヲ少シ嘗ツレバ、苦クシテ甘シ。馥シキ事無限シ」、尿は「少シ引飲ルニ、丁子ノ香ニ染返タリ」などとあった。便器の中の排泄物が臭いのは当たり前であるが、その反対に芳香が匂った上に香ばしい味もしたということから、〔史料12〕に引用した通り、平中としてはかかる女は「此ノ人ニハ非ザリケリ」として現世の人間ではなく、異界のものではないかと想像をめぐらすのである。

以上、往生の際の薫香も含めていえば、口気、糞尿や死体が臭いのは当然である。ただし、そうではないケースもあった。その場合、人々は尋常ならざる事象、存在を感じ取っていたのではないだろうか。(20)

4 小結

異界・異類のニオイの特徴として、芳香と悪臭、突発的なニオイの変化、通常と異なるニオイがあった。古代の人々はかかる特別なニオイを介して異界・異類の存在を想像していたものとみられる。

「はじめに」で紹介した通り、ヨーロッパ中世ではキリスト―芳香、悪魔―悪臭という区別があった。これを日本の古代に適用すると、神仏の芳香、妖怪などの悪臭ということになろう。しかしながら、「蛇䨮」・神（怒）―悪臭〔史料1・2〕、妖怪―芳香〔史料5〕などの例からして、右の関係が必ずしも、すべての事例にあてはまるわけではなさそうである。例数が少ないので十分な見通しを述べられないが、日本の場合、神々への信仰が自然崇拝に由来することに原因があるのかもしれない。ただ、そうはいっても、異界・異類のものが異臭を発するという点では、古代日本もヨーロッパと共通するところといえよう。

二　異界・異類へのニオイ

1　仏への誓願と香

本節では、人間の側から異界・異類に対して、ニオイ（芳香）によって交通しようとしていた様子を指摘する。

〔史料13〕　大寺の南の庭にして、仏菩薩の像と四天王の像とを厳ひて、衆の僧を屈び請せて、大雲経等を読ましむ。時に、蘇我大臣、手に香爐を執りて、香を焼きて願を発す。

（『日本書紀』皇極元年〈六四二〉七月庚辰条）

〔史料13〕は、「大寺」の南庭で仏菩薩と四天王像を前にして衆僧が雨を祈った際、蘇我大臣蝦夷は「手に香爐を執りて、香を焼きて願を発す」。しかし、効果は現れず、翌日「微雨ふる」（『日本書紀』皇極元年七月辛巳条）のみであった。〔史料13〕のように、香爐をもって誓願したというのは、『日本書紀』天智一〇年（六七一）一一月丙辰条にもある。すなわち、大津宮の内裏西殿の「織の仏像」の前で、左大臣蘇我臣赤兄・右大臣中臣連金、蘇我臣果安・巨勢臣人・紀臣大人が居並ぶ中、大友皇子が「手に香鑪を執りて」、六人は天皇の命に従うことを誓った。その後、赤兄等も「手に香鑪を執りて」、涙を流して天皇の詔に従うことを誓約したという。

このような仏教における焼香については、これまで、インドから伝来の習俗として芳香による邪気払いや清浄化と解されることが多かったように思う(21)。それに対して、新川登亀男氏は、日本の香の伝承および伝来の史料をもとに、推古朝以降、香が漂着や海上交通によってもたらされ、蘇我氏を中心に誓願や誓盟の場で焚かれたとされた(22)。そして、唐・新羅の例、仏典、右の大友皇子らの誓盟などの諸例も踏まえて、「焚香というものが、人と釈尊・三尊・造像物あるいは天などとの交通の証しであり、手段であった[23]」こと、しかし、それだけではなく「もっと積極的に、釈尊・三尊・造像物などを誘発・誘導することにもなる[24]」ことを指摘された。新川説は首肯さるべき卓見であろう。香による邪気払いや清浄化も人間の側からの働きかけであることからすると、仏教における香の異界への「交通」「誘発」機能の中に含めて理解されてよいのではないだろうか。

かかる仏教的な香の役割は『日本霊異記』『法華験記』『今昔物語集』の諸説話からも見出すことが可能である。すなわち、①『日本霊異記』中―二八には、貧窮の女が「花香灯」を献じて大安寺の丈六仏に「福分」を祈り、それが叶ったという話（他に『日本霊異記』中―三四、中―四二もほぼ同じ）、②『今昔物語集』一九―一一には、信濃国で観音が現れるという夢告があり、人々が「香花ヲ備ヘテ」待つと、上野国の武者（王藤観音）が現れたという話、③『法華験記』中―四四には陽勝仙人が自分の親に向って、父母の恩に報いるために自らが人間界に戻る時は「月の十八日に、焼香散華して、我を相待つべし。我香の煙を尋ねてここに来り下りて」と語ったとあり、また、『今昔物語集』一三―三には陽勝仙人が比叡山千光院の浄観僧正のもとから帰る際には、僧正が香炉を近くに寄せると「仙人其ノ烟ニ乗テゾ空ニ昇ニケル」とある話。これを新川説に即して検証すると、①と③の後半は「交通」機能、②と③の前半はより積極的な「誘発」に該当しようか。いずれにしても、人間の側から異界・異類への意思伝達や「誘発」に香（煙）が利用されている様子が窺えよう。

したがって、以上の諸例からしても、香のニオイ（煙）は、邪気を払うとともに、異界・異類への「交通」「誘発」手段でもあったことは間違いないところであろう。

2　端午節とニオイ

古代の年中行事の中にも、人間からニオイの役割を利用する例がある。『日本書紀』推古一九年（六一一）五月五日条の菟田野の薬猟記事を初見とする端午節のケースで、とくにニオイという点では、邪気払い（交通）のための菖蒲縵と薬玉が注目されるので、以下では、その点に絞って言及しておきたい。[25]

五月五日には、天皇をはじめ、内外文武官は菖蒲縵を着用した（『西宮記』恒例第二、『延喜式』一一〈太政官式〉、同二八〈兵部式〉）。菖蒲縵に関しては、『続日本紀』天平一九年（七四七）五月庚辰条に「是の日、太上天皇詔して曰はく、『昔者、五日の節には常に菖蒲を用て縵とす。比来已にこの事を停めたり。今より後、菖蒲の縵に非ずは宮中に入ること勿れ』とのたまふ」とあり、天平以前に遡る習俗とみられる。『九条殿記』天慶七年（九四四）五月丙子条からは、菖蒲縵を冠の巾子の前後や周囲に着用することが知られる。

『内裏式』中「五月五日馬射を観る式」、『儀式』八「五月五日節の儀」によると、武徳殿に出御した天皇に対して、内薬司と典薬寮官人が菖蒲を献上し、女蔵人が続命縷を執り、皇太子以下参議以上に賜るとあった。このうち、続命縷とは兵疫を除き長命をもたらす五色の糸で、中国伝来の習俗として、右肩から左脇と腰の革帯の上に回して着用するものであった（『九条殿記』天慶七年五月丙子条）。また、続命縷は薬玉ともいわれた（『内裏式』中）。薬玉は諸衛府が献上した菖蒲・艾・雑花をもとに糸所で作成されるもので（『延喜式』一五〈内蔵式〉、同四五〈左右近衛式〉）、蔵人が昼御座の母屋の南北柱に結び付けたり（『西宮記』恒例第二）、中宮の帳台の母屋の柱の左右にも九月九日まで取り付けられることになっていた（『枕草子』三七段）。

延暦二三年（八〇四）撰進の『皇太神宮儀式帳』には、「五日節に、菖蒲・蓬等供へ奉り、大神并に荒祭宮・月読宮・瀧原宮・伊雑宮及び諸殿に供へ奉る。然則薬の御酒、神宮并に荒祭宮に供へ奉る」、その後、禰宜・内人・物忌等に薬の御酒を給わるとあった。これは外宮でも同様であるが、菖蒲・蓬を供える対象が外宮・高宮・「諸殿」、薬の御酒(26)が外宮となっていた(『止由気宮儀式帳』)。宮中にならって伊勢神宮でも五月五日節が実施されていたことになる(27)が、ここで注目したいのは、内・外宮や別宮の「諸殿」に菖蒲・蓬が供奉されている点で、これは各殿舎の軒に菖蒲・蓬を葺く(28)こととみてよいだろう。かかる行為は、後掲の平安期の文学作品〔史料14・15〕や『年中行事絵巻』八にみえるが、儀式書関係では『西宮記』恒例第二に「主殿寮、内裏殿舎に菖蒲を葺く」とあるのがもっとも早いようである。しかしながら、伊勢神宮の例からすると、『儀式帳』撰進の九世紀初頭には遅くとも宮中や伊勢神宮ではじまっていた風習といってよいだろう。

五月五日節における菖蒲などの利用に関しては、中国南北朝期の『荊楚歳時記』に先蹤があった。すなわち、江南での様々な行事の中には「艾を採りて以て人を為り、門戸の上に懸け、以て毒気を禳ふ。菖蒲を以て、或は縷み或は屑とし以て酒に泛ぶ。……五綵の絲を以て臂に繫け、名づけて辟兵と曰ふ」とあり、夏季に強い芳香を放つ艾・菖蒲を用いて邪気払いを行うという点で日本と共通する。すでに指摘があるように、日本の菖蒲縵や続命縷(薬玉)は中国から受容された習俗であった(29)。

〔史料14〕　あやしくなまめきてあはれに思ほゆるは五月五日なむある。短き夜のほどなく明くる暁に、時鳥のほのかに声うちし、五月雨たるころほひのつとめて、菖蒲所々にうち葺きたる、香のほのかにしたるなむ、あやしく興まさりて思ほゆる。

(『うつほ物語』内侍のかみ)

〔史料15〕　節は、五月にしく月はなし。菖蒲・蓬などのかをりあひたる、いみじうをかし。九重の御殿の上をはじめて、言ひ知らぬたみのすみかまで、いかでわがもとにしげく葺かむと葺きわたしたる、なほいとめづらし。いつかは

ことをりに、さはしたりし。（『枕草子』三七段）

〔史料14〕では、帝と東宮の前で源正頼が語った言葉として、五月五日の早朝に菖蒲があちらこちらの家の軒に葺いてあり、その香りがほのかに漂ってくるのは何とも興が勝るように思われる。〔史料15〕によると、菖蒲や蓬が香っているのは面白い。内裏の御殿の屋根から「言ひ知らぬたみ」の家まで、一面に軒に葺いてある。他の節ではこのようなことをしていたことがあるか、と。「言ひ知らぬたみ」の家に関しては、『年中行事絵巻』八に、家々の軒にまで菖蒲が差されている様子が描写されているのが参考になる。(30)

〔史料14・15〕には、五月五日節における菖蒲や蓬のニオイが記述されているが、(31)その背景には菖蒲などの芳香に邪気払いの効能が期待されていたからであろう。と同時に、これにより人々は「初夏の季節美感をしみじみと感じたのであろう(32)」ことも忘れてはなるまい。

3　小　結

以上、本節では仏教儀礼における香、年中行事の端午節における菖蒲などのニオイを検討した。その結果、人間の側から異界への意思伝達や邪気払いとして、ニオイが利用されていたことは明らかであろう。同様の例は他にもあり、『本朝世紀』仁平二年（一一五三）五月壬子条には「今日、洛中大物忌と称す。大半其の門戸を閇し、青木香を懸く。閭巷妖言して云く、『今日疫鬼遊行すべし。其の難を免れむが為に此の事有り』と云々」とあった。門戸に懸けられた青木香も異界（「疫鬼」）へのニオイであろう。

おわりに―天皇即位儀礼と嗅覚―

人間の側からの芳香に関しては、その対極に古代都城における生活環境の悪臭が想定される事例がある。また、人間と異界との交通には、嗅覚のみによっていたのではないことも、前述の極楽往生の例からも窺え、時には五感全般が活用されるケースもあったとみられる。そこで、右の点に関わる例として、天皇即位儀礼と、天皇即位儀礼と同一構造をもつ元日朝賀儀礼を手がかりに言及したい。

天皇即位儀礼の研究は、六・七世紀来の、宝器授受と大王の登壇即位にはじまり、律令制下、天皇の大極殿高御座への出御に展開したことを岡田精司氏が解明された[33]ことが契機となって、本格化した。その後、日中の即位儀礼の比較検討[34]も進み、平安期への歴史的展開も踏まえた新たな研究成果も蓄積されつつある[35]。ここでは、これまであまり顧みられなかった即位儀礼参列者の五感の働きと都城の生活環境という観点から天皇即位儀礼（元日朝賀儀礼）を見直してみたい。

まず注目したいのは、天皇が大極殿の高御座に出御する時刻である。『儀式』五「天皇即位儀」には記載がないが、『内裏式』上「元正に群臣の朝賀を受ける式」や『儀式』六「元正朝賀式」では、その前段として天皇が大極殿後房に入るのが「辰一刻（午前七時）」、『北山抄』三「朝賀の事」でも「辰刻」とあるので、天皇が高御座に即き、女官が御帳をかかげて参列者の前に姿を見せるのはそれ以降であった[36]。正確な時刻までは特定できないとしても、天皇即位儀礼が朝方から昼間になされたことは確実であろう[37]。そのため、朝庭に列立した参列者からは天皇の容姿がはっきりと見えたのではないだろうか。少なくとも、夕方や夜の暗い時間帯では高御座の天皇の姿はよく見えないはずである。

ここに即位儀礼と視覚の問題が指摘されよう。これは天皇の側にも該当する。高御座の天皇からも朝庭の参列者の顔が見えたのであろう。

ただし、このような指摘をするに際して、以下のことを付け加えておかねばならない。それは藤原宮から長岡宮までは原則として大極殿の前に門が介在していた点である。この場合、天皇、参列者双方ともどこまで互いを視認し得たか疑問も残る。ある程度は視覚が制約された可能性も考えておく必要があるのではないだろうか。一方、平城宮中央区や平安宮では門が存在していない。このようなケースでは視覚の役割はより明瞭になろう。

高御座に天皇が姿を現すと、主殿寮と図書寮官人による焼香の儀がある。

〔史料16〕　凡そ元日、大極殿の前庭の左右の火爐の榻一脚を設く。官人四人各礼服を著け、東西の廊の門より分れて、爐の榻に当たり相対して立つ。御帷を開き訖らば、主殿先ず進みて火爐を発す。寮の官人左右各一人進みて榻の下に就き、共に香を焼くこと一挙。畢らば即ち共に本列に復す。須ふる所の香、小六斤十二両（注略）預め請ひ受く。

（『延喜式』一三〈図書式〉）

〔史料16〕によれば、元日朝賀儀礼において、大極殿の前庭左右に火爐（榻は火爐を置く台）が一脚ずつ置かれ、主殿寮官人が火爐を発し、図書寮官人が香を焼くことになっていた[38]。この時、使用される香の量は「小六斤十二両」というのであるから、約一・五キロにも及ぶ。もとより、この焼香のニオイが参列者にどの程度のインパクトを与えたのか想像しにくいところであるが、『日本書紀』推古三年（五九五）四月条に「沈水、淡路嶋に漂着れり。其の大きさ一圍。嶋人、沈水といふことを知らずして、薪に交てて竈に焼く。其の烟気、遠く薫る。則ち異なりとして献る」とあること、『太平記』三九に、貞治五年（一三六六）三月四日、佐々木道誉が大原野で遊宴を開いた際、「名香一斤を一度に焼きたれば、香風四方に散つて、皆人浮香世界に在るが如し」とあるのが参考になろうか[39]。もとより元日朝賀儀礼と天皇即位儀礼との構成は同じである。後者においても、参列者は焼香によって新帝の誕生を嗅覚も通して感じたものと推想される。

焼香が終わると、宣命大夫が即位宣命を唱える。即位宣命がどのように読まれたか、よく分からないが、宣命の唱え方については、『三代実録』貞観九年（八六七）正月戊午条の仲野親王薨伝に手がかりがある。すなわち、「親王、能く奏寿宣命の道を用ゐ、音儀詞語、模範と為すに足る。当時の王公、其の儀を識れるは罕なり。参議藤原朝臣基経、大江朝臣音人等に勅して、親王の六条亭に就きて、その音詞曲折を受け習ふ。故致仕の左大臣藤原朝臣緒嗣、此の儀を親王に授け、親王襲持して師法を失はず」。これからすると、宣命の「音儀詞語」「音詞曲折」は、藤原朝臣緒嗣から仲野親王に伝えられ、さらに仲野親王から藤原朝臣基経・大江朝臣音人らに継承されるという「師法」であったことが窺える。宣命には日常言語とは異なる独特の節回しやアクセントがあった可能性が考慮される。しかも、天皇即位儀礼の起源神話が天孫降臨神話であったことは岡田氏の指摘の通りであるが[40]、そこでは天孫が降臨する際に「事問ひし磐根・木の立ち・草のかき葉をも言止めて……」（「大殿祭」〈『延喜式』八、祝詞式〉）と語られていたことは無視すべきではあるまい。天孫の降臨、新帝の即位に当たっては、岩も草木もすべて沈黙するというのである[41]。そのような環境では、宣命大夫の特徴的な声は参列者の耳によく届いたのではないだろうか。

ちなみに、元日朝賀儀礼の奏賀の声として、『徒然草』二三二段に「元良親王、元日の奏賀の声、甚だ殊勝にして、大極殿より鳥羽の作道まで聞えけるよし、李部王の記に侍るとかや」とあったのが想起される。はたして大極殿での奏賀の声が、羅城門から南下する「鳥羽の作道」まで聞こえたかどうか、真偽のほどは定かではないが、この話の前提に、現代とは比べようもない、静かな音風景（サウンドスケープ）を想定しておく必要があろう。

なお、元日朝賀儀礼の後には元日節会がなされた[42]（雑令節日条）。元日節会の儀場は平安期の儀式書においても相違があり、『内裏儀式』は「宮」（紫宸殿）、『内裏式』上・『儀式』六は豊楽院儀、その後の『西宮記』恒例第一・『北山抄』一・『江家次第』一では紫宸殿儀と位置付けられているが、(43)いずれも参列者に宴を賜るという点で共通する。(44)しかも、儀制令元日国司条によれば、国司が部下や郡司を従えて、国庁正殿に向って天皇に対する朝拝を行い、次いで国司長官が部下や郡司から賀礼を受ける。その後、国司以下参列者全員で饗宴を実施するとあった。(45)たとえば、天平八年（七三六）の「薩摩国正税帳」によると、国司以下六八人の参列と酒食の支給の記載がある。

このようにみてくると、天皇即位儀礼（元日朝賀儀礼）とは、朝庭に列立した参列者が高御座に出御した天皇を拝賀する儀が基本であるが、それは同時に視覚・嗅覚・聴覚・味覚を介して、参列者が新帝の誕生を認知する装置として位置付けられるのではないだろうか。それは取りも直さず天皇の側も同じで、参列者を確認する場であることは繰り返すまでもあるまい。藤原宮以後、大極殿前の門が介在していたかどうかで、視覚の役割に差が生じたかもしれないことは前記した通りであるが、それは聴覚・嗅覚についても該当しよう。

ところで、改めて先述の焼香の問題に立ち戻ると、一条兼良が『代始和抄』において、「この香は天子位につかせ給ふよしを天に告る焼香也」として以来、焼香には告天の機能があると理解されてきた。(46)しかし、周知のように告天は中国において郊天祭祀として実施されるものであり、また、日本では郊天祭祀を実施したのは桓武天皇が二回（『続日本紀』延暦四年〈七八五〉一一月壬寅条、同六年一一月甲寅条）と文徳天皇の一回（『文徳実録』斉衡三年〈八五六〉一一月辛酉条）しかないことからも、一条兼良の説は当たらない。ニオイという点でも、桓武天皇の郊天祭祀の祭文に「謹みて玉帛・犠斉・粢盛の庶品を以て茲の煙燎に備へ」（『続日本紀』延暦六年一一月甲寅条）とあるように、犠牲などを燔くのであって、それと即位儀礼の焼香との間にはかなりの懸隔があることを認めねばならないだろう。天皇即位儀礼の焼香とは、基本的には「明神（アキツミカミ）」としての天皇から参列者に向けて香のニオイが届けられたとみるべきで、その意味では、第二節の「異界・異類のニオイ」の仲間なのであろう。

日本古代の即位儀礼における焼香の始まりは明確にし得ないが、中国との関係では、唐において香炉が太極殿上に設置されていた（『新唐書』二三上）ことと関連させておく必要がある。[47] しかしながら、それだけでは十分ではないだろう。というのも焼香が日本の儀礼の中で定着した背景も考慮されねばならないからである。

平安京においては、住民や動物の排泄物、死体や様々な廃棄物が十分処理されておらず、平安京は「悪臭の漂う都」であり、[48]「糞尿都市」「死臭都市」などと指摘されている。[49] かかる事態の先駆けは早くも藤原京段階にあったとみられる。『続日本紀』慶雲三年（七〇六）三月丁巳条に「京城の内外に多く穢臭有り」とされていたからである。しかも、このような状況は平城京において深刻化したようである。八世紀後半には「疫神を京師の四隅と畿内の十堺とに祭らしむ」（『続日本紀』宝亀元年〈七七〇〉六月甲寅条）、「（県犬養姉女らは）天皇の大御髪を盗み給はりて、きたなき佐保川の髑髏に入れて大宮の内に持参り来て、厭魅為ること三度せり」（『続日本紀』神護景雲三年〈七六九〉五月丙寅条）とあり、疫病の発生や環境汚染が進行した様子も窺える。[50] かかる都城の衛生環境という観点からも、天皇即位儀礼（元日朝賀儀礼）の焼香──ニオイも位置付けていかねばならないはずである。その点では、前節で指摘した端午節の菖蒲のニオイも同様なのであろう。

||||||||||||||||||||||||||||||||||||||||

フランス文学の小倉孝誠氏は「においは、他者との関係において、おそらく他の感覚にも増して直接的で、強い反応を引き起こす」とした上で、「とりわけ悪臭と感じられるにおいは、社会的、階級的、職業的、そして民族的な差別の指標になることがある。……脱臭化をめざす現代人の傾向は、単に衛生的な配慮というに留まらず、すぐれて社会的な反応ということになるだろう[51]」と指摘されている。

一方、本章の中で、近衛舎人に臭い尿を引きかけて逃げたという狐の話〔史料7〕に触れた。『今昔物語集』によると、平安京内の住民もしばしば狐に遭遇している（一四―六、二七―三九、二七―四〇、二七―四一など）が、現在では、自然環境の悪化により、都会の暮らしの中で狐を見かけることはなくなった。おかげで我々は狐の尿の臭さを知らない。山椒魚〔史料1〕のニオイについても同様である。それればかりではない。いかなる人間であっても死後は死臭を発し、馥郁たる美食を口にしても人間が排泄する糞尿は必ずや臭いはずであるが、よりよい環境を求めて、死臭、糞尿臭もよく管理されるようになり、その悪臭を嗅ぐことは極めて少ない。前述の如く、一〇万人程度の平城京・平安京が悪臭に満ちていたというのであれば、一三〇〇万人余の人口（二〇一五年）を抱える東京都内に暮らして、私自身、悪臭に苦しめられた経験がないのは、まことに不思議なことではあるまいか。

さらには、本書序章「古代の人々の心性と環境」でも指摘した通り、原発事故によって、放射能は五感を超える（無臭）ことも学習させられた。脱臭・無臭の時代に生きる我々は、少なくともニオイを介して、古代のような異界・異類の存在を想像しにくくなったといえるのではないか。とくに人間の死（異界）に対する想像力の喪失が戦争への拒否感の衰退につながる(52)とすれば、ニオイの役割もけっして無視できない問題といえよう。

注

（1）ニオイに関しては、本章の注であげたもの以外に、金関丈夫「わきくさ物語」（『木馬と石牛』角川書店、一九七六年、初出一九五五年）、アラン・コルバン（山田登世子・鹿島茂訳）『においの歴史』（藤原書店、一九九〇年）、岡陽一郎「都市のにおい・浜のにおい」（『中世都市鎌倉と死の世界』高志書院、二〇〇二年）、三田村雅子・河添房江編『薫りの源氏物語』（翰林書房、二〇〇八年）、樋口百合子『いにしへの香り』（淡交社、二〇一四年）など。また、「特集〈香り〉のすがた」（『文学』五―五、二〇〇四年）参照。

(2) 安田政彦『平安京のニオイ』(吉川弘文館、二〇〇七年)。
(3) 池上俊一『身体の中世』(ちくま学芸文庫、二〇〇一年、初出一九九二年)。
(4) 池上、前掲(3)三三五頁。
(5) 池上、前掲(3)三三六頁。
(6) 池上、前掲(3)三三八頁。なお、池上氏は「十二・十三世紀以前は、触覚と聴覚にリードされた五感相互の協力関係が見られた。しかし、しだいに視覚が台頭して五感の布置は大きく変わっていった。視覚が台頭したのは、まず十二・十三世紀であり、その後、ルネサンス期に線遠近法と印刷技術が発明されて決定的に飛躍した。……視覚の台頭によって、嗅覚のみでなく聴覚・触覚も地歩を失った」と指摘されている(前掲(3)三五八〜三五九頁)。
(7) 千々和到「仕草と作法」(『日本の社会史』八、岩波書店、一九八七年)一四一〜一四二頁。
(8) 『宇治拾遺物語』六—二の話に関しては、マルコ山古墳出土の人骨の一部から竜脳の香気があったという報告(山田憲太郎「マルコ山古墳と竜脳」〈『スパイスの歴史』法政大学出版局、一九七九年〉)が想起される。
(9) 黒田日出男「『異香』と『ねぶる』」(『姿としぐさの中世史』平凡社、一九八六年、初出一九八三年)。また、保立道久「匂いと口づけ」(『中世の愛と従属』平凡社、一九八六年)も参照。
(10) 金子啓明・岩佐光晴・能城修一・藤井智之「日本における木彫像の樹種と用材観」(『MUSEUM』五五四、一九九九年)。本稿以後のさらなる調査の成果が、同「日本における木彫像の樹種と用材観Ⅱ」(『MUSEUM』五八三、二〇〇三年)、同「日本における木彫像の樹種と用材観Ⅲ」(『MUSEUM』六二五、二〇一四年)で示されている。なお、東京国立博物館・読売新聞東京本社文化事業部『仏像一木にこめられた祈り』(読売新聞東京本社、二〇〇六年)も参照される。
(11) 大橋一章氏は、クスノキ像が日本で登場したのではなく、中国南部で檀像の代用としてクスノキ像が生まれたのが、百済を経て日本に伝わったと指摘されている(「クスノキ像の製作」〈『奈良美術成立史論』中央公論美術出版、二〇〇九年〉)。
(12) 大橋、前掲(11)一七六〜一七八頁。
(13) 勝俣鎮夫「売買・質入れと所有観念」(『日本の社会史』四、岩波書店、一九八六年)。
(14) 光明皇后の伝説は永万元年(一一六五)七月七日の「珍慶田地施入状」(『平安遺文』三三五九)にみえ、平安後期には成立していたことが窺える（黒田「中世民衆の皮膚感覚と恐怖」〈『境界の中世　象徴の中世』東京大学出版会、一九八六年〉二四七頁）。

(15)『今昔物語集』天竺部の話であるが、仏が婆羅門城に入ると、尿・糞で穢れた池・河がたちまち清浄となった（一―一四）、糞便を食べていた闍婆羅が仏の前で出家すると、身体の「臭穢」がなくなって阿羅漢になっていた（二―三六）という話もある。

(16) 拙稿「古代の神々の示現と神異」（『古代の王権祭祀と自然』吉川弘文館、二〇〇八年）二〇八～二一〇頁。

(17)『天狗草紙』には、天狗が踊り念仏の集団に、花弁を降らせる光景が描かれている。

(18) 千々和、前掲(7)一四五～一四八頁。

(19) 千々和、前掲(7)一四八～一四九頁。

(20)『法華験記』上―九に応照法師の焼身のことがあるが、「煙の香臭からず、沈檀の香を焼くに似たり。……親しく見たる人、伝へ聞ける輩、随喜せずといふことなし」とあり、同様に奈良の京の女も「死屍は数日を経たりといへども、その気極めて香しくして、沈檀等のごとし。夫子眷属、遠近親疎、皆道心を発して、法華経を読みたり」（下―一二二）とあった。

(21) 芳香が清浄化、邪気払いの機能をもつことは、高取正男『神道の成立』（平凡社、一九七九年）二五二頁参照。この他、清浄化、邪気払い機能にあわせて、仏へ服従し捧げものとする説（藤澤典彦「古代における誓約の場」〈『文化史論叢』上、創元社、一九八七年〉九九八頁）、現世と他界を結ぶ機能とともに神仏の来臨を積極的に演出する所作を指摘する説（千々和「『誓約の場』の再発見」〈『日本歴史』四二二、一九八三年〉七～八頁）などもある。

(22) 新川登亀男『諸珍財』の飛鳥大仏献納」（『日本古代の対外交渉と仏教』吉川弘文館、一九九九年、初出一九九〇年）一一五頁。

(23) 新川、前掲(22)一一九頁。

(24) 新川、前掲(22)一一九頁。なお、千々和氏の説（前掲(21)）には新川説と共通するところがあろう。

(25) 倉林正次『饗宴の研究〔文学編〕』（桜楓社、一九六九年）八九～一〇〇頁、山中裕『平安朝の年中行事』（塙書房、一九七二年）一九六～二〇四頁、和田萃「薬猟と本草集注」（『日本古代の儀礼と祭祀・信仰』中、塙書房、一九九五年、初出一

九七八年）九九～一一五頁、中村義雄『魔よけとまじない』（はなわ新書、一九七八年）六四～九六頁、増尾伸一郎「〈紫の匂へる妹〉考」（『万葉歌人と中国思想』吉川弘文館、一九九七年、初出一九八七年）、大日方克己「五月五日節」（『古代国家と年中行事』吉川弘文館、一九九三年）など参照。

(26) 薬御酒は菖蒲を酒にあわせたものをいう（『大神宮儀式解』二二四）。

(27) 拙稿「古代伊勢神宮の年中行事」（前掲(16)所収）一二五～一二六頁。

(28) 『大神宮儀式解』二二四に「大宮をはじめ別宮及諸の殿舎に葺《フ》き……」とある。

(29) 倉林、前掲(25)九〇～一〇〇頁、増尾、前掲(25)一一二～一一三頁、大日方、前掲(25)六六～六八頁。

(30) 『年中行事絵巻』八には、菖蒲輿、菖蒲を運ぶ女房、菖蒲の鉢巻をして菖蒲刀を差した子供たちの絵も描かれている。

(31) 『枕草子』には、他に二一四段に「五月の菖蒲の、秋冬を過ぐるまであるが、いみじう白み枯れてあやしきを、引き折りあけたるに、そのをりの香の残りてかかへたる、いみじうをかし」として、五月の菖蒲の香りが残って漂っているとある。

(32) 山中、前掲(25)二〇四頁。

(33) 岡田精司「大王就任儀礼の原形とその展開（補訂）」（『古代祭祀の史的研究』塙書房、一九九二年、初出一九八三年）。

(34) 藤森健太郎『古代天皇の即位儀礼』（吉川弘文館、二〇〇〇年）。

(35) 佐々木恵介『天皇と摂政・関白』（講談社、二〇一一年）一九八～二一六頁は、近年の研究成果が簡潔にまとめられてあり、有益である。

(36) 天皇即位儀の実例についてみると、弘仁一四年（八二三）の淳和天皇即位儀では「辰三剋（午前八時）、皇帝、常の宮を出、大極殿後房に御す」（『淳和天皇御即位記』）、仁和三年（八八七）の宇多の時では、「(辰)四刻（午前八時半）、大極殿に出、帝位に即く」（『扶桑略記』仁和三年一一月丙戌条）などとあるが、一方、かかる時刻から遅れる例もあり、天皇が高御座に出御するのが、後三条天皇の時は「未二剋（午後一時半）」（『本朝世紀』治暦四年〈一〇六八〉七月辛卯条）、鳥羽天皇の場合になると、「申正刻（午後四時）」（『中右記』嘉承二年〈一一〇七〉一二月壬午条）という例もあった。

(37) 伊勢神宮でも元日朝賀儀礼に対応して元日朝拝が内・外宮で行われた（拙稿、前掲(27)一〇一～一〇四頁）。このうち、時刻がわかるのが、『止由気宮儀式帳』正月例で、「朔日卯時（午前六時）を以て、禰宜、内人、物忌等、皆悉に参集して、神宮を拝み奉る」とあった。

(38)『文安御即位調度図』には「火爐」と「燔香桶」の図が載る。

(39)その他、『日本往生極楽記』一に「(聖徳太子)時に年六歳。太子の身体尤も香し。これを抱き懐る人、奇香衣に染みて数月滅せざりき」、『今昔物語集』一一―三四には「震旦ノ后ハ、必ズ其ノ匂三十六町ニ香シ」とある。

(40)岡田、前掲(33)六〇～六四頁。

(41)拙稿「古代の樹木と神異」(前掲(16)所収)二三二～二三五頁。

(42)奈良時代の元日節会は中宮・朝堂・内裏などで侍臣・自余五位以上を対象として行われている。この儀の歴史的推移については、西本昌弘「奈良時代の正月節会について」(『日本古代儀礼成立史の研究』塙書房、一九九七年)三一二～三一七頁、志村佳名子「古代王宮の饗宴儀礼」(『日本古代の王宮構造と政務・儀礼』塙書房、二〇一五年)参照。

(43)元日節会の豊楽院儀の実例は、弘仁一一年(八二〇)、同一三年、同一四年の三例しかない。豊楽院儀から紫宸殿儀への移行については、神谷正昌「紫宸殿と節会」(『古代文化』四三―七、一九九一年)参照。

(44)藤森氏は「六位以下にとっては、元日の天皇は拝むべき存在であって、ともに饗宴の席を囲む存在ではなかったのである」と指摘されている(「日本古代元日朝賀儀礼の特質」〈前掲(34)所収〉八〇頁)。『儀式』には六位以下のことがなく、藤森氏の指摘の通りであろうが、『内裏式』上には豊楽院内に「六位已下参入す」という記述もある。

(45)佐藤信「宮都・国府・郡家」(『日本古代の宮都と木簡』吉川弘文館、一九九七年、初出一九九四年)一一頁。

(46)和田英松「御即位礼及び大嘗祭の沿革」(『国史国文之研究』雄山閣出版、一九二六年、初出一九一四年)六八～六九頁、滝川政次郎「御代始め諸儀式の法的意義」(『律令と大嘗祭』国書刊行会、一九八八年、初出一九七九年)六二～六七頁、千々和、前掲(21)七頁、岡田、前掲(33)七四頁など。

(47)藤森、前掲(44)四二～四三頁。

(48)高橋昌明「よごれの京都・御霊会・武士」(『新しい歴史学のために』一九九、一九九〇年)、同「よごれの中の京都」(『朝日百科歴史を読みなおす』一二、朝日新聞社、一九九四年)。また、西山良平『都市平安京』(京都大学学術出版会、二〇〇四年)参照。

(49) 安田、前掲(2)八〜九九頁。また、金子裕之「初めての都市」(『ものがたり日本列島に生きた人たち』一、岩波書店、二〇〇〇年)一一二〜一三一頁)も参照。

(50) 寺崎保広「古代都市論」(『古代日本の都城と木簡』吉川弘文館、二〇〇六年)二六頁。松井章氏は、平城京内のトイレの汚水が流れ込んだ東西の「運河に堆積した累々たる牛馬の骨を目の当たりにした時、当時の悪臭はいかほどであたろうかと思わずにはいられなかった」と指摘されている(『環境考古学への招待』〈岩波新書、二〇〇五年〉一四三頁)。その他、宮路淳子「平城京の環境」(『季刊考古学』一一二、二〇一〇年)七九〜八〇頁、馬場基「平城京という『都市』の環境」(『歴史評論』七二八、二〇一〇年)五七〜六〇頁も参照。

(51) 小倉孝誠『身体の文化史』(中央公論新社、二〇〇六年)一〇九頁。

(52) 菊池勇夫「過去と現在を行き来する災害史研究」(『歴史学研究』九一六、二〇一四年)二四頁。

第四章　古代の人々と不思議議

——感性を手がかりに——

はじめに

古代の人々の感性の働きについては、時間論を踏まえて、筆者は以下のようなことを指摘したことがある。(1) すなわち、『古事記』中（景行）に、ヤマトタケルが「新治　筑波を過ぎて　幾夜か寝つる」と歌ったのに対し、御火焼の老人が「日々並べて　夜には九夜　日には十日を」とかえしたこと、『日本書紀』崇神一〇年九月甲午条に、ヤマトトトヒモモソヒメが葬られたという箸墓について、「是の墓は、日は人作り、夜は神作る」とあることなどを根拠に、古代では一日は大別して昼と夜、細かくは朝・昼・夕・夜の時間に区分されていた。さらに、これに人々の感性の働きを考慮すると、①明るい昼間は、人間の活動する時間帯で、人間の感性では視覚が優位に働くこと、②暗い夜には、人間以外の神・仏・鬼・妖怪などの異類が活動し、人間の視覚が十分に及ばない分、聴覚・嗅覚・触覚が有効に働くこと、③夕方には、異類の活動が始まること、④明るくなる朝は、異類が退散し、人々が前夜の異類の不思議な活動の形跡をみつけて驚くことなどである。

しかしながら、夕方に始まり朝には終わるという異類の不思議な活動は原則であるが、時にはそれを逸脱することもあった。事例数は少ないが、確かに昼間に異類の活動することがあったことが『今昔物語集』などの説話からも窺える（後述）。そこで、本章では、異類の不思議な活動を起点に、時間論のみならず、空間論をも踏まえて、古代の人々の感性の働きを問題にしたい。視覚偏重の現代[2]に対して、視覚が必ずしも優位に立たなかったという古代に生きた人々の感性のあり様を点検してみたいのである。

その際、最初に三つのことを指摘しておく。第一は、本章の題名にある不思議とは何かという点である。心理学者の河合隼雄氏は「『ふしぎ』の反対は『あたりまえ』である[3]」とされた。『今昔物語集』では、「不（可）思議」「希有也」「奇異也」「奇異シ[4]」などとされた事象を指すものであろう。本章では、『今昔物語集』などの諸史料にみられる異類の活動によって生起した出来事から祥瑞までを検討対象とした。それは、古代の人々にとって、まさに「あたりまえ」でないことであった[5]。

第二は、夜の暗さの問題である。夜が昼と比べて暗いのは当然であるが、とくに新月の夜や、雨夜では暗かったはずである。「夜ニ入テ、三月ノ霖雨ノ比、明キ所ソラ尚シ暗シ、況ヤ南殿ノ迫ハ極ク暗キニ」（『今昔物語集』二七―一〇）、「五月ノ二十日余ノ程ニ成テ、雨隙無ク降テ、極ク暗カリケル夜、……目指トモ不知ズ暗キニ」（『今昔物語集』三〇―一）などの例からも、夜の暗さが察せられよう。しかし、その一方で、満月の晩は明るかった。「九月ノ中ノ十日ノ程ニ……月糸明ケレバ」（『今昔物語集』一七―四四）、「八月十五日夜ノ月ノ糸明カリケル夜」（『今昔物語集』三〇―九）など、満月かそれに近い頃であれば、暗い夜とはいい難い。夜には、太陽の明るさとは比較にならないとしても、満月の明るい晩と、新月の暗いのと双方あったことに留意すべきであろう。

第三は、柳田國男氏の『故郷七十年』に載る「ある神秘の暗示[6]」である。この中で、柳田氏は、一四歳の時の体験として、布川（現、茨城県利根川町布川）の医者、松岡鼎（兄）のもとで過ごした。布川には小さな石の祠があって、柳田少年は、その扉を開けてみた。そこには美しい珠が入っていて、それは祠にまつられているお婆さんが中風で寝ていた時、その珠をいつも撫で回していたものだった。柳田少年はそれを覗いた時、興奮し、何ともいえない妙な気持になり、しゃがんだまま、よく晴れた青空を見上げると、昼間なのに数十の星がみえた。その時、空でヒヨドリがピーッと鳴いて通った。その時、柳田少年は始めて人心地がついたのであって、実際にヒヨドリが鳴かなかったら、自分はあのまま気が変になっていたのではないかと書いている。

「ある神秘の暗示」には元の文章があり、それが『妖怪談義』に収められている「幻覚の実験」(7)である。「幻覚の実験」では、祠の扉を開けたこと、昼間の星がみえたこと、ヒヨドリが通ったことまでは「ある神秘の暗示」と同じであるが、気が変になったかもしれないとは書いていない。代わって、昼間の星に関して、それを後日、医者の書生に話したところ、皆、大笑いで認めてくれない。東京の学校に入ってからも、何度か友達に話してみたが、君は詩人だよと冷やかされた。また、あの時、兄が家にいて、弟の引きつった顔をみたら、結果はどうだったか。不思議は世の中にないとはいえないと、かつて茨城県では日中に星が見えたということが語り伝えられたとも限らないとある。(8)

この柳田氏の体験につき注目すべきは、昼間にも不思議は起こることであるが、それには当事者の体験だけではなく、それを確認する証人が必要であったことである。柳田氏の場合、証人が不在であったがために、不思議は真実にならなかったことが指摘できよう。不思議と証人や証拠(9)との関係は大事なポイントになるものと思う。

以上のことを踏まえた上で、夜の不思議、昼の不思議の順番で、証人の役割を考慮しつつ、不思議が起った場所として境界と異界とを区分して取り扱い、史料としては、主として『法華験記』と『今昔物語集』の説話を手がかりとする。その上で、本章の後半では、祥瑞という不思議についても、時空論や証人の問題も踏まえて言及することとしたい。

一　夜の不思議

1　境　界

そこで、夜に境界領域で起きた不思議な出来事に対して、古代の人々の感性がどのように働いていたかが知られる史料を提示することから始めたい。なお、夜の不思議の話は多いので、主なものだけを取り上げる。

〔史料1〕　沙門道公は、天王寺の僧なり。……熊野より出でて、本の寺に還る間、美奈倍郷の海の辺の大きなる樹の下に宿し住れり。夜半に至る程に、騎に乗りたる人二、三十騎ありて、この樹の辺に至る。一の人ありて言はく、「樹の下の翁侍ふか」といふ。樹の下に答へて曰く、「翁侍ふ」といふ。また曰く、「早に罷り出でて、御共に侍ふべし」といふ。翁の曰く、「駄の足折れ損じて、乗り用うること能はず。明日治を加へ、もしは他の馬を求めて、御共に参るべし。年齢老衰して行歩すること能はず、云々」といへり。騎に乗れる類、各々分散せり。明旦に至りて、沙門怪び念ひ、樹の下を巡り見るに、道祖神の像あり。朽ち故くして多くの年を逕たり。男の形ありといへども、女の形あることなし。前に板の絵馬あり、前の足破損せり。沙門、絵馬の足を損じたるを見了へて、糸をもて綴り補ひ、本の所に置き畢へぬ。沙門ことの縁を知らむがために、その日を過ぎ已へて、その夜樹の下に宿しぬ。夜半に至りて、先のごとく数の騎来れり。翁、馬に乗りて出でて行く。

（『法華験記』下―一二八）

〔史料1〕は、天王寺僧道公が熊野からの帰り、紀伊国美奈倍郷の海辺の大樹のもとで一泊したところ、夜半に二、三十騎の馬に乗ったものと、樹の下の翁との会話を聞いてしまう。翌朝、道公が樹の下を見ると、道祖神像があり、その前に板の絵馬があるだけであった。道行は絵馬の足が壊れているところを糸で直し、もとの所に置いた。その夜、再び騎馬のものがやって来、道祖神も馬に乗って出かけて行った。以上までが引用箇所であるが、この後、明け方、道祖神が帰ってきて、道公に騎馬のものは行疫神で、自分は道祖神である。行疫神が国内を巡る時は必ず道祖神を先導役とする。それ故、今後は神の形を捨てて、上品の功徳の身に生まれたいと語った。そこで、道公は道祖神の言葉に従い、三日三晩、妙法華経を読誦したため、道祖神像を乗せた柴の船は南を指して走り去ったという話。

〔史料1〕で注目すべきは、夜半に道祖神を先導役として行疫神が出かけていくという点である。まさに夜は、道祖神や行疫神という異類が活動する時間帯であったことが窺える。また、夜半に道公は、行疫神と翁（道祖神）との会話を聞いてしまう。暗い夜に道公が聴覚を介して異類同士の会話を聞いたというのである。夜明けには、道公は大樹のもとに道祖神が祭られ、壊れた絵馬を見つけている（視覚の働き）のとは、対照的であるといえよう。さらには、この話は場所という点でも特別である。舞台は美奈倍郷の海辺というのであるから、海陸の境目の境界領域であった。しかも、そこには境の神として道祖神が祭られているという。かかる境界という空間、夜という時間で、道公が行疫神と道祖神の会話を聞く（聴覚）という不思議が起きていたのである。

〔史料2〕今昔、仏ノ道ヲ行フ僧有ケリ。鎮西ニ至テ流浪シケルニ、□ノ国ニ□坂ト云フ所ニ道祖神有ケリ。此ノ僧、其ノ道祖神ノ祠ノ辺ニ宿ニケリ。夜ニ入テ、寄リ臥タリケルニ、夜半許ニ、人皆寝ヌラムト思フ程ニ、馬ノ足音数シテ、「人多過グ」ト聞クニ、「道祖在マスカ」ト問フ音有リ。此ノ僧此レヲ聞テ、極テ怪シビ思フ。「此ハ希有ノ事カナ。人ノ云フニヤ有ラム」ト怪シビ思フ程ニ、此ノ祠ノ内ニ、「侍リ」ト答フ音有リ。僧ヲ此レヲ聞テ、「弥ヨ希有也」ト思ヒ、亦通ル音ノ云ク、「明日ハ武蔵寺ニヤ参リ給フ」ト問ケレバ、祠ノ内ニ云ク、「然モ不侍ラズ。抑何ニ事ノ侍ルゾ」ト云ヘバ、通ル音、「『明日武蔵寺ニ新キ仏ケ可出給シトテ、梵天・帝尺・四大天王・竜神八部皆集マリ給フ』トハ知リ不給ザルカ」ト云ヘバ、祠ノ内ニ、「然ル事モ未ダ不承ズ。喜フ告ゲ給ヒタル。何デカ不参デハ侍ラム。必可参シ」ト云ヘバ、通ル者、「然ハ明日ノ巳時許ノ事ナル。必参リ給ヘ。待申サム」ト云テ過ヌナリ。僧此ヲ聞テ、「此ハ早ウ鬼神ノ云フ事也ケリ」ト心得テ、物恐シク思ヘドモ、念ジテ居タル程ニ夜明ヌ。

(『今昔物語集』一九―一二)

〔史料2〕は、〔史料1〕と類似するところが多い。鎮西を遍歴中の修行僧が道祖神の祠の側で野宿したところ、夜中に鬼神が「明日武蔵寺ニ新キ仏ケ可出給シトテ、梵天・帝尺・四大天王・竜神八部皆集マリ給フ」と祠の道祖神に語るのを聞いたという不思議な話(引用箇所)である。この後、鬼神のいう通り、翌日の午時頃、僧は老翁の出家を武蔵寺で目撃し、出家の功徳に感銘したとあった。

〔史料2〕の話も前半部は夜の出来事として語られている。夜に、僧は鬼神が道祖神に話しかけているのを聞いたのである。しかも、それはすべて声の世界であった。「馬ノ足音数シテ」、「『道祖在マスカ』ト問フ音」、「『侍リ』ト答フ音」、「通ル音」など、すべて僧の耳に届く声ばかりで、僧は道祖神や鬼神そのものを見ているわけではない。場所も〔史料1〕と同様、「□ノ国ニ□坂ト云フ所ニ道祖神有ケリ」とあることからも、境界領域であった。僧は、翌日の昼頃に老翁の出家を武蔵寺で目撃するのであって、ここでも昼―視覚、夜―聴覚という感性の働きは図式通りである。

〔史料3〕今昔、延喜ノ御代ニ、天皇、夜ル清涼殿ノ夜ルノ大臣ニ御マシケルニ、俄ニ蔵人ヲ召ケレバ、蔵人一人参タリケルニ、仰セ給ヒケル様、「此ノ辰巳ノ方ニ、女ノ音ニテ泣ク者有リ。速ニ尋テ参レ」ト。蔵人、仰セヲ奉ハリテ陣ノ吉祥ヲ召シテ、火ヲ燃サセテ、内裏ノ内ヲ求ムルニ、更ニ泣ク女無シ。

夜深更ニタレバ、人ノ気色ダニ無ケレバ、返テ其ノ由ヲ奏スルニ、天皇、「尚吉ク尋ネヨ」ト仰セ給ヘバ、其ノ度ハ八省ノ内ヲ、清涼殿ノ辰巳ニ当ル所ノ官々ノ内ヲ尋ネ聞クニ、何ニモ音スル者無ケレバ、亦返リ参テ、八省ノ内ニハ不候ヌ由ヲ奏スルニ、「然ラバ八省ノ外ヲ尚尋ネヨ」ト仰セ有ケレバ、蔵人、忽ニ馬司ノ御馬ヲ召シテ、蔵人其レニ乗テ、吉祥ニ火ヲ燃サセテ前ニ立テ、人数具シテ、内裏ノ辰巳ニ当ル京中ヲ行テ普ク聞クニ、京中皆静マリテ敢テ人ノ音不為ズ。況ヤ、女ノ泣ク音無シ。遂ニ九条堀河ノ辺ニ至ヌ。一ノ小家ノ有ルニ、女ノ泣ク音有リ。

（『今昔物語集』二九―一四）

〔史料3〕は、醍醐天皇が夜、清涼殿で東南方に女の泣き声を聞き、それを蔵人に捜索させる。蔵人は内裏から八省、さらに京内まで探索するものの、泣く女はいない。ついに九条堀川辺の一軒の小家で、女の泣き声が聞こえた（以上、引用箇所）。その後、女を捕縛して検非違使が尋問すると、翌日、女は間男と共謀して実の夫を殺し、空泣きをしていたことを白状したという話。夜、人々が寝静まっているといっても、九条堀川での女の泣き声が、内裏の天皇の耳に届くはずはあるまい。むしろ、九条堀川という平安京の境界領域での泣き声が英明な醍醐天皇にだけ聞こえたという[10]不思議な話と受け止めるべきであろう[11]（後述）。しかも、〔史料3〕も、やはり夜の出来事であったことを忘れてはなるまい。

〔史料4〕……九月ノ下ツ暗ノ比ナレバ、ツ、暗ナルニ、季武、河ヲザブリ〳〵ト渡ルナリ。既ニ彼方ニ渡リ着ヌ。此レ等ハ、河ヨリ此方ノ薄ノ中ニ隠レ居テ聞ケバ、季武、彼方ニ渡リ着テ、行縢走リ打テ、箭抜テ差ニヤ有ラム、暫許有テ、亦取テ返シテ渡リ来ナリ。其ノ度聞ケバ、河中ノ程ニテ、女ノ音ニテ季武ニ現ニ、「此レ抱々ケ」ト云ナリ。亦、児ノ音ニテ、「イガ〳〵」ト哭ナリ。其ノ間、生臭キ香、河ヨリ此方マデ薫ジタリ。三人有ルダニモ、頭毛太リテ怖シキ事無限シ。何況ヤ、渡ラム人ヲ思フニ、我ガ身乍モ半ハ死ヌル心地ス。

然テ、季武ガ云ナル様、「イデ抱カム。己」ト。然レバ、女、「此レハ、クハ」トテ取ラスナリ。季武、袖ノ上ニ子ヲ受取テケレバ、亦、女追々フ、「イデ、其ノ子返シ令得ヨ」ト云ナリ。季武、「今ハ不返マジ、己」ト云テ、河ヨリ此方ノ陸ニ打上ヌ。

然テ、館ニ返ヌレバ、此レ等モ尻ニ走返ヌ。

（『今昔物語集』二七—四三）

〔史料4〕は、源頼光が美濃守在任中、渡というところで、産女が人々を脅かすというので、平季武が同輩たちと賭けをし、渡河を果たす。その帰りに産女が幼児を抱いて現れるが、季武はそれを奪って戻ってきたという話。引用箇所の冒頭に「九月ノ下ツ暗ノ比ナレバ、ツヽ暗ナルニ」とあるように、新月に近い暗闇の時期であったこと、場所は渡という境界地点であり、そうしたところに産女が出現するという点をまずは押さえておく必要があろう。河を渡ったのは季武であるが、引用箇所は事前に季武と賭けを争った三人の若者の立場からの叙述になっている。すなわち、三人は渡りの手前の薄の中に隠れて、じっと季武の様子を覗っていたことになっているが、彼らは季武が実際に渡河したことを確認する証人の役割を果たしていたものとみられる。しかし、暗闇の中、三人は季武と産女とのやり取りを視覚ではまったく捉えられていない。両者のやり取りは、三人の男の耳に届くばかりであったこと、それに「生臭キ香」というニオイ、「頭毛太リテ怖シキ事無限シ」という恐怖の感覚が語られているに過ぎない。(12) この三人の証人が存在したことで、渡における産女の話は、この話を聞いた周囲の人々に事実譚として受け入れられていくのであろう。しかも、それと同時に真っ暗な夜の出来事であったため、証人たちの感性の働きが視覚以外にあったことが指摘できよう。

2 異　界

本項では、夜に人間が異界に入り込んで起きた不思議と、人々の感性の働きとの関係を、前項同様、『法華験記』

に即して点検していきたい。

〔史料5〕　沙門壱睿は、法華経を受持すること、年序尚久しかりき。熊野に参詣して、宍背山に宿れり。中夜に臨みて、法華経を誦するの声あり。その声極めて貴く、聞きて骨髄に銘しぬ。……尽くに一部を誦して、既に天暁に至りぬ。明朝見るに死骸の骨あり。身体全く連りて、更に分散せず、青苔身を纏りて、多くの年月を逕たり。髑髏を見るに、その口の中に舌あり。赤く鮮かにして損せず。壱睿これを見て、起居して礼拝して、感悦に堪へず。

（『法華験記』上―一三）

〔史料6〕　但馬国に一の山寺あり。建立の以後、百余歳に逮べり。鬼神来り住して、久しく人栖まず。二の客の僧あり、案内を知らずして、この寺に来り宿れり。……夜半に及ぶ時に、壁を穿ちて入る者あり。その香甚だ臭くして、気息牛に似たり。鼻の気を吹き撃つ。持経者、大きなる怖畏を懐きて、一心に法花を誦せり。鬼この僧を捨てて、老いたる僧の許に往き来りて、䶩み割きて食し噉ふ。老いたる僧、声を揚げて大きに叫べども、人の救け済ふものなし。持経の沙門、避け遁ること知らず。呻ひ吒き悲しび歎きて、仏壇の上に登り、仏像の中に交りて、一の仏の腰を抱き、誦経念仏して、死を遁れむ方を求めたり。

鬼、老いたる僧を食し畢りて、持経者の在所を尋ね来れり。沙門一心に法華を念じたり。鬼、仏壇の前に顚れ落ちぬ。その後鬼来らず。沙門弥仏の腰を抱きて、法花経を誦して、夜の早く明くるを待つ。明旦に至りて見るに、抱くところの仏は毘沙門天王なり。壇の前を見れば、牛頭鬼三段に切り殺せり。天王持つところの鋒剣に、赤き血塗り付きたり。……沙門里に出でて示すに、諸の人寺に集りて、かくのごときことを見て、希有のことなりと称ふ。

（『法華験記』中―五七）

〔史料5〕は、沙門壱睿が熊野に参詣し、宍背山に野宿した際、法華経読誦の貴い声を聞いた。翌朝、舌が赤い死骸を発見したという話（引用箇所）。この後、次の日の夜明け頃、壱睿は死骸に語りかけたのに対し、死骸は「自分は比叡山東塔の円善という僧で、六万部の法華経転読の願を立てたが、半分を残して死んだ。そこで、残りを読むためにここに住んでいる。この後は都率の内院に生まれるだろう」といったという話。

宍背山という山中の異界、夜という時間において、壱睿が死骸の誦経の声を聞き、死骸と会話したという不思議な話である。暗い夜では、壱睿は死骸の誦経の声のみを聞き、朝に赤い舌のままの円善の死骸を見るという。この異界の話でも、夜—聴覚、朝—視覚の関係が読み取れよう。

〔史料6〕は、話の舞台は鬼神（鬼）という異類が住まう山寺という空間、時間は夜であった。かかる時空間で不思議な出来事が起こった。老若二人の僧が山寺に宿泊するが、牛に似た息を吹きかける鬼に老僧は食われ、若い僧は仏壇の毘沙門天像の腰に抱きつき、法華経を念じていたため、命が助かった。夜明けに若い僧が辺りを見ると、仏壇の前に鬼が三段に切り殺されており、毘沙門天のもつ鋒剣に赤い血が付いていた。若い僧はこのことを人里に出て教えると、諸の人が寺に集まって不思議なことだといったとある。

夜に働く感性は、鬼の臭い息（嗅覚）、若い僧が毘沙門天像の腰に抱きつく触覚、鬼が倒れる音（聴覚）と、いずれも視覚以外であった。明け方、若い僧は鬼が切り殺されていたこと、毘沙門天像の鋒剣に血がついていたことを発見する（視覚）。さらに里人がこの光景を見て（視覚）、不思議なことだといったのは、彼らが前の晩の出来事を、第三者の立場から真実であると認めたという意味で証人の言葉といえよう。証人（視覚）の役割も夜明け後のことであったことは留意されてよいだろう。

次に『今昔物語集』の中から、異界における夜の不思議な話を二つ取り上げてみたい。

〔史料7〕　今昔、右近ノ中将在原ノ業平ト云フ人有ケリ。……

其レニ、忽ニ可将隠キ所ノ無カリケレバ、思ヒ繚テ、北山科ノ辺ニ旧キ山庄ノ荒テ人モ不住ヌガ有ケルニ、其ノ家ノ内ニ大ナルアゼ倉有ケリ。……此ノ倉ノ内ニ畳一枚ヲ具シテ、此ノ女ヲ具シテ将行テ臥セタリケル程ニ、俄ニ雷電霹靂シテ喤ケレバ、中将大刀ヲ抜テ、女ヲバ後ノ方ニ押遣テ、起居テヒラメカシケル程ニ、雷モ漸ク鳴止ニケレバ、夜モ暛ヌ。

而ル間、女、音モ不為ザリケレバ、中将怪ムデ見返テ見ルニ、女ノ頭ノ限ト着タリケル衣共ト許残タリ。中将、奇異ク怖シクテ、着物ヲモ不取敢ズ逃ゲ去ニケリ。

其レヨリ後ナム、此ノ倉ハ人取リ為ル倉トハ知ケル。然レバ、雷電霹靂ニハ非ズシテ、倉ニ住ケル鬼ノシケルニヤ有ケム。

（『今昔物語集』二七―七）

〔史料8〕今昔、美濃ノ国ノ方ヘ行ケル下衆男ノ、近江ノ国ノ篠原ト云フ所ヲ通ケル程ニ、空暗テ雨降ケレバ、立宿リヌベキ所ヤ有ルト、見廻シケルニ、人気遠キ野中ナレバ、可立寄キ所ナカリケルニ、墓穴ノ有ケルヲ見付テ、其レニ這入テ暫ク有ケル程ニ、日モ暮テ暗ク成ニケリ。

……夜打深更ル程ニ聞ケバ、物ノ入来ル音ス。暗ケレバ何物トモ不見ズ。只音許ナレバ、「此レハ鬼ニコソハ有ラメ、早ウ、鬼ノ住ケル墓穴ヲ不知ズシテ立入テ、今夜命ヲ亡シテムズル事ヲ、心ニ思ヒ歎ケル程ニ……此ノ物近ク来テ、先ヅ物ヲハクト下シ置クナリ。次ニ、サヤ〳〵ト鳴ル物ヲ置ク。其ノ後ニ居ヌル音ス。此レ、人ノ気色也。

……人ノ音ニテ云フ様、「此ノ墓穴ニハ、若シ住給フ神ナドヤ御スル。然ラバ、此レ食メセ。己ハ物ヘ罷ツル者ノ、此ヲ通ツル間ニ、雨ハ痛ウ降ル、夜ハ深更ヌレバ、今夜許ト思テ、此ノ墓穴ニ入テ候フ也」ト云テ、物ヲ祭ル様ニシテ置ケバ、本ノ男、其ノ時ニゾ、少心落居テ、□レバコソト思ヒ合セケル。

然テ、其ノ置ツル物ヲ、近キ程ナレバ、窃ニ、何ニゾト思テ手ヲ指遣テ捜レバ、小サキ餅ヲ三枚置タリ。然レバ、本ノ男、「実ノ人ノ道ヲ行ケルガ、持タル物ヲ祭ルニコソ有ケレ」ト心得テ、道ハ行キ極ジテ、物ノ欲カリケルマ、ニ、此餅ヲ取テ窃ニ食ツ。

今ノ者、暫許有テ、此ノ置ツル餅ヲ捜ケルニ、無シ。其ノ時ニ、「実ニ鬼ノ有テ食ヒテケルナメリ」ト思ケルニヤ、男、俄ニ立走ルマ、ニ、持タリツル物ヲモ不取ズ、蓑笠ヲモ棄テ、走リ出テ去ヌ。

（『今昔物語集』二八―四四）

〔史料7〕の話は、在原業平が女を盗み出し、北山科の荒れた人も住まない山荘の校倉に隠したところ、夜半に雷鳴がとどろき、稲妻が走ったので、業平は女を後ろに押し遣り、太刀をひらめかしているうちに[13]、雷鳴も鳴り止み、夜も明けた。ところが、女は頭と着物だけを残して鬼に食われていたというもの。女が食われたのは倉に住む鬼の仕業であろうかとあるので、そのような場所で、夜、業平が雷電霹靂と向き合っているうちに、後方で女は異様な死に方をしたという不思議な話であった。この話からも、夜という時間帯、鬼が住むという異界では、視覚が優位に立たず、不思議なことが起こると観念されていたことが窺えよう。

〔史料8〕は、近江国篠原で墓穴に宿った下衆男が同じ墓穴に別の男が入ってきたのを「此レハ鬼ニコソハ有ラメ」と思うが、別の男は「此ノ墓穴ニハ、若シ住給フ神ナドヤ御スル。然ラバ、此レ食メセ」と、小さな三つの餅を置いた。しかし、下衆男がそれをこっそり食べてしまったため、餅がないことに気付いた別の男は、本当に鬼が食べたのだと思って荷物や蓑笠を残して走り去っていった。おかげで下衆男は別の男の持ち物を得ることができたという話。

墓穴[14]という空間は鬼が住むとも、神が住むとも考えられていた異界とみられる。この話の時間は夜であるが、「空暗テ雨降ケレバ」とあるので、漆黒の闇夜であったに違いない。そうした中で、下衆男は別の男が墓穴に入ってくる様子を聴いている。「先ヅ物ヲハクト下シ置クナリ。次ニ、サヤ〳〵ト鳴ル物ヲ置ク」というのは、別の男が持ち物をどさっと置いた音、次に蓑笠を脱いで置いた音と判断する。それでも下衆男は、別の男が男か法師か童かも分からない。しかし、別の男が神に供え物をするのを聞いて、下衆男は安心したとある。ここまでの記述は、下衆男が墓穴で聴いた音声の世界の連続である。まさに暗い空間では聴覚が有効に働いていた様子が知られよう。その後、下衆男は餅をとってこっそり食べてしまい、別の男が「此ノ置ツル餅ヲ捜ケルニ、無シ」というのは、下衆男と別の男の触覚であろう。いずれにしても、当該話からも、夜に働く感性が視覚ではなく、聴覚、触覚や味覚であったことが確認されよう。

3　小　結

以上、夜には異類が活動し、境界や異界で不思議なことが起きたと語られている説話を取り上げた。その結果、夜には人々の視覚が優位に立たず、聴覚などの視覚以外の感性の働きが有効であったことが知られた。夜の不思議は翌朝、証人によって確認されたケースもあった〔史料6〕が、夜の不思議の場面に証人が登場する話は少ない。夜の不思議な出来事はそのまま体験者によって、事実として承認されていたのではないだろうか。〔史料4〕のように、かりに証人が登場しても、証人としての三人の若者は平季武と産女とやりとりを聴くという形であった。

二　昼の不思議と証人

1　境　界

つぎに、昼間の不思議について取り上げる。もとより、昼間に不思議なことが起ることはなかったはずである。まずもって、そのことを窺わせる例を紹介しておこう。

〔史料9〕……関白殿、忍テ女車ノ様ニテ御覧ジケルニ、此ク落蹲ノ出ルヲ奇怪也ト思食テ、忽ニ人ヲ召テ、「其ノ落蹲ノ舞人、慥ニ搦メヨ」ト高ク仰セ給フ時ニ、落蹲ノ舞人踊テ入ヌ。然テ装束モ不解ズシテ逃テ、迷テ馬ニ乗テ、西ノ大宮下ニ馳テ行ケリ。其ノ舞人ハ多ノ好茂也。「面形ヲ取去テハ人モゾ見知ル」ト思ケレバ、面形ヲシ乍ラ、申ノ時許ニ馳テ行ケレバ、大路ノ人ハ、「彼レ見ヨ、鬼ノ昼中ニ馬ニ乗テ行クヲ」ト云喤テ、幼キ者ナドハ、此レヲ見テ恐迷テ、実ノ鬼也ケリト思ケルニヤ、病付タル者モ有ケリ。

(『今昔物語集』二八―三五)

この話は、後一条天皇の代、種合せとして右方、左方に分かれて出し物の優劣を競う行事が北野の右近馬場であった際、双方の勝負が決まる前に、右方は突然、勝利の落蹲の舞を始めたので、(以下、引用箇所)お忍びで見物していた関白殿(藤原頼通)は、落蹲の舞人を捕えるよう命令した。落蹲の舞人役の多好茂は面をつけたまま、申時(午後四時)、西大宮大路を馬に乗って走ったので、これを見た人々は「彼レ見ヨ、鬼ノ昼中ニ馬ニ乗テ行クヲ」と騒ぎ、幼い子供の中には恐れおののき、本当の鬼と思って病気になったものもあったという話。

昼間に都の大路を鬼が馬に乗って走ったというのであるから、目撃者も多かったはずであるが、人々に大きな衝撃を与えることはなかったとみられる。というのも、この話は末尾に「其ノ中ニ、落蹲ノ舞人ノ、面形ヲシ乍ラ馳テ逃タル事ヲゾ、世ノ人咲ケル」とある通り、笑い話であり、しかも収録されている巻二八自体、笑い話の巻であった。かかる例からして、昼間の鬼の登場はあり得ないことと観念されていたのであろう。

それに対して、以下では、昼間に境界領域で起きた不思議な出来事を語る話を検討する。かかることは本来、起き得ないはずであるが、その事例数は夜に比べて極めて少ないとしても、それでも昼間にも境界という場で不思議なことは起きていたとみられる。そのような事態への人々の感性の働きを検討してみたいのである。

〔史料10〕　……亦、中納言長谷雄ト云ケル博士有ケリ。世ニ並無カリケル学生也。其人、月ノ明リケル夜、大学寮ノ西ノ門ヨリ出テ、礼□ノ梢ノ上ニ立テ北様ヲ見ケレバ、朱雀門ノ上ノ層ニ、冠ニテ襖着スル人ノ、長ハ上ノ垂木近ク有ルガ、□吹ヲシ、文ヲ頌シテ廻ルナム有ケル。長谷雄此ヲ見テ、「我レ此レ霊人ヲ見ル。身乍ラモ止事無ク」ナム思ケル。此レ亦希有ノ事也。

（『今昔物語集』二四―一）

〔史料10〕は、紀長谷雄が「礼□ノ梢ノ上」（□は校訂者が推定して置いた空格）から北方を見ると、朱雀門の上層に身の丈が垂木近くまである人がおり、長谷雄は「自分は霊人を見た。我ながらすばらしいことだ」と思った。これもまた不思議なことであるという話。

この話の時間は夜であるが、「月ノ明リケル夜」とあるのが留意される。長谷雄は羅城門（？）の階から、朱雀門上層に霊人の姿を見たというのであった。これは、朱雀門上層という境界で霊人という異類の姿を長谷雄が視覚で捉えたという不思議である。長谷雄の言葉に「身乍ラモ止事無ク」（我ながらすばらしい）とあるが、ここからは長谷雄だから霊人が見えたのだ、他の人々には見えるものではないという意も込められているのではないか。月の明るい夜には、視覚によって霊人の姿も捉えられてはいるが、それは同時に、長谷雄にしか見えないという限定的なものであったことも読み取れよう。

〔史料11〕　今昔、能登国〔鳳至郡ニ〕鳳至ノ孫トテ、其ニ住者有ケリ。……其海辺ノ浜ニ行テ、此彼行ケルニ、……午時許ニ、北ヲ見遣タレバ、海ノ面奇異ク怖シ気ニ成テ、沖ノ方ヨリ、高サ百丈バカリハアラント見ユル浪、立テ来ル。鳳至ノ孫、此ヲ見テ無限怖シト思テ、具シタ〔ル〕男ニ、「彼浪ノ高サヲ見ヨ。奇異キ事哉。此ハ何ガセントハ為ル。此浪ノ来ナバ、此郷ニハ高塩上テ無成ナンズルハ。可遁」ト、騒ギ周章テ云ヘバ、男、「此ハ何ニ被仰ゾヤ。只今、海ノ面ハ熨斗ノ尻ノ様ニテ、浪モ不候ニ、此ク被仰ハ、若物ノ託カセ給ハン。物忌ノ日、由無出サセ給ヒテ」トイヘバ……

……浪ノ寄ツル浜際近ク、初ハ無リツル物ノ、円ニテ黒キ物ノ有ヲ見付テ、「彼浜ニ有ハ何ゾ」ト云時ニゾ、男モ此ヲ見付タル。「去来、行テ見ン」トテ、走リ寄テ見レバ、塗タル小桶ノ蓋覆ナル有。其ヲ取テ開テ見レバ、通天ノ犀ノ角ノ艶ズ微妙キ帯有。

（『今昔物語集』二六―一二）

〔史料12〕……（紀遠助）美濃ヘ下ケルニ、勢田ノ橋ヲ渡ルニ、橋ノ上ニ、女ノ裾取タルガ立テリケレバ、遠助、「怪シ」ト見テ過ル程ニ、女ノ云ク、「彼レハ、何チ御スル人ゾ」ト。然レバ、遠助、馬ヨリ下テ、「美濃ヘ罷ル人也」ト答フ。

女、「事付申サムト思フハ、聞給ヒテムヤ」ト云ケレバ、遠助、「申シ侍リナム」ト答フ。女、「糸喜ク宣ヒタリ」ト云テ、懐ヨリ小サキ箱ノ、絹ヲ以テ裹タルヲ引出シテ、「此ノ箱、方県ノ郡ノ唐ノ郷ノ段ノ橋ノ許ニ持御シタラバ、橋ノ西ノ爪ニ、女房御セムトスラム。其ノ女房ニ、此レ奉リ給ヘ」ト云ヘバ、遠助、気六借ク思エテ、由無キ事請ヲシテケルト思ヘドモ、女ノ様ノ気怖シク思エケレバ、難辞クテ、箱ヲ受取テ……此ノ遠助ガ共ナル従者共ハ、女有トモ不見ズ、只、我ガ主ハ馬ヨリ下テ由無クテ立テルヲ、ト見テ、怪シビ思ケルニ、遠助、箱ヲ受取ツレバ、女ハ返ヌ。

（『今昔物語集』二七―二一）

〔史料11〕は、能登国の鳳至の孫の話。鳳至の孫は陰陽師の教えに従い海辺に出たところ、「午時許ニ」、沖の方から高さ百丈もあろうかという高波が押し寄せてきた。鳳至の孫は、何ともいいようもない恐怖に襲われたが、従者にはその波が全く見えないという。高波の正体は、浜辺に打ちあがった小桶で、従者もようやくそれに気付く。小桶の中に通天の犀の角で作ったすばらしい石帯が入っていた（以上、引用箇所）。この後、鳳至の孫は石帯のお蔭で大長者になり、鳳至の孫の子は、国守を介して石帯を関白殿に献上したという。

この不思議な石帯が出現したのも、〔史料1〕と同様、海辺という境界領域であった。しかし、それは昼間の出来事であった。さらに、はじめ一〇〇丈にも及ぶ高い波が迫って来るが、鳳至の孫には見えても、従者にはまったく見えていないとある。昼間には視覚が有効に働くはずであるが、昼間の不思議は特別の人にしか、見えないものであったらしい。

同様のケースは〔史料12〕にもあった。引用箇所は、美濃国に下向することとなった紀遠助が勢田橋を通る際、女から美濃国方県郡唐郷の段橋のもとの女房に小さな小箱を渡すように言付かるという件。橋が境界領域であることはもとよりであるが、勢田橋でも段橋でも示現するのは異界の女の霊であろう。ただし、勢田橋では遠助は女の姿を見ているので、ここもやはり昼間の光景というべきであろう。ところが、〔史料12〕の傍線部にあるように、遠助の従者たちには女の姿が見えていない。従者たちは「只、我ガ主ハ馬ヨリ下テ由無クテ立テルヲ」としか、目に映っていなかったのである。〔史料10〕では月の明るい夜、〔史料11・12〕は昼間に、いずれも境界で起きた不思議に対して、それらはすべての人々に均しく見えるものではなかったようである。昼間の不思議は視覚によって認められ、夜とは異なる感性の働きがあったが、その視覚の働きにも限定的なケースもあったことを確認しておく必要があろう（後述）。

〔史料13〕　今昔、上東門院ノ、京極殿ニ住マセ給ケル時、三月ノ二十日余ノ比、花ノ盛ニテ、南面ノ桜、艶ズ栄乱レタリケルニ、院、寝殿ニテ聞カセ給ケレバ、南面ノ日隠シノ間ノ程ニ、極ジク気高ク神□タル音ヲ以テ、「コボレテニホフ花ザクラカナ」ト長メケレバ、其ノ音ヲ院聞サセ給ヒテ、「此ハ何ナル人ノ有ルゾ」ト思シ食テ、御障子ノ被上タリケレバ、御簾ノ内ヨリ御覧ジケルニ、何ニモ人ノ気色モ無カリケレバ、「此ハ何カニ。誰ガ云ツル事ゾ」トテ、数ノ人ヲ召テ見セサセ給ケルニ、「近クモ遠クモ、人不候ズ」ト申ケレバ、其ノ時ニ驚カセ給テ、「此ハ何カニ。鬼神ナドノ云ケル事カ」ト恐ヂ怖レサセ給テ、関白殿ハ□殿ニ御マシケルニ、怱テ、「此ル事コソ候ヒツレ」ト申サセ給ヒタリケレバ、殿ノ御返事ニ、「其レハ、其ノ□ニテ、常ニ然様ニ長メ候フ也」トゾ、御返事有ケル。

然レバ、院弥ヨ恐ヂサセ給テ、「『此レハ、人ノ、花ヲ見テ興ジテ、然様ニ長メタリケルヲ、此ク蜜ク尋ネサスレバ、怖レテ逃ゲ去ヌルニコソ有メレ』トコソ思ヒツルニ、此ノ□ニテ有ケレバ、極ク怖シキ事也」トナム被仰ケル。然レバ、其ノ後ハ、弥ヨ恐ヂサセ給ヒテ、近クモ不御ザリケル。

此レヲ思フニ、此レハ狐ナドノ云タル事ニハ非ジ。物ノ霊ナドノ、此ノ歌ヲ微妙キ歌カナト思ヒ初テケルガ、花ヲ見ル毎ニ、常ニ此ク長メケルナメリ、トゾ人疑ヒケル。然様ノ物ノ霊ナドハ、夜ルナドコソ現ズル事ニテ有レ、真日中ニ、音ヲ挙テ長メケム、実ニ可怖キ事也カシ。

(『今昔物語集』二七—二八)

〔史料13〕は、上東門院彰子が京極殿に居住していた三月下旬の昼間、桜が満開であった折、「コボレテニホフ花ザクラカナ」と詠う声を聞いた。しかし、人影は見えず、鬼神の仕業かと関白頼通に聞いたところ、頼通からは「そのものの〔くせ〕でいつもそのように詠うのです」という返事があったので、上東門院はますます恐ろしく思ったという話。

〔史料13〕の典拠は『俊頼髄脳』という歌論書であった。同書の成立年代は天永二年(一一一一)から同三年の間であるので[15]、『俊頼髄脳』成立後、早い段階で『今昔物語集』に採用された説話ということになる。

『俊頼髄脳』と『今昔物語集』の話を比較すると、途中まではほとんど同じである。しかし、後半は内容が大きく異なる。すなわち、『俊頼髄脳』は「コボレテ……」の歌の後、「されば、ものの霊など、めでたき歌と思ひそめて、常にながむらむは、まことに、よき歌なめり。……」と続くのに対して、後者は巻二七の霊鬼譚の一つに位置付けられている。では、どこで『今昔物語集』独自の展開になったのかと問われれば、二重傍線部の「数ノ人ヲ召テ見セサセ給ケルニ」が発端である。昼間に上東門院は歌声を聞いたので、上東門院を始め、数多くの人が現場を見たが、誰もいなかった。そこから、誰が歌を詠んだのか、鬼神なのか……と続く。昼間の不思議は、多くの人々の目撃〈証人〉によって真実として広く受け入れられていくはずである。しかし、〔史料13〕では証人がおらず、上東門院が歌声を聞いただけという（後述）のが、上東門院を不安に陥れた原因であり、〔史料13〕が霊鬼譚になった原因とみられる。なお、歌声は京極殿の「南面ノ日隠シノ間ノ程ニ」聞こえたという。「日隠シノ間」とは、ちょうど寝殿正面の出入り口であり、境界であった。そのような空間で昼間に不思議なことが起きたというわけである。

〔史料13〕を改めて整理すると、昼間に境界領域で起きた不思議に対して、歌声を上東門院一人が聞いただけでは納得できていない。昼間には聴覚の働きは重視されていないのである。上東門院自らが歌声の正体を見ようとして、「数ノ人ヲ召テ見セサセ給ケルニ」とあるように、多くの人々〈証人〉の視覚による確認が必要であった。なぜならば、本話の末尾にもある通り、「然様ノ物ノ霊ナドハ、夜ルナドコソ現ズル事ニテ有レ、真日中ニ、音ヲ挙テ長メケム、実ニ可怖キ事也カシ」であるからであろう。

2　異界

次に、昼間に異界で起きた不思議の話についても検討する。

〔史料14〕　……亦、僧共ノ見ケレバ、平張ノ下ニ入道殿ノ御マス上ノ方ニ香染ノ法服着シタル僧ノ居タレバ、「彼レハ誰ソ。仁和寺ノ済信大僧正ノ在ス也ケリ」ト思テ、皆僧共歩ビ行クニ、漸ク近ク成ル程ニ、此ノ人不見ズ成ヌ。「立給ヌルカ」ト思テ、僧共各座ニ着ヌ。誰モ皆同様ニ見テ、兼テ香炉箱ヲ座ニ置テ従僧共ノ居タルニ、「彼ノ平張ニ着給ヘリツル香染ノ僧ハ誰ソ」ト問フニ、従僧等答テ云ク、「而ル人更ニ不在サズ」ト。僧共此レヲ聞クニ、奇異也ト思フ。然レド、「此レハ仏ノ化シ給ヘルカ、若ハ昔ノ大師ノ来リ給ルカ」トゾ、僧共皆云ヒ喤リケル。一人見タル事ナラバコソ僻目トモ可疑キニ、皆同ク見レバ、可疑ニ非ズ。

（『今昔物語集』一二―二一）

〔史料14〕は、寛仁二年（一〇一八）、法成寺の金堂（当時は未着工）前で百体の丈六仏の絵仏を列べ、後一条天皇の病気平癒を祈願した法会がなされた。絵仏の前の平張（天幕）には入道殿（道長）をはじめ、関白内大臣殿（頼通）らの公卿が参列。法会が始まると、南大門外の幄に集まった大勢の僧たちが南大門壇上に立って北の方を見ると、（以下、引用箇所）絵仏と平張との間、入道殿の上座に、香染の僧衣をつけた僧がいる。「あれは誰か。仁和寺の済信大僧正だ」と思って、僧たちが歩きながら近づいていくと、僧の姿は見えなくなった。僧たちは皆同じように見えたので、以前から香炉箱を座に控えていた従僧たちに香染の僧のことを尋ねると、従僧は「そのような方はいらっしゃいません」と答える。僧たちは「奇異也」と思った。一人だけが見たなら、「僻目」と疑うことができようが、皆が同じように見たのだから疑う余地はないという話。

〔史料14〕は、法成寺という仏の空間内（異界）で惹起した不思議な話である。絵仏と、道長以下が着座した平張との間に済信大僧正の姿が僧たちによって目撃されたというのであるから、その場は仏と人間との境界的な空間でもあったともいえよう。また、僧たちは南大門から平張前の済信大僧正を見たといっているので、この話の時間帯は昼間であろう。しかし、僧たちは皆、済信大僧正を遠くからは視認したにも関わらず、近づくと見えない[16]。しかも、香炉箱の従僧たちはそのような人を見ていないという。これも、昼間の不思議は特別な人にしか見えない〔史料11・12〕というのと同じといってよい。僧たちは一人で見たのなら疑わしいが、皆で同じように見たのだから疑えないという件には、昼間の不思議には多くの証人が視覚で確認すれば、それが真実の話となっていくという感性の働きを窺うことができよう。一方、従僧たちは済信大僧正の姿を昼間でも見ていないので、従僧としてはかかる話を真実として受け止め難かったはずである。

〔史料15〕今昔、小松ノ天皇ノ御代ニ、武徳殿ノ松原ヲ、若キ女三人打群テ、内様ヘ行ケリ。八月十七日ノ夜ノ事ナレバ、月キ極テ明シ。

而ル間、松ノ木ノ本ニ、男一人出来タリ。此ノ過ル女ノ中ニ一人ヲ引ヘテ、松ノ木ノ木景ニテ、女ノ手ヲ捕ヘテ物語シケリ。今二人ノ女ハ、今ヤ物云畢テ来ルト、待立テリケルニ、良久ク不見エズ。物云フ音モ不為ザリケレバ、何ナル事ゾト、怪シク思テ、二人ノ女寄テ見ルニ、女モ男モ無シ。此ハ何クヘ行ニケルゾト思テ、吉ク見レバ、只女ノ足手許離レテ有リ。二人ノ女、此レヲ見テ驚キ走リ逃テ、衛門ノ陣ニ寄テ、陣ノ人ニ此ノ由ヲ告ケレバ、陣ノ人共驚テ其ノ所ニ行テ見ケレバ、凡ソ骸散タル事無クシテ、只足手ノミ残タリ。其ノ時ニ、人集リ来テ見喤シル事無限シ。「此レハ、鬼ノ、人ノ形ト成テ此ノ女ヲ噉テケル也ケリ」トゾ、人云ケル。

（『今昔物語集』二七―八）

〔史料15〕は、八月一七日、月の明るい夜、宴の松原を通った若い女の三人のうちの一人が、男に誘われたまま戻らず、二人が近寄って見ると、女は足と手とを残したまま、鬼に食い殺されていたという話。この一件は『三代実録』仁和三年（八八七）八月戊午条に「今夜亥の時、或る人告げて行く人に云ふ。『武徳殿の東、縁の松原の西に美婦人三人有り。東に向ひて歩行す。男有りて松樹の下に在り。容色端麗なり。出で来りて、一婦人と手を携へて相語る。婦人精感して共に樹下に依る。数尅の間、音語聞えず。驚き恠みて之を見るに、其の婦人の手足折れ落ちて地に在り。其の身首無し。右兵衛右衛門陣の宿侍の者、此の語を聞き往きて見るに、其の屍有ること無し。在る所の人、忽然として消失す』と。時の人以為へらく、『鬼物形を変じて、此の屠殺を行ふ』と」とあり、話の大筋では〔史料15〕とは共通するところが多い(17)。

まず、〔史料15〕の時間であるが、「八月十七日ノ夜ノ事ナレバ、月キ極テ明シ」とある通り、満月に近い明るさであった。『三代実録』には「亥時」（午後一〇時）から「数剋の間」のこととあった。宴の松原は平安宮内の武徳殿の東に当たり、〔史料15〕からも、九世紀末には鬼や盗賊も出没するような異空間であったとみられる。[18]『今昔物語集』二七—三八にも、「九月ノ中ノ十日許ノ程ナレバ、月極ク明キニ」、近衛舎人の幡磨高安が宴の松原で絶世の美女（狐の化身）に出会った話があった。

つぎに、一人の若い女が足手を残して食い殺された件であるが、宜秋門の衛門陣の人（『三代実録』では「右兵衛右衛門陣の宿侍の者」）に告げ、陣の人が女の異様な死を確認。その後、「其ノ時ニ人集リ来テ見喤シル事無限シ」と、人々が集まって大騒ぎになったとある。以上の経緯はすべて夜の出来事とみられるが、ただ、これまで指摘した〔史料1・2・5・6・7〕のように夜に不思議なことが起り、朝（昼）にそれを発見という展開になっていない。これはやはり月が明るいので朝まで待つことなく、人々は昼間と同様に視覚で女の死を見たということであろう。[19]

〔史料16〕今昔、□ノ比、□ノ□ト云フ近衛舎人有ケリ。神楽舎人ナドニテ有ルニヤ、歌ヲゾ微妙ク詠ケル。

其レガ、相撲ノ使ニテ東国ニ下タリケルニ、陸奥国ヨリ常陸ノ国へ超ル山ヲバ、焼山ノ関トテ極ジク深キ山ヲ通ル也。其ノ山ヲ、彼ノ□通ケルニ、馬眠ヲシテ徒然カリケルニ、打驚クマヽニ、「此ハ常陸ノ国ゾカシ。遥ニモ来ニケル者カナ」ト思ケルニ、心細クテ、泥障ヲ拍子ニ打テ、常陸歌ト云フ歌ヲ詠テ、二三返許押返シテ詠ケル時ニ、極ジク深キ山ノ奥ニ、恐シ気ナル音ヲ以テ、「穴讃」ト云テ、手ヲハタト打ケレバ、□、馬ヲ引留メテ、「此ハ誰ガ云ツルゾ」ト従者共ニ尋ケレドモ、「誰ガ云ツルゾトモ不聞ズ」ト云ケレバ、頭毛太リテ恐シト思々フ、其ヲ過ニケリ。

（『今昔物語集』二七—四五）

〔史料16〕は、相撲使として東国に下向した近衛舎人が、焼山の関の山越えをしている時、馬上で常陸歌を歌った。すると山奥から、恐ろしい声で「アナオモシロ」という声がした。舎人は従者に誰がいったのかと尋ねたが、従者は聞いていないと答えたので、「頭毛太リテ恐シト思々フ」、そこを通り過ぎた（以上、引用箇所）。その後、舎人は気分が悪くなり、夜に宿で寝たまま死んだ。これは舎人の歌声を山の神が聞いて面白がり、引き留めたからだという話。

焼山の関山中という山の神が支配する異界で、近衛舎人は歌を歌った。それが原因で夜、宿所で死んだというのであるから、歌は昼間に歌われたに相違ない。舎人の歌声に山の神は反応したが、従者はその声を聞いていないという。〔史料16〕では近衛舎人と従者との間で聴覚に差があったといえよう。これは、〔史料3〕で九条堀川での女の泣き声を聞いたのが醍醐天皇だけであった、〔史料13〕で「コボレテニホフ花ザクラカナ」の歌声を聞いたのは上東門院だけであったというのと共通する。また、前掲の〔史料11〕の鳳至の孫—従者、〔史料12〕の紀遠助—従者たち、〔史料14〕の僧たち—従僧たちでは視覚に差があったことも想起される。

いずれにしても、夜に近衛舎人が急死したことで、従者たちも山中での山の神の示現を認識し得たという結末である。すなわち、昼間でも山の神の声を聞くことはあり得た。しかし、それは従者たちには気付かれることなく、彼らは夜になって初めて昼に近衛舎人が不思議に遭遇していたことを察知したものとみられる。異界からの昼間の声（聴覚）は、この話においても重視されていない。この点で〔史料16〕の話は〔史料13〕と共通するところがあろう。

本項の最後に、『古事記』下の雄略天皇の葛城山での狩猟の話を取り上げる。この話からも、昼間の不思議に対する証人の役割が窺えるからである。

〔史料17〕又、一時、天皇葛城山に登り幸しし時、百官の人等、悉紅の紐著けたる青摺の衣給りて服り。彼の時、其の所向へる山の尾自り、山の上に登る人有り。既に天皇之鹵簿に等しく、亦、其の束装之状と人衆及、相似て傾か不。爾して、天皇望けたまひて、問は令めて曰らさく、「茲の倭国於、吾れを除きて亦王は無きを、今誰人か如此而行く。」とのらす即ち、答へ曰せる状亦天皇之命の如し。於是、天皇、大く忿り而矢刺したまひ、百官の人等悉矢刺しつ。爾して、其の人等亦皆矢刺しつ。故、天皇、亦問ひて曰らさく、「其の名告れ。爾して、各名告り而矢を弾たむ。」とのらす。於是、答へて曰さく、「吾れ先づ問は見き。故、吾れ先づ名告為む。吾者悪事なれ雖一言、善事なれ雖一言、言ひ離つ神。葛城之一言主之大神者也。」とまをす。天皇、於是、惶畏み而白さく、「恐し。我が大神、宇都志意美に有らむと者、（注略）不覚にあり。」と白し而、大御刀と弓矢及始め而、百官の人等の所服る衣服を脱かしめて拝みて献る。爾して、其の一言主大神、手打ちて其の奉り物を受けたまふ。故、天皇之還り幸す時、其の大神山の末を満てて、長谷の山口於送り奉りき。故、是の一言主之大神者、彼の時に顕れたまひしそ。（『古事記』下〈雄略〉）

〔史料17〕は、雄略が百官人とともに葛城山に登った際、天皇と同じ行列に遭遇した。相手がヒトコトヌシと名乗ると、天皇は「現身の人間なので神であるとは気付きませんでした」といって、自分の太刀、弓矢を始め、百官人の衣服を献上した。それに対して、ヒトコトヌシは長谷の山口まで天皇を見送ったとある。(20)

同様の話は『日本書紀』雄略四年二月条にあり、天皇が葛城山で狩猟した際、「長人」（一言主大神）に出会い、互いに名乗り、一緒に狩りを楽しみ、「日晩れて田罷みぬ」。神は天皇を「来目水」まで見送ったので、百姓は徳のある天皇と申し上げたとある。

『古事記』『日本書紀』ともに、葛城山というヒトコトヌシが領はく異界を舞台とする話である。『日本書紀』は日暮れに狩りを止めたというのであるから、ヒトコトヌシが長人として天皇の前に姿を現したのは、昼間とみてよいだろう。一方、『古事記』にはヒトコトヌシが示現した時間が記されていないが、天皇が相手を神とは気付かなかったといっているのは、やはり昼間という通常あり得ない時間帯に神が示現したとみるべきではあるまいか。要するに、ヒトコトヌシが昼間に姿を現したのである。これには、雄略の存在があったからであろう。雄略の前では、神は昼でも姿を見せるものだという話と解したい。

ところで、〔史料17〕では、天皇のもとに百官人が従い、ヒトコトヌシに衣服を献じている。『日本書紀』では、ヒトコトヌシが天皇を「来目水」まで送ったのを百姓が目撃した格好になっている。ここに百官人や百姓がわざわざ出てくるのは、視覚を通して、天皇と神との関係を確認する証人の役割を担っていたからではあるまいか。その意味で、百官人や百姓は当該説話には欠かせない存在であったというべきであろう。

3　小結

昼間や月の明るい夜は、異類の活動は極めて少なかったものとみられる。しかし、時には境界や異界では異類により不思議な活動が引き起こされることもあった。その場合、古代の人々の感性の働きとして、二つのことが指摘される。一つは、視覚（聴覚）によって不思議は受け止められていくが、すべての人が見えて（聞こえて）いたわけでもなく、〔史料11・12・13・16〕のように特定の身分や能力をもつものに限られることもあったらしい。[21]これは古代の人々の感性の限界といえようか。[22]もう一つは、〔史料14・15・16・17〕のように、第三者的立場の人々が証人として不思議を見る（聞く）ことで、不思議な出来事は真実として人々に受け止められていったことである。また、ここで取り上げた諸説話の例からも、昼間は暗い夜とは異なり、聴覚などの視覚以外の感性が重視されていなかったことも確かなことといえよう。

三　祥瑞と感性の働き

1 祥瑞

本節では、祥瑞を感性との関わりという観点から論究する。これまで祥瑞をめぐっては主として政治史・制度史的研究が数多く蓄積されてきたが[23]、本考察にとって必要でない限り、その成果に逐一言及していないことを予め断っておきたい。

そもそも祥瑞とは「特異な動植物や自然現象の内、天が王者の治政を称讃して出現させたと考えられるものをいい[24]」、日本の版図から出現した祥瑞は、天皇の徳の高さの現れでもあった。

律令制下では、各地で出現した祥瑞について、それを報告した国郡司の考課の対象となり（考課令殊功異行条）、各国が大瑞を中央に飛駅によって報告する義務があった（公式令国有瑞条）。ここから各国で瑞図によって確認された祥瑞は、獲瑞人から郡司・国司を経由して中央に進献されたものとみられる。都では治部省が祥瑞を扱うことは明らかで（職員令治部省条）、具体的な手続きとしては、太政官に報告された祥瑞は治部省で勘当された後、大瑞ならば弁官に報告され、直ちに天皇に奏上、上瑞以下ならば、弁官への報告以外に太政官に一二月の終わりに進め、元日に奏聞されることになっていた[25]（儀制令祥瑞条、『令集解』儀制令祥瑞条釈説所引「治部例」の「養老四年正月一日弁官口宣」）。

治部省における勘当に際しては、「熊氏瑞応図」（『続日本紀』養老七年一〇月乙卯条）、「顧野王符瑞図」（『続日本紀』神護景雲二年九月辛巳条）や「孫氏瑞応図」（『続日本紀』延暦四年〈七八五〉五月癸丑条）などの祥瑞図が利用されたものとみられる[26]。また、その前段に獲得された祥瑞物自体が都に貢進されたが、獲得、進献が容易ではないケースもあった。『続日本紀』宝亀元年（七七〇）五月壬申条に「但し、その瑞物を貢献すること、労逸斉しからず。獣は致し難く、鳥は獲易し」とあり、すべての祥瑞物が必ずしも貢進されていたわけではない。儀制令祥瑞条にも「……若し獲べからざること有らむ、及び木連理の類、送りうべからずは、所在の官司、案験するに虚に非ずは、具に図を画きて上れ」とあった。実例においても、神護景雲元年（七六七）六月一六日の申時、等由気宮上空での「五色瑞雲」については「彼の形を書き写して進る」（『続日本紀』神護景雲元年八月癸巳条）、また、承和二年（八三五）一二月一日、清原夏野の楓里第での「五彩卿雲」は図画した上、「相共に見る人の姓名」までが天皇に報告されている（『続日本後紀』承和二年一二月辛未朔条）。

もっとも、福原栄太郎氏が指摘されている通り[27]、すべての祥瑞が治部省で勘当されていたわけではなかった。一例として、『続日本紀』天平宝字元年（七五七）八月己丑条にある、駿河国益頭郡金刺舎人麻自が献じた「蚕産みて字を成す」（蚕の産んだ卵に文字が現れたという瑞）は「群臣に下して議らしむ」（『続日本紀』天平宝字元年八月己丑条）とあるが、このケースでは治部省の勘当がなされたわけではなかったらしい。かかる例が見出されるのも、時にはより高度な政治的配慮が働いていたことが想定されている。ただし、このような事例においても、祥瑞物が中央に進献されていたことは治部省勘当の場合と同様であろう。

ところで、感性の働きという点で、祥瑞の認定で重視されたのは視覚であった。これは国郡司による祥瑞の認定、治部省における祥瑞図との勘当という点からも指摘されよう。しかも、祥瑞と視覚という点は、左記の五史料からも窺えるところである。

〔史料18〕親王より以下群卿に至るまでに、大極殿の前に喚して、宴したまふ。仍りて三足ある雀を以て、群臣に示せたまふ。（『日本書紀』天武一二年〈六八三〉正月乙未条）

〔史料19〕当耆郡に幸し、多度山の美泉を覧たまふ。（『続日本紀』養老元年〈七一七〉九月丙辰条）

〔史料20〕隅寺の毗沙門像より現るる形の舎利を法花寺に請し奉る。氏々の年壮にして容貌有る者を簡ひ点す。五位已上廿三人、六位已下一百七十七人、種々の幡・蓋を捧げ持ちて、前後に行列す。……百官の主典已上に詔して礼拝せしめたまふ。

（『続日本紀』天平神護二年〈七六六〉一〇月壬寅条）

〔史料21〕宴を五位已上に賜ふ。詔して曰はく。「……伊与国より白き祥の鹿を献奉りて在れば、うれしよろこぼしとなも見る。復三つの善事の同じ時に集りて在ること、甚希有しと念ひ畏まり尊み、諸臣等と共に異に奇しく麗しく白き形をなも見喜ぶる。……」とのたまふ。

（『続日本紀』神護景雲三年〈七六九〉一一月壬辰条）

〔史料22〕備後国白鹿一を獲し、之を献る。雪白にして愛すべし。太上天皇に覧せ奉る。後に神泉苑に放つ。

（『三代実録』元慶元年〈八七七〉三月甲辰条）

〔史料18〕は、前年八月一三日に、筑紫大宰が報告した「三足ある雀」（上瑞）が天武一二年正月二日の朝賀儀に貢進された（『日本書紀』天武一二年正月庚寅条）後、正月七日に大極殿前での宴に際して、親王以下群臣に「示せたまふ」とあった。〔史料19〕は、元正天皇が美濃国に行幸して多度山の美泉（大瑞）を「覧る」という記事。[28]〔史料20〕では、隅寺の毗沙門像から出現した舎利を法華寺に移す際、五位以上二三人、六位以下一七七人で行列をなし、「百官の主典已上に詔して礼拝せしめたまふ」というのであるから、舎利は多くの貴族・官人層に証人として目撃されたに違いない。[29]〔史料21〕では、新嘗祭の直会の宴で、天皇は諸臣とともに伊予国より献上された「白祥鹿」（上瑞）を喜んで「見る」とある。〔史料22〕も同様で、備後国より進献された白鹿は清和太上天皇に「覧せ奉る」とあった。

祥瑞というのは、前述の通り、この世には存在し得ないような不思議な動植物や自然現象であった。『延喜式』二一（治部式）には、大瑞・上瑞・中瑞・下瑞の順で、祥瑞物が列挙されているが、祥瑞物の実例と合わせてみても、醴泉（大瑞）と甘露（上瑞）を例外として、色や形が特徴的なものが圧倒的に多い。[30]すなわち、色や形が特別な祥瑞は、都に貢進され、治部省で祥瑞図をもとに勘当されるが、その際、視覚以外の感性の働きが問題になることは少ないといってよいだろう。たとえば、天皇が祥瑞の動物を殺して、それを食べる（味覚）ということはなかったはずである。儀制令祥瑞条にも「其れ鳥獣の類、生けながら獲たること有らば、仍りて其の本性を遂げて、之を山野に放て」とある通りで、実際、「周芳国、赤亀を貢れり。乃ち嶋宮の池に放つ」（『日本書紀』天武一〇年〈六八一〉九月辛丑条）、「伊予総領田中朝臣法麻呂等に詔して曰はく、『讃吉国の御城郡に獲たる白鷰、放ち養ふべし』とのたまふ」（『日本書紀』持統三年〈六八九〉八月辛丑条）とあり、また、平安期に入っても「美作国白鹿を献ず。詔して神泉苑に放つ」（『文徳実録』斉衡三年〈八五六〉一二月丁酉条）などとあった。(31)

ここまで述べてくると、中国伝来の祥瑞という不思議と、前節まで指摘した異類の不思議との差違に改めて気付かされてよいはずである。たとえば、不思議が出現する時間と空間という点では、異類の場合、時間としては昼間の例もあるが、夜の例が極めて多かったし、不思議の起きた場所は、夜昼ともに境界や異界というのが原則であった。それに対して、祥瑞では、境界や異界に祥瑞が獲られた事例(32)もあるが、それは祥瑞にとって本質的な意味をもつものではなく、むしろ、祥瑞の出現は日本の領域内であれば、どこでもよかったのではあるまいか。もとより進献国の拡大は天皇の徳化の拡大を意味したといってよい。(33)しかも、祥瑞の場合、獲得、確認された時間が問題になった形跡はほとんどない。(34)また、感性の働きという点でも、異類の活動と祥瑞とは区別される。すなわち、異類の不思議の場合は、すでに指摘した通り、原則的には、昼—視覚、夜—聴覚という捉え方であったのに対し、祥瑞の場合は基本的に視覚のみが重要視されたのである。

以上のことから、結論を述べれば、祥瑞という不思議に関しては、支配者層（証人）の視覚によって祥瑞物を確認することが大切であったことが窺えよう。この点は、この後の白雉進献儀を扱う中でも再説することとしたい。

2　白雉進献儀

日本（倭国）において、祥瑞記事の最初は、『日本書紀』白雉元年（六五〇）二月戊寅条・甲申条の白雉進献儀の記事とみられる。当該儀は『日本書紀』に詳細な記事が載り、祥瑞という不思議と感性の働きという点でも看過できない。まずは『日本書紀』により、白雉進献儀を紹介することから始めたい。

白雉元年二月戊寅（九日）条によると、「穴戸国司草壁連醜経、白雉献りて曰さく、『国造首が同族贄、正月の九日に、麻山にして獲たり』とまうす」。これに対して、「百済君」（豊璋）「沙門等」「道登法師」「僧旻法師」の順で諮問があり、彼らの奉答があった。結局、僧旻らの答申をもとに、白雉は祥瑞と決定し、「是に白雉を以て、園に放たしむ」。甲申（一五日）条では「朝庭の隊仗、元会儀の如し。左右大臣・百官人等、四列を紫門の外に為す。粟田臣飯蟲等四人を以て、雉の輿を執らしめて、在前ちて去く。左右大臣、乃ち百官及び百済の君豊璋・其の弟塞城・忠勝・高麗の侍医毛治・新羅の侍学士等を率て、中庭に至る。三国公麻呂・猪名公高見・三輪君甕穂・紀臣乎麻呂岐太、四人をして、代りて雉の輿を執りて、殿の前に進ましむ。時に、左右大臣、就きて輿の前頭を執き、伊勢王・三国公麻呂・倉臣小屎、腰の後頭を執きて、御座の前に置く。天皇、即ち皇太子を召して、共に執りて観す。皇太子、退りて再拝みたてまつる」。この後、左大臣巨勢徳陀古が賀詞を奏上。次いで天皇の二つの詔があり、とくに二番目の詔で「穴戸国の中に、此の嘉瑞有り。所以に、天下に大赦す。元を白雉と改む」とあり、最後に「仍りて鷹を穴戸堺に放つことを禁め、公卿大夫より以下、令史に至るまでに賜ふこと、各差有り。是に、国司草壁連醜経を褒美めて、大山を授く。并て大きに祿給ふ。穴戸の三年の調役を復す」ということとなった。

右の白雉進献儀については、水口幹記氏に専論がある(35)。水口論文は示唆に富むものであり、白雉進献儀のもつ複雑な意味を指摘して、日本における中国文化の受容のあり方—日本は祥瑞という中国文化を日本的に換骨奪胎して受容した—を解明されたものであるが、筆者の感性の問題関心からは、再検討すべき余地も残されていると思う。そこで、以下では水口説のうち、本章と関わる四点だけを取り上げ、その上で私見を提示することとする。まず、水口説の論点は左の通り。

(一)白雉の進献は、〈漢書・後漢書的な知識・思想〉では遠方よりの献進物の象徴であった。しかも、白雉を進献した穴戸国は当時の支配領域の西端に当たり、境界領域であったとみられる。そして、白雉進献儀は、白雉進献とともに中国的世界観によって形成されており、かかる儀を日本が導入したことを参列した朝鮮三国の人々に見せることを意識したものであった。(36)

(二)白雉は天皇の徳化を示す祥瑞であるが、服属儀礼としての贄貢進という意味をもっていた。これによって、天皇は穴戸国の支配権を確立・確認したことになる。(37)

(三)白雉を天皇が見る（食べるのと同じ効果）というのは、国見と同様、天皇が穴戸国の象徴を見ることであった。それと同時に、『日本書紀』垂仁二三年九月丁卯条・一〇月壬申条・一一月乙未条の、ホムツワケが飛んでいる鵠（白鳥）を見て言葉を発したという伝承との関連から、孝徳は、天皇として白雉の霊威を体内に取り込んだ（タマフリ）とも解釈される。(38)

(四)孝徳の即位儀は前天皇からレガリアを受けたという儀であるが、群臣層の承認が欠落したもので、それ故、孝徳は不完全な天皇であった。その欠落部を埋めたのが白雉進献儀であり、これにより孝徳は群臣の承認を得て、不完全の天皇の状態を脱した。この背景に、前年の大化五年に左右大臣の交代（『日本書紀』大化五年四月甲午条）、また、大化五年に始まる評制の実施があったことが想定される。(39)

なお、これには、『日本書紀』の白雉進献儀の記事を史実として認めてよいかという大前提の問題があるが、水口氏は白雉進献に関わった人物で天武朝まで確実に生存していたものがいないことなどから、白雉年号は疑わしいとしても、右の記事は基本的に史実と認めてよいとされている。(41) この点は、まずもって従うべき見解であろう。(40)

しかしながら、水口説の㈠から㈣には以下のような疑問点もある。㈠では、白雉進献は遠方からの貢進で、〈漢書・後漢書的な知識・思想〉とあるというのはその通りであろうが、はたして穴戸国は境界領域といえるだろうか。神護景雲二年（七六八）六月、武蔵国からの白雉進献に際しての勅には、「昔者、隆周刑措きて越裳乃ち致し、豊碕升平にして長門も亦献れり」（『続日本紀』神護景雲二年六月癸巳条）として、越裳という中国南方の国が白雉を献上したという〈漢書・後漢書的な知識・思想〉と、白雉元年の長門国からの白雉進献の故事が引かれている。(42) とすると、神護景雲二年の場合の武蔵国も境界領域といえるだろうか。確かなことは穴戸・武蔵両国とも遠方というだけではあるまいか。

㈡㈢水口説では白雉は中央への進献段階では服属の証としての意味を担っていたとされている。確かに穴戸国が始めから祥瑞の知識をもっていたとは考え難いこと、『日本書紀』には一月九日に白雉が捕獲されたとあるが、寒い時期の雉肉は脂がのって美味であることからも、水口説は承認されてよい。しかし、天皇が白雉を食べるというのはいかがであろうか。当初、贄として貢進された白雉は、都で僧旻らによって祥瑞と判断された段階で、贄として食べる存在から祥瑞として見る存在に切り替わったと考えるべきではあるまいか。感性の働きでは、味覚から視覚へという転換である。『日本書紀』に「天皇、即ち皇太子を召して、共に執りて観す」とあったことは動かない。また、ホムツワケが口がきけなかったという伝承に関しては、斉明天皇の孫で、口をきくのが不自由であったという建王（『日本書紀』天智七年〈六六八〉二月戊寅条）をモデルと解する有力な説(43)があった。それと白雉進献儀と結び付けて天皇のタマフリを指摘するのは水口説の独創である。しかし、白雉を見たのは、孝徳だけではなく、皇太子の中大兄も共に見ている。さらには進献儀に参列した左右大臣以下の支配者集団、朝鮮三国の人々も白雉を見ているのである。かかる点を水口説ではどのように理解されるのであろうか。

㈣孝徳をホムチワケに比定し、不完全な天皇とする水口説には、孝徳が群臣からのレガリアを受けなかったという即位儀を不完全と解する前提がある。しかしながら、それでも評制はすでに白雉進献の前年（大化五年）に始まっている。この点は看過できない。すなわち、大化五年には孝徳は評制を施行し得る正当性を保持していたと判断する他あるまい。では、どの段階で孝徳は完全な天皇になったのかと問われれば、それは水口氏が不完全な即位儀とされた乙巳の変直後の皇極四年（六四五）の即位儀であったとみるのが妥当ではないか。(44)

以上、水口氏の白雉進献儀の新見解に触発されつつも、感性の働きという点からは、水口説になお問題点も少なくないことを指摘してきた。そこで、水口説の成果を取り込み、当該儀を再構成してみると以下の通りである。

白雉元年、穴戸国より白雉が貢進された。これは始めから祥瑞としてではなく、服属の印としての贄であった可能性が高い。僧旻は〈漢書・後漢書的な知識・思想〉により、白雉を遠方からの祥瑞と解釈し、二月一五日の儀式を演出した。(45)日本で初めての祥瑞進献は「元会儀の如し」とあるように、元日朝賀儀と同様の形で実施された。儀式の中で、左右大臣は「紫門」を通って「中庭」に至り、輿にのせられた白雉は「御座」の前に置かれ、天皇と皇太子は共に白雉を見ることとなった。しかし、それだけではなく、証人として、左右大臣以下百官人も「御座」の前の「中庭」から白雉を見、同じく朝鮮三国の人々も見ることとなった—朝鮮三国の場合は、水口氏の指摘の通り㈠、日本側が証人として見ることを強要したというべきであろう。

『内裏式』上「元正に群臣の朝賀を受ける式」や『儀式』六「元正朝賀儀」によると、天皇が大極殿に出御するが、その前に大極殿後房〈小安殿〉に入る時刻は「辰一刻」〈午前七時〉、『北山抄』三「朝賀の事」でも「辰刻」とあった。したがって、天皇が大極殿の高御座に出御するのは、それ以降であった[46]。これは平安期の儀式書にある時刻であるが、七世紀中頃とさほど変化がないとすると、白雉進献儀は朝から昼間の儀式として執行されたはずである。祥瑞としての白雉は太陽の明るい日差しの下、天皇・皇太子はもとより儀式参列者にもよく見えたのではないだろうか。

3 小結

祥瑞も古代の不思議の一つとして、古代の人々の感性の働きを手がかりに捉え直してみた。その結果、白雉元年の白雉は、儀式の場で天皇を始めとする支配者層の視覚を介して、日本で最初の祥瑞として認定された。祥瑞を見るという同様な儀式は、八世紀以降は〈史料18〉から〈史料22〉の五例しか史料上、検出できないが、それでも天皇や太上天皇を始めとする支配者層が祥瑞を見るという点では白雉進献儀と同じであった。律令制下では、各国で瑞図によって確認された祥瑞物〈場合によっては図画や目撃者の名簿〉は中央に貢進され、治部省において祥瑞図と勘当されたが、その過程でも重視されたのは、やはり視覚の役割といってよい。前述の通り、祥瑞の中には、政治的配慮により治部省の勘当がなされないケースもあったが、それでも祥瑞の判定が視覚によっていたことは想像に難くない。

かかる祥瑞の不思議は、異類の活動によって引き起こされた不思議において、時間や空間に即して感性の働きや証人のあり様が相違していたのと、明らかに異質であった。祥瑞は、古代の人々にとっても異類の不思議とは区別される特別な存在であったといえよう。

おわりに

本章の考察結果は、各節毎の小結に記したので、改めて繰り返すことはせず、最後に『今昔物語集』二〇―七の話[47]を取り上げておきたい。

この話は長編であるので、まずは概略のみを示すと、染殿后（藤原明子、清和天皇の母）が物怪に取り憑かれたが、金剛山の聖人の加持のお蔭で回復した。ところが、聖人は宮中で后の姿を垣間見たため、后への愛欲の情が生まれ、終には后を襲うこととなった。それは侍医の当麻鴨継に阻まれ、禁獄されてしまうと、聖人はかなわぬ恋を嘆いて、餓死した。その上で、鬼となって后のもとに出入りすることとなり、また、鴨継を殺して怨みを晴らした。その後、天皇は百官を引き連れて染殿邸に行幸し、后を見舞ったが、その場に急に鬼が現れて、天皇や多くの人々の眼前で鬼と后が同衾した。天皇はどうすることもできず、嘆くばかりで帰っていったというもの。

この『今昔物語集』の話には、染殿后を「文徳天皇ノ御母也」とする明らかな誤謬もある。しかし、その一方で当麻鴨継の死は『三代実録』貞観一五年（八七三）三月壬申条にあった。また、話の最後の場面に関しては、『三代実録』元慶二年（八七八）九月丁巳条に「太上天皇、碩学の高僧五十人を清和院[48]に延屈し、大いに斎会を設く。法華経を講じ、三日を限りて訖りぬ。太皇大后、今年始めて五十の筭に満つ。是に由り慶賀修善し、余齢を祈禱す。親王公卿、文武百官畢会す」とあるので、清和太上天皇が清和院で染殿后の五〇歳の算賀を執り行った時の出来事をモデルとしたのであろう。さらには、『扶桑略記』元慶二年九月丁巳条所引「善家秘記」逸文では「清和太上天皇、太皇太后藤原明子の知命の筭を賀し奉る。嚥楽を設け慶賀を献る。太上皇、太后の前に匍匐し、再拝して千万齢の寿を献ず。

時に太后悦忽し、人心有ること无し。而して鬼、太后の傍に在り、宛も夫婦の好の如して、杯觴飲宴の間、太后と戯れて相娯しむ。太上天皇、之を見て、太いに悪み世を厭ふ」とあり、「天皇」の眼前で鬼と后が同衾したという『今昔物語集』の話も、当時、知られた事実であったらしい。いずれにしても、本話は九世紀後半の史実を背景に成立したとみてよい。

ところで、『今昔物語集』の話で注目したいのは、当初、鬼となった聖人が染殿后のもとに通うことになるが、「日暮ル程ニ、鬼御帳ヨリ出テ去ニケレバ」とある点で、これからすると、鬼は昼間には染殿后のもとを訪れ、夕方には帰って行ったと推定されることである。この時間を鬼がその後も遵守していたとすれば、「天皇」(清和太上天皇)の目の前での行為も夕方より前の出来事といってよいだろう。そもそも鬼が人間の前に姿を現れるのは、夜であった。本話に登場する鬼は、この時間のルールに従っていないことに注目したい。また、鬼が現れた場所は内裏や染殿邸であって、境界でも異界でもなかった。すなわち、本話は、本来、鬼が出現するはずの時間や空間を大きく逸脱しており、(49)その意味ではあり得ない話といっても過言ではない。こうしたことが起きてしまったのも、聖人の后への愛欲の情が原因とみられようか。しかしながら、それでも、この話は人々に真実と受け止められた可能性が大きい。というのも、「天皇」が后を見舞う場面(后の五〇歳の算賀儀)について、『今昔物語集』では「后ノ宮ニ行幸有ケリ。例ヨリ殊ニ哀ナル御行也。百官不闕ズ皆仕タリケリ。……大臣・公卿ヨリ始テ百官皆現ニ此ノ鬼ヲ見テ、恐レ迷テ、『奇異』ト思フ程ニ、后又取次キテ出サセ給テ、諸ノ人ノ見ル前ニ、鬼ト臥サセ給テ」、前引の『三代実録』に「親王公卿、文武百官畢会す」、『扶桑略記』にも「公卿百官、悉く以て参集す」とあったように、天皇(清和太上天皇)のみならず、公卿百官人が皆そろって現場に参会していたからであろう。すなわち、昼間、多くの証人が鬼と后の関係を見た(50)というのは重要である。これによって、この話は真実となり、人々に多大の恐怖心を植え付けたのではないだろうか。

夜の暗さについて付言しておく。今日、とくに大都会では、ネオンや街路灯、ビルの明かりによって、夜でも明るい。夜の明暗は月の満ち欠けとは無関係であり、高層ビルの谷間から覗く月の形をみて、始めて満月かどうかなどが判断できる程度に過ぎない。これは現代の人々が利便性・快適性・安全性を求めて、夜の闇を払拭したからに他ならない。現代は、莫大なニネルギーを消費して、昼も夜も同じ環境の下で暮すことができる恒環境化[51]の時代といえよう。しかし、その結果、鬼・妖怪などの異類が示現する環境が失われてしまったことも確かである。

図9　小林清親「日本橋夜」

小林清親（一八四七～一九一五年）は、光と影を巧みに描いた浮世絵師として知られる。清親の『東京名所図』のシリーズに「日本橋夜」がある（図9）。橋の四隅には、一八七四年（明治七）以降、東京にも整備されたガス灯が描かれている[52]。道行く人の中には提灯をもつものもいる一方、灯火をもたぬものもいる。しかし、我々の眼から見れば、全体として暗い夜の光景といってよいだろう。清親の版画から古代の夜の光景を想像するには、まずもってガス灯の明かりを消して、辺りをさらに暗くしなければならない。その一方で、古代の夜では、満月の明るさが際立っていたことも考慮しておく必要があろう。

谷崎潤一郎は、日本では暗さの中に美を求めていたことを「陰翳礼讃」（一九三三〜一九三四年）に著した。そこでは「無用に過剰なる照明」に対して、「私は、われ〱が既に失いつゝある陰翳の世界を、せめて文学の領域でも呼び返してみたい」と書いている。これは「文学の領域」ばかりでなく、歴史学の分野にも該当するのではないだろうか。

注

（1）拙著『時間の古代史』（吉川弘文館、二〇一〇年）。本章の内容は拙著と一部重複するところがある。あわせて参照して頂ければ幸いである。

（2）小峯和明「〈声〉をめぐる断章」（『説話の声』新曜社、二〇〇〇六年）二五二頁。

（3）河合隼雄『物語とふしぎ』（岩波現代文庫、二〇一三年）三頁。

（4）『今昔物語集』の「奇異」などの言葉については、森正人「類聚と表現の相剋」（『今昔物語集の生成』〈和泉書院、一九八六年〉）、小峯「『希有』と『奇異』」（『今昔物語集の形成と構造補訂版』笠間書院、一九九三年）参照。

（5）「あたりまえ」と「ふしぎ」の関係は、時代とともに変容したはずである。その意味も込めて、本章では不思議を使用する。なお、近年、怪異学研究から、怪異成立以前を「フシギなコト」とすべきという指摘がある（榎村寛之「奈良・平安時代の人々とフシギなコト」〈『怪異学の可能性』角川書店、二〇〇九年〉）。「フシギなコト」と筆者のいう不思議とは共通するところが多いが、あえてカタカナで表記する必要を覚えないので、ここでは不思議とした。

（6）柳田國男『故郷七十年（改訂版）』（『定本柳田國男集』別巻三、筑摩書房、一九七一年）。

（7）柳田『妖怪談義』（『定本柳田國男集』四、筑摩書房、一九六八年）。

（8）昼間でも望遠鏡を使えば一等星のような明るい星は観察でき、また、極端に明るい星の場合は、直接肉眼でも観察できるという（県立ぐんま天文台ホームページ）。

（9）証人・証拠については、古橋信孝「説話の論理」（『国文学解釈と鑑賞』四六―八、一九八一年）、三浦佑之『村落伝承論』（五柳書院、一九八七年）一四三～二二〇頁参照。
（10）小峯「都京と辺境」（前掲（4）所収）三七六～三七七頁。
（11）かかる事例は、本書第二部第二章「神々の声・神々への声を聴く」でも触言している。
（12）「身ノ毛竪ツ」が一般的な恐怖を現す語として使用されるのに対して、「頭ノ毛太リテ」は恐怖の対象に遭遇する前後に使用される表現で、恐怖の心理が身体と密接したものと受けとめられていることに注意すべきだという指摘がある（小峯「恐怖・衝撃の表現」〈前掲（4）所収〉）。
（13）太刀をひらめかす行為は雷や妖怪類を退ける方法であったことについては、拙稿「古代の神々と光」（『古代の王権祭祀と自然』吉川弘文館、二〇〇八年）二八九頁で指摘した。
（14）墓穴に鬼が住むというのは、『俊頼髄脳』に、父を失った弟が墓に紫苑という草を植えて、父を恋い慕っていたところ、墓の中で声がして、「我は、そこの親のかばねをまもる鬼なり。ねがはくはおそるる事なかれ。君をまもらむと思ふ」といった話（『今昔物語集』三一―二七も同じ）にもみられる。また、「死人ノ所ニハ必ズ鬼有リ」（『今昔物語集』一七―三五）、「葬送ノ所ニハ必ズ鬼有ナリ」（『今昔物語集』二七―三六）も関係するところであろう。
（15）鈴木徳男『俊頼髄脳の研究』（思文閣出版、二〇〇六年）八頁。
（16）遠くで見えていたものが近づくと見えなくなるという別の例として、『新古今和歌集』一一に載る坂上是則の歌（九九七）―「園原や　ふせ屋におふる　帚木の　ありとは見えて　あはぬ君かな」（園原の布施屋に生えている帚木が遠くから見れば確かに見えるが、近づけば消え失せるように、目には見えても逢ってくれないあなたよの意）を挙げておく。なお、これとパラレルなのが、遠くでは聞こえていたのが近くで聞こえないという不思議である。この事例については、本書第二部第二章「神々の声・神々への声」で指摘した。
（17）〔史料15〕の『今昔物語集』と『三代実録』の記事については、以下のような考察がある。三浦、前掲（9）二三二～二三六頁、吉田達「『伊勢物語』六段を考える（中の中）」（『平安文学研究』七二、一九八四年）一〇～一六頁、中村一基「鬼譚の成立」（『岩手大学教育学部附属教育実践研究指導センター紀要』五、一九九五年）、榎村「平安宮の鬼と宮廷祭祀」（『怪

異学の技法』〈臨川書店、二〇〇三年〉一三六〜一四一頁）。

右の四氏の解釈はそれぞれ微妙に異なる。本章では、細部に及ぶ考証過程を逐一提示することは避け、筆者の理解のみを結論的に示すと、まず、「在る所の人、忽然と消失す」（『三代実録』）について、唐突な退場が異類に特有であることは、拙著、前掲(1)一九〜二四頁でも指摘した通りである。したがって、殺された女の屍・骸がなく、証拠として手足しか残らなかったという異様な死に様と合わせて、「時の人以為へらく、『鬼物形を変じて、此の屠殺を行ふ』と」（『三代実録』）、「『此レハ、鬼ノ、人ノ形ト成テ此ノ女ヲ噉テケル也ケリ』トゾ、人云ケル」（『今昔物語集』）と書かれたと判断する。なお、『三代実録』の冒頭に「或る人告げて行く人に云ふ」として話の根拠を曖昧にしているのは、『三代実録』が「不根の妖語」（仁和三年八月是月条）と位置付けたからとみるべきであろう（中村、前掲論文、一一二頁）。

(18) 宴の松原については、瀧浪貞子「歴代遷宮論」（『日本古代宮廷社会の研究』思文閣出版、一九九一年）四二〇〜四二二頁、橋本義則「平安宮の中心」（『平安京とその時代』思文閣出版、二〇〇九年）、小峯、前掲(10)三七九〜三八〇頁など参照。

(19) 明るい光のもとで、人々が視覚で不思議を確認するというのは、①〔史料15〕のように月明かりで宴の松原の惨事を人々が見るという例などがあり、また、前述したところでは、②〔史料6〕のように、朝になって但馬の山寺での前夜の不思議を里人が見る例もあった。その他、③『今昔物語集』二七―二二は、猟師の兄弟が「九月ノ下ツ暗ノ比」に鹿狩りをしていたところ、鬼が兄の髻をつかんで上に引き上げた。弟は鬼の手を射抜いて、家に持ち帰ると、それは老母の手であったという話であるが、そこでは、兄弟は、帰宅後「火ヲ燃シテ、此ノ被射切タル手ヲ二人シテ見ルニ」とあるように、暗い中、灯を燈して老母の姿を見ている。かかる例からして、①月明かり、②朝、③灯火によって、夜の不思議が視認されていたと整理される。

(20) 雄略とヒトコトヌシとの関係を論じた研究は多く、直木孝次郎『奈良』（岩波新書、一九七一年）六四〜六七頁、塚口義信「葛城の一言主大神と雄略天皇」（『堺女子短期大学紀要』二〇、一九八五年）、丸山顕徳「『記紀』一言主大神と神仙譚」（『花園大学研究紀要』二五、一九九三年）、荻原千鶴「『古事記』の雄略天皇像」（『日本古代の神話と文学』塙書房、一九九八年）、及川智早「雄略天皇条に載る一言主物語」（『国文学解釈と教材の研究』五一―一、二〇〇六年）、藤澤友祥「葛城の一言主之大神」（『上代文学』一〇六、二〇一一年）などが参照されるが、その中でヒトコトヌシが昼間に示現し、百官人がそれを目撃したことに注目した指摘はまだないように思う。

なお、雄略と葛城氏との勢力関係をめぐっては、かつて直木氏と田中卓氏との間で論争があった。直木論文は「葛城氏とヤマト政権と天皇」（『古代河内政権の研究』塙書房、二〇〇五年、初出一九八三年）、「葛城氏と大王家」（同上書所収、初出一九八四年・八五年）、田中論文は「五世紀の大和王権をめぐって」（『田中卓著作集』二、国書刊行会、初出一九八二年）、「直木孝次郎氏の『葛城氏と大王家』を評す」（同上書所収）参照。

(21) ある事象が特定の人物にしか見えなかったという『今昔物語集』の話は他にもある。主なものとして左の三話をあげておく。
①『今昔物語集』一四―四一は、弘法大師が神泉苑で請雨経の法を行っていると、壇の右上に、五寸ほどの金の蛇を頭上に載せた五尺許の蛇が出来したが、「二十人ノ伴僧皆居並タリト云ヘドモ、其ノ中ニ止事無キ伴僧四人ゾ此ノ蛇ヲ見ケル」という話。蛇の姿を目撃したのは、四人の高僧だけであった。
②『今昔物語集』一五―五一は、伊勢国飯高郡の老女が、臨終に際して、自然に右手に蓮花をもっていたという話。この蓮花は「凡夫ノ肉眼ニハ不見ザル也」とある。なお、本話の出典は『日本往生極楽記』四一であるが、そこには「凡夫ノ肉眼……」のことは記されていない。
③『今昔物語集』二四―一五は、賀茂保憲が一〇歳ほどの頃、祓所で鬼神を見たが、それを知った父の忠行は驚き、「（自分は）幼童ノ時ニハ此鬼神ヲ見ル事ハ無カリキ。物習テコソ漸ク目ニハ見シカ。其レニ、此レハ此幼キ目ニ此鬼神ヲ見ルハ、極テ止事無キ者ニ可成キ者ニコソ有ヌレ。世モ神ノ御代ノ者ニモ不劣」といったという話。子供の保憲の眼力が讃えられている。
右の諸例と関連して、愛宕護山の聖人が毎晩、野猪の変化した普賢菩薩を礼拝していたのを猟師が菩薩を射て野猪を射殺したという『今昔物語集』二〇―一三の話がある。この中で、白象に乗った普賢菩薩が近づいてくるのを、猟師は「聖人ノ、年来法花経ヲ持チ奉リ給ハム目ニ見エ給ハムハ、尤可然シ。此童我ガ身ナドハ、経ヲモ知リ不奉ヌ目、此ク見エ給フハ、極テ怪キ事也」と思い、菩薩に矢を発したという。聖人が菩薩を見ることは当然として、法華経も知らない聖人の弟子（童）や猟師が見えるのは怪しいといったのも、関係説話として留意されよう（本話については、中根千絵「騙される聖人」（『今

昔物語集の表現と背景』三弥井書店、二〇〇〇年〉二一九〜二二三頁参照)。

なお、ある事象が特定の人にしか見えないという『日本霊異記』の話の例としては、播磨国の漁夫が殺生により身に炎が迫ってきたが、元興寺の慈応大徳に救われたという上―一一の話、鶏卵を常食としていた男が麦畑で焦熱に迫られ、脚が焼けただれて死んだという中―一〇の話が指摘される。

(22) 一方で、特別の身分の者でありながら、見えるはずのものが見えないという伝承もあった。①『古事記』上によると、オシホミミが天降りをする際、天浮橋の上で「豊葦原之千秋長五百秋之水穂国者、伊多久佐夜芸弖(注略)有り那理」と発言した(『日本書紀』神代第九段第一の一書もほぼ同じ)。②『古事記』中(仲哀)によると、筑紫の訶志比宮で仲哀天皇は「高き地に登りて西の方を見れ者、国土は見えず、唯大海のみ有り」といった(『日本書紀』仲哀八年九月己卯条もほぼ同じ)。両伝とも国見・国讃の失敗譚であるが、これにより、①ではオシホミミに代わってホノニニギが天降ることとなり、②では仲哀が死去している(佐佐木隆『日本の神話・伝説を読む』〈岩波新書、二〇〇七年〉一四三〜一五六頁)。

(23) 祥瑞については、東野治之「飛鳥奈良朝の祥瑞災異思想」(『日本歴史』二五九、一九六九年)、福原栄太郎「祥瑞考」(『ヒストリア』六五、一九七四年)、柄浩司「六国史の祥瑞記事について」(『中央史学』一〇、一九八七年)、香川郁子「祥瑞の等級に関する一考察」(『弘前大学国史研究』九一、一九九一年)、西別府元日「国司行政と祥瑞の出現」(『日本古代地域史研究序説』思文閣出版、二〇〇三年)、細井浩志「『続日本紀』の祥瑞記事」(『古代の天文異変と史書』吉川弘文館、二〇〇七年)、有富純也「摂関期の地方支配理念と天皇」(『日本古代国家と支配理念』東京大学出版会、二〇〇九年)など参照。

(24) 『国史大辞典』七(吉川弘文館、一九八六年)の祥瑞の項(東野氏執筆)。

(25) 柄、前掲(23)二〜五頁。

(26) 東野「豊旗雲と祥瑞」(『遣唐使と正倉院』岩波書店、一九九二年)、水口幹記「延喜治部省式祥瑞条の成立過程」(『日本古代漢籍受容の史的研究』汲古書院、二〇〇五年)。

(27) 福原、前掲(23)一五〜一七頁。

(28) 多度山の美泉については、祥瑞としてだけではなく、変若水(神異)とも位置付けられていた。そのこともあって、元正天皇は美泉の水で手や「痛き処」を洗い、また水を「飲み浴る」ことをしたとみられる（『続日本紀』養老元年〈七一七〉一一月癸丑条）。この点については、和田萃「養老改元」（『日本古代の儀礼と祭祀・信仰』中、塙書房、一九九五年）二六〇頁参照。また、拙稿「古代の神々の示現と神異」（前掲(13)所収）二一一～二一二頁でも同様な指摘をした。

(29)　舎利出現は山階寺僧基真による詐偽であった。このことは『続日本紀』神護景雲二年（七六八）一二月甲辰条にある。

(30)　祥瑞の色については、本田明日香「日本古代における祥瑞の色とその意義」（『日本歴史』六五〇、二〇〇二年）参照。

(31)　平安期の例として、他に大宰府献上の白鹿が神泉苑に放たれた例（『三代実録』貞観一〇年〈八六八〉一一月丁巳条）、綾綺・仁寿殿の間で獲られた白亀が神泉苑に放たれた例（『三代実録』仁和三年〈八八七〉七月丁丑条）、それに〔史料22〕の例があった。

(32)　境界領域から祥瑞が出現した例としては、越前国角鹿郡浦上浜の白蛾（『日本書紀』持統六年〈六九二〉九月戊午条）、駿河国廬原郡多胡浦の浜の黄金（『続日本紀』天平勝宝二年〈七五〇〉三月戊戌条）、近江国筑夫嶋神社前の木連理（『三代実録』元慶三年〈八七九〉三月壬辰条）の例がある。また、異界からの出現例としては、穴戸国麻山の白雉（『日本書紀』本文、後述）をはじめ、難波の松林・葦原の甘露（『日本書紀』天武七年〈六七八〉一〇月甲申朔条）、葛城山の鹿角（『日本書紀』天武九年二月辛未条）、近江国益須郡都賀山の醴泉（『日本書紀』持統八年三月己亥条）、大和国城下郡大和神山の奇藤（『続日本紀』天平宝字二年〈七五八〉二月己巳条）、大和国八島寺の嘉禾（『日本後紀』弘仁五年〈八一四〉八月辛酉条）、伊勢国度会郡山中の木連理（『三代実録』貞観六年〈八六四〉二月戊寅条）、伊勢国鈴鹿郡山中の木連理（『三代実録』元慶三年壬一〇月己酉条）、大和国高市郡天川俣神社樹の白烏（『三代実録』元慶六年五月癸卯条）などがある。

(33)　六国史所見の祥瑞進献国は、京周辺に集中し、遠隔地では武蔵や肥後のように祥瑞を多く進献している国もあった（次田吉治「祥瑞災異考」〈『専修史学』二三、一九九一年〉六八頁）。

(34)　六国史で祥瑞が出現した時刻が記されている例は三例に留まる。いずれも慶雲・五色雲出現の例で、①神護景雲元年（七六七）六月一六日の申時（午後四時）に内裏の東南角（『続日本紀』神護景雲元年八月癸巳条）、②天長三年（八二六）七月一六日の申時に豊楽殿西（『日本後紀』天長三年一二月己未条）、③貞観一八年（八七六）七月二七日の申一刻の東山下（『三代実録』貞観一八年七月壬寅条）であった。

(35) 水口「表象としての〈白雉進献〉」(前掲(26)所収)。
(36) 水口、前掲(35)一二五〜一四一頁。
(37) 水口、前掲(35)一四一〜一四四頁。
(38) 水口、前掲(35)一四四〜一四八頁。
(39) 水口、前掲(35)一四八〜一五三頁。
(40) 大宝以前の年号についての研究史とその整理は、田中卓「年号の成立」(『律令制の諸問題』国書刊行会、一九八六年)に詳しい。なお、かかるテーマに関する最近の研究としては、新川登亀男「『大化』『白雉』『朱鳥』年号の成り立ち」(『史料としての「日本書紀」』〈勉誠出版、二〇一一年〉)が参照される。
(41) 水口、前掲(35)一二〇〜一二四頁。和田氏も白雉進献儀について「朝賀に際し、奏瑞の行われることを勘案すれば、この記事が二月条にかけられているだけに、より一層、その史実性が高まる」と指摘されている(「タカミクラ」〈『日本古代の儀礼と祭祀・信仰』上、塙書房、一九九五年〉一八四頁)。
(42) 『日本書紀』白雉元年二月戊辰条の僧旻の発言の中にも「周の成王の時に、越裳氏、来りて白雉を献りて曰さく……」とあった。
(43) 吉井巌「ホムツワケ王」(『天皇の系譜と神話』二、塙書房、一九七六年)二三九〜二四一頁。
(44) 孝徳の即位儀式は群臣からのレガリア奉献儀がなく、皇極がレガリアを授与するものであったが、その画期性を積極的に評価すべきであろう(吉村武彦「古代の王位継承と群臣」〈『日本古代の社会と国家』岩波書店、一九九六年〉)。熊谷公男氏は、皇極譲位、孝徳即位の前段に推古の遺詔(『日本書紀』推古三六年〈六二八〉三月壬子条)があり、王位継承における王権側の主体性が強まりつつあったとされる(『日本の歴史03 大王から天皇へ』〈講談社、二〇〇一年〉二四二〜二四四、二五五〜二五七頁)。
(45) 水口氏は、白雉進献儀を演出したのは、中国的知識をもち、儀式を執行できるほど政権中枢部に近く、隋・唐の儀礼を実験した経験があるという点から、「僧旻をおいてほかにない」とされる(前掲(35)一五三頁)。それに対して、新川氏は当該記事に『後漢書』明帝紀が多く参照されていること、天皇の答申に答えた百済君が『後漢書』の例をあげていることから、百済君の役割に着目して『白雉』年号制定記事が百済君（百済王氏）の祖先伝承ともなる」と指摘されている（前掲(40)四九頁）。

(46)　天皇即位儀の時刻の具体例については、本書第二部第三章「異界・異類とニオイ」注(36)にあげた。

(47)　染殿后の話については、小峯「怨霊から愛の亡者へ」（『説話の森』大修館書店、一九九一年）二三～五五頁、田中貴子「鬼に取り憑かれた〈悪女〉」（『〈悪女〉論』紀伊国屋書店、一九九二年）、廣田収『『染殿后』考」（『『宇治拾遺物語』『世俗説話』の研究』笠間書院、二〇〇四年）、怪異史料研究会「三善清行『善家秘記』注解（その四）」（『続日本紀研究』三七〇、二〇〇七年）、久留島元『『今昔物語集』における『鬼』と『天狗』」（『同志社国文学』七〇、二〇〇九年）など参照。

(48)　染殿は平安京左京北辺四坊六・七町にあった藤原良房邸であったが、清和の生母明子が良房の娘であったという関係で、南半が清和天皇の後院、清和院となった。『拾芥抄』中（諸名所部）に、染殿「正親町北京極西二町、忠仁公家、或本染殿、清和院同所」、清和院「正親町南京極西、清和母后御在所」とあり、染殿と清和院とが南北で接していたことが知られる。

(49)　鬼と后の交情の様子は『真言伝』に引く「清行卿記」にもみえる。そこでは「后本心を失て鬼と通ず。御膳を勧めずして数十日、容色変ずる事なくして昼夜に鬼と交接して、尤も服愛の色あり……」として、『今昔物語集』のように日暮れに鬼が帰るというのとはいささか異なる。しかし、「清行卿記」においても、鬼は后のもとに「数十日」も滞在し、「昼夜に」后と鬼とが交情するという異常な様子であり、その点では、『今昔物語集』とも共通するところがあろう。

(50)　『今昔物語集』二〇―七と同じような話は、『今昔物語集』二七―二三にもある。当該譚の概要は、幡磨国の人の家で、陰陽師が鬼の到来を予言したので、家では厳重に物忌していたところ、陰陽師のいう通り、鬼が変身した藍摺の水干袴の男が門外に現れ、門は閉ざしてあったが、鬼はそのまま家の中に入ってきた。それに対して、若い男が鬼に矢を射かけたところ、矢は鬼に命中したものの、矢ははねかえり、鬼はかき消すように失せた。この後、この家では特別なことも起こらなかったというもの。

この話では、鬼が家の中に侵入してきた時間は記されていないが、陰陽師や「家ノ内ノ者共」、若い男の行動からすると、昼間のこととみてよいだろう。したがって、この話もあり得ない不思議な出来事であったが、「家ノ内ノ者共、恐ヂ迷フ事無限シ」「家ノ内ノ者共……肝心モ失テ思ヒ合タル程ニ」とある通り、陰陽師を始め「家ノ内ノ者共」は鬼が家の中に侵入するのをじっと見ていたはずである。染殿后の話と同様、鬼が昼間に侵入したというのは、「家ノ内ノ者共」が目撃者であったことにより、恐ろしい真実の話として、人々に受け止められていくのであろう。

(51) 本川達雄『時間』(日本放送出版協会、一九九六年)。

(52) 岩城紀子「時代と光」(『日本の時代史』二九、吉川弘文館、二〇〇四年)。

第五章　古代の人々の背丈

はじめに

古代の人々は聴覚によって、神々など異類の特別な声を聴いていたことは、本書第二部第二章「神々の声・神々への声を聴く」で論じた。しかしながら、人々が異界と接していたのは声—耳だけではない。人間の身体そのものを介して、異類や異界を想像していたこともあったとみられる。すなわち、人間の身体そのものが異界性、境界性を帯びることもあったはずである。それはどのようなケースかと問われれば、普通の成人と比べて、異形のケースである。その異形の中身は多様であったとみられるが、本章では、その一つとして人間の背丈を取り扱ってみたい。人並み外れた背丈の異形の人—背丈の高い人と低い人の場合で、かかる人たちにも異界や境界との関係が想像されていたようである。

このうち、背丈が低いケースに関しては、これまで子供(1)や幼童神(2)をはじめ、小子部(3)、侏儒(4)、奈良時代中期以降の史料にみえる内豎・内豎省(5)、さらには中世の牛飼の童をはじめとする童子（童形）(6)などが注目されてきた。その際には、子供（童）は老人（翁）と並んで境界的存在であったことが先学によって指摘されてきたところでもある(7)。たとえば、黒田日出男氏は、中世では童・翁・女は一人前とはみなされず、象徴的には神に近い存在と意識されていたとされた(8)。それに対して、服藤早苗氏は、八世紀以前の史料では「嫗や男性も神として示現することからすれば、対等に近い男女関係から、男性優位へと社会が変容した結果、被差別者や弱者が神や仏になって示現するのであり、子どもや女・老人を聖なる者ととらえる聖女・聖童観が成立するのではなかろうか」[9]として、黒田説を厳しく批判された。たしかに服藤氏の指摘の通り、童—翁の信仰を安易に古く遡らせることはできないところであろう。

本章では、人間の身体の異形性の一つとして、背丈について言及するが、その際、年齢の問題はひとまず措いて、一般の成人より背丈が非常に高い場合と低い場合とに注目することとした。ただし、後者の背丈が低い例に関しては、これまで子供を中心に多くの論者によって取り上げられているので、詳しく述べることはせず、言及は必要最小限に止める。以下では、古代の人々の人間への心性を探る試みとして、これまであまり関心が向けられてこなかった背丈の高い異形の人[10]を扱ってみたいのである。[11]

なお、本論に入る前に二点を指摘しておきたい。第一は、古代の人々の平均身長である。これを知る手がかりとして古人骨から推定する研究が参照される。その成果として、関東地方の古墳時代人の場合、男性の平均身長が一六三センチ、女性が一五一・五センチ、鎌倉時代では男性が一五九センチ、女性が一四四・九センチという指摘がある。[12]しかし、これは古墳時代人の場合、関東地方の事例に過ぎないし、何よりも本章において諸史料をもとに扱う奈良・平安期のデータを欠くという問題があることはいうまでもない。最近、片山一道氏は、検討対象となる資料が乏しい中、奈良・平安時代の男性の平均身長は一五五センチを超えた程度で、女性は一四五センチほどと推定されている。[13]いずれにしても、古人骨の分析結果はあくまでも参考程度としてみるべきであろう。ただし、現代人の平均が男性で概ね一七一センチ、女性で一五八センチであることからすれば、[14]古代の人々の背丈は現代人よりかなり小さいといわねばならない。現代よりは低い目線で古代の人々の背丈をみなければならないはずである。[15]

第二は、尺度の問題である。大宝令制では、大尺は唐大尺（二九・七センチ）の一・二倍の三五・六センチであったのが、和銅六年（七一三）制では二九・七センチとされ（『続日本紀』和銅六年二月壬子条、『令集解』田令田長条古記所引和銅六年二月一九日条）、以後、この制が概ね継承されていった。本章にあげる諸史料の尺度が何に由っていたのかという問題は残るが、ひとまず、大尺二九・七センチとして計算することとした。

一　背丈の高い古代の人々

1　六尺以上の背丈

古代の人々の平均身長が現代人より低いとみられるといっても、古代でも背丈の高い人は存在していた。たとえば、大津皇子は「容止墻く岸しくして」（『日本書紀』持統称制前紀）、「状貌魁悟、器宇峻遠なり」（『懐風藻』）とあり、大津皇子の身長がどのくらいであったかは不明という他ないが、身体つきは大きく逞しかったらしい。また、『続日本紀』延暦八年（七八九）九月戊午条の藤原朝臣是公の薨伝によると、是公は「為人長大にして兼ねて威容姿有り」とあった。大津皇子や藤原是公は実在の人物であるが、この二人以外にも、伝承上の人物として、いわゆる欠史八代の一人の綏靖天皇は「壮に及りて容貌魁れて偉し」（『日本書紀』綏靖即位前紀）、『新撰姓氏録』左京諸蕃条に「長背連。高麗国王、鄒牟（一名は朱蒙。）自り出づ。天国排開広庭天皇（諡は欽明。）の御世に、衆を率て投化れり。皃美しく体大きくして、其の背の巾長かりき。仍りて名を長背王と賜ふ」という例もある。しかし、ここでは、具体的に背丈の高さが史料に書かれている例をあげておきたい。もちろん、今日のように計測器に基く厳密な測定身長値が記されているかという疑問もあるが、ともかくも身長の高い順に具体例を列挙してみたい。

①五丈（約一五メートル）

管見の限り、背丈の五丈というのが最長例であるが、死体の話。すなわち、『今昔物語集』三一―一七によると、藤原信遠が常陸守の時に、常陸国の東西の浜に死人が打ち寄せられた。「其ノ死人ノ長ケ、五丈余也ケリ。……其ノ死人、頸ヨリ切テ頭無カリケリ。亦、右ノ手、左ノ足モ無カリケリ。此レハ、鰐ナドノ咋切タルニコソハ。本ノ如クニシテ有マシカバ、極ジカラマシ。亦、低シニテ砂ニ隠タリケレバ、男女何レト云事ヲ不知ズ」として、浜辺に打ち上げられた死人は五丈という身長で、頭や右手、左足がないので、もし、もとのように付いていたら、さらに大変なものであったろう。男女の別は不明という。にわかに信じ難い話ではあるが、「国ノ者共、此ヲ見テ、奇異ガリッ合テ見喤ケル事無限シ」として、目撃者も多数いたというのであるから、この話は真実として受け止められたはずである。

しかも、同話には、同様なことが陸奥国の海道でもあり、「此ル大人寄タリ」と聞いた国司は人を派遣して検分させたとある。この話には、朝廷に報告書（「国解」）を出そうとしたが、朝廷の使いが下ってくると、接待が大変なので、守も報告しなかったこと、陸奥国の武士が「大人」に矢を試しに放ったところ、それが深く刺さったこと、そのうち、死体は腐乱して異臭がひどく、附近の人々も近付こうとはしなかったことというエピソードが載る。この話の場合の「大人」の背丈は記されているわけではないが、常陸・陸奥両国の海岸には、五丈はともかくも、時として巨大な死体が漂着していたことは認めてよいのであろう。

②一丈前後（約三メートル）

次は一丈、あるいはそれ以上とされた人物の例をあげる。『古事記』中（垂仁）によると、垂仁の皇子、大帯日子淤斯呂和気の命（景行天皇）は「御身の長、一丈二寸、御脛の長さ、四尺一寸そ」とあった[16]。景行の第二子、ヤマトタケルは、『日本書紀』景行二年三月戊辰条によると、「壮に及りて容貌魁偉し。身長一丈、力能く鼎を扛げたまふ」――『日本書紀』景行四〇年七月戊辰条に、景行がヤマトタケルに「今朕、汝を察るに、為人、身體長く大にして、容姿端正し」と告げたとある――、そのヤマトタケルの第二子にあたる仲哀天皇は「身長十尺」とあった（『日本書紀』仲哀即位前紀）。景行―ヤマトタケル―仲哀と三代にわたって、一丈（一〇尺）クラスの人間が続いたことになる。この後では、反正が「御身の長、九尺二寸半。御歯の長さ一寸広さ二分、上下等斉して、既に珠に貫けるが如し」（『古事記』下〈反正〉）、「生れましながら歯、一骨の如し。容姿美麗し」（『日本書紀』反正即位前紀）とあった。

③七尺（約二メートル一〇センチ）以上

七尺を超えるのは源為朝。『保元物語』下に「長七尺に余り、八尺に及べり」とあった。七尺では僧の例がある。すなわち、『日本霊異記』上―一四によると、百済僧の釈義覚は斉明天皇の代に日本に渡って来、難波の百済寺に住んだ。「法師は身の長七尺ありて、広く仏教を学び、心般若経を念誦せり」とあった。また、慈覚大師円仁の卒伝には、九歳の時、「一大徳を見る。顔色清朗にして、長六七尺なり」。傍の人に「叡山大師」と教えられたという夢を見た。一五歳の時に比叡山に登り、最澄に謁覲し「顔皃を膽視」したところ、かつての夢の姿通りであった、という話がある（『三代実録』貞観六年〈八六四〉正月辛丑条）。

義覚や最澄以外に、七尺（以上）とされた人物としては、阿闍梨祐慶が「たけ七尺ばかり」（『平家物語』二）、僧文覚が「長七尺許ナル」（『源平盛衰記』一八）などの例があった。

④六尺以上（約一八〇センチ以上）

六尺以上の背丈の人間は、③の七尺と比べると、例数も増えてくる。とくに『続日本後紀』以下の三国史の薨卒伝に六尺以上の身長が一〇人について記されていることからすると、やはり特記さるべき身長であったことが窺えよう。

以下、薨卒伝の例を人名、身長、出典の順で掲示する。

イ、甘南備真人高直卒伝「身長六尺二寸」（『続日本後紀』承和三年〈八三六〉四月丙戌条）

ロ、池田朝臣春野卒伝「身長六尺余」（『続日本後紀』承和五年〈八三八〉三月乙丑条）

ハ、藤原朝臣浜主卒伝「身長六尺」（『続日本後紀』承和一二年〈八四五〉正月辛亥条）

ニ、滋野朝臣貞主卒伝「身長六尺二寸」（『文徳実録』仁寿二年〈八五二〉二月乙巳条）

ホ、藤原朝臣高房卒伝「身長六尺」（『文徳実録』仁寿二年二月壬戌条）

ヘ、小野朝臣篁薨伝「身長六尺二寸」（『文徳実録』仁寿二年一二月癸未条）

ト、安倍朝臣安仁薨伝「身長六尺三寸」（『三代実録』貞観元年〈八五九〉四月戊申条）

チ、滋野朝臣貞雄卒伝「身長六尺余」（『三代実録』貞観元年一二月癸卯条）

リ、橘朝臣岑継薨伝「身長六尺余」（『三代実録』貞観二年〈八六〇〉一〇月乙巳条）

ヌ、平朝臣高棟薨伝「長六尺」（『三代実録』貞観九年〈八六七〉五月丁巳条）

その他、『文徳実録』嘉祥三年（八五〇）五月壬午条の橘嘉智子薨伝には父清友の伝も載っており、清友は「身長六尺二寸」と伝えられていること、薨卒伝ではないが、貞観八年九月、応天門の事件で異父弟豊城に縁坐して土佐国に配流された紀朝臣夏井については「身長六尺三寸」とあったこと（『三代実録』貞観八年九月甲子条）、前九年合戦で敗れた安倍貞任につき、『陸奥話記』には「其の長は六尺有余、腰囲は七尺四寸。容貌は魁偉にして、皮膚は肥白なり」と記されていたことなどが指摘される。

右の個人とは別に、六尺以上の背丈という点では、「是日、七道諸国に仰せて身長六尺已上の者を貢がしむ」（『続日本後紀』承和一五年〈八四八〉正月乙丑条）、「相撲、武蔵、上総、下総、常陸等の国に下知して、長人六尺三寸以上の者を選び進ましむ」（『三代実録』貞観八年五月壬戌条）という二史料もある。

この二史料のうち、前者に関しては、『江家次第』八（相撲召仰）に「先二・三月の比、大将以下陣座に於て相撲使の事を定む。関白・大将随身・陣官・賭弓矢数の者等を使と為して、諸国七道に遣し、相撲人を召す也」とあるので、その制の先蹤として相撲節における相撲人の貢上に関する史料とみる余地もあるだろう。しかしながら、当該記事は『類聚国史』七三（相撲）の項に取り上げられていないので、相撲人の史料とするには躊躇される。結局のところ、七道諸国に六尺以上という長身者を貢上させ、それが何に利用されたかについては判断を保留したい(17)。

後者は『政事要略』二九（追儺）に採られているので、宮廷の年中行事としての一二月晦日の大儺（追儺）儀(18)における方相氏役の「長人(19)」のことであろう。大儺では「長人」の方相氏と侲子（子供）が疫鬼を逐う役であった。

以上、六尺以上の背丈の人間の例を列挙してみたが、六尺以上とは、薨卒伝のいわば特記事項の一つであったこと、前掲の史料の中でも池田春野（ロ）に「身長六尺余。稠人の中、揭焉として立つ。会集の衆人、眼を駐めざること莫し」として、六尺の身長は周囲からもかなり目立つ存在であったこと(20)、方相氏は六尺三寸以上から採用されていたこと、逆に六尺未満の人物は後掲の景戒の例（『日本霊異記』下―三八）があるが、かかる程度の背丈の例が史料に出てくることが少ないこと(21)、それに前述の通り、古代の人々の平均身長が現代人より低いと推定されることまでも勘案すると、古代において、六尺以上の背丈とは高い身長と判断する一定の基準だったのであろう(22)。

なお、貞観六年（八六四）正月、清和天皇の元服（一五歳）に際し、「預め勧学院の藤氏児童の高さ四尺五寸已上の者十三人に詔して加冠す。是の日、内殿に引見す」（『三代実録』貞観六年正月戊子朔条）として、元服時の身長が四尺五寸以上とみられていた。相撲節の占手として童相撲があり、『内裏式』中によると、「四尺以下の小童を用ゐる。前一日、内裏に於て長短を量り、或は四尺を過ぐる者有らば、當日更に相撲せしめず、以て負と為す」とあった（『儀式』八も同じ)。『扶桑略記』延長六年(九二八)八月辛巳条によると東宮童相撲では「四尺五寸の童」が採用されている。それに『今昔物語集』二四―二は、高陽親王が、京極寺の前の田が旱魃で干上がってしまったので、「長ケ四尺計ナル童ノ左右ノ手ニ器ヲ捧テ立テル形ヲ造テ」田の中に立てたところ、これを見た人が器に次々と水を入れて面白がったので、労せずして田に水が満ちたという話であるが、この中のからくり人形も「四尺計ナル童」であったことをも参看するならば、四尺か四尺五寸までが童の背丈とみられていたのではないだろうか。とすると、四尺ないしは四尺五寸以上、六尺未満までが普通の成人男性の身長とみられていたのではないだろうか。

2 背丈の高い人々と異界性・境界性

本節では、古代において背丈の高い人々が異界性・境界性を帯びることがあることを指摘したいが、その前段に、人間の身長自体が境界性をもつことが窺われる、四つの事例に言及しておきたい。[23]

その第一の例として、『三代実録』貞観七年(八六五)一二月丙辰条によると、甲斐国司の中央政府への報告によると、「往年」八代郡では暴風大雨、雷電地震、富士山の噴火と続いたところ、今年、八代郡の擬大領無位伴直真貞が「須く早く神社を定め、兼ねて祝禰宜を任じ、宜しく潔斎し奉祭すべし」という浅間明神の託宣を告げた。その時、「真貞の身、或いは伸びて八尺可り、或いは屈みて二尺可り、體を変へて長短をなし、件等の詞を吐く」であったという。このように託宣に際して、真貞の身が長短に変化したという不思議な出来事は、真貞の身に浅間明神が憑依し、真貞の身体が異界性・境界性をもったことの証であろう。

第二の事例は、『今昔物語集』一六―一七の話で、[24]備中国賀陽郡の賀陽良藤は、寛平八年(八九六)、妻が上京中に、狐が変身した女に誘惑されて、行方不明になる。もとの家では良藤の兄弟・子供が栢の木で「良藤ガ長等シ」という一一面観音像を作って礼拝した。すると、観音の化身である俗人が狐の住処である倉の下から狐を追い出し、良藤を外に押し出した。良藤が女の家と思って倉の下で暮らしていたのは一三日間であったが、良藤には一三年間のようであり、また、倉の桁下の高さはわずか四、五寸に過ぎないが、良藤には高く広く大きな家だと思われていたという話。

この話は異郷滞留譚といわれる説話で、「筒川の嶼子」（浦嶋太郎）が海上の大きな嶋（蓬萊山）で過ごした三年が現世では三〇〇年であったという関係（『丹後国風土記』逸文）とは逆ではあるが、良藤にとって一三年と感じられた時間が実際はわずか一三日であったとして、時間の経過が相違するというのは本譚の特徴であった。しかも、それと同時に興味深いのは、異界である倉の下がわずかに四、五寸の高さに過ぎなかったのが、良藤には高く広く思われたという点で、異界では良藤の背丈も小さくなっていたと考えられていたこと、救い出された良藤は、狐の住処での様子とは異なり、「瘦タル事病ニ煩ヘル人ノ如シ」とあったことである。さらには、良藤の背丈に合わせて作られた観音像も俗人となって倉の下に入り込んだことになっているが、この観音も倉の下では小さな姿に変身していたとみてよいだろう。しかも、その点では狐も同様で、倉の下では狐は小さな人間に変身していたはずである。すなわち、倉の下という異界では、時間ばかりでなく、人間（観音）や狐の姿形、とくに背丈まで現世とは変化することがあったことが知られよう。(25)

第三の例として、『日本霊異記』下—一三(26)は、美作国英多郡で採鉱夫が事故で坑内に閉じ込められた。家族は死んだものと思い、観音像を描くなど供養して七日が過ぎた。すると、観音の化身の沙弥が坑内の採鉱夫のもとに食物をもって現れ、その後、通りがかった人に救出されたという話である。この話の中で、坑内の「穴の戸の隙、指刺す許開き、日の光被び至りぬ。故に一の沙弥有り。隙より入り来り、鉢に饌食を盛りて、以て与へて語らく、『汝の妻子、我に飲食を供へ、吾を雇ひて勧め救はしむ。汝復哭き愁ふるが故に、我来る』といふ。隙より出で去る」とあった。

指の入るくらいの小さな隙間から沙弥が坑内に入り、採鉱夫に食事を届け、隙間から出ていったというのであるから、少なくとも、観音の化身である沙弥は坑内への出入り口では極めて小さな姿に変身していたとみてよいだろう。沙弥が携えてきた食物（観音に供えられたご馳走）も同様であろう。沙弥（観音）ははじめから異界の存在であるとしても、背丈の長短と異界・境界とが関係する一例として取り上げられよう。

なお、下―一三の話と関連して、『古事記』上に、火神カグツチがイザナキに殺された際、「御刀の手上に集まれる血、手俣自より漏き出でて、所成りませる神の名は、（注略）闇淤加美神」、オホナムチが根国に入る時、「木の俣自り漏き逃がし而」、『日本書紀』第八段第六の一書にスクナヒコナは「指間より漏き堕ちしには」とあった。この中の「漏（クク）」とは、勝俣隆氏の考察の通り、「狭い隙間を潜り抜け、あるいは隙間に潜り込んで、そこを通過し、姿を消す意」[27]とみられる。要するに、狭い隙間とは異界への通路であったが、『日本霊異記』下―一三の例も考え合わせると、かかる空間を通過する際には背丈も変化することがあり、そこでは背丈に異界性との関連が指摘されるのである。

第四として、『今昔物語集』二七―一三の安義橋の鬼の話がある。すなわち、近江守の配下の若い男が、鬼が出没するという安義橋を渡ることになる。男は橋を渡ろうとしたところ、橋の上に美しい女がいた。男は美女（鬼）に襲われそうになるが、うまく逃げおおせて振り返ると、「長ハ九尺許」の鬼の姿があったという。

安義橋という境界で男を待ち構えていた美女ははじめから「九尺許」の背丈であったわけではあるまい。鬼の姿に戻った際、急に「九尺許」の異形に転じたものとみられる。とすれば、もともと「九尺許」の鬼が境界領域で人間の姿（美女）に化けると、人並みの背丈になるという関係が読み取れよう。

以上、第一と第二の例から、人間の背丈は人間が異界と接したり、あるいは異界に入りこむことにより、長短に変動することがあったことが窺えよう。第三と第四の例は、観音や鬼という異類の背丈が、境界では小さくなる例という例であった。人間（異類）の背丈のもつ異界性・境界性の一端が窺えよう。(28) そこで、このことを踏まえた上で、改めて前節に指摘した、①から④の背の高い異形の人々の性格について検討してみたい。

まず注目したいのは、①浜辺に打ち上げられた「死人ノ長、五丈余也ケリ」の『今昔物語集』三一―一七の話である。すでに指摘したように、同様の「大人」の死体は陸奥国の海道にもあったと語られていた。そもそも浜辺は海陸のせめぎ合う境界領域であった。こうした場に立ち現れた巨大な死体を介して、人々は海の向こう側の異界を感じ取っていたことは間違いあるまい。とくに陸奥国の「大人」には「男女ヲバ難知シ」であるが、学識ある僧からは「阿修羅女ナドニヤ有ラム」という推測もなされたという。『今昔物語集』三一―一六には、佐渡国の人の船が強風で見知らぬ島に漂着したが、「其ノ人ノ長極テ高カシ。有様実ニ此ノ世ノ人ト不思ズ」として、「船ノ人、此ヲ見ルニ、怖シキ事無限シ。……『……我等ノ、鬼ノ住ケル島ヲ不知デ来ニケリ』」と恐れたという話がある。海の向こうにはかかる長身の人々の島の存在が観念されていたことと、「長五丈余」の死体の漂着とは密接な対応関係にあったといえよう。

しかも、『今昔物語集』三一―一八には、越後国の浜辺に「広サ二尺五寸、深サ二寸、長サ一丈許也」という小船が打ち寄せられたという話がある。この小船は「紘一尺許ヲ迫ニテ、梶ノ跡有リ」。これを見たものは「『何也ケル少人ノ乗タリケル船ニカ有ラム』ト思テ、奇異ガル事無限シ。……長ナル者ノ云ケルハ、『前々此ル小船寄ル時有』トナム云ケレバ、然レバ、其ノ舟ニ乗ル許ノ人ノ有ルニコソハ。此ヨリ北ニ有ル世界ナルベシ、此ク越後ノ国ニ度々寄ケルハ。外ノ国ニハ此ル小船寄タリトモ不聞エズ」とあった。越後国の場合は「少人」が乗ったと思しき小船の漂着であった。「長ナル者」（古老）は前にもそのような例があるといい、越後国の北には「少人」の国があるのだろうと想像されている。「少人」というのも、「大人」と同様、浜辺という境界領域に立ち現れる異形であった。境界領域に漂着とした「大人」「少人」が異界性・境界性を帯びていたことは明らかであろう[29]。

次の②では、景行・ヤマトタケル・仲哀の三代と反正が一丈前後という長身の人物として『古事記』『日本書紀』に伝えられていた。景行は長身と同時に脛の長さが強調され、また、特別に事績も記されていない反正には長身であったことと歯や歯並びのすばらしさが特記されている。このように身体的特徴が記されているのは、いずれも天皇や皇子を讃美する言葉といってよいだろう[30]。

その一方で、右記の四名の内、少なくとも、景行・ヤマトタケル・仲哀の三人の長身に関しては『古事記』『日本書紀』の構想に基づいた伝承とみられる節がある。そもそも、『古事記』『日本書紀』の史料としての信用度や性格については、岡田精司氏の指摘の如く、神武から雄略までは「大和王権の発展・拡大を同心円状に描いたもの[31]」と捉えた方がよい。すなわち、『古事記』『日本書紀』の諸説話は、神武の「大王の出現」、崇神・垂仁の「国家の基礎固め」を経て「国内統一戦争→外征と海外領土の服従」という順番で配列されているとみられるからである。

この中で、景行以下の三人は「国内統一戦争→外征」に登場する人物であった。『古事記』中（景行）によると、ヤマトタケルは熊曽建、出雲建を征伐し、さらに東国各地を平定した後、伊服岐山の神を捕えるのに失敗。能煩野で死去したとある。『日本書紀』（景行）では、景行は熊襲征討のため征西。熊襲を平定した後も九州各地を巡行し、日向から都に帰還した。しかし、再び熊襲が叛いたため、ヤマトタケルが熊襲を征討。その後、東国から陸奥国を平定し、大和に帰還する途中、能褒野で死んだとあり、『古事記』の伝承とほぼ共通する（『古事記』に比べて出雲征討の話を欠く）。ヤマトタケルの死後は、父の景行が伊勢から東国に入り、倭に帰還したとあった。

景行・ヤマトタケルによる国内統一が終了した後、成務が国造・県主を設置して地方の統治機構の整備がなされた上で、仲哀が海外遠征を行うことになる。『古事記』中（仲哀）によると、仲哀は筑紫の訶志比宮で神功皇后への神託を信用せず、そのため、仲哀は死去してしまう。その後、神功皇后が神の援助を得て新羅を征服したとあった（『日本書紀』〈仲哀・神功〉もほぼ同じ）。

このように景行以下の三人は、『古事記』『日本書紀』の中では、いずれも畿外・海外の征服を目指した人物として位置づけられていたことがわかる。このうち、仲哀の事業は失敗であったが、各地に赴いて敵対勢力に対峙するためにも、殊更、三人は背丈の高い人物とされたのではあるまいか。

かかる地方平定伝承と天皇の身体という観点から興味深いのが、雄略とヒトコトヌシの話である。『日本書紀』雄略四年二月条によると、天皇が葛城山で狩猟をした際、突然、「長人」（ヒトコトヌシ）に出会う。「面貌容儀、天皇に相似れり。天皇、是神なりと知しめせれども」、天皇と「長人」は互いに名乗り会い、その後、天皇と神とは日暮れまで狩猟を楽しんだとある。雄略は、「長人」のヒトコトヌシとよく似ていたというのであるから、雄略自身も「長人」の可能性が高い。『古事記』下（雄略）によると、葛城山に行幸した雄略に対して、「彼の時に、其の向へる山の尾自り、山の上に登る人有り。既に天皇の鹵簿に等しく、亦、其の束装の状と人衆と、相似て傾かず」とあった。『古事記』には「長人」とはないものの、天皇とヒトコトヌシとは同じ行列であったというのであるから、やはり、両者は同じような背格好といってもよいだろう。

いずれにしても、葛城山という異界で狩猟を行った雄略が、ヒトコトヌシと同様、「長人」であったというのは示唆的である。かかる点を先の問題に考慮すると、畿外・海外平定に立ち向かったという天皇・皇子には、異界の神々や人間とは対等かそれ以上の背の高い人物として仮構されたのではないだろうか。東征を前にヤマトタケルは父の景行天皇から「形は我が子、実は神人にますことを」と告げられ（『日本書紀』景行四〇年七月戊戌条）、また、「蝦夷の境」では「蝦夷の賊首、嶋津神・国津神等」に「仰ぎて君が容を視れば、人倫に秀れたまへり。若し神か。姓名を知らむ」と問われたのに対して、タケルは「吾は是、現人神の子なり」と答えている（『日本書紀』景行四〇年是歳条）。まさに景行らの一丈という背丈は、『古事記』『日本書紀』の構想から生み出されたもので、史実とは無縁とすべきであろう。

このようにみてくると、仲哀の後、三韓征伐を行ったという伝承のある神功皇后も長身とみる節があることに留意したい。[32] 山上憶良作の鎮懐石歌（『万葉集』五―八一三）序文には「大きなるは、長さ一尺二寸六分、囲み一尺八寸六分、重さ十八斤五両、小さきは、長さ一尺一寸、囲み一尺八寸、重さ十六斤十両。並に皆楕円く、状は鶏子のごとし」（『筑紫国風土記』逸文逸都県条、『筑前国風土記』逸文怡土郡条にもほぼ同様な石の形状が載る）として、皇后は二つの大きな石を身につけて出征したというのであるから、皇后も景行らと同じく背丈の高い人物と観念されていた可能性があろう。とすると、『古事記』『日本書紀』では「国内統一戦争→外征と海外領土の服従」に関わった景行から神功皇后までが背丈の高い人物と観念されていたことになる。[33]

③では、七尺を超える背丈という源為朝に関しては、生け捕りにされて都に連行された際、見物人から「鬼神・化物などいふも、かやうにこそあるらめ」といわれたという（『保元物語』下）。為朝が「鬼神・化物」とみられていた様子が察せられよう。為朝と同様なケースとしては、③の中の安倍貞任（「六尺有余」）であろう。貞任の背丈は『今昔物語集』二五―一三でも同じであるが、室町時代の『義経記』一になると、さらに進んで、安倍貞任の「これら兄弟、丈せい骨柄人にも越えて、貞任が丈高さは九尺五寸、宗任は八尺五寸、何れも八尺に劣るはなし。中にも境冠者良増は、丈の高さ一丈三寸候ひけり」[34] として、背丈が貞任だけではなく、兄弟までもが「人にも越え」る長身の人と記されるようになっている。

七尺では、前記した通り、『日本霊異記』上―一四の釈義覚が「長七尺」であり、義覚のような高僧は背が高いとみられていたらしい。というのも、『日本霊異記』下―三八には、景戒の夢として、乞食僧（鏡日）が景戒の家にやって来て、「上品の善功徳を修すれば、一丈七尺の長身を得む。下品の善功徳を修すれば、一丈の身を得む」といった。それに対して、景戒は善行が不足しており、「故に我、身を受くること唯五尺余有らくのみ」といって後悔したという話が参考になるからである。「一丈七尺」とは釈迦の一丈六尺を超えることを意識したものといわれているが、(35)義覚の背丈にも釈迦に近づこうとする仏教修行者の姿を見出すことができるだろう。とすると、円仁が夢に見たという最澄の「長六七尺」も義覚と同様といえるかもしれない。

義覚について立ち返ると、義覚のいる室内が光り輝いたという話（上―一四）がある。『日本霊異記』に限ってみても、かかる僧は他にもおり、願覚（上―四）、道照（上―二二）においても同様であった。仏像も光ることがあり、金鷲山寺の執金剛神の摂像（中―二一）、下毛野寺金堂の観音像（中―三六）、鵜田堂の薬師仏木像（中―三九）の例があった。このような放光という霊異が仏像や僧の身体において現れるという点は注目に値する。行基が「指臂を焚き剝ぎ」（『続日本紀』養老元年〈七一七〉四月壬辰条）、「身を害し指を焼く」（『類聚三代格』三、養老六年七月一〇日太政官奏）という修行をしたとあること、『日本霊異記』下―三六に藤原家依の病気治療を行った禅師が「手の於に爝を置き、香を焼きて、行道し、陀羅尼を読みて、忽に走り転ぶ」とあることからも窺えるように、僧が俗人から隔たった仏菩薩の世界に近づこうとする中で、仏像と僧の身体が共通の感覚として捉えられていたのであろう。すなわち、義覚のような高僧は修業する中、自ら異界性を帯び、七尺という背丈、放光という霊異を現すに至ったものといえよう。(36)

なお、同じ七尺の背丈といっても、義覚と阿闍梨祐慶とは意味合いが異なろう。祐慶については、『平家物語』二に、山門強訴の責任を問われて東国に流罪となった天台座主明雲を近江国分寺から大衆が奪還する話があるが、その際、西塔の「阿闍梨祐慶といふ悪僧あり。たけ七尺ばかりありけるが……」と、明雲の輿を大講堂までかつぎあげたとある。祐慶の場合、「(明雲が乗った) 前輿かいて、長刀の柄も、腰の轅もくだけよとあるままに、さしもさがしき東坂、平地を行くが如くなり」とあるように、多分に誇張もあろうが、祐慶は明雲を奪還する大きな体軀の人物として描かれているからで、高僧義覚とは性格が異なる。

最後に④の六尺以上の人々について検討してみたい。かかるメンバーの中に比較的多く共通する経歴としては対外交渉に当たった官人という点であろう。たとえば、小野篁（ヘ）は、承和の遣唐使では副使に任命されながらも、最後は乗船を拒否したため、嵯峨上皇の怒りに触れ、隠岐国に流罪となった人物。滋野貞主（ニ）、同貞雄（チ）は、橘清友とともに渤海使応接者としての経歴をもつ。この他、具体的な身長は判然としないが、貞観一四年（八七二）の渤海使を接遇した人物として、大江朝臣音人（賜詔命使）は「儀容魁偉」（『三代実録』元慶元年〈八七七〉一一月庚子条）、源朝臣興（賜勅書使）は「外皃雄峻」（『三代実録』貞観一四年一一月乙酉条）、狛人氏守は「為人長大にして容儀観るべし」（『三代実録』貞観一四年五月甲申条）とあった。また、白雉四年（六五三）に派遣された遣唐使の大使に高田首根麻呂がいる。根麻呂の「更の名は八掬脛[37]」であった（『日本書紀』白雉四年五月壬戌条）。「脛」の長いものは、前掲の景行（『古事記』）のように長身とみられるとすれば、根麻呂もやはり並外れた背丈であった可能性があろう。

このように対外交渉に従事した官人の中に人並み外れた体格の持ち主がいたことは間違いあるまい。この点については、すでに加藤順一氏に専論[38]があり、氏の指摘の通り、人物の優れた外貌が外交の場で重要であったと理解してよいだろう。少なくとも、古代国家は、長身であるなど、外貌に優れた人物を選んで対外交渉に当たらせていたものといえる。しかも、加藤氏は、遣唐使人の容姿について、以下のような興味深い考察[39]もされている。すなわち、唐の張鷟の『朝野僉載』四に、左拾遺魏光乗が一五人もの人物に彼らの特徴をもとに渾名をつけたため、地方に左遷された。

その際、舎人呂延嗣は「長大少髪」を理由に「日本国使人」と渾名されたという一件である。これは開元二・三年（七一四・五）頃の出来事とみられ、当時、大宝遣唐使の坂合部大分が、執節使粟田真人らが帰国後も唐に留まっていた時期にあたる。それ故、坂合部大分の「長大少髪」という風貌が呂延嗣の渾名に利用されたのであろう、と。以上の加藤氏の考察により、呂延嗣の渾名を介して、坂合部大分も「長大少髪」を理由に遣唐使に選ばれた可能性が考慮されよう。

しかしながら、ここで注目しておきたいのは、対外交渉に携わった官人と②の景行以下の三人の共通性である。すでに指摘した通り、景行らは畿外・海外の敵対勢力と対峙し、平定する役割として、背丈一丈（この背丈そのものは史実ではあるまい）の長身が想像された。とすれば、彼らと同様に、六尺以上の長身の官人たちにも、異国と向き合う存在として異界性が意識されるようになったのではないだろうか。

ところで、③の中でも、異界性が顕著であるのは小野篁（へ）である。篁には『今昔物語集』二〇―四五に次のような著名な説話があった。すなわち、藤原良相が重い病気になり、閻魔王宮に召され、裁判を受けた時、冥官の中に篁がおり、篁は良相を弁護したため、良相は蘇生することができた。数か月後、良相は篁に冥界での出来事を尋ねると、以前、篁が罪科に処せられた際に良相が弁護してくれたことへのお礼だという。このことを聞いた良相はますます恐れて「篁ハ只人ニモ非ザリケリ、閻魔王宮ノ臣也ケリ」ということが分かった。しかも、この話は自然に世間にも伝わり、「篁ハ閻魔王宮ノ臣トシテ通フ人也ケリ」と皆が思い恐れたというもの。また、『江談抄』三―三九には、藤原高藤が急死した際、篁は高藤の手をとって引き起こしたところ、高藤は蘇生した。高藤は篁を拝して「覚えずしてにはかに閻魔庁に到る。この弁（篁のこと―引用者注）、第二の冥官に坐せらると云々。よりて拝するなり」といったという話も伝わっている。このように生きながら冥界に出入りするという話が篁について語られたのはなぜだろうか。それは篁には隠岐国に流罪となって一時期、京を離れたという履歴があったことと同時に、六尺二寸という当時としては並外れた長身で異界性をもっていたことが関係していたのではないだろうか[40]（後述）。

また、対外交渉とは無縁であったが、六尺の人物として、藤原高房（ホ）がいた。高房の功績として、天長四年（八二七）に美濃介に任じられて現地に赴任すると、安八郡の「陂渠」（灌漑用水池）の堤防が決壊して水を蓄えられずにいたのに対して、「陂渠」の神の迷信を「民に利すれば死しても恨まず」といって、民を駈使して堤防を築かせた。また、席田郡に「妖巫」がおり、民が「毒害を被る」というので、これまでの国司が「妖巫」を恐れて部内に立ち入らなかったのを、「高房単騎入部して、其の類を追捕し、一時に酷罰」したという（『文徳実録』仁寿二年二月壬戌条）。高房は平安初期の典型的な良吏であるが、彼が「陂渠」の神や「妖巫」という異類、異界の存在に積極的に立ち向かっていった背景の一つに六尺という背丈の問題は見逃せないのではあるまいか。

大儺（追儺）儀の方相氏に関しては、前述の通り、六尺三寸以上の身長が要求されていた。長身の上に四つ目の仮面を被るという異形の方相氏は、侲子という子供とともに鬼逐いの役であった。しかも、方相氏は、一〇世紀中頃から後半を境に鬼とみなされて追放される存在とみなされていったことが知られている。侲子についても『延喜式』一三（大舎人寮）の古写本（九条家本）に「コオニ」という傍訓が付せられていることから、侲子も最終的に鬼として追われるようになっていったものと思われる[41]。かかる背景として方相氏や侲子の境界性を指摘することができよう。『続日本後紀』天長一〇年（八三三）四月丙子条に「勅して、大舎人穴太馬麻呂と内豎橘吉雄とを喚す。双立ちて其の身長を量るに、吉雄甚だ矬し。而して其の頭首馬麻呂の腋下に及ばず」という記事がある。この記事も『政事要略』二九（追儺）に収められているので、方相氏と侲子に関する史料とみられる。ここから方相氏役を勤める穴太馬麻呂の身長は並外れて大きかったようである。しかも、馬麻呂の存在は名前とともに後世に記憶されていったらしい。

『西宮記』恒例第三（裏書）には、前掲の貞観八年五月の記事（相模以下の諸国に「長人六尺三寸以上」を貢進させた）を引用した後、「今案ずるに、世の人今に及ぶに長人を呼びて馬丸と曰ふの興、是歟」、「同（延喜）七年十二月廿九日、大舎人廣高、病有りて馬丸に供へ奉らず。仍りて京職進むる所、高田夏吉を以て之と為す。其の高さ平人に異ならずと云々」とあり、方相氏（長人）は穴太馬麻呂の名にちなんで「馬丸」とも呼ばれ、延喜七年（九〇七）では大舎人廣高が病で「馬丸」役に奉仕せず、代役の高田夏吉は背丈が「平人と異ならず」とあった。そのため、延喜七年の追儺は「処々、或は追儺せず」という状況で、「今年（延喜八年）京中咳を愁ふ。此疫鬼を儺せずに依ると云々」と人々はいったとある（『西宮記』恒例第三〈裏書〉）。以上の経緯からも、方相氏には長身の六尺三寸以上の人が求められていたこと、「平人と異ならず」というような背丈の人物では方相氏役（「馬丸」）はふさわしくなく、追儺も十分になされなかったことが確認されよう(42)。

このように古代の背丈の高い人々を検討してみると、そのすべてではないが、異界性・境界性が検出されるのである。ただし、その場合、各人の異界性・境界性とは一律同じというわけではなかった。①のように海浜で海の向こう側に異界を想像していたケース、②④のように、背丈の高い人を利用して国内・国外の勢力、あるいは大儺の場で疫鬼と対峙するという王権・国家側が懐く異界性・境界性、さらには、③の中には、源為朝のような武勇に優れたものや義覚のような仏教修行者（高僧）の例も含まれており、内実は多様であったこともあわせて指摘できよう。

二　異類の背丈の高さ

古代にも列島外の異界から来着・漂着した人々の記述が史料に見出される。たとえば、『日本書紀』垂仁二年是歳条一云には「御間城天皇の世に、額に角有ひたる人、一の船に乗りて、越国の笥飯浦に泊れり」として、「意富加羅国の王の子、名は都怒我阿羅斯等」の来着記事がある。「都怒我阿羅斯等」は「額に角有ひたる」という異形の姿であった。また、『日本後紀』延暦一八年（七九九）七月是月条には、参河国に漂着した「崑崙人」が「身長五尺五分、耳長三寸余。言語通ぜず。何れの国の人なるか知らず」という記事もある。この場合の漂着者の背丈はけっして高いわけではないが、耳の長さや言語が通じないという点から、同人の異界性・境界性が判断されているのであろう。それに対して、前節にあげた例に立ち返ると、常陸国の東西の浜に打ちあがった「死人ノ長ケ、五丈余也」や陸奥国海道の「大人」の例（『今昔物語集』三一―一七）があった。かかる例からも、異形性の一つに背丈があったとみてよいだろう。実際、諸史料に当たると、異類には、高い背丈の人間と同等か、それ以上のケースが少なくない。以下において、人々に目撃された背丈の高い異類で、しかも具体的な寸法が判明する例を取り上げてみたい。(43)

①三丈（約九メートル）

イ、和気清麻呂が宇佐八幡宮で託宣を授かった際に八幡神が示現「其の長は三丈許にして、相は満月の如し」

（『日本後紀』延暦一八年〈七九九〉二月乙未条）

②一丈（約三メートル）

ロ、肥後国の官人を襲った羅刹鬼「長一丈余なり。身体高大にして」（『法華験記』下―一一〇）

ハ、吉野山で大蛇に襲われた聖人を救った鳩槃荼鬼「長ケ一丈余許ナル鬼也」（『今昔物語集』一四―四三）

ニ、承平元年（九三一）六月二八日、弘徽殿の東欄に出現した鬼「長一丈あまり」（『古今著聞集』一七―五九三）

ホ、元慶年中、僧静観と同門の僧聖蓮の夢に現れた、龍宮より来たという一僧「長一丈許」

（『日本高僧伝要文抄』一、静観僧正伝）

③七尺（約二メートル一〇センチ）以上

ヘ、近江国安義橋に出現した鬼「長ハ九尺許ニテ」（『今昔物語集』二七—一三）

ト、承安元年（一一七一）七月八日、伊豆国奥島の浜に漂着した鬼「身は八九尺ばかりにて」（『古今著聞集』一七—五九九）

チ、弘法大師が大和国宇智郡で出会った犬飼猟師（高野明神）「其形、面赤クシテ長八尺計也」（『今昔物語集』一一—二五）

リ、染殿后に通った鬼「長ケ八尺許ニシテ」（『今昔物語集』二〇—七）

ヌ、新生児の寿命を予言した鬼神「長八尺許ノ者」（『今昔物語集』二六—一九）

ル、世尊寺（旧藤原伊尹邸）の南庭の墓から掘り出された尼公「丈八尺」（『富家語』一〇五）

ヲ、美作国中山の猿神「長七八尺許」（『今昔物語集』二六—七）

ワ、吉野山の日蔵上人が出会った鬼「長七尺ばかり」（『宇治拾遺物語』一一—一〇）

カ、天孫の降臨をアメノヤチマタで出迎えた猨田彦大神「背の長さ七尺余り。當に七尋と言ふべし」（『日本書紀』神代第九段第一の一書）

ヨ、五条堀川の旧家で三善清行の前に出現した女「居長三尺許」（『今昔物語集』二七—三一）

④軒と等しい高さ

タ、常寧殿に出現した鬼「高さは殿の棟に余ると云々」（『扶桑略記』延長七年〈九二九〉四月甲子条）

レ、藤原道兼が深夜、仁寿殿の東側敷石の辺で引き返す「軒とひとしき人のあるやうに見えたまひければ……」（『大鏡』）

ソ、紀長谷雄が朱雀門上層で見た霊人「長ハ上ノ垂木近ク有ルガ」

（『今昔物語集』二四—一）

ツ、丹波国に下向した斎藤助康が古い堂で生け捕りにした古狸「堂の軒とひとしき法師の、くろぐろとして見えけり」

（『古今著聞集』一七—六〇七）

ネ、一条桟敷屋の中から男が目撃した鬼「長は軒と等しくして、馬の頭なる鬼なりけり」

（『宇治拾遺物語』一二—二四）

右の諸例につき、若干補足しておく。まず、イの宇佐八幡神の話に関連して、『古今著聞集』一七—五八三には後朱雀天皇が四季の御屛風の上に「大きなる人、あかきくみをくびにかけ」た姿をみて発病し、死去した。「世の人、八幡の御体かとぞ申しける」という話が載る。一般的に神の姿は目にみえないとされるが(44)、石清水八幡の御神体は宇佐と同様、「大きなる人」と想像されていたらしい。

ロは『今昔物語集』一二—二八の話として再録されているが、『今昔物語集』には羅刹鬼の「長ハ屋ノ檐ト等クシテ」という独自の表現がある。『今昔物語集』の話でも『法華験記』と同じく、羅刹鬼の背丈は「長ハ一丈許」とあるので、④の「軒と等しい高さ」とは概ね一丈とみてよいだろう。カの場合は「背の長さ七尺余り」とあり、サルタヒコの身長は「背」（座高）の長さを超えると判断されよう。

ルの「尼公」は墓から掘り出された後、「風に随ひて散り失せにけり」という存在。ヲは五条堀川の旧家で、一晩を過ごした三善清行の前に次々と異類のものが示現するが、そのうちの一人の女は塗籠から出て、「匂タル香艶ズ馥バシ」であったが、清行に見つめられると、「鼻鮮ニテ匂ヒ赤シ。口脇ニ四五寸許銀デ作タル牙咋違タリ」という姿になって塗籠に入って戸を閉ざしたという。塗籠は霊鬼の居所であるので、この女も現世の人間ではない。「居長三い。

尺許」というのは座ったままの高さであるが、この倍を背丈とみると、異類の女性も六尺の大柄とみられていたらしい。

レでは道兼が仁寿殿の東で何を見たのかはっきりしないが、「軒とひとしき人のあるやうに」というだけで道兼が恐れて引き返したのは、かかる背丈の高さが異類を想像させるに十分なものであったからであろう。

一二世紀末から一三世紀初頭の『吉備大臣入唐絵巻』二には、高楼に押し込められた真備を、鬼と化した阿倍仲麻呂が訪ねてくる場面があり、そこでは衣冠に身を正してはいるものの、赤ら顔の鬼が真備と高楼の上層で対座している。鬼も坐してはいるが、冠の先は垂木に届かんばかりに描かれてある。これとは別の場面で、唐の役人や勅使が高楼を来訪した時は、軒よりはかなり下に人物が描かれている（『吉備大臣入唐絵巻』三）。赤ら顔の鬼の姿は「軒と等しい高さ」として同図の例は貴重ではあるまいか。[45]

なお、鬼の大きさという点では、中世の絵画資料の中で地獄の光景が描かれているのが注目される。たとえば、一四世紀初頭の『春日権現験記絵』[46]六には、興福寺の舞人狛行光が重病となり息絶えた。閻魔庁に到ったものの、春日大明神のとりなしで許される。その帰途、衣冠束帯姿の春日大明神の案内で行光は地獄を巡ったという場面がある。そこには、褌だけの姿の行光とほぼ同じ背丈と思しき、地獄の責め苦にあえぐ罪人が数多く描かれている一方、彼らよりもはるかに大柄で鬼形の獄卒、冥官、それに行光を案内した春日大明神の姿もあった。[47]この二グループの背丈の大小は相対的なものでしかないが、獄卒・冥官・春日大明神が行光・罪人と比べて大きく描写されていることは間違いない。これは『春日権現験記絵』九においても同様である。地獄に堕ちた僧定誉の母親を春日大明神が救う場面であるが、緋の袴姿の母親はじめ多くの罪人は春日大明神・閻魔王・冥官・獄卒と比較して小さく描かれている。[48]とすれば、地獄の獄卒の大きさと本節の②③④に列挙した鬼の背丈とは呼応するところがあろう。[49]先に取り上げた六尺二寸という背丈の小野篁が冥官とされた理由の一端も窺えるのではあるまいか。

以上から、古代の人々は異類の背丈をかなり高いもの―史料イ〜ヨの諸例からすれば、六尺以上と観念していたことが窺えよう。前述の通り、今日よりも人間の平均身長がかなり低かったことも念頭に置けば、人々にとって鬼や神などの異類は巨大な姿と映ったに相違ないのである。もちろん、ここに挙げた諸例とは異なり、対照的に小身長の異類の例も少なからずある。[50] 一寸法師（『御伽草子』）や「三寸ばかりなる」かぐや姫（『竹取物語』）はその典型であろう。さらには『今昔物語集』によると、ある人が方違のために泊まった下京の家で、幼児や乳母の枕元を馬に乗って通過していった、十人ほどの五位は「長五寸許ナル」（二七―三〇）、源信が夜明け方に目撃した天人は「長ケ一尺許ナル」（二四―一）、三善清行が五条堀川の旧家で、真夜中に遭遇した、四、五十人の騎馬のものは「長一尺許ナル」（二七―三一）、冷泉院で毎晩出現する池水の精は「長三尺許ナル小翁」（二七―五）などで、いずれも一メートルに満たない背丈であった。さらには、左大臣源高明の桃園邸の母屋の柱では、深夜、「其ノ木ノ節ノ穴ヨリ小サキ児ノ手ヲ指出テ、人ヲ招ク事ナム有ケル」（二七―三）という例もあった。もともと不可視の鬼が人間界に接触する時、鬼の身体の一部として手が出てくるといわれている。[51] それも柱の節穴からの手招きであったことからすると、この場合の鬼の正体も小さな姿であったとみられよう。

こうしてみてくると、異類の世界においても、背丈の大小は異形性の一つの現れとみられていたのであろう。背丈の極端に大小二つに分かれた異形の姿に、古代の人々は異界性・境界性をみとめ、そこから異界も想像していたのではないだろうか。

おわりに

これまで人間の背丈という点で注目されてきたのは、「はじめに」で指摘した通り、背丈が低い子供（童）が中心であった。しかし、本章で指摘した通り、小人に対して、背の高い人にも異界性・境界性が検出できることがあったことに留意すべきであろう。とくに大―小人や大人という点に着眼すると、『古事記』『日本書紀』『風土記』『万葉集』のオホナムチ―スクナヒコナや民間のダイダラ坊伝承に系譜するのではないだろうか(52)。

なお、本章で扱った高い背丈は主として男性であった。女性の例が少ないのは、そもそも女性の方が平均身長も低いという点にも原因があったかもしれない。長身の女性の例としては、前述した神功皇后の例などを別とすれば、『日本書紀』雄略七年八月条の、吉備下道臣前津屋が「小女を以ては天皇の人にし、大女を以ては己が人にして、競ひて相闘はしむ」という話、『日本霊異記』中―四の、「三野国片県郡少川の市に、一の力ある女有りき。人と為り大きなり。名をば三野狐と為ふ。……時に、尾張国愛智郡片輪の里にも、一の力ある女有りき。人と為り少さし」という話があった。双方とも、背丈の大―小の対比で、小が大を打ち負かす形で語られている。また、『古今著聞集』一六―五四八には「しきりにたけたかき女と、ことにたけひきかりける男、寝たりけるに、女のまたのほどに男のかほあたりて侍りけり」として、大女と小男との間で奇妙な会話が交わされるという話もあった。いずれにしても、長身の女性の例数が少ないので、十分なことはいえないとしても、長身女性の場合も、背丈の高い男性と共通するところがあろう。

それに対して、『源氏物語』（空蝉）には、月夜に源氏の人影を見た老女が「民部のおもとなめり。けしうはあらぬおもとの丈だちかな」と錯覚するが、その後に「丈高き人の常に笑はるるを言ふなりけり」とあった。平安期の宮廷社会における「民部のおもと」のような「丈高き」女性が「常に笑はるる」対象と位置付けられているのは注意されてよい。この話については、なお関連史料を収集して検討を加えねばならない(53)としても、ここに高い背丈の男性と異なる、長身女性への新たなる視線も見出せるのではないだろうか。

環境史を扱う本書が「古代の人々の背丈」という、いささか唐突なテーマを扱った理由を釈明しておきたい。理由の一つは、かつて、二宮宏之氏が、一六〜一八世紀のヨーロッパという国民国家形成の時代を扱う際、国民という網をかぶせた途端、国民を構成する一人一人の人間――からだやこころ――が忘れ去られてしまうと指摘されていたことである(54)。これは大事な指摘で、国家や王権を軸に語られることが多い日本古代史の分野でも当てはまるのではないだろうか。二つ目の理由として、もとより人間にとって人間自体も身近な環境であり(55)、人間のからだも環境の一部であった。その際、人間がからだ（長身）をどのように想像していたのか、これも環境への心性史の題材となろう。なお、からだへの関心は本書第一部第三章「木俣考」でも一部言及した。三つ目は、黒田日出男氏が、鬼が美女を作ったという、一四世紀初頭の『長谷雄草紙』を手がかりに「中世の人びとは、女が産んだ大部分の普通の人びとと、神仏などが『化現』『化生』した人や『変化』の者、そして鬼や学者らの造った『人』の三種類の人を見ていたし、接していたことになる(56)」と指摘されている点である。古代の人々の長身者への心性も、かかる文脈の中でも位置づけられるのではないだろうか。

注

(1) 子供を扱う研究は多いが、差し当たって、フィリップ・アリエス（杉山光信・杉山恵美子訳）『〈子供〉の誕生』（みすず書房、一九八〇年）参照。最近の著書としては、田端泰子・細川涼一『日本の中世四　女人、老人、子ども』（中央公論新社、二〇〇二年）、斉藤研一『子どもの中世史』（吉川弘文館、二〇〇三年）、津田徹英『日本の美術四四二　中世の童子形』（至文堂、二〇〇三年）、服藤早苗『平安王朝の子どもたち』（吉川弘文館、二〇〇四年）などがある。
(2) 益田勝実「久遠の童形神」（『益田勝実の仕事』四、ちくま学芸文庫、二〇〇六年、初出一九七二年）。
(3) 小子部については、直木孝次郎「小子部について」（『日本古代兵制史の研究』吉川弘文館、一九六八年）、志田諄一「小子部連」（『古代氏族の性格と伝承』雄山閣出版、一九八二年）、寺川真知夫「少子部連」（『日本国現報善悪霊異記の研究』和泉書院、一九九六年）など参照。
(4) 侏儒に関しては、戸谷高明「侏儒とその周辺」（『古代文学の研究』桜楓社、一九六五年）、郡司正勝「侏儒考」（『童子考』白水社、二〇一〇年）など参照。
(5) 内豎・内豎省については、山本信吉「内豎省の研究」（『摂関政治史論考』吉川弘文館、二〇〇三年）参照。「内豎」は「チイサワラハ」と訓み、豎子とも表記されるが、皆、成年男子が任用されていたことは山本氏の論文に指摘がある。
(6) 網野善彦「童形・鹿杖・門前」（『異形の王権』平凡社、一九八六年）三九〜五二頁。
(7) 山折哲雄「翁と童子」（『神と翁の民俗学』講談社学術文庫、一九八二年）、飯島吉晴『子供の民俗学』（新曜社、一九九一年）、鎌田東二編『童翁信仰』（雄山閣出版、一九九三年）、宮田登『子ども・老人と性』（吉川弘文館、二〇〇七年）一〜一二八頁など。
(8) 黒田日出男「『翁』と『童』」（『境界の中世　象徴の中世』東京大学出版会、一九八六年）。
(9) 服藤早苗「平安朝子ども史研究と課題」（前掲(1)所収）六頁。
(10) 『平家物語』八には、緒方三郎維義の祖、あかがり大太は、日向国高知尾明神の神体の大蛇の子であったため「いまだ十歳にもみたざるに、せいおほきにかほながく、たけたかかりけり、七歳にて元服せさせ」たとあった。このように、年齢よりも背丈の方が重視された社会のあり様に注目したいと思う。

（11）背丈の高い人については、神話学・民俗学などの視点から、『季刊自然と文化』一〇（一九八五年）が「巨人と小人」の特集号を刊行している程度である。
（12）平本嘉助「骨からみた日本人身長の移り変わり」（『考古学ジャーナル』一九七、一九八一年）。
（13）片山一道『骨が語る日本人の歴史』（ちくま新書、二〇一五年）一三八〜一四〇頁。
（14）文部科学省の体力・運動能力調査（平成二六年度）によると、一八歳から四九歳までの男性の平均身長が一七一センチ代、女性は一五八センチ代であった（文部科学省ホームページ参照）。
（15）古墳時代から江戸時代まで発掘された在来馬の遺体の体高（肩の上から地上まで）は、概ね、一二〇〜一四〇センチの間で、ポニーのサイズに当たり、それ以上の体高のサラブレッド（一五〇〜一六〇センチ）とは区別されるという（末崎真澄「ウマと日本人」〈『人と動物の日本史』一、吉川弘文館、二〇〇八年〉）。かかる点から、間接的ではあるが、近世以前の人々の背丈が現代人よりも低かったことが推定されよう。なお、馬の体高は四尺を基準として、それを超えた高さだけを「一寸」「二寸」のように「寸（キ）」で表す。かかる「寸」の用例は『うつほ物語』吹上（上）、『今昔物語集』一六―五、二五―五、二八―三七や『宇治拾遺物語』七―六などにみられるが、いずれにしても、馬の体高は四尺が標準的なサイズであったことが知られ、右記の発掘調査成果とも一致する。
なお、在来馬が小型といっても、騎馬武者を乗せる、太く逞しい馬であったという指摘がある（近藤好和「日本馬は本当に貧弱か？」〈『牧の考古学』高志書院、二〇〇八年〉）。
（16）景行天皇の身長について、「ここの一尺は一九・九センチ」として周尺を単位とみる指摘もある（『古事記』〈日本思想大系、岩波書店、一九八二年〉一五八頁頭注）。それでも景行の一丈は約二メートルになり、長身であることに変わりはない。
（17）当該記事は『政事要略』二九（追儺）にも取り上げられていないので、方相氏関連の史料とみることも困難というべきであろう。
（18）大儺（追儺）儀については、拙稿「古代大儺儀の史的考察」（『古代国家の神祇と祭祀』吉川弘文館、一九九五年）を参照されたい。
（19）方相氏を「長人」というのは、『文徳実録』斉衡元年（八五四）一二月辛巳条に「武蔵国長人一枚を貢る。以て駈儺に備ふ」とあることからも知られる。

(20)『保元物語』上によると、源為朝について「その長七尺に余りたれば、普通の者には二・三尺ばかり差し顕れたり」とあるのも、池田春野のケースと同様であろう。

(21)六尺未満の例としては、五尺の景戒以外に、坂上田村麻呂が「身長五尺八寸」(『田邑麻呂伝説』)、円仁が「身長五尺七寸」(『慈覚大師伝』)、橘朝臣貞根(卒伝)が「身長纔に五尺」(『三代実録』貞観一五年〈八七三〉八月庚申条)、吉田連の祖、彦国葺命の孫、塩垂津彦命が「長五尺」(『新撰姓氏録』左京皇別下条)、三郎主の「五尺」(『新猿楽記』)、源資賢の「五尺」(『平家物語』三)の例がある。また、平城京二条大路北側SD一二五〇出土木簡(削り屑)に「五尺六」の人物の例もあった(『木簡研究』七〈一九八五年〉一二頁)。

「軽マ造法末呂年廿四高五尺六 戸主軽マ造万侶
道守臣蓑麻呂年廿七□右　」

(22)成人でありながら、身長が極めて低い例として、管見の限りでは、藤原朝臣大津(卒伝)は「身長短小」(『文徳実録』斉衡元年〈八五四〉一〇月庚申条)、伴宿禰善男は「身躰矬細」(『三代実録』貞観八年〈八六六〉九月甲子条)、阿蘇某という史は「長ケ短也」(『今昔物語集』二八—一六)などがあるが、実際の背丈は分からない。『日本書紀』天智一〇年(六七一)三月甲寅条に「常陸国、中臣部若子貢る。長尺六寸。其の生れし年丙辰より此の歳に至るまで、十六年なり」、『台記』久安三年(一一四七)一〇月丙申条には、「早旦、侏儒僧来る。其の長三尺二寸八分、勾金」とあった。一二世紀後半の『病草紙』(九州国立博物館蔵)に子供と同等の背丈の侏儒僧の絵がある。なお、『魏志』東夷伝倭人条に「女王国の東、海を渡る千余里、また国有り、皆倭種なり。また侏儒国あり、その南に有り、人の長三、四尺、女王を去る四千余里」として、侏儒国人の身長が「三、四尺」という例もある。

(23)『今昔物語集』によると、釈迦は「丈六ノ姿」(六—一)、孔子は「身ノ長九尺六寸」(一〇—九)とあった。孔子については『史記』(孔子世家)に「九尺六寸」とあり、周尺で計算すると、二一六センチになる。

(24)本話は『扶桑略記』寛平八年九月二二日条所引『善家秘記』にもあるが、『今昔物語集』と大筋ではかわらない。

(25)小松和彦『異界と日本人』(角川書店、二〇〇三年)一三六〜一三七頁。

(26)『日本霊異記』下―一三については、藤本誠氏のご教示による。

(27) 勝俣隆「『自木俣漏逃』の一解釈」（『異郷訪問譚・来訪譚の研究』〈和泉書院、二〇〇九年〉五六頁）、なお、手指の俣については、本書第一部第三章「木俣考」で論じた。

(28) 人間の身長の変化に関連して、人間以外の例を指摘しておく。すなわち、『播磨国風土記』讃容郡条には、中川里の話として、苫編部犬猪が土中より得た、「光、明らけき鏡のごとし」という剣を鍛人に刃を焼かせたところ、「その時、この剣、屈申すること蛇のごとし。鍛人大く驚き、営らずて止む。ここに、犬猪、異しき剣と以為ひて、朝庭に献げたり」として、屈伸する不思議な剣のことが語られている。『常陸国風土記』那賀郡条には、毎晩、成長して大きくなっていく蛇があり、その度に蛇を容れる器を替えたという話もある。また、『日本霊異記』中―六には、山城国相楽郡の話として、「発願の人」が法華経を写し、「白檀紫檀」を買い求めて経を入れる函を作ったところ、経が長く函に入らない。そこで、法事を行うと、函の背丈が自然に伸びて経を収めることができた。そこで、原因を探るべく、もとの経を借りて、今回の経本と比べると、長さは同じであったとある。

(29)『続日本後紀』承和一一年（八四四）三月戊戌条には、「但馬国、帽子・単衣・腰帯・革鞋・鎌・刀子等の一櫃を上る。其の体様卑小にして、此の間の物に似ず。疑ふらくは侏儒国の物、流れ着く者歟」として、但馬国への「卑小」の漂着物から「侏儒国」の存在が想像されている。

(30) 西郷信綱『古事記注釈』四（平凡社、一九八九年）二三八頁。

(31) 岡田精司「古事記・日本書紀の史料批判」（『ゼミナール日本古代史』下〈光文社、一九八〇年〉）四八五～四八七頁。

(32) 藤原茂樹氏のご教示による。

(33) 神功皇后に関して補足しておくと、『日本書紀』景行一二年一〇月条には土蜘蛛征討を前に、天皇が「長さ六尺、広さ三尺、厚さ一尺五寸」の石を蹴って成否を占うと、その石は柏葉の如く大空に舞いあがったとある。この大石を蹴る景行にも長身の姿が想像されてよい。神功皇后の伝承においても、鎮懐石歌の序文に路傍の石占の石（「或は云ふ、この二つの石は肥前国彼杵郡平敷の石なり、占に当たりて取ると」とある）を鎮懐石として信仰されるようになったとして、景行と共通の石占の伝承が見出されている（大谷護夫「鎮懐石の歌」〈『セミナー万葉の歌人と作品』五、和泉書院、二〇〇〇年〉）。とすれば、神功皇后も景行と同じく大石を用いて石占をし、大石を腰につけて外敵を征服する背丈の高い人物と考えられていたことになろう。

(34)『義経記』の引用は新編日本古典文学全集本（底本は国立歴史民俗博物館所蔵田中本）によったが、日本古典文学大系本（底本は国立国会図書館東洋文庫蔵丹緑絵入十二行木活字本）では、本文引用箇所（傍線部）を「これら兄弟、丈の高さ唐人にも越えたり」とする。

(35)『日本霊異記』（新日本古典文学大系、岩波書店、一九九六年）一九一頁脚注一六（出雲路修氏執筆）。

(36) 武田比呂男「仏像の霊異」（『日本文学』四五―五、一九九六年）一七～一八頁。なお、仏教と光については、拙稿「古代の神々と光」（『古代の王権祭祀と自然』吉川弘文館、二〇〇八年）二八三～二八四頁で指摘した。

(37) 七拳脛・八拳脛については、以下の史料がある。『古事記』中（景行）にヤマトタケルの平定に「久米直の祖、名は七拳脛、恒に膳夫と為て従ひ仕へ奉りき」、『日本書紀』景行四〇年七月戊戌条にも、タケルの従者として「七掬脛を以て膳夫とす」、『新撰姓氏録』左京神別の竹田連は「神魂命十三世孫八束脛の後也」とあった。また、『日本書紀』神武即位前紀戊午年四月甲辰条の「長髄彦」（『古事記』中〈神武〉では「登美能那賀須泥毗古」）も同様な名称とみられる。神武の大和入りを妨害したナガスネヒコとは長身の人物と語られていたのではないだろうか。一方、『風土記』には「国巣俗の語、都知久母。又、夜都賀波岐と云ふ。」（『常陸国風土記』茨城郡条）、「越の国に人あり。名をば八掬脛といふ。その脛の長さ八掬なり。力多り太強し。こは土雲の後なり。その属類多し」（『越後国風土記』逸文）とあり、ツチグモとの関連性が指摘される。

(38) 加藤順一「対外交渉において官人の外貌が有する政治的性格」（『名古屋明徳短期大学紀要』一一、一九九六年）。

(39) 加藤「『朝野僉載』に見える「日本国使人」」（『芸林』三八―三、一九八九年）。なお、池田温氏は、「呂延嗣」について、活動年代、官歴の符号、祚と嗣の字義上の関連性から、「呂延祚」の誤伝と考証されている（「日本国使人とあだ名された呂延祚」〈『東アジアの文化交流史』吉川弘文館、二〇〇二年〉初出一九九一年）。池田説は加藤氏のご教示による。

(40) 小野篁が冥官となったという説話の成立について、松本公一氏は、①中国説話（『冥報記』）で冥官となった人物は、篁同様、学識があったとみられること、②閻魔庁には検非違使庁の反映が認められるが、篁には弾正台・刑部省役人の経歴があったこと、③篁の六尺二寸という人並み外れた風貌があったことを指摘された（「小野篁冥官説話の成立とその周辺」〈『文化史学』四三、一九八七年〉)。このうち、筆者は③に注目しているが、松本説では高い背丈が冥官とどのように関係するのか、説明がない。

(41) 拙稿、前掲(18)二五四～二五五頁。

(42) 大日方克己「大晦日の儺」(『古代国家と年中行事』吉川弘文館、一九九三年)二〇〇～二〇一頁。

(43) 『今昔物語集』天竺部の話でも羅刹国の女は「長一丈許」(五―一)とあった。震旦部の例では、後漢明帝の夢にやってくるという金色の人が「長一丈余許」(六―二)、安西城に現れた毘沙門天の第二子独健と兵士が「長一丈余計」(六―九)、ある不信心の人の夢に現れた「一ノ神」が「長大一丈余」(七―一三)、震旦国王の前に出現した頭が童形という大魚が「長サ一丈余」(一〇―一八)とあった。

(44) 岡田『新編神社の古代史』(学生社、二〇一一年、初出一九八五年)六頁。

(45) 異形の長身の例としては、他に、『古事記』上ではヤマタノオロチについて「其の長は谿八谷峡八尾に度りて……」、『三代実録』仁和二年(八八六)七月丙午条には「夜亥時、紫震殿の前に長人有りて、往還徘徊す。内竪の傳點者之を見て、惶怖して失神す」とあり、「亥時」(午後一〇時)、紫震殿前を徘徊する「長人」が内竪によって目撃されたという一件。『今昔物語集』二七―一四で東国人を勢田橋付近で襲った鬼は「夜ナレバ其ノ体ハ不見ズ。只大キヤカナル者ノ、云ハム方無ク怖シ気也」、『宇治拾遺物語』一五―八には、物怪に取り憑かれた染殿后を祈禱した相応和尚が「長高き僧の、鬼のごとくなる」という話もある。

(46) 『春日権現験記絵』の地獄の光景については、五味文彦『『春日験記絵』と中世』(淡交社、一九九八年)一六四～一七四頁参照。

(47) 『春日権現験記絵』七(詞書)には、春日の神は「なべてならず御たけたかき若君の、十七八ばかりおはします」とあった。

(48) 『春日権現験記絵』一一でも事情は同じで、罪人と冥官との大きさに差があった。ただし、閻魔王宮に入って法華経を読んだ後によみがえったという僧恵暁は、僧衣を着て、冥官と同じような大きさで描かれている。恵暁の姿形は衣冠束帯の春日大明神の場合と同じであろう。

(49)『北野天神縁起絵巻』（承久本）においては、地獄の獄卒は罪人より大きく描いてある。また、滋賀県聖衆来迎寺蔵『六道絵』（一三世紀）や『地獄草紙』でも閻魔王・冥官・獄卒の類は罪人よりも大きい姿であった。なお、『日本霊異記』下―九には、藤原朝臣広足が現世に帰還する際、閻羅王は広足の頭に印点をする。その時、閻羅王の「手の指の大きさ、十抱余の如し」とあった。閻羅王の指の太さからして、背丈も大きかったことが想像されよう。

(50)『病草紙』（香雪美術館蔵）には、小法師の幻覚に悩む男として、男の枕元に「たけ五寸ばかりある法師のかみぎぬきたるあまたつれだちて」（詞書）という光景が描写されている。

(51) 森正人「霊魂と秩序」（『今昔物語集の生成』和泉書院、一九八六年）二三七頁。

(52) すでに本書第二部第二章「神々の声・神々への声を聴く」でも指摘した通り、オホナムチなどの巨大な神の姿を人々が直接目撃していたわけではあるまい。一例をあげると、『播磨国風土記』賀毛郡条に「飯盛嵩。右、然号くるは、大汝の命の御飯を、この嵩に盛りき。故れ、飯盛嵩と曰ふ」とあり、「飯盛嵩」とは「北条・加西両町の境の飯盛山（一三三米）」（『風土記』〈日本古典文学大系、岩波書店、一九五八年〉三四一頁頭注二〇）であるとすると、オホナムチは巨大な握り飯を食べる巨人の神と観念されていたはずである。

(53)『源氏物語』によると、末摘花は「まづ居丈の高く、を背長に見え給ふに、さればよと胸つぶれぬ」とあるので、末摘花も「民部のおもと」と同じかもしれない。

(54) 二宮宏之「参照系としてのからだとこころ」〈『二宮宏之著作集』三、岩波書店、二〇一一年、初出一九八八年〉〉二一七頁。

(55) 池上俊一『森と川』（刀水書房、二〇一〇年）一四四頁。

(56) 黒田日出男「中世の夜と鬼と身体感覚」（『歴史としての御伽草子』ぺりかん社、一九九六年）二一六頁。

終章　古代の人々の大地へのまなざし

一　大地へのまなざし

1　『古事記』『日本書紀』神話の異界

古代の人々は、律令国家の支配（国土）のもとで生きていたが、それと同時に周りの大地とも深く関わって暮らしていたはずである。そこでは、住まいや田畑とともに、海・山・川などの様々な自然環境があったが、それと同時に、身近なところに、あるいは遠いところにも異界が存在していたはずである。古代の環境―環境への心性を理解するに当たって、このことを見逃してはならないと思う。そこで、以下では、一定の遠近感をもって観念されていたはずの異界を検討することとしたい。

『古事記』『日本書紀』の神話に見える異界として、①黄泉国、②高天原、③根国（根之堅州国）、④ワタツミノ神の国、⑤常世国が指摘される。[1]これらの異界は『古事記』『日本書紀』という王権神話に登場するものであるが、いずれも葦原中国（現世）に対して位置付けられており、当時の人々が生きていた世界とは別に観念されていた空間でもあったといってよいだろう。ここでは、取りあえず、①から⑤の異界について、左の三点にのみ問題をしぼって言及することとした。[2]

㈠葦原中国から異界への距離。
㈡異界は葦原中国から往還可能であったこと。
㈢異界が語られる背景。

その際、注目しておきたいのは、かつて家永三郎氏が「太古人の世界観」[3]として、「肯定的人生観と連続的世界観」[4]をあげ、「肯定的人生観」に関しては「現実界の否定による超越的世界の考へられない」[5]、「連続的世界観」においては「一切の世界はすべて自分等の住むこの国土の延長としてしか考えることが出来なかった」[6]と述べられていた点である。結論的には、家永説は継承さるべき視点を提供していたといえるが、その前に、㈠㈡の点を基準に各異界毎に取り上げてみたい。

①の黄泉国であるが、イザナキが亡妻イザナミを黄泉国に訪ねるという神話に登場する。黄泉国については、後期古墳の横穴式石室の葬制を反映したものとみるのが通説であるが、「殯斂の処」という説もあり（『日本書紀』神代第五段第九の一書）、近年では山上説[7]や葦原中国と同じ平面レベルとする説[8]も提起されている。黄泉国がどこにあったのかを判断するのは容易ではないが、ここで確認しておきたいのは、現世からも「徒歩で行かれる場所」で「この国土と連結せる地理的場所」[9]という家永氏の指摘である。イザナキはイザナミに会いたいと思い、「黄泉国に追ひ往きましき」（『古事記』上）、「伊奘諾尊、伊奘冉尊を追ひて、黄泉に入りて」（『日本書紀』神代第五段第六の一書）とある通り、イザナキはさしたる困難もなく黄泉国に到達している。このことに『日本霊異記』の冥界説話の例（〈史料1〉後述）も重ね合わせてみると、黄泉国が「徒歩で行かれる場所」として、現世からかなり近いところに所在していたとみてよいだろう。『古事記』上には「其の謂は所る黄泉比良坂者、今に出雲国之伊賦夜坂と謂ふ」、『出雲国風土記』出雲郡条には猪目洞窟があり、「俗人、古より今に至るまで、黄泉の坂・黄泉の穴と号ふ」とあった。また、『日本書紀』

神代第五段第六の一書に「或いは所謂ふ、泉坂平坂といふは、復別に処所有らじ、但死るに臨みて気絶ゆる際、是を謂ふか」とあるのも、近さという点で関連するかもしれない[10]（一）。

また、神話ではイザナキは黄泉国でイザナミの姿を見てはならないという約束を破ったため、イザナミを黄泉国から連れ戻すことに失敗したが、イザナキ自身は現世に戻ってくることができた。それが可能であったのは、イザナミがイザナキに向かってヨモツヘグヒ（黄泉国の食事）をしてしまったと述べていることや、これも後述する『日本霊異記』の説話からして、イザナキが黄泉国でヨモツヘグヒを摂らなかったからとみるべきであろう。すなわち、黄泉国では一定のルールを守れば、現世から往還可能と考えられていたことになる（二）。

②高天原は支配者層（天皇や伴造氏族）の神々が活躍する天上世界であった[11]。その中でも天石屋戸神話は伊勢神宮の神衣祭・神嘗祭や遷宮の祭儀と一致するという説[12]がある。そればかりではない。高天原の「天香山」[13]（天石屋戸神話）や「天高市」（『日本書紀』神代第七段第一の一書）という地名は、現実の大和の世界が反映していたとみられる[14]。『日本書紀』朱鳥元年（六八六）正月己未条の「御窟殿」、七月丙寅条の「御窟院」は浄御原宮内の殿舎であろうが、谷川士清以来、「天石窟之遺象」という説（『日本書紀通証』三四）がある。いずれにしても、王権の守護神をまつる伊勢神宮の祭儀や王権所在地の地名・殿舎名が高天原に反映していることに注目したい。

天石屋戸神話においては、アマテラスが天石屋戸に籠ると高天原ばかりでなく葦原中国も真っ暗になり、逆にアマテラスが天石屋戸を出ると、高天原も葦原中国も明るくなったとあること、国譲りの神話では、高天原側から葦原中国に偵察に遣わされた雉をアメノワカヒコが射殺すると、その矢が天上にまで届いた。タカミムスヒ（アマテラス）がそれを地上に投げ返すとアメノワカヒコに当たって死んだとあること、その後も、アメノワカヒコの妻、シタテルヒメの哭く声が風と共に天上に届いたとあることなどの諸点を勘案すると、高天原は葦原中国―とくに伊勢神宮や大和国とは比較的近いところにあったと判断してよいだろう（一）。

高天原と葦原中国との間の往還も自由であったといえる。[15] それは、イザナキ・イザナミは国生みの後、生まれたオホヒルメノムチを「天柱を以て、天上に挙ぐ」、月神も天に送るとあること（『日本書紀』神代第五段本文）、イザナキから根国に行くよう命じられたスサノヲがアマテラスに会いたいといって高天原に昇ったこと、国譲り神話において、高天原から三度にわたって使者（アメノホヒ、アメノワカヒコ、タケミカヅチ・フツヌシ）が葦原中国に下っていること、アメノワカヒコの葬儀ではアヂシキタカヒコネも葦原中国から高天原に昇って喪を弔っていること、さらには、オホモノヌシとコトシロヌシが八十万神を「天高市」に集めて高天原に昇って服従。オホモノヌシはタカミムスヒから「永に皇孫の為に護り奉れ」と命じられて「乃ち還り降らしむ」という神話があること（『日本書紀』神代第九段第二の一書）、それに何よりも天孫降臨神話においてアマテラスの孫のホノニニギが高千穂の峯に降臨したことなどを手がかりとなろう（二）。ただし、この自由な往還も途中で途絶してしまうという点が高天原と他の異界と区別されるところであるが、この点については後述する。

③根国とは、八十神から迫害を受けたオホナムチが木国のオホヤビコのもとから、木の俣を通って根国に入ったと語られる異界であった（『古事記』上）。オホナムチが根国に入る前段に、スサノヲがイザナキ・イザナミから「汝、甚だ無道し。以て宇宙に君臨たるべからず。固に當に遠く根国に適ね」（『日本書紀』神代第五段本文）、「汝は、以て極めて遠き根国を馭すべし」（同第五段第二の一書）と命じられている。根国と葦原中国との間には、黄泉国との間と同様に、ヨモツヒラサカが所在していたが、根国自体は黄泉国よりもはるかに遠い所に想定されていたとみるべきであろう（一）。

また、（二）の自由な往還に関しては、根国の場合も可能であった。根国に入ったオホナムチはスサノヲの試練を受け、アシハラシコヲ・オホクニヌシと名を換え、転生しながら葦原中国に戻って再生しているからである（『古事記』上）。

④ワタツミノ神の国は、海幸山幸神話で山幸が喪失した釣り針を求めて向かった海神の国である。この異界については、海底に比定する通説に対して、海上のかなたとする新説(16)も提起されている。問題の現世からの距離という点では、『日本書紀』神代第一〇段第四の一書に、「一尋鰐魚」は「是當に一日の内に、必ず致し奉りてむ」として、山幸をワタツミノ神の宮に送り届けたとあること、また、『古事記』上に、山幸がワタツミノ神の宮から帰還する際に、「一尋和邇白さく、『僕者、一日に送りて即ち還り来む』……故、期りしが如、一日之内に送り奉りき」という件（『日本書紀』神代第一〇段第三の一書も同じ）が手がかりになる。かかる点からすれば、ワタツミノ神の国と現世との距離は一日程度ということになろう（一）。そして、山幸は無事に現世に戻ることができ、しかも、その後、トヨタマヒメも出産のためワタツミノ神の国から海辺に到達していることから、ワタツミノ神の国は葦原中国とも往還可能であったことはいうまでもない（二）。

⑤の常世国については関係史料に乏しい。『古事記』の神話では、オホナムチと国作りをしたスクナヒコナは海から現れ、常世国に渡ったという話と、ウガヤフキアヘズの子、ミケヌノミコトは「波の穂を跳みて、常世の国に渡り坐し……」という話（『日本書紀』神代第八段第六の一書、神武即位前紀戊午年六月丁巳条もほぼ同じ）がある程度で、両話からすると、海のかなたの国であったらしい。『日本書紀』垂仁九〇年二月庚子朔条には、天皇がタヂマモリを常世国に派遣し、「非時の香菓」を求めさせたとあり、タヂマモリが復命したのは天皇の死後であった。その時、タヂマモリは「命を天朝に受りて、遠くより絶域に往る。萬里浪を蹈みて、遙に弱水を度る。是の常世国は、神仙の秘区、俗の臻らむ所に非ず。是を以て、往来ふ間に、自づから十年を経りぬ」といって、天皇の陵に向かって号泣したとある（『日本書紀』垂仁九九年明年三月壬午条）。このタヂマモリの言葉からすると、常世国は「遠くより絶域」にあり、往

還に一〇年もかかるという異界であったことになる㈠。しかしながら、そのような異界からもタヂマモリは帰還しているので、常世国も現世から往還できる場所であったといえよう㈡。

以上のことからすると、『古事記』『日本書紀』の神話の異界には、㈠として、①黄泉国、②高天原、④ワタツミノ神の国のように現世にも比較的近いと考えられていたものと、③根国や⑤常世国のように遠方とみられていたものと、大別して遠近二種類があったこと、㈡として、①から⑤のいずれの異界も現世から往還可能とされていたことの二点が窺い知られるように思う。これは現実の大地における遠近とは別に、古代の人々の暮らしの中で生きていたものと推察されるのである。

ただし、その中で②高天原だけは異質であったことは確認しておく必要があろう。というのは、天孫降臨後、高天原と葦原中国との交通が基本的に途絶してしまうからである。その様相は『古事記』中（神武）伝承の中にみることができる。すなわち、熊野で神武一行が苦境に陥った際、タケミカヅチは自ら降臨せずとも、葦原中国を平定した横刀を降ろせばよいといって、高倉下の倉の頂から横刀を降ろし、神武一行を救ったという話（『日本書紀』神武即位前紀戊午年六月丁巳条もほぼ同じ）である。天孫降臨後はタケミカヅチが降臨することなく、その代替として横刀だけが降るというのは、高天原と葦原中国との関係が天孫降臨を境に変化したことを意味するだろう。大林太良氏は、スサノヲが追放されるなど高天原の王権の地位が安定化してしまうと、「天孫降臨以後は、天降った例は、著しく希薄化された形ではまだ存在するものの、高天原に上る例は『記』『紀』では絶えてなくなってしまうのである」[17]と指摘されていた。[18]

ところで、各異界について、㈢各異界が語られる背景はどのように説明されるのであろうか。㈡の現世から往還可能であったことと関連して、家永氏が「肯定的人生観」[19]を指摘されていたことは既述の通りであるが、結論から先に述べると、ここでは通過儀礼が各異界神話の背後にあったことを重視したい[20]。そもそも通過儀礼とは、ある段階から別の段階へ移行する際の、分離—過渡—統合の儀礼で、日常からの分離、過渡的な段階、新しい段階への統合を意味した。過渡的な段階では、祭りと同様に神との交流、試練などの非日常的な体験があり、分離と統合の儀礼には擬死と再生に比定されることが多いというものである[21]。

このことを念頭に置くと、③根国のところでも指摘した通り、オホナムチはスサノヲのいる根国に入り、スサノヲから蛇の室、呉公と蜂の室に入れられる、鳴鏑を取らせる際に大野に火をつけられる、八田間の大室でスサノヲの頭の虱をとるといった様々な試練を受け、死と再生を繰り返し成長を遂げてオホクニヌシに変貌を遂げていった。つまり、死と再生とを繰り返して、オホクニヌシになって葦原中国に帰還したわけである。これは通過儀礼の反映とみられ、すでに先学も承認しているところであった[22]。ただし、民間の通過儀礼ではなく、オホクニヌシが生大刀・生弓矢・天詔琴をスサノヲのもとから持ち出していることからも、「共同体とは区別された王=族長[23]」のそれとみるべきことはいうまでもあるまい。

同様なことは他の異界に関しても窺えるのであって、山幸は④ワタツミノ神の国を訪問して、ワタツミノ神の娘と結婚し、水を管理する玉を手に入れて、現世に戻ってくる。山幸は水の支配権を入手して、山幸の孫が神武として即位するのである。神武が即位するためには、山幸は、一旦、ワタツミノ神の国に行かねばならなかったというべきであろう。

通過儀礼の問題は①の黄泉国を訪問したイザナキについても該当する。イザナキは黄泉国での試練を経て、黄泉国から戻った後、アマテラス・ツキヨミ・スサノヲという三貴子を産む。イザナキの呼称は、それまでは「神・命」とあったのが、黄泉国から帰還し、ミソギをする段になると、「大神」となり、「天照大御神」以下の三貴子が生まれる[24]

(『古事記』上)。これも通過儀礼と関係しよう。また、⑤の常世国に一〇年もかかって往還したタヂマモリであるが、「非時の香菓」を入手するのに困難を極めたであろう(試練)が、垂仁天皇の死後、ようやく大和に持ち帰ることができた。タヂマモリも常世国への往還を果たしたことで、天皇の忠臣として立ち現れてくる。ここにも通過儀礼が反映しているのではあるまいか。

②の高天原の場合は、神話構成自体が複雑であるので、その点から先に簡単に説明しておく。すなわち、『古事記』の神話では、ウケヒ神話から天石屋戸神話と続いた後、スサノヲのヤマタノオロチ退治・国作り・国譲りの出雲系神話があり、その後、天孫降臨神話へと展開している。この流れからすると、ウケヒ・天石屋戸神話と天孫降臨神話の間に出雲系神話が挟まれた格好になっている。『日本書紀』神代第九段第四の一書に、タカミムスヒが「真床覆衾を以て、天津彦国光彦火瓊瓊杵尊に裹せまつりて、則ち天磐戸を引き開け、天八重雲を排分けて、降し奉る」とあることからも、もとは天石屋戸神話から天孫降臨神話に直接つながる形であったことが推定されよう[25]。以上の点を前提とすると、イザナキから高天原の統治を命じられ、天に昇ったアマテラスは、ウケヒでスサノヲと競争後、天石屋戸で死と再生の儀礼を行う。アマテラスは天石屋戸から出ると、スサノヲを高天原から追放するという措置に出る。ここに天石屋戸を出たアマテラスは強力な神として再生したといえよう[26]。そのアマテラスの孫のホノニニギが天孫として高千穂峰に降臨し、地上の王者(天皇)になっている。これからすれば②の高天原神話の背後にも通過儀礼を想定する他ないだろう。

2 『日本霊異記』の冥界往還説話

前項の異界の例は、いずれも『古事記』『日本書紀』という王権神話に登場するものばかりであった。古代の人々の異界観を探るという点では、右の考察は題材のレベルで適切さを欠いているとして非難されるかもしれない。しかし、後述の通り、黄泉国の場合、『日本霊異記』の冥界往還説話と比較してみると、黄泉国の特徴はかなりの部分が冥界説話にも継承されていることが知られる。そこで、『日本霊異記』の冥界往還説話[27]につき、黄泉国との関係をまず確認した上で、『古事記』『日本書紀』の異界で検討した㈠㈡㈢を基準に、その特徴を検討してみたいと思う。

〔史料1〕　釈智光は、河内国の人にして、其の安宿郡鋤田寺の沙門なりき。……（a）時を恨み、鋤田寺に罷りて住む。儵に痢病を得、一月許経。命終の時に臨みて、弟子に誡めて曰はく、「我死なば、焼くこと莫れ。九日の間置きて待て。……」といふ。……（b）時に閻羅王の使二人来りて光師を召す。西に向ひて往く。見れば前路に金の楼閣[28]有り。「是は何の宮ぞ」と問ふ。答へて曰はく、「葦原の国にして名に聞えたる智者、何の故にか知らざる。当に知れ、行基菩薩将に来り生れたまはむ宮なり」といふ。……（c）即ち北の方を指して、「此の道より将て往け」と曰ふ。（以下、智光は三つの地獄を巡る）更に将て還り来り、金の宮の門に至りて、先の如くに白して言はく、「将て還り来つ」といふ。宮の門に在る二人告げて言はく、「師を召す因縁は、葦原の国に有りて行基菩薩を誹謗る。其の罪を滅さむが為の故に、請け召すらくのみ。彼の菩薩は葦原の国を化し已りて、此の宮に生れむとす。今し来らむとする時の故に、待ち候ふなり。慎、黄竈火物を食ふこと莫れ。今は忽に還れ」といふ。使と倶に東に向ひて還り来る。即ち見れば、頃唯九日逕たり。蘇めて弟子を喚ぶ。弟子音を聞き、集ひ会ひ、哭き喜ぶ。

（『日本霊異記』中―七）

〔史料1〕は、行基が大僧正に任命されたのを嫉妬し、急病死した智光が三つの地獄を巡った後、九日後に蘇生したという話である。引用箇所の点線部にも智光や行基は「葦原の国」（葦原中国）の存在としていること（b・c）、智光が「金の楼閣」の門前で二人の神人から、けっして「黄竈火物」（ヨモツヘグヒ）を食べてはならないと戒められていること（c）が注目される。これは当該譚が『古事記』『日本書紀』の異界観を継承している証左といえよう。

では、先述の異界の㈠㈡㈢はどうであろうか。㈠現世からの距離であるが、智光は臨終に際し、弟子に火葬を九日間、留めおくように告げている（a）。そして、九日間で智光は地獄を巡っているわけであるが、まず「西に向ひて往」き、行基が生まれ変わってから住むはずの金宮を見た後、（c）「北の方を指して」行き、最初の地獄で責め苦に会う（三日）。その後、北に向い、次の地獄で三日、さらに北に向い阿鼻地獄で三日を経て、（南に向かい）金宮の門前に戻ってくる。そこで、ヨモツヘグヒをするなといわれ、「東に向ひて還り来る」と「頃唯九日逕たり」（c）とある。智光は三つの地獄でそれぞれ三日間ずつを要しているので、鋤田寺（現世）と金宮（冥界）との往き来の日数はまったくカウントされていないことになる。すなわち、この話では冥界は現世と極めて近い所にあったといえよう。また、三番目の阿鼻地獄で智光は「焼き入れ焼き煎る」という苦しみを受けるが、「唯し鐘を打つ音を聞く時のみ、冷めて乃ち憩ふ」とあった。阿鼻地獄では、智光を供養するための鋤田寺の鐘の音が聞こえたというのであるから、この点からも現世との距離はさほど遠くないことが窺えよう。

㈡冥界からの往還については、冥界往還説話であるから当然といえば当然であるが、智光は現世に戻ってきているので往還が可能であった。なお、本話の冥界には、行基が転生するはずの金宮と、智光が巡った地獄とが併存している（b・c）。これは『日本霊異記』における冥界として、そのまま受け止める他あるまい（後述）。

㈢〔史料1〕に関しても、地獄を巡った智光は地獄での厳しい試練に耐えながら、現世に立ち戻ると、行基とも和解して、高僧として残りの生涯を送ったとみられる。かかる点からも、オホナムチの根国訪問神話（『古事記』上）と同様、通過儀礼を背景に見出すことができよう。(29) しかし、それだけではあるまい。智光は行基を誹謗したという罪を懺悔する（c）のであって、仏教的な悔過の儀礼も同時に指摘されてよい。すなわち、智光の話には、罪の懺悔という悔過の思想があり、そこにはさらに通過儀礼も内包させているというべきであろう。

〔史料1〕について指摘した冥界往還説話の特徴は、『日本霊異記』の他の一三の冥界説話にも概ね該当する。以下では紙幅の関係もあり、逐一事例を挙げることはせず、〔史料1〕の例にならって、全体を大観するに留めたい。

まず、『日本霊異記』の冥界と『古事記』『日本書紀』神話の黄泉国との関係であるが、上―三〇の話では冥界を「黄泉」と位置付けていた点が注意される。これは下―三五、下―三七でも同様である。また、下―二二と下―二三では、現世と冥界との間には急な坂の存在が語られている。この急な坂は黄泉国神話のヨモツヒラサカと対応するものであろう。

次に、㈠の現世との距離であるが、中―一九で冥界に召された利苅の優婆夷は閻羅王宮の門にいた三人と「別れ還りて纔見れば、更甦りたるなりけり」とあった。この一文は、少し気付くと生き返っていたという意であるが、かかる表現は中―一六、下―二二、下―三七にもある。また、「纔見れば……」の類似表現として、上―五に「即ち見れば驚き蘇めたり」があり、これも他に上―三〇、下―二三に見出される。さらに、上―三〇には膳臣広国は現世から冥界（「度南の国」）に至るとあるが、両者は「二つの駅の度許に」という距離（約三〇キロ程度）であった。下―三六には藤原家依の病に際し、禅師が手の上で香を焼いた煙が閻羅王宮内に届いたという話もある。かかる諸例からして、冥界と現世との距離は極めて近いと観念されていたといえよう(30)。

㈡冥界からの往還に関しては、『日本霊異記』の冥界説話一四話に登場する一四人のうち、一三人が蘇生できた話であった。『古事記』『日本書紀』神話と同様、『日本霊異記』の場合も冥界から往還可能であったとみられる。ちなみに、蘇生できなかったというのは、下―三六の藤原朝臣永手の例が唯一である。永手の場合、閻羅王から現世に帰ることを許されたものの、「我が体滅びて、寄宿る所無きが故に、道中に漂ふ」とあるので、死体が失われていた可能性が考慮されよう。また、一四話のうちでは、〔史料1〕と同様に死体が一定期間に火葬にされなかったので蘇生できたという話に限定すると、他に六例（中―五、中―一六、中―二五、下―二二、下―二三、下―二六）あった。このうち、中―二五の鵜足郡の布敷臣衣女は現世に帰還しようにも「体を失ひつ。依りどころ无し」という事情で、鵜足郡の衣女ではなく、山田郡の衣女として復活している。(31)

なお、〔史料1〕は冥界に地獄と金宮が併存している話であったが、同様な例は中―一六にもあり、上―五では大部屋栖野古は聖徳太子に「黄金の山」で出会っている。その一方で、上―三〇の「金宮」、中―五の「楼閣の宮」、下―二二の「黄金の宮」はいずれも閻羅王宮であり、下―九の「炫り耀きて晃を放つ」楼閣の中にも閻羅王がいるらしい。『日本霊異記』の冥界は、地獄と極楽とが明瞭に分化していないことが指摘される。

㈢上―五で冥界から帰還した大部屋栖野古は「九十有余」まで生きた。中―五の家長公も仏法を修め、放生をし、「病无くして春秋九十余歳」の長寿を全うしたとある。上―三〇の膳臣広国は冥界から戻った後、仏道に帰依。中―一六で蝿を放った使用人は「淚然として施を好みき」、中―一九の利苅の優婆夷もますます修行に勤めた。下―二二の他田舎人蝦夷も「増信心を発し、講読し供養しき」と語られていた。かかる話の背景にも通過儀礼を見出すことは可能であろう。しかしながら、通過儀礼だけでもあるまい。というのも、上―三〇の膳臣広国は地獄で苦しむ父親から罪の苦しみを贖罪するよう依頼されている。下―九でも藤原朝臣家依は地獄で亡妻に出会うが、現世に戻ると、亡妻の地獄での責め苦を償い贖罪した。下―二三では、堂の物を無断で使用した大伴連忍勝は、冥界から戻る際に三人の僧から「堂の物を償へ」という指示を受けている。下―二六の田中真人広虫女は上半身が牛になって蘇生したが、一族の者は「罪報を贖はむが為に」三木寺や東大寺に財産を寄進したという。ここに通過儀礼だけではなく、悔過の儀礼も見出されるのは、前掲の〔史料1〕の場合と同じであろう。(32)そして、この点こそが『古事記』『日本書紀』の黄泉国神話と『日本霊異記』の冥界往還伝承と区別されるところであった。

以上、『古事記』『日本書紀』神話の異界、『日本霊異記』説話の冥界について論じてきた。そこからは、人々が暮らす空間の身近なところにも異界が存在し、通過儀礼や悔過儀礼を背後に語られて、往還も自由であったとされていたことを改めて確認しておく必要があろう。しかし、このあり様は『古事記』『日本書紀』『日本霊異記』に留まるものではない。たとえば、『今昔物語集』一七―二四にも注目したい。本話は、源満仲の郎等が少しの善根を修めることもなく病死し、冥土に至ったが、生前、鹿狩りの際に地蔵菩薩像に敬心を起こした功徳で、地蔵から罪を懺悔するようにいわれ、蘇生後は地蔵を念じたという話である。この話も郎等の死→再生という通過儀礼と、悔過儀礼を背景に成立しているが、その中に、冥土で小僧（地蔵）が郎等に向って、「『……我レ今汝ヲ助ケム』ト宣テ、返遣スト思フ程ニ、活ヌ」とあった。傍線部は『今昔物語集』の冥界からの蘇生譚によく使用される文句（本朝部で全二一例）[33]で、郎等の地獄からの蘇生があっという間であったことを意味しているのであろう。この先蹤が『日本霊異記』の「纔見れば……」[34]であり、『古事記』『日本書紀』神話の「徒歩で行かれる場所」「この国土と連結せる地理的場所」という黄泉国であったはずである。

黒田日出男氏は、古代・中世の諸史料に「黒山」という地名が四至にあらわれ、境界と不可分であったこと、『今昔物語集』一七―一九に三井寺僧の浄照が「黒山」の中の「大キニ暗キ一ノ穴」から地獄に落ちていったとあること、「黒山」は天然樹林のうっそうとした暗い未開発地であったことから、境界としての「黒山」とは異界（地獄）への入口であったと指摘されている。[35]『古事記』『日本書紀』神話以来の異界―とくに黄泉国は、古代・中世の人々の大地の暮らしの近辺にしっかりと根付いていたのではないだろうか。

二　大地が動く―「浮き島」「魚の島」―

七世紀後半から約二〇〇年もの間、日本列島を含む東北アジア地域は地震や火山噴火の活動期であった。大地動乱は古代王権にも、人々の信仰生活にも深い刻印を残したことは、保立道久氏の近著に詳しい。[36]『古事記』『日本書紀』神話において、大地のゆらぎという点に絞って言及してみると、『古事記』上には、スサノヲがアマテラスに対して暇乞いをしに「天に参上る時、山川悉動み、国土皆震りぬ」、『日本書紀』神代第六段本文には「始め素戔嗚尊、天に昇ります時に、溟渤以て鼓き盪ひ、山岳為に鳴り呴えき。此則ち、神性雄健きが然らしむるなり」とあるのは、やはり地震を表しているというべきであろう。[37] スサノヲの子孫、オホナムチについても、スセリヒメを背負って根国から逃げ出そうとしたところ、天の沼琴が「樹に払れ而地動鳴みき」（『古事記』上）とあった。天の沼琴は「地震を発する呪具」とみられよう。[38]

そもそも、オホナムチの名義の中心の「な」は、地震の古語「なゐ」の「な」と同じく、大地を意味していたのではあるまいか。[39]『続日本紀』天平宝字八年（七六四）一二月是月条には、大隅・薩摩国堺で大噴火があり、「神造嶋」が出現した。同宝亀九年（七七八）一二月甲申条には「神造嶋」につき、「その名は、大穴持神なり。是に至り官社とす」という記事があり、この場合も「大穴持神」の「な」の働きによるものであろう。[40]

では、このように地震や噴火でゆらぐ大地（葦原中国）は、古代ではどのように語られていたのであろうか。ここではまず、『出雲国風土記』意宇郡条の国引き神話にその手がかりを求めたい。

〔史料2〕　国引き坐しし八束水臣津野の命、詔りたまひしく、「八雲立つ出雲の国は、狭布の稚国なるかも。初国小さく作らせり。故れ、作り縫はむ」と詔りたまひて、「栲衾志羅紀の三埼を、国の余りありやと見れば、国の余りあり」と詔りたまひて、童女の胸鉏取らして、大魚の支太衝き別けて、波多須々支穂振り別けて、三身の綱打ち挂けて、霜黒葛闇や闇やに、河船の毛曽呂毛曽呂に、国来国来と引き来縫へる国は、去豆の折絶よりして、八穂尓支豆支の御碕なり。此くて、堅め立てし加志は、石見の国と出雲の国との堺なる、名は佐比売山、是なり。亦、持ち引ける綱は、薗の長浜、是なり。

（『出雲国風土記』意宇郡条）

〈史料2〉は、国引きの詞章の一部であるが、石母田正氏は、当該伝承が出雲国造によって整えられ、国造家に隷属する語部が語ったものと推定された(41)。それと同時に注目すべきは、石母田氏がこの伝承の基底に労働と生産とが結びついた民間伝承を見出された点である。すなわち、「『大魚の支太衝き別けて』という詞章が古代の漁民または民衆の漁業労働を基礎においてのみかんがえ得る(42)」、「『闇耶闇耶《クルヤクルヤ》』は『繰るや繰るや』であり、『毛曽呂毛曽呂《モソロモソロ》に』にゆっくりした河船の進行を形容した語である(43)」と指摘されているのである。

国引きの話は出雲だけではなかった。『万葉集』一四―三四一一の歌「多胡の嶺に　寄せ綱延へて　寄すれども　あにくやしづし　その顔良きに」は東国の例である。武田祐吉氏は「鋤を取って、土を突き分けて、これに綱をかけて引き寄せるという国引の叙述は、農耕の人の間でなくては生まれてこないところである(44)」とされていたのも注目すべきであろう。なお、国引きの話の地域的な広がりという点に関して、武田氏は第八代孝元天皇の和風諡号オホヤマトネコヒコクニクルの「クニクルは国引きの義(45)」と指摘されていたのも参考になる。これによれば、大和地方にも国引き神話が展開していたことになろう。

ところで、かかる古代の人々の労働を背景に生み出された国引きの話について、伊藤清司氏は、次の三点を指摘されている。すなわち、第一として、大地は浮動するという「浮き島」、あるいは「島釣り」型神話に連なる「魚の島」

という神話が国引き伝承に関連してあったとみられること、第二は、かかる「浮き島」「魚の島」は中国大陸・東南アジアからポリネシアに及ぶ各地の神話とによって比較、検討さるべきであること、第三に、「浮き島」「魚の島」は日本の俗信である地震鯰の起源であることの三点である[46]。海外の事例[47]を視野に入れた中で、日本古代神話の大地観にも言及されており、従うべき学説であろう。

ちなみに、「浮き島」「魚の島」の話としては、国引きの話だけではなく、『古事記』上の冒頭には「国稚く浮ける脂の如くし而、久羅下那州多陀用弊流時、（音注略）葦牙の如く萌え騰る物に因り而成りませる神の名は、宇摩志阿斯訶備比古遅神」、国生み神話の段でも、天つ神がイザナキ・イザナミに詔して「是の多陀用弊流国を修理め固め成せ」とあった。『日本書紀』神代第一段本文に「開闢くる初に、州壌の浮れ漂へること、譬へば游魚の水上に浮けるが猶し」、同第一段第二の一書では「古に国稚しく地稚しき時に、譬へば浮膏の猶くして漂蕩へり。時に、国の中に物生れり。状葦牙の抽け出でたるが如し。此に因りて化生づる神有す。可美葦牙彦舅尊と号す」、同第四段第四の一書にも、イザナキ・イザナミが「物有りて浮膏の若し。其の中に蓋し国有らむや」と語ったとある。さらには天孫降臨神話において、ホノニニギが高千穂峯に天降りする時に「天の浮橋於、宇岐士摩理、蘇理多々斯弖」（『古事記』上）、「槵日の二上の天浮橋より、浮渚在平処に立たして」（『日本書紀』神代第九段本文）として「ウキジマリタヒラカ」に立つという表現もある（他に同第九段第二の一書・同第四の一書）。当該句は「天の浮橋より浮島に磯に立たし[48]」の意と解してよいとすれば、ここにも大地が「浮き島」「魚の島」と観念されていた様相が窺えよう。

「浮き島」伝承については、「浮き島」と関係する地名がある。すなわち、『常陸国風土記』信太郡条に「浮嶋の村」「浮嶋の帳の宮」、同逸文河内郡条にも信太郡とは別途、「浮嶋の村」があった。その他、下総国に「浮嶋駅」「浮嶋牛牧[49]」（『延喜式』二八〈兵部式〉）、「上総国安房の浮島宮」（『高橋氏文』）、「駿河国駿河郡柏原郷浮嶋里」（『平城宮発掘調査出土木簡概報』三二)、陸奥国「浮島」(『枕草子』一九一段)、周防国「浮島」(『源氏物語』玉鬘)の例があげられる。

また、〔史料2〕では、ヤツカミヅオミヅノが国引きした国を繋ぎ止めるための「加志」(杭)のことが見えるが、『古事記』上の国生み神話で「伊岐嶋」の別名(亦名)が「天比登都柱」とあるのも、「加志」の一類とみてよければ、「伊岐嶋」も「浮き島」で、「天比登都柱」に繋ぎ止められていたとみることも可能であろう。

このように古代では、列島各地で大地は「浮き島」「魚の島」として浮動すると観念されていたものとみられる。国引き神話でヤツカミヅオミヅノが大地を引くことができたのも、人々の労働に伴う大地観とともに「浮き島」「魚の島」観が前提にあったといってよいだろう。

なお、右は『古事記』『日本書紀』『出雲国風土記』など、主として八世紀前半成立の諸史料に見出されるものであるが、これは八世紀代に留まるものではなく、後代にも更なる広がりがあることを指摘しておかねばならない。

〔史料3〕　大己貴命、初め少彦名命と二柱の神、葦原中国、水母如す浮漂へる時、「為造号成」已に訖りぬ。

(『先代旧事本紀』四)

〔史料3〕では、「為造号成」を飯田季治氏による「ナシツクリナナルコト」[50]という訓みに従って、オホナムチ・スクナヒコナがクラゲのように漂っている国を造り、葦原中国と名付けたと解釈しておきたい。とすれば、ここで注目したいのは、オホナムチ・スクナヒコナが「水母(クラゲ)」のような浮動を固めたという点である。これと関連するのが、『続日本後紀』嘉祥二年(八四九)三月庚申条で、仁明天皇の四〇歳の算賀がなされた際、興福寺僧が長歌を献じた。その冒頭に「日本の野馬台の国を賀美侶伎の宿那毘古那が、葦菅を殖ゑ生ほしつつ国固め造りけむより……」とあった。こうした平安初期の伝承が『古事記』上のオホナムチ・スクナヒコナが国を「作り堅めましき」という話と系譜的につながることは森陽香氏の指摘[51]の通りであろう。前述の如く、『古事記』『日本書紀』には、原古の大地が浮動しており、葦の芽（ウマシアシカビヒコヂ）が出てくるという神話があったが、それとは別個の伝承が二神の「作り堅めましき」（『古事記』上）に淵源し、〔史料3〕や興福寺僧の長歌に伝えられていたことが窺われるのである[52]。

また、〔史料2〕の国引き神話に関しても、出雲の浮浪山、鰐淵寺の伝承では「当山は異国の霊地、他洲の神山なり。蓋し摩竭（陀脱カ）国の中央、霊鷲山の巽角、久しく風波に浮きて、遂に日域に就く。故に時の俗号して浮浪山と曰ふと云々」（「建長六年〈一二五四〉月日鰐淵寺衆徒勧進状案」〈『鎌倉遺文』七八三九〉）として、浮浪山は霊鷲山の一部が流れ着いたとある。元亀年間（一五七〇～一五七三年）頃の「（鰐淵）寺僧某書状断簡」（『鰐淵寺文書』）には、「西天鷲嶺の艮の隅欠けて浮浪し流れ来るを、素戔烏尊築き留め玉ふ。故に浮浪山といふ[53]」とあった。中世の出雲神話では、第一に、国引きは国土創世神としてのヤツカミヅオミヅノではなく、スサノヲが主役となるものであり、第二に、国引きの対象は日本海域の諸地域から仏国土に変化したことが窺える[54]。しかし、それでも大地が漂流し、それを繋ぎ止めるという基本的パターンは中世においても国引きの詞章と変わることがなかった点は留意されよう。

『今昔物語集』三一―三六には、近江国の勢多河の心見の瀬で、琵琶湖の鯉と大海から遡上した鰐とが戦ったところ、鯉が勝って「竹生島ヲ繞キテ居ヌ」という話がある。竹生島も「魚の島」の一類とみられる。この話については承平元年（九三一）の年紀をもつ、護国寺本『諸寺縁起集』所収の『竹生島縁起』に「爰に海の龍感じ来り、嶋を廻ること七迊、蟠繞して嶋を鎮め、首尾は相咋ふ」とあり、当該譚も『今昔物語集』の鯉の話と関連するのであろう[55]。いずれにしても、「浮き島」「魚の島」という不安定な大地観は出雲の古代だけのことではなかったとみられる。

右とは別に、黒田氏は、中世の国土観を以下のように指摘された[56]。すなわち、蒙古襲来を契機に、中世日本の国土は独鈷の形をし、それを守護する龍が周囲を囲繞する姿で描かれることとなった。それは一三世紀後半には成立したとみられる金沢文庫本日本図から知られる。また、中世では龍は国土を守護するだけではなく、地震や火山噴火を引き起こす存在でもあったが、鹿島の要石などが国土が流れ出さないよう繋ぎ止め、地震で揺れないための役目を果すと観念された。龍が鯰に変化するのは一七世紀後半に進行し、一八世紀初頭には定着する—と。黒田説には古代への言及がないが、これまで述べてきた古代の大地観を中世の前段として位置づけることが可能ではないだろうか。

三　大地観の行方

以上、古代の人々の暮す大地がどのようなものであったのか、『古事記』『日本書紀』の神話にまで遡って検討を試みた。その結果、大地とその周辺には、黄泉国、高天原、根国、ワタツミノ神の国、常世国といった異界も一定の遠近感のもとに存在していたこと、現世に近い黄泉国の観念は『日本霊異記』の冥界説話にも継承されていたこと、また、現世の葦原中国（大地）はけっして安定したものではなく、「浮き島」「魚の島」と観想され、人々の労働によって大地は動き、また、神の力で起こされる地震や火山噴火によってもゆらぐことがしばしばあったことが確認できたと思う。

もっとも、このようなことはけっして目新しい指摘ではないかもしれない。しかし、ここで改めて論じてみたのは、これまで律令国家の国土を扱う場合、固定された大地の上に制度的に施行された畿内・七道制、国郡制、さらには境外の蝦夷や隼人の存在が問題にされてきたからである。その際、今日、刊行されている日本史関係の辞典から概説書に至るまで、現在の日本列島の地図に畿内七道諸国を図示した古代の行政区画図が載るのが普通である。しかしながら、はたして古代の人々は列島の大地を現代と同じ形と認識していたのであろうか。さらに筆者が強調しておきたいのは、通説的な指摘では、国土に対して想像的な異界や異類の存在もほとんど考慮されてこなかった点である。異界や境界を抜きにして、古代の大地（国土）観、さらには古代の人々の環境への心性を語るわけにはいかないのではないだろうか。

ちなみに『今昔物語集』をひもとくと、多様な異界、異類の存在があったことに気づかされる。代表的な異界は極楽と地獄であることはいうまでもないが、それだけではない。たとえば、次の〔史料4・5〕の事例を指摘しておこう。

〔史料4〕　今昔、東大寺ニ住ケル僧有ケリ。花ヲ摘マガム爲ニ、東ノ奥山ニ行タリケルニ、道ヲ踏ミ違テ、山ニ迷ニケリ。何クトモ不思エズ、谷迫ヲ夢ノ様ニ思エテ歩ミ被行ケレバ、……平ナル瓦葺ノ廊ノ様ニ造タル有リ。見レバ、隔々シテ、僧房ノ様也。恐々ヅ内ニ入テ見レバ、東大寺ニ死シ僧有リ。此レヲ見ルニ、恐シキ事無限シ。

（『今昔物語集』一九—一九）

〔史料5〕　今昔、小野ノ宮ノ右大臣ト申ケル人御ケリ。御名ヲバ実資トゾ申ケル。身ノ才微妙ク、心賢ク御ケレバ、世ノ人、賢人ノ右ノ大臣トゾ名付タリシ。

其ノ人、内ニ参テ罷出トテ、大宮ヲ下ニ御ケルニ、車ノ前ニ、少サキ油瓶ノ踊ツヽ行ケレバ、大臣此レヲ見テ、「糸怪キ事カナ。此ハ何物ニカ有ラム。此ハ物ノ気ナドニコソ有メレ」ト、思給テ御ケルニ、大宮ヨリハ西、□ヨリハ□ニ有ケル人ノ家ノ門ハ被閉タリケルニ、此ノ油瓶、其ノ門ノ許ニ踊リ至テ、戸ハ閉タレバ、鎰ノ穴ノ有ヨリ入ラム入ラムト、度々踊リ上リケルニ、無期ニ否踊リ上リ不得デ有ケル程ニ、遂ニ踊リ上リ付テ、鎰ノ穴ヨリ入ニケリ。

（『今昔物語集』二七—一九）

〔史料4〕は、東大寺の僧が東の「奥山」に迷い込んだところ、東大寺の住僧ですでに死んだ僧に出会う（引用箇所）。この後、僧は住僧たちが、唐人の姿をした恐ろしげなものたちから、銅の熱湯を飲まさせられる光景を覗き見することになるが、帰りは「道ノマヽニ返ケレバ、其ノ度ハ平ニ寺ニ返ニケリ」とあった。東大寺の東側の「奥山」には特別な異界（住僧は「地獄ニハ不堕ズ」と述べている）があったというのである。〔史料4〕のように、話の主人公が道に迷った挙句、異界に辿りついたというのは、飛弾国の山深く道に迷った回国の修行僧が行き着いた隠れ里で、修行僧が猿神を退治したという話（『今昔物語集』二六―八）、大峰山中において道を踏み違えた僧が到達した酒泉郷で殺害されそうになった話（『今昔物語集』三一―一三）、四国の辺地で三人の修行僧が迷い込んだ、人知れぬ世界から、一人だけがあやうく人里に戻ることできたという話（『今昔物語集』三一―一四）など、同様な話といえる。

それに対して、〔史料5〕のように、異界から現世へ、異類が示現するというタイプの話もある。すなわち、藤原実資が内裏より帰宅する際、小さな油瓶が跳びはねて、ある家の門の鍵穴から侵入したのを見届けた（引用箇所）。この後、実資は私邸に戻り、使者にある家の様子を尋ねさせると、病気の若い娘が昼頃亡くなった由を聞き、実資は油瓶が物の怪だったと思った。その後に「其レヲ見給ケム大臣モ、糸只人ニハ不御ザリケリ」とある。(57)

実資は小野宮の嫡流として政務・儀式に精通し、その見識は九条流道長や頼通にも一目置かれた人物であり、日記に『小右記』があることなど周知の通りであろう。その実資が内裏からの帰途、小さな油瓶を見つけたという話は『小右記』などにはなく、史実かどうか、判断し難いところである。しかし、油瓶が入り込んだ家の娘が死んだことからも、この話は「真実」として実資周辺の人々に受け止められたに違いない。『十訓抄』六―三四にも、実資は「鬼神の所変なども見あらはされけるとかや」とあった通り、実資がかかる不思議を見る能力ある人物として語られていたことを無視するわけにはいくまい。少なくとも、実資の生きた時代の環境として小さな油瓶の如き異類が都大路を跋扈しており、実資のような人物はそれを見極められると観念されていたのではないだろうか。

もっとも、これは実資に限った話ではない。『今昔物語集』巻二七には、〔史料5〕以外にも多数の霊鬼の話が集成されているが、そこでの霊鬼の目撃者、遭遇者は宇多院（二七―二）、三善清行（二七―三一）から一般庶民にまで及んでいた。目撃の場所は京内やその周辺が多いが、常陸国山中（二七―四五）という例もあり、多くは夕方から夜という時間帯の話であった。実資の話ももとよりであるが、古代の人々の身近には異界が存在し、時にそこから異類が現世に示現したものと見られる。その際、そうした異類の活動は感性を介して感じ取られていたことも重要であろう。

かつて和田萃氏は、非日常的空間（ハレの空間）として墓域や神社の社域のようなアジール、チマタ（道と道とが交差するところ）、それに坂（峠）、橋、津（港）、河原、中洲、広場などの空間を指摘された(58)。和田氏のいわれる非日常的空間とは、本書でいう異界・境界と重なるが、本書所収の諸論文で明らかにしたように、古代の人々は巨樹や樹木の木俣、さらには人間の身体（長身）そのものにも異界性、境界性を見出していた(59)。しかも、本章でも指摘した通り、異界には、高天原は特別としても、黄泉国・根国・ワタツミノ神の国・常世国などがあり、列島内外の至る所に存在していたと想像されていたはずである。繰り返しになるが、〔史料4〕として紹介した通り、東大寺の東で道に迷うとそのまま異界に到達してしまうという話もあった(60)。すなわち、古代の人々にとっての環境とは、人と人、人と自然、人と災害の問題であることはもちろんであるが、その一方に人々が想像する世界があることを忘れてはなるまい。それは、本書序章「古代の人々の心性と環境」で、環境への心性として、ユクスキュルの主観的な環世界説や日高敏隆氏のイリュージョン説をもとに述べたところでもある。

ところで、歴史地理学の青山宏夫氏は地図の変遷について、以下のように述べられている(61)。

実在の地理的知識のなかに架空の地理的知識が入り込み、同一の地平で一定の秩序をもって描かれていた日本図から、そうした架空の土地が失われることによってその構造が弛緩・拡散してゆき、空間が均質化された日本図への変化である。その背後には、地理的視圏の拡大と地理的知識の深化があった。それは確かに地図が科学性を獲得していく過程であった。しかし、同時に、地理的想像力が地図から鎖されていく過程でもあったことを忘れてはなるまい。

科学的な地図が登場することで、空間が均質化され、それまでの「地理的想像力」が喪失されるという青山氏の指摘は重要である。青山説を踏まえて、古代の人々の大地観の問題に立ち戻るならば、現代では、古代において大地やその周辺に所在していたはずの多様な異界のかなりの部分を喪失してしまったのではないか。(62) 現在、自らが生活する大地を不安定だと考える心性もほとんどないだろう。ちなみに大地は「浮き島」「魚の島」のようには動かないと「錯覚」するようになったのは、いったいいつ頃からであろうか、追求すべき課題は多い。

古代の人々にとって列島の大地は広い大きな空間であった。たとえば、平城京（奈良）と大宰府間は、現在では新幹線や飛行機を利用すれば片道四時間半から五時間程度で到着できる。日帰りも不可能ではないだろう。ところが、古代では「普通の使者は十四日前後、急使は四日以内というのが大宰府・平城京間の日程」であった。(63)『万葉集』には大宰府は「遠の朝廷」（五—七九四）、「天離る鄙」（五—八八〇）と詠われたのである。

フェルナン・ブローデルに地中海の地理観をめぐって、以下の記述がある。すなわち、「十六世紀の地中海は、大まかに言えば、すでに千年以上の年月が過ぎ去ったというのに、相変わらず『ローマ時代の』規模である。……したがって十六世紀の地中海は巨大であり、並外れて大きく……（二〇世紀では—引用者注）つねに数時間で陸地に接岸できる湖であり、昨日のオリエント・エクスプレスが途中で止まらずその輪郭を描くような場所である。あるがままの姿を理解するためには、心のなかで、できる限りその空間を大きくして、何ヶ月も、何年も、あるいは一生かかるような時代錯誤の旅のイメージに頼らねばならない(64)」。

交通機関の発達が地理的空間を狭めたことは地球上のどこでも同じであろう。今日、人の移動は容易になり、基本的に短期間でどこにでも到達できる時代になった。日本列島内も狭い小さな空間になってしまった。しかしながら、逆に時代を遡れば遡る程、ブローデルが指摘するように「時代錯誤の旅のイメージ」が必要になろう。その際、古代日本の広い大地には黄泉国をはじめとする様々な異界が含まれていたこと、現代においてはそうした異界の存在が忘却されていることに留意すべきであろう。

時間レベルでは、一日のうちの夜（異界）、朝・夕（境界）の時間帯が昼化している（恒環境化）ことを本書第二部第四章「古代の人々と不思議」で指摘した。もとより一日の半分が夜や朝・夕方であるとすると、とくに大都会に暮らす現代人は、かつてあったはずの一日の半分の境界・異界を喪失しているのではないだろうか[65]。また、本書序章「古代の人々の心性と環境」で述べたところであるが、福島の原発事故により、古代とは異質な「異界」（避難区域）が生まれてしまった。かかる事態を招いた現代社会とは何かが改めて問われねばならない。

注

（1）山幸が釣り針を求めて向った海神の国をワタツミノ神の国と呼称することについては、神野志隆光『古事記の世界観』（吉川弘文館、二〇〇八年、初出一九八六年）四六〜四八頁参照。

（2）『古事記』『日本書紀』神話の異界については、多数の論著がある。本章で参考にした主なものとしては、以下の通り。大林太良「異郷訪問譚の構造」（『東アジアの王権神話』弘文堂、一九八四年）、神野志、前掲(1)、神田典城「古事記神話における異界」（『古事記の神話』高科書店、一九九三年）、西條勉「神話世界の成り立ち」（『古事記と王家の系譜学』笠間書院、二〇〇五年）、勝俣隆『異郷訪問譚・来訪譚の研究』（和泉書院、二〇〇九年）、大東俊一『日本人の他界観の構造』（彩流社、二〇〇九年）一二一〜七二頁など。

（3）家永三郎「日本思想史に於ける否定の論理の発達」（『日本思想史に於ける否定の論理の発達』新泉社、一九六九年、初出一九四〇年）三八頁において、聖徳太子の時代において「太古の代は去り、ここに上古の代が始まる」とされている。

（4）家永、前掲（3）二六頁。

（5）家永、前掲（3）三一頁。

（6）家永、前掲（3）二六頁。

（7）佐藤正英「黄泉国の在りか」（『古事記神話を読む』青土社、二〇一一年、初出一九八二年）、大東、前掲（2）二〇〜二一頁。

（8）神野志、前掲（1）七六〜八九頁。

（9）家永、前掲（3）二八頁。

（10）『万葉集』九―一八〇四に「遠つ国　黄泉の界に」とあるが、この場合の「遠つ国」とは「距離としての遠さではないだろう」（小林茂文「境界領域にみる古墳と死」〈『周縁の古代史』有精堂出版、一九九四年〉三一二頁）と解しておく。

（11）岡田精司「記紀神話の成立」（『岩波講座日本歴史』二、岩波書店、一九七五年）二九三〜二九四頁。

（12）岡田「古代王権と太陽神」（『古代王権の祭祀と神話』塙書房、一九七〇年）三八六〜三八八頁、同「伊勢神宮の成立と古代王権」（『古代祭祀の史的研究』塙書房、一九九二年）二九六〜三〇一頁。

（13）天香（具）山が天から降ってきた山だという伝承が『万葉集』三―二五七や『伊予国風土記』逸文にみえる。

（14）ウケヒ神話の場として、また、天石屋戸・天孫降臨の決定の場面で天つ神の集会場として、天安河が登場する。天安河については、飛鳥川のこととする説がある（神田秀夫・三谷栄一・西田長男「〔座談会〕古事記の原資料をめぐって」〈『国学院雑誌』六九―一一、一九六八年〉一七〜一八頁における三谷氏の発言）が、「畿内周辺で集会を持てるほどの広い河原をもつヤス川は……近江の野洲川（天武紀に安河）があり、ほかには見当らない」という指摘もある（『古事記』〈日本思想大系、岩波書店、一九八二年〉三三〇頁補注）。

（15）家永、前掲（3）二七頁。

（16）神野志、前掲（1）一一九〜一三五頁。

(17) 大林「四つの《神代》」(『日本神話の構造』弘文堂、一九七五年) 一六八頁。なお、大林説とは別に、戸谷高明氏も、『古事記』中・下では「神が登場しても託宣や夢や卜占を通して間接的にあらわれ、……人間の側から出来事が語られる」と指摘されている(「神話の時空と異界」〈『上代文学』八五、二〇〇〇年〉九頁)。

(18) 高天原往還には例外もあり、『万葉集』には草壁皇子は「……天の原　石門を開き　神上り　上りいましぬ……」(二—一六七)のように、死後、魂が高天原に赴くという歌がある。他に、高市皇子(二—二〇〇)、弓削皇子(二—二〇五)、安積親王(三—四七六)の例があるが、いずれも天皇の皇子に限られていたことに注意すべきであろう(及川智早「墓と他界観の民俗」〈『万葉民俗学を学ぶ人のために』世界思想社、二〇〇三年〉二二一〜二二三頁)。

(19) 家永、前掲(3)二六頁。

(20) 勝俣、前掲(2)。

(21) A・ファン・ヘネップ(綾部恒雄・裕子訳)『通過儀礼』(弘文堂、一九七七年)。

(22) 松村武雄『日本神話の研究』三(培風館、一九五五年)二八四〜三五五頁。

(23) 石母田正「日本神話と歴史」(『石母田正著作集』一〇、岩波書店、一九八九年、初出一九五七年)一七九〜一八〇頁。その他、西郷信綱『古事記の世界』(岩波新書、一九六七年)九二〜一〇一頁、松前健『日本神話の形成』(塙書房、一九七〇年)二五三〜二九〇頁など。

(24) 吉田修作「死へ向かう旅」(『古代文学講座』五、勉誠社、一九九四年)五三頁、梅田徹「イザナキの黄泉国訪問と『大神』への変質」(『帝塚山学院大学日本文学研究』二六、一九九五年)。

(25) 三品彰英氏は、天石屋戸神話と天孫降臨神話との連続性について、①天石屋戸前の迎神神事に集まった神々と天孫降臨に随伴する神々とが一致していること、②いわゆる三種の神器が出てくるのは両神話に限られること、③『古事記』の天孫降臨神話に「其の遠岐斯、(注略)八尺の勾璁・鏡と……」とあるうち、「遠岐斯」(「招し」の意)は天石屋戸前の神事と不可分とみられることから、両神話は出雲系神話を飛び越えて、内容的に直結すると指摘されている(「天ノ岩戸がくれの物語」〈『建国神話の諸問題』平凡社、一九七一年、初出一九五四年〉一六三〜一七〇頁)。なお、③に関しては、倉野憲司『日本神話』(河出書房、一九三八年)一六八〜一六九頁の指摘が三品説よりもはやい。

(26) 西條『「古事記」神話の謎を解く』(中公新書、二〇一一年)九〇～九二頁。

(27)『日本霊異記』の冥界往還説話については、守屋俊彦「金の宮」(『日本霊異記の研究』三弥井書店、一九七四年)、竹居明男「『日本霊異記』の冥界説話」(『文化史学』三二、一九七六年)、入部正純「日本霊異記における冥界」(『日本霊異記の思想』法蔵館、一九八八年)、永藤靖「『日本霊異記』の冥府訪問譚」(『日本霊異記の新研究』新典社、一九九六年)、多田一臣「冥界訪問譚」(『古代文学講座』五〈前掲(24)〉)、藤本誠「『日本霊異記』における冥界説話の構造と特質」(『水門』二一、二〇〇九年)、大東、前掲(2)七四～九三頁などを参照した。

(28)「九日間」は『日本霊異記』の諸本によって相違する。『日本霊異記』中巻の底本(真福寺本)では「九日一日」であるが、新編日本古典文学全集では「九日間」、新潮日本古典集成、新日本古典文学大系、ちくま学芸文庫では、いずれも来迎院本によって「九日十日」としている。ただ、智光が冥界から戻る件では「頃唯九日逕たり」とあり、当該箇所の「九日」は底本はじめ諸本でも一致しているので、智光の地獄巡りの日数は九日間と解してよいだろう。

(29) 永藤、前掲(27)一一五頁。

(30) 現世と地獄との近さは、『日本霊異記』(上―一一、上―二七、中―一〇)に現世に突然、地獄の火が襲ってくる話があることからも知られよう(安田夕希子「古代日本文学にあらわれた他界観」〈『アジア文化研究』二八、二〇〇〇年〉二八～二九頁)。なお、右の三話には共通して、地獄の火は襲われた本人以外には見えていないという共通項が指摘できるが、ある事象が特定の人にしか見えなかったという『今昔物語集』の話については、本書第二部第四章「古代の人々と不思議」で述べた。

(31) 冥界往還説話には含まれないが、『日本霊異記』には火葬にされたはずの願覚が生き返ったという話(上―四)もある。

(32) 竹居、前掲(27)二七～二八頁。

(33) 二一例のうち、『今昔物語集』一三―三六が唯一、釈迦の霊鷲山浄土からの女人の帰還の話であった。

(34) たとえば、『日本霊異記』中―一六に讃岐国綾君の使人が冥界から現世に戻る際に、「法師優婆塞、吾を将て還り、纔見れば乃ち蘇めたるなり」とあった。この話全体は『今昔物語集』二〇―一七に再録されているが、そこでは「僧俗我ヲ将返ヌ、ト思フ程ニ、活レル也」となっている。すなわち、右の語句に関して、『日本霊異記』と『今昔物語集』との系譜関係は明らかであろう。

(35) 黒田日出男「『荒野』と『黒山』」(『境界の中世 象徴の中世』東京大学出版会、一九八六年)一六〜二一頁。
(36) 保立道久『歴史のなかの大地動乱』(岩波新書、二〇一二年)。
(37) 保立、前掲(36)一七五頁。なお、寺田寅彦氏は、スサノヲの神話につき「普通の地震よりもむしろ特に火山性地震を思わせる」と指摘されていた(「神話と地球物理学」〈『天災と国防』講談社学術文庫、二〇一一年、初出一九三三年〉一三一頁)。
(38) 保立、前掲(36)一七六頁。
(39) 保立、前掲(36)八六頁。
(40) オホナムチについては、益田勝実氏は「大きな穴を持つ神、それは噴火口を擁する火山そのものの姿の神格化以外ではない」とされている(「火山列島の思想」〈『益田勝実の仕事』二、ちくま学芸文庫、二〇〇六年、初出一九六五年〉六七頁)。
(41) 石母田「古代文学成立の一過程」(前掲(23)所収、初出一九五七年)。
(42) 石母田、前掲(41)一二四頁。
(43) 石母田、前掲(41)一二七頁。
(44) 武田祐吉「国引の詞の考」(『武田祐吉著作集』四、角川書店、一九七三年、初出一九五三年)三八三頁。
(45) 武田、前掲(44)三八三頁。
(46) 伊藤清司「蓬萊島説話と国引き神話」(『日本神話の比較研究』法政大学出版局、一九七四年)。その他、大林「記紀の神話と南西諸島の伝承」(『日本神話』有精堂、一九七〇年、初出一九六六年)三八〜四〇頁、同「琉球神話と周囲諸民族神話との比較」(『沖縄の民族学的研究』民族学振興会、一九七三年)三四四〜三五二頁、伊藤「地震鯰と腋児」(『日本神話と中国神話』学生社、一九七九年)三八〜五一頁。
(47) 吉田敦彦「国引き神話の系統」(『日本神話の特色』青土社、一九八五年)において、吉田氏は国引き神話の源流として、古代近東神話に創造神による海中の巨竜退治の話があり、それがユーラシア大陸に波及し、日本・ポリネシアにも伝播したとされる。なお、神話研究とは別に、杉田英明「動く島の秘密」(『〈驚異〉の文化史』名古屋大学出版会、二〇一五年)によると、「島と間違えられた魚」の話が東地中海からインド洋世界に至る範囲に起源し、西方はヨーロッパ・中東世界から東方は中国・日本まで広く伝播していることが指摘されている。

(48) 井手至「天孫降臨神話『於天浮橋宇岐士摩理蘇理多多斯』考」(『万葉』一六九、一九九九年)。

(49) 下総国の「浮島牛牧」について、田中禎昭氏は、古代の「浮島」(地名)の範囲、牛骨類の出土地点、出土状況の検討から、東京東部低地(現在の墨田・江東・葛飾・江戸川区一帯)に比定されている(「中世以前の東京低地」〈『東京低地の中世を考える』名著出版、一九九五年〉)。

(50) 飯田季治校訂『標註旧事紀校本』(明文社、一九四七年)六二頁。

(51) 森陽香「『古事記』スクナヒコナ神話の成立」(『古事記年報』五七、二〇一五年)六五〜六七頁。

(52) なお、『大三輪神三社鎮座次第』は奥書に「貞和二年(一三四六)十二月朔日」とあるが、江戸時代中期の偽作の可能性が指摘されている(西田長男「大三輪神三社鎮座次第の偽作」〈『神社の歴史的研究』塙書房、一九六六年〉)。しかし、当該史料にも「地稚く水母如す浮漂へる時、大己貴命、少彦名命と、力を一心に戮せて、蘆葦を殖生え、国土を固め造る」とあったのは留意されてよいだろう。森氏が指摘されているように、近世においても〔史料4〕と興福寺僧の長歌の双方を継承するオホナムチ・スクナヒコナ神話を読み取ることができよう(前掲(51)七一頁)。

(53) 「寺僧某書状断簡」の引用は、曽根研三編著『鰐淵寺文書の研究』(鰐淵寺文書刊行会、一九六三年)による。

(54) 井上寛司「中世の出雲神話と中世日本紀」(『古代中世の社会と国家』清文堂出版、一九九八年)、佐伯徳哉「中世前期の出雲地域と国家支配」(『日本史研究』五四二、二〇〇七年)、斎藤英喜『荒ぶるスサノヲ、七変化』(吉川弘文館、二〇一二年)九二〜一〇七頁など参照。

(55) 一五世紀初頭の『竹生島縁起』(応永縁起)では「爰に海の龍、大鯰に変じて嶋を廻ること七匝」として承平縁起の「海の龍」を「大鯰」として語っている。『竹生島縁起』の成立については、大川原竜一「古代竹生島の歴史的環境と『竹生島縁起』の成立」(『文学研究論集』二八、二〇〇八年)参照。

(56) 黒田『龍の棲む日本』(岩波新書、二〇〇三年)。

(57) 本話では、油瓶が侵入した家の若い娘が「昼方」に死んだとあるので、実資が油瓶を目撃したのも昼間であったとみてよいだろう(昼間の不思議な出来事については、本書第二部第四章「古代の人々と不思議」参照)。なお、油瓶は「只人ニハ不御ザリケリ」という実資にしか見えていなかったのではないだろうか。

(58) 和田萃「チマタと橘」(『日本古代の儀礼と祭祀・信仰』中、塙書房、一九九五年、初出一九八四年)二八六〜二九〇頁。小松和彦氏によると、異界とは、「私たちの世界」の外側にあると考えられている世界・領域のことで、天上、地下、海底や川底、奥山や山の彼方、海の彼方などであった。また、日常世界と異界との間には境界があり、たとえば、家というレベルでは軒下や門、集落(ムラ)では辻・川・峠などが境界と見なされると指摘されている(「序」〈『日本人の異界観』せりか書房、二〇〇六年〉)。

境界に関しては、黒田『境界の中世　象徴の中世』(前掲(35))、赤坂憲雄『境界の発生』(砂子屋書房、一九八九年)、小林『周縁の古代史』(前掲(10))など参照。

(59) 本書第一部第一章「古代の人々の心性と巨樹」、同第三章「木俣考」、第二部第五章「古代の人々の背丈」など。

(60) 『今昔物語集』二六―八では、修行僧を飛弾国の隠れ里に案内した男は「日本ノ国」より連れてきたとあり、当地が日本の国外の異界であることが窺える。

(61) 青山宏夫「日本図の空間と地理的想像力」(『前近代地図の空間と知』校倉書房、二〇〇七年)七七〜七八頁。同「古地図に描かれた想像世界」(『環境の日本史』一、吉川弘文館、二〇一二年)も参照。

(62) 異界往還伝承の背後にある通過儀礼について、鈴木正崇氏は「自然のリズムと人生の歩みが連動しあい、肌で人生と自然の移りゆきを共感的に確信していた時代の考え方である。この思考は生活する住居と死後の葬地との近接性、密着度の高い生活が前提にある」。しかし、現代では「霊魂や他界を前提とする民俗社会」が崩壊していると指摘されている(「通過儀礼」〈『講座日本の民俗学』六、雄山閣出版、一九九九年〉二二二〜二二三頁)。

(63) 直木孝次郎「大宰府・平城京間の日程」(『奈良時代史の諸問題』塙書房、一九六八年)四〇四頁。

(64) フェルナン・ブローデル(浜名優美訳)『地中海』Ⅱ(藤原書店、二〇〇四年)三九〜四〇頁。

(65) 赤坂氏は「おそらくは境界という境界のすべてがいま曖昧に溶け去ろうとしている。……わたしたちには死後の世界がない。……のっぺりと、どこまでも陰影なくひろがる均質化された空間が、ただ残される」と指摘されている(前掲(58)一二〜一三頁)。

あとがき

本書は、筆者が前著『古代の王権祭祀と自然』（吉川弘文館、二〇〇八年）を上梓して以来、取り組んできた研究成果をまとめたものである。もとより、誰にいわれたわけでもないが、これまで、一〇年を単位に自らの研究をまとめ論文集として刊行することを目標としてきた。これはあくまでも目標であって、それがきちんと履行できていたわけではない。しかし、その目標からすれば、前著から今回の著書までは一〇年に満たない。期間が短くなった理由には二つあり、一つは年齢・健康の問題である。筆者は二〇一六年三月をもって、慶應義塾大学を定年退職した。以前は退職後、二・三年をかけて自分をじっくり見つめ直して研究をまとめてみたいと思っていたが、六〇歳を過ぎたころから、時に健康に小さな不安を覚えることもあり、予定より少し早めに本書を完成させたという事情がある。

もう一つの理由は、前著の刊行後、予期せぬ出来事が相次いだことにある。二〇一一年三月の東日本大震災と福島の原子力発電所の事故を始めとして、東シナ海における小さな島をめぐる領有権争い、沖縄の基地問題、安保法制、TPPと続く。これらの大問題について、若い学生に意見を求めたところ、大半は冷淡、無関心であった。要するに、東京で平穏に暮らす彼らにとって、当事者ではないから、どうでもよいということであろうか。これは学生だけではなく、政治史や制度史偏重の日本古代史の研究者の間でも同様ではないだろうか。この辺は大いに気がかりで、近い将来起きるであろう巨大地震への懸念、地球温暖化に伴う異常気象の頻発などと合わせて前途多難を予感させる近未来を前に、歴史学をはじめとする人文学が本来、果たすべき役割を放棄しているようにも察せられる。これが本書刊行の何よりの発条となった。

無論、人文学の研究者が皆、今日の事態を傍観しているわけではない。本書を準備する過程で接した数多くの著書の中に参照すべき指摘があった。たとえば、イスラーム史の羽田正氏は『新しい世界史へ』（岩波新書、二〇一一年）で次のように言及されている。すなわち、歴史には力がある。歴史学は虚学ではなく、人間社会と密接に結び付いた実学である。ところが、近年、そうした歴史研究と社会との密接な関係がなくなった。その原因として、歴史学と歴史研究者に元気がないこと、歴史研究者の仕事が一般の人々の心に響かなくなったこと、時代が進んでいるのに、歴史研究者の多くは二、三十年前の立ち位置に留まっていること。なぜそのテーマを研究するのか、その意義は何かという点について、歴史研究者は十分に自覚的でなければならない。今、歴史学者に必要なのは、時代にふさわしい過去の見方、すなわち、地球市民という帰属意識を与えてくれるような、世界は一つという歴史を構想せねばならないとある。

フランス文学者で小説家の小野正嗣氏は、『ヒューマニティーズ文学』（岩波書店、二〇一二年）において、文学は人々の心を豊かにし、ものの感じ方・考え方を広げてくれるものとして社会の役に立つものである。「文学とは何よりも『わたし』と『他者』とをつなぐものである。そして社会とは人と人のつながりの場である以上、社会が社会であるために、文学は何よりも必要とされる。逆の言い方をすれば、文学のないところに社会はない。文学の死はすなわち、人間社会の死である」（一六二頁）と述べられている。

また、人文学への警鐘として、環境文学の川村晃生氏の「文学の危機」（『芸文研究』一〇二、二〇一二年）も忘れられない。いわく、人文学とは人間の生きる意味とか、人間の生の基盤である自然と人間の関係を考えていくものである。科学や経済の暴走に対して、文学はその歯止めにならねばならない、文学や文学研究は瑣末な考証に終始するだけではなく、社会的に存在する意味をくり返し自問すべきだ、と。

小野氏や川村氏の指摘は文学者からのものであるが、羽田氏の著書とともに、歴史学のみならず、人文学全般に通用する。

最近、日本古代史の分野に関して精緻な実証研究に接することが多い。先行学説の検討、関係史料の収集、分析など申し分ないが、それでもそうした研究に対して、筆者が不満を覚えてしまうのは、研究の意義が問われていないからであろう。研究成果を公表する際には、「そのことが分かって何になるのか」という素朴な問いに真摯に向き合う必要があるのではないか。小野・川村両氏の指摘を踏まえていえば、我々は歴史研究によって自らの視野を広げていかねばならないだろうし、科学や経済はもとより政治の暴走にも無関心ではいられないはずである。

人文学への逆風の中、日本古代史研究がもつ本来の力を取り戻すべく、古代の人々の環境への心性（史）を手がかりに現代を照射し、相対化してみたい。そして、環境破壊が進み、原発事故まで起きてしまったという時代にふさわしい、古代史の研究書の作成にチャレンジしてみたい—そのような思いが本書のベースにある。

最後になったが、筆者の学部・大学院時代の指導教授であった志水正司先生と、多くのご学恩を賜った岡田精司先生に本書を捧げたいと思う。志水先生は二〇一四年二月に他界されたので、本書を御覧頂くことができなくなってしまった。何とも寂しい限りである。

岡田先生には、本年米寿を迎えられ、祝賀の記念論文集も刊行されるはずであるが、本書の準備に追われる中、献呈論文を提出することができなかった。非礼の段、ご寛恕頂きたく、代りに本書を先生の米寿のお祝いの端に加えていただきたいと思う。

本書の刊行に際して、吉川弘文館編集部の石津輝真・上野純一両氏には大変お世話になった。また、校正と索引作成に協力してくれた妻真弓に感謝したい。

二〇一六年四月

三宅和朗

引用史料典拠刊行本一覧

〔中国史関係〕

旧唐書	中華書局
荊楚歳時記	東洋文庫
後漢書	『後漢書』（岩波書店）
三国志	中華書局
史記	新釈漢文大系
周礼	周礼注疏（十三経注疏）
朝野僉載	叢書集成初編
天聖令	天一閣蔵明鈔本天聖令校証（中華書局）
唐会要	歴代会要叢書
風俗通義	『風俗通義校注』（中華書局）
冥報記	古小説叢刊
孟子	全釈漢文大系
文選	全釈漢文大系
礼記	全釈漢文大系
呂氏春秋	新編漢文選

〔日本史関係〕

一遍上人絵伝	日本の絵巻（中央公論社）
宇治拾遺物語	新編日本古典文学全集
うつほ物語	新編日本古典文学全集
延喜式	神道大系、訳注日本史料
大鏡	新編日本古典文学全集
小野宮年中行事	群書類従
懐風藻	日本古典文学大系
餓鬼草紙	日本の絵巻（中央公論社）
蜻蛉日記	新編日本古典文学全集
春日権現験記絵	続日本の絵巻（中央公論

社）
儀式　神道大系
北野縁起　群書類従
吉事略儀　群書類従
源氏物語　新日本古典文学大系
源平盛衰記　中世の文学（三弥井書店）
江家次第　神道大系
皇太神宮儀式帳　神道大系
江談抄　新日本古典文学大系
古語拾遺　岩波文庫
古今著聞集　新潮日本古典集成
古事記　日本思想大系
今昔物語集　新日本古典文学大系
西宮記　神道大系
三代実録　新訂増補国史大系
慈覚大師伝　続群書類従
信貴山縁起絵巻　日本の絵巻（中央公論社）
十訓抄　新編日本古典文学全集
沙石集　新編日本古典文学全集
拾遺和歌集　新日本古典文学大系
拾芥抄　新訂増補故実叢書
淳和天皇御即位記　続群書類従
上宮太子拾遺記　大日本仏教全書
正倉院文書　大日本古文書
聖徳太子伝暦　聖徳太子全集
小右記　大日本古記録
書紀集解　国民精神文化研究所
続日本紀　新日本古典文学大系
続日本後紀　新訂増補国史大系
新古今和歌集　新日本古典文学大系
真言伝　『対校真言伝』（勉誠社）
新猿楽記　『古代政治社会思想』（日本思想大系）
新撰姓氏録　『新撰姓氏録の研究』本文篇（吉川弘文館）
新訳華厳経音義私記　古辞書音義集成
住吉大社神代記　『住吉大社神代記の研究』（国書刊行会）
諏訪大明神畫詞　神道大系
前王廟陵記　新註皇学叢書
先代旧事本紀　『先代旧事本紀の研究　校本の部』（吉川弘文館）

喪葬記	日本教育文庫（宗教篇）
曽我物語	新編日本古典文学全集
大安寺伽藍縁起并流記資財帳	寧楽遺文
台記	増補史料大成
大乗院寺社雑事記	続史料大成
代始和抄	群書類従
大神宮儀式解	大神宮叢書
太平記	新編日本古典文学全集
内裏式	神道大系
高橋氏文	『古代氏文集』（山川出版社）
田邑麻呂伝説	続群書類従
竹生島縁起	校刊美術史料
中右記	増補史料大成
徒然草	新編日本古典文学全集
帝王編年記	新訂増補国史大系
東大寺諷誦文稿	古典籍索引叢書
東大寺要録	『東大寺要録』（国書刊行会）
俊頼髄脳	新編日本古典文学全集
止由気宮儀式帳	神道大系
日本往生極楽記	日本思想大系
日本輿地紀行	東洋文庫（新訳）
日本紀略	新訂増補国史大系
日本後紀	訳注日本史料
日本書紀	日本古典文学大系
日本霊異記	新編日本古典文学全集
額田寺伽藍並条里図	『国立歴史民俗博物館研究報告』八八
長谷雄草紙	日本の絵巻（中央公論社）
富家語	新日本古典文学大系
扶桑略記	新訂増補国史大系
風土記	新編日本古典文学全集
平家物語	新編日本古典文学全集
平治物語	新編日本古典文学全集
方丈記	新編日本古典文学全集
法隆寺伽藍縁起并流記資財帳	寧楽遺文
北山抄	神道大系
保元物語	新編日本古典文学全集
法華験記	日本思想大系
本朝月令	群書類従
本朝新修往生伝	日本思想大系
本朝世紀	新訂増補国史大系

本朝文粋	新日本古典文学大系
枕草子	新編日本古典文学全集
万葉集	新編日本古典文学全集
御堂関白記	大日本古記録
陸奥話記	新編日本古典文学全集
紫式部日記	新編日本古典文学全集
文徳実録	新訂増補国史大系

律令	日本思想大系
令義解	新訂増補国史大系
令集解	新訂増補国史大系
類聚国史	新訂増補国史大系
類聚三代格	新訂増補国史大系
歴史	岩波文庫

索　　引

I　一般項目

あ　行

青人草 ……114-115
悪　臭 ……216-217, 221-222, 224-225, 227, 238, 243
朝 ……191, 205, 233, 244, 248, 253, 265, 277, 346
葦原中国 ……323, 325-329, 331, 336, 339
アジール ……42, 51, 54, 85, 344
飛鳥寺西の大槻 ……21-24, 26, 35, 38-39
アヂスキタカヒコネ ……187-188, 326
アニミズム ……135, 169, 185
海　人 ……144, 146-148, 164
アマテラス……21, 24, 118, 136, 325-326, 329-330
天石屋戸神話 ……118, 130, 325, 330, 348
アメノウズメ ……118, 130
アメノワカヒコ ……137, 141, 325
異　界 ……3-4, 18-19, 27, 29, 35, 102-103, 105, 107-108, 119, 130, 136-140, 142, 152, 158, 160, 168, 171, 178, 200-202, 214-216, 219-220, 227-229, 237-238, 246, 251, 253, 255, 260, 262-263, 266-268, 272, 279, 290, 297-300, 302, 306-308, 313, 323, 326-331, 335, 341-346, 352
「異　界」……4, 346
異　形 ……290-291, 300, 308-309, 313
伊勢神宮……24, 147, 231, 241, 325
石上神宮……99, 112, 183, 211
市 ……222
猪名部……17-19, 35
忌　詞 ……194-195, 202, 221
イリュージョン……2-3, 87, 344
異　類……3, 107, 126, 169, 173, 175-176, 178-179, 190, 202-203, 215-217, 219-220, 227-229, 237-238, 244, 248, 253, 256, 258, 268, 272, 277, 280, 283, 290, 299, 308, 311-312, 341-344
魚の島 ……337-341, 345
浮島(村) ……194-195, 337-341, 345
空(ウツホ)……99, 105-107, 127, 172
海幸山幸神話 ……137
蝦　夷……23-24, 26, 147-149, 154, 158, 341
閻羅(魔)王……33, 165, 306, 312, 321, 333-334
往　生 ……176, 178, 225
大　声……173-174, 176, 178, 186-187, 193, 195-198, 200, 202, 208-209, 212
音の風景論(サウンドスケープ)……134, 159, 168-169, 200, 204-205, 235
鬼……103, 106-107, 171, 174-175, 178, 208, 218, 244, 253, 255-256, 264-265, 278-279, 280, 282-283, 288-289, 299, 307, 309-312, 321
オホクニヌシ ……137, 327, 329
オホナムチ……17, 32, 100-101, 108, 299, 314, 322, 326-327, 329, 332, 336, 339, 350-351

か　行

解鳥語伝承 ……138, 141
影 ……19-20, 24, 27, 35, 39
柏原山陵 ……56, 80
柏……70-71, 73, 94, 97
カツラ……28, 103
鐘 ……110, 200-201, 204-205, 213
鏑　矢 ……183-184, 193
花粉分析 ……47, 89
神と人との棲み分け ……31-35
雷(雷神・雷鳴)……179-182, 187, 193, 196, 208, 255, 283
榧 ……220
川のせせらぎ ……185-186, 193
カワマタ……99, 124-125
環境史……1-2, 4, 6, 42, 87, 99, 168, 315
環境破壊(悪化) ……1, 135, 159, 238

環境への心性史 ………2-4, 7, 215, 315, 323, 342
元日朝賀儀礼 ………137, 216, 234-237, 241, 276
感　性(五感)………3-4, 159, 168-169, 177, 238, 244, 247, 249, 251, 253, 256-257, 260, 263, 268-270, 272, 276-277, 344
環世界 ……………………………………2, 7, 344
畿外人 …………145-146, 148, 150-151, 154, 158
義　覚 ………………………………294, 303-304
聞きなし ……………………………139, 142, 158
聴耳頭巾 …………………………………139-140
雉 ……………………………………………141, 325
狐 …………………………224, 238, 265, 297-298
畿　内 ……………………………………147, 151
木　俣……………………………99-132, 326, 344
嗅　覚 ……………………215, 220, 236, 244, 253
境　界 ……3-4, 67, 102-104, 106-110, 119, 124, 126, 129, 137, 183, 190, 199, 217, 246-251, 256-258, 260, 263, 268, 272, 274-275, 279, 286, 290, 297, 299, 308, 313, 344, 352
行　基 ……………………151-153, 164, 304, 332
巨　樹(伝承)……………………4, 10-40, 87, 344
浄御原令 ……………………………50, 71, 74, 90
金属音 ……………………………………200-202
草葉の陰…………………………………………86
樟 ……………………………4, 7, 17-18, 220, 239
薬　玉 ……………………………………230-231
屎　鵄(天狗) ………126, 170-172, 202, 218, 224
百済人 ……………………144-148, 151, 154, 158
国引き神話 ………………………336-340, 350
国譲り神話 ………………………………137, 141
香 …………………………221, 228-229, 236, 239
高度経済成長期 …………………………………1
公冶長 ……………………………138-140, 161
股　間…………………99, 113, 118, 120, 130-131
小　声(微声・ささやき声)………173-174, 178, 186-187, 192-193, 195, 197-198, 202, 205, 211
五色塚古墳………………………………41, 43, 88
胡　人 ……………………………144, 146-147, 151
琴…………………………16-19, 35, 172, 189, 336
言問う草木 ………………184-185, 187, 193, 235
古墳と神社 ……………………………81-85, 87, 95
古墳の樹木を伐採する…………44, 54, 79-81, 86
古墳立柱…………………44, 65-67, 74, 85, 92-93
誉田御廟山古墳 …………………………59, 61

さ　行

最　澄 ……………………………………294, 304
審神者 ……………………………………189-191
鯖買(売)の翁 ……………………………146, 162
サヘヅル(リ)………134, 143-151, 154-155, 158, 163-164
サルタヒコ ……………………118, 130, 310-311
椎 ……………………………………………72-73
塩……………………………………………15-16, 35
視　覚………3, 168-169, 206, 234, 236, 245, 251, 255-256, 258, 260, 262, 266, 268, 270-272, 277, 283
鹿　角……………99, 110-112, 115, 119-120, 130
四　支(枝) ………………………………114-115
死者の霊魂 ………………………62-67, 81-83
死　臭 ……………………………215, 226, 238
地　震……………………17, 180, 336, 340-341
舌たむ ……………………………………148, 154
七支刀……………………………99, 112-113, 115
私度僧 ……………………………………153, 166
自　土 ……………………………………157, 166
釈　迦 ……………………116, 169-171, 178, 206
邪気払い ………………………228-229, 231, 240
樹上葬 ……………………………………104, 126
須弥山……………………………………23-24, 38
樹木の成長 ………………………………119-120
修　羅 ……………………………………………128
浄　安 ……………………………………170-171
焼　香 ……………………………………234-236
祥　瑞 …………129, 245-246, 269-277, 285-286
証　人……246, 251, 253, 256, 262-263, 266, 268, 276-277, 279, 282
松　柏……………………70-71, 73-74, 85, 94, 97
松　墳 ……………………………………………73-74
女性性器 ………………………………118, 131
菖　蒲 …………………………230-232, 237, 241
触　覚 …………168, 205, 244, 248-249, 253, 256
しわがれ声 ………………………………176, 178
神功皇后 ………………………189, 303, 314, 319
新　月 ……………………………………245, 251
神社の木を伐る ……………………………30-31
スクナヒコナ ………………314, 327, 339, 351
朱雀門 ……………………………………208, 258
スサノヲ……17, 100, 135-136, 138, 140, 152-153,

180, 187–188, 326, 328–330, 340, 350
聖域の区画 ……66, 92
世界樹・宇宙樹……10, 21, 30
背 丈(身長) ……290–315
葬祭一致(未分化) ……82–86
葬祭分化……83
杣 ……76–78, 84–87
染殿后 ……278–279, 288–289

た 行

大化薄葬令 ……74–75
ダイダラ坊……17, 314
大 儺(追儺)……32, 296, 307, 317
大木の秘密 ……34–35, 105
高木神 ……21, 24
高天原……137, 141, 323, 325–326, 328, 330, 341, 344, 348
高御座 ……234, 236
タカミムスヒ ……21, 32, 325
託 宣 ……188–193, 210, 219, 297
祟 り……31, 35, 78–81, 86
タヂマモリ ……327–328, 330
端午節 ……128, 230–232, 237
男性性器 ……118
チマタ……99, 119, 124, 344
仲哀天皇 ……294, 301–303
中華意識 ……148–149, 154
聴 覚……159, 168, 177, 206, 214, 236, 244, 248–249, 253, 256, 262, 266, 268, 272, 290
沈 黙 ……188, 193, 210, 235
通過儀礼 ……329–330, 332, 334–335, 352
槻(ケヤキ)……4, 20, 24, 26–28, 39, 57–58, 97, 105, 127
黄 楊(ツゲ)……52, 73, 91
飄 風 ……179, 181–182, 193, 197
手・指のマタ……99, 117, 131, 299, 318
天皇即位儀礼……216, 233, 235–237, 241, 274, 276, 287–288
同 音 ……170–171, 178
東国人 ……148, 174
討債鬼説話 ……152, 165
唐 人 ……144–147, 150, 154, 158
道祖神 ……106, 247–249
髑髏誦経譚 ……155, 158
常世国 ……218, 323, 327–328, 330, 341, 344

な 行

ナク・ナキ声……134–143, 151–153, 157–161, 163, 187–189, 210
生身と切り身 ……36–37
ニオイ……215–216, 220–221, 223–224, 227–230, 232, 234, 236–238
呻 ふ ……173–175, 178
額田寺 ……26, 56–58, 68
根 国(根堅州国)……17, 100–102, 108, 299, 323, 326, 328–329, 332, 336, 341, 344
祝 詞 ……197–198, 213

は 行

吠 声 ……198–200, 202
柏 城 ……71, 74
薄 葬……54, 64, 75
白雉進献儀 ……272–277, 287
白 鳥……63, 165, 187–188, 274
箸墓古墳……45, 47–48, 65, 86, 89, 92
機 物 ……115, 129
発現する霊気 ……113, 119
埴 輪……41, 46–47, 84, 88
隼 人……23–24, 26, 149, 198–200, 202, 341
蕃 国 ……149–150
反正天皇 ……294, 301
東日本大震災 ……1, 6
卑賤な人 ……145
ヒトコトヌシ ……191, 211, 267–268, 283, 302
避難区域 ……4
檜隈陵(梅山古墳)……44–45, 65–66, 94
昼……3, 234, 244, 246, 249, 256–257, 261, 263, 265–268, 272, 277, 279, 281, 284, 288–289, 351
諷歌倒語 ……195, 202
葺 石 ……41, 43–48, 82, 84, 86, 88–89
福島第一原子力発電所事故 ……1, 4, 124, 159
服属伝承(儀礼) ……29, 35, 274
葛井・船・津三氏の墓地 ……51, 54–55, 68
不思議 ……179, 223, 244–283
二俣小舟 ……107–109, 127
仏 像……17–19, 35
船……15–18, 35, 108
噴 火……179, 181–182, 193, 217, 221, 297, 336, 340–341

糞尿臭 ……………………………215, 238
幣帛を挿む木 ………………………109, 127
辟　邪 ……………………64–65, 67, 71
芳　香 ……………216, 218–221, 225, 227
放射能 …………………………4, 159, 238

ま　行

真　木 ………………………………52, 73
松……52, 59–61, 71, 73, 94, 97–98, 103–104, 110, 114, 126, 128, 176
摩耶夫人 ……………………………116, 130
満　月 ……………………245, 264, 280–281
味　覚 ……………………220, 236, 256, 272
ミナマタ……………………99, 124–125, 132
水俣病 ……………………………………124
源為朝 ……………………294, 303, 308, 317
耳 …………………………214, 251, 290, 309
宗像沖ノ島祭祀遺跡 …………………83, 95
冥界(往還)説話 ……………324, 330–333, 349
木　喰 ……………………………………132

や　行

ヤカミヒメ ………………………100–101
ヤツカミヅオミヅノ ……………168, 336, 340
夜刀神………………………32–33, 39, 167, 196
ヤマタノオロチ…………………99, 120, 321, 330
ヤマトタケル……63, 115, 129, 196–197, 294, 301–302, 319
夕　方 ………3, 104, 234, 244, 279, 288, 344, 346
雄略陵………………………………………43, 54, 62
余　韻 ……………………………………………202
妖　怪 ……33, 175–176, 178, 206, 219, 227, 244, 280, 282
黄泉国 ……64, 113, 136, 323–325, 328–329, 331, 333–335, 341, 344–346
ヨモツヘグヒ ……………………………325, 331
依り代……18, 21, 24, 28–29, 39, 55, 65–67, 85, 92, 100
夜……3, 47, 107, 167, 191, 205, 217–219, 234, 244–250, 253, 255–258, 260, 264–266, 279–281, 283, 344, 346

ら・わ　行

羅城門 ……………………………171, 176, 258
腋の下……………………99, 115–117, 129–131
童　謡 …………………………………190, 211
ワタツミノ神の宮………137, 323, 327–329, 341, 344, 346

II　研究者名

あ　行

青木紀元 …………………………………212
青木周平……………………………………37
青木敬……………………………46–47, 89
青山宏夫 ………………………344–345, 352
赤坂憲雄 …………………………………7, 352
秋本吉徳 …………………………………212
網干善教……………………………………91
網野善彦 ………128, 169, 192, 206, 211–212, 316
アリエス，Ｐ ……………………………315
有岡利幸……………………………………94
有富純也 …………………………………285
飯島吉晴 ………………………126, 130, 316
飯田季治 ……………………………339, 351
家永三郎 ………………………324, 328, 347–348
池上俊一 ………6, 168, 205, 215–216, 239, 322
池田温……………………………………90, 320
池辺弥………………………………………39
居駒永幸……………………………………37
石井正敏 …………………………………164
石上堅 ……………………………………160
石附敏幸……………………………………93
石野博信……………………………………93
石母田正 ……………………………337, 348, 350
出雲路修 …………………………………319
井手至…………67, 92–93, 119, 124, 128, 131, 351
伊藤清司 ……………………130, 337–338, 350
伊藤博………………………63, 90–91, 182, 209
井上寛司 …………………………………351
井上光貞……………………………………83–84, 95
今泉隆雄……………………………………38
入間田宣夫 …………………………………6
色川大吉 ……………………………124, 132

岩井克人……39
岩城紀子……289
岩佐光晴……38, 239
植田文雄……65-66, 92-93
上田正昭……92
内山節……40
梅田徹……348
浦井祥子……213
榎村寛之……281, 283
エリアーデ，M……37
及川智早……161, 283, 348
大川原竜一……351
太田晶二郎……163
大高広和……95
大谷護夫……319
大津透……151, 164
大塚初重……98
大野晋……163
大場磐雄……81-82, 95
大橋一章……7, 18, 38, 220, 239
大林太良……20, 37-38, 116, 126, 129, 328, 346, 348, 350
大東俊一……346-347, 349
大和久震平……98
岡陽一郎……238
岡田清子……90
岡田精司……39, 111, 128, 205, 233, 235, 241-242, 301, 319, 321, 347
岡田荘司……192, 211
岡林孝作……93
置田雅昭……127
沖森卓也……212
荻原千鶴……283
奥田尚……89
奥村郁三……95
小倉朗……198, 212
小倉孝誠……168, 206, 237, 243
長田貞雄……94
小澤毅……88
小田富士雄……95
尾畑喜一郎……211
小原仁……164
大日方克己……128, 241, 320
折口信夫……211

か 行

香川郁子……285
加須屋誠……207
勝田至……64, 86, 92, 94, 96
勝俣鎮夫……213, 239
勝俣隆……37-38, 101, 125, 318, 346
加藤順一……305-306, 320
金関丈夫……238
金子修一……6
金子啓明……38, 239
金子裕之……243
金原正明……89
鎌田元一……89
鎌田東二……316
神谷正昌……242
河合隼雄……245, 281
川﨑晃……166
川尻秋生……166
河添房江……238
川田順造……211-212
河音能平……166
川村晃生……36, 40, 209
神田典城……346
菅野恵美……93-94
神野富一……91
菊池勇夫……243
菊地照夫……125, 127
北康宏……95
北村孝一……131
来村多加史……94
北村優季……6, 83-84
北村安裕……90-91
鬼頭秀一……40
木下正史……38
桐本東太……94
金文京……139-140, 161
工藤健一……6, 37, 125
熊谷公男……91, 287
熊野正也……98
倉野憲司……348
倉林正次……240-241
蔵持重裕……169, 203, 206, 213
久留島元……288
黒沢幸三……164

黒田智 ……208
黒田日出男……7, 91, 129, 219, 239–240, 290–291, 315–316, 322, 335, 340–341, 350–352
郡司正勝 ……316
小池淳一 ……214
小池寛 ……66, 93
小出義浩……95
神野志隆光 ……166, 346–347
神山登……91
小林三郎……98
小林茂文……7, 37, 91–92, 347, 352
小林剛 ……130
小林真由美 ……165
小松和彦 ……7, 318, 352
五味文彦 ……321
小峯和明……37, 134, 160, 213, 281–283, 288
五来重……95
コルバン, A ……238
近藤健史……37
近藤信義 ……164, 209–210
近藤好和 ……209, 317
今野達 ……162

さ 行

西郷信綱 ……101, 125, 129, 165, 319, 348
西條勉 ……346, 349
斉藤研一 ……315
斎藤忠……98
斎藤英喜 ……351
佐伯有清 ……131
佐伯徳哉 ……351
酒井紀美 ……169, 206, 211
榊原小葉子 ……164
阪下圭八 ……127
坂本勝 ……129
先山徹……88
桜井満 ……164
佐々木恵介 ……241
佐佐木隆……92, 285
佐々木孝正……94
笹本正治 ……7, 160, 169, 206, 208, 213
笹生衛……83–84, 95
佐藤信 ……242
佐藤正英 ……347
佐藤洋一郎……37
澤田瑞穂 ……165
シェーファー, R, M……134, 159–160, 166, 168, 206
志田諄一 ……315
澁澤敬三 ……128
渋谷瑞江 ……161
清水真一 ……90, 92
志村佳名子 ……242
白石太一郎……64, 84, 90–92, 95–96, 98
白水士郎……40
新川登亀男 ……228–229, 287
末崎真澄 ……317
杉田英明 ……350
鈴木景二……38, 165
鈴木徳男 ……282
鈴木正崇 ……185, 209, 352
関　晃 ……75, 95
関和彦……39, 208
瀬田勝哉 ……7, 35–36, 39–40
千田嘉博……95
曽根研三 ……351

た 行

高取正男 ……240
高橋明裕……39
高橋一夫 ……6
高橋克壽 ……64, 92
高橋昌明 ……242
高橋美久二……93
滝川政次郎 ……242
瀧川美穂 ……160, 210
瀧浪貞子 ……283
竹居明男 ……349
竹内正彦 ……162
竹田和夫 ……7
武田比呂男 ……209, 319
武田祐吉 ……337, 350
多田一臣 ……130, 210–211, 349
辰巳和弘 ……37, 89, 127, 209
田中貴子 ……288
田中卓 ……284, 287
田中広明 ……6
田中禎昭 ……351
谷野典之……70, 93–94
田端泰子 ……315

千々和到………169, 206-207, 212, 216, 239-240, 242
千葉徳爾 ……………………………………159, 166
柄浩司 ……………………………………………285
塚口義信 …………………………………………283
次田吉治 …………………………………………286
津田徹英 …………………………………………315
土橋寛 …………………37, 92, 113, 119, 128, 131
都出比呂志………………………………46-47, 89
常光徹 ………………124, 126, 128-130, 211-212
坪井清足……………………………………………88
寺川真知夫………………………………37, 316
寺崎保広 …………………………………………243
寺沢薫………………………………………………89
寺田寅彦 …………………………………………350
外池昇………………………………………………98
東野治之 ……………………………50, 90, 164, 285
遠山美都男 ………………………150, 163-164
戸川芳郎 …………………………………………161
戸谷高明 …………………………………316, 348

な 行

直木孝次郎 ……94, 200, 213, 283-284, 315, 352
中川真 …………………………………160, 208, 213
中田祝夫 …………………………………………165
中西進 ……………………………………………212
中根千絵 …………………………………………284
中村明蔵 …………………………………………213
中村一基 …………………………………………282
中村義雄 …………………………………………241
永藤靖 ……………………………………………349
名畑崇 ……………………………………169, 206
仁井田陞……………………………………………90
西嶋定生 ……………………………………………6
西田長男 …………………………………………351
西別府元日 ………………………………………285
西宮一民 …………………………101, 125, 127, 209
西村亨 ……………………………………………127
西本昌広 …………………………………………242
西山良平 …………………………………………242
仁藤敦史 ……………………………24, 38, 127
二宮宏之 ……………………………6, 315, 322
仁平典宏 ……………………………………………5
入部正純 …………………………………………349

は 行

橋本政良 ……………………………………………6
橋本義則 …………………………………………283
長谷山彰……………………………………………90
畠山篤………………………………………………37
服部旦 ……………………………………………125
服部英雄 …………………………………………163
馬場基 ……………………………………………243
土生田純之……………………………66, 89, 92-93, 96
早川庄八 ……………………………192, 206, 211
林紀昭…………………………………………50, 90, 95
林陸朗………………………………………………94
原秀三郎 …………………………………………208
春成秀爾 …………………………………………130
樋口百合子 ………………………………………238
肥後和男 …………………………………………210
菱田哲郎……………………………………………89
日高敏隆 ……………………2-3, 6-7, 87, 96, 344
平川新 ………………………………………………6
平川南……………………………………20, 38-39, 130
平野仁啓 …………………………………………6, 208
平林章仁 ……………………………………92-93, 211
平本嘉助 …………………………………………316
廣田収 ……………………………………………288
広田哲通 …………………………………………165
福島秋穂 …………………………………………129
福田益和 …………………………………………163
服藤早苗 ……………………290-291, 315-316
福原栄太郎 ………………………………270, 285
福山敏男 …………………………………………128
藤井智之……………………………………38, 239
藤井稔 ……………………………………………128
藤澤友祥 …………………………………………283
藤澤典彦 ……………………58, 91, 125, 128, 240
藤本誠 ……………………………165, 318, 349
藤森健太郎 ………………………213, 241-242
藤原茂樹 …………………………………………319
藤原良章……………………………………37, 125-126
古橋信孝 …………………126, 161, 210, 214, 282
ヘネップ，A ……………………………………348
ブローデル，F ……………………………345, 352
北條勝貴……………………………………………6, 37
細井浩志 …………………………………………285
細川純子……………………………………………37

細川涼一 ……315
保立道久 ……6-7, 37-38, 239, 336, 350
堀切実 ……160
本田明日香 ……286
本田二郎 ……161

ま　行

前田晴人 ……125
マクルーハン，M ……168, 206
増尾伸一郎 ……6, 128, 241
益田勝実 ……315, 350
松井章 ……243
松尾充晶 ……125
松田浩 ……161
松前健 ……37, 96, 130-131, 348
松村武雄 ……125, 131, 204, 213-214, 348
松本公一 ……320
松本信広 ……130
黛弘道 ……122, 132
丸山潔……88
丸山顕徳 ……152, 164, 283
三浦佑之 ……127, 129, 282
三品彰英 ……127, 348
水口幹記 ……273-276, 285, 287
溝口睦子 ……125
三谷栄一 ……347
三谷芳幸……48, 90-91
三田村雅子 ……238
皆川雅樹 ……163
源豊宗 ……61, 91
峰岸純夫 ……6, 213
三宅和朗……6-7, 39, 131, 184, 205, 208-210, 240-242, 244, 281-282, 286, 288, 317, 319-320, 322, 349, 351-352
宮路淳子 ……243
宮地直一 ……128
宮田登 ……316
宮瀧交二 ……6
村井章介 ……7
村田修三……95
村山道宣 ……211-212, 214
森朝男 ……160, 210
森公章 ……164
森浩一 ……43, 53, 88-91
森正人 ……281, 321
森陽香 ……339, 351
本川達雄 ……289
本村靖久……94
盛本昌広……94, 126
守屋俊彦 ……152, 160, 164, 349

や　行

安井真奈美 ……130, 214
安田政彦 ……215, 239, 243
安田夕希子 ……349
柳田國男……65, 92, 127, 134, 159-160, 205, 207, 245-246, 281
柳瀬喜代志 ……161
山折哲雄 ……316
山岸健 ……160
山岸美穂 ……160, 166
山口仲美 ……142, 160-162, 206
山口英男……91
山田憲太郎 ……239
山田直巳 ……163
山田永 ……161, 210
山田真 ……132
山中裕 ……162, 240-241
山本志乃 ……161
山本節 ……101-102, 125
山本信吉 ……316
山本陽子……38
ユクスキュル，J. J ……2, 6, 344
湯沢質幸 ……163
吉井巌 ……210, 287
吉田晶……91
吉田敦彦 ……130, 350
吉田一彦 ……212-213
吉田修作 ……210-211, 348
吉田達 ……282
吉田比呂子……38
吉村武彦 ……20, 38, 287
米井輝圭 ……79, 95
米山孝子 ……164

ら・わ　行

李毓芳 ……70, 93
劉慶柱 ……70, 93
林　嵐 ……165
和田萃……7, 38, 88-89, 91-92, 94, 112, 125, 128,

161, 185, 208-209, 211, 240, 286-287, 344, 352
和田英松 ……………………………………242
渡辺正人 ……………………………125, 161

著者略歴

一九五〇年　東京都に生まれる
一九八〇年　慶應義塾大学大学院文学研究科博士課程単位取得退学
現在　慶應義塾大学名誉教授、博士（史学・慶應義塾大学）

〔主要著書〕
『古代国家の神祇と祭祀』（吉川弘文館、一九九五年）
『古代の王権祭祀と自然』（吉川弘文館、二〇〇八年）
『時間の古代史』（吉川弘文館、二〇一〇年）

古代の人々の心性と環境
異界・境界・現世

二〇一六年（平成二十八）六月一日　第一刷発行

著　者　三《み》宅《やけ》和《かず》朗《お》

発行者　吉　川　道　郎

発行所　株式会社　吉川弘文館
郵便番号一一三―〇〇三三
東京都文京区本郷七丁目二番八号
電話〇三―三八一三―九一五一〈代〉
振替口座〇〇一〇〇―五―二四四番
http://www.yoshikawa-k.co.jp/

印刷＝株式会社 理想社
製本＝誠製本株式会社
装幀＝黒瀬章夫

ISBN978-4-642-04630-5

三宅和朗著

時間の古代史　霊鬼の夜、秩序の昼

（歴史文化ライブラリー）四六判・二〇六頁

一七〇〇円

霊鬼や神仏が姿を現す夜、人間による秩序の昼。人と異界が交錯する境界の朝・夕。古代の人々の時間感覚を探る。また、時刻制導入による国家の時間管理の実像を明らかにする。古代人の感性と想像力に迫る新しい古代史。

古代の神社と祭り

（歴史文化ライブラリー）四六判・二〇八頁

一七〇〇円

古代の神社や祭りとはどのようなものか。京都の上賀茂神社の葵祭と御阿礼祭の歴史を通じ、天皇中心の王権の祭りと地方神社の祭りの相違を追及。人間と自然が共生する信仰の世界から、古代の神社や祭りを見直す。

古代の王権祭祀と自然

A5判・三七八頁

一二〇〇〇円

自然界に由来する神々を統治の対象とした古代の王権祭祀とはどのようなものだったのか。七世紀頃から平安期まで、文献史料を中心にその特質を考察。自然現象に対する人々の心性も探り、神々や祭りの信仰世界を解明する。

吉川弘文館

（価格は税別）